国家级一流本科课程配套教材

普通高等学校应用型教材
市场营销

市场营销

数字化时代的营销创新

U1015600

主　编　左仁淑
副主编　杨泽明　朱丽萍　陈春梅

中国人民大学出版社
·北京·

图书在版编目（CIP）数据

市场营销：数字化时代的营销创新／左仁淑主编；杨泽明，朱丽萍，陈春梅副主编. -- 北京：中国人民大学出版社，2023. 12

普通高等学校应用型教材. 市场营销

ISBN 978-7-300-32405-0

Ⅰ. ①市… Ⅱ. ①左… ②杨… ③朱… ④陈… Ⅲ. ①市场营销学-高等学校-教材 Ⅳ. ①F713. 50

中国国家版本馆 CIP 数据核字（2023）第 237529 号

国家级一流本科课程配套教材

普通高等学校应用型教材·市场营销

市场营销：数字化时代的营销创新

主　编　左仁淑

副主编　杨泽明　朱丽萍　陈春梅

Shichang Yingxiao：Shuzihua Shidai de Yingxiao Chuangxin

出版发行	中国人民大学出版社		
社　址	北京中关村大街 31 号	邮政编码	100080
电　话	010－62511242（总编室）		010－62511770（质管部）
	010－82501766（邮购部）		010－62514148（门市部）
	010－62511173（发行公司）		010－62515275（盗版举报）
网　址	http://www. crup. com. cn		
经　销	新华书店		
印　刷	北京市鑫霸印务有限公司		
开　本	787 mm×1092 mm　1/16	版　次	2023 年 12 月第 1 版
印　张	19 插页 1	印　次	2025 年 6 月第 2 次印刷
字　数	435 000	定　价	49. 00 元

版权所有　侵权必究　　印装差错　负责调换

前　言

“现代管理学之父”彼得·德鲁克说：公司的首要任务是创造顾客。市场营销是企业生存和发展的基础，一切组织和个人的发展都需要营销思维。本书贯彻国家发展战略，以数字化为营销背景，以营销岗位胜任力为目标，注重知识、能力、思维和素质的结合，赋能线上线下混合式教学，将高阶教学与深度学习相结合，突出多元化教学方法。

贯彻国家发展战略

党的二十大报告指出：“加快构建新发展格局，着力推动高质量发展。”“坚持以推动高质量发展为主题，把实施扩大内需战略同深化供给侧结构性改革有机结合起来，增强国内大循环内生动力和可靠性，提升国际循环质量和水平，加快建设现代化经济体系，着力提高全要素生产率，着力提升产业链供应链韧性和安全水平，着力推进城乡融合和区域协调发展，推动经济实现质的有效提升和量的合理增长。”本教材以党的二十大精神为指引，积极转变观念，守正创新，吸收市场营销理论和实践的创新成果，努力为培养新时代市场营销人才、创新市场运营、提升市场营销质量和水平以及打造高质量的市场主体做出贡献。

适应数字化时代需要

我们正在加速进入数字化时代，经济、社会、技术等各个领域都发生了深刻的变革。《中华人民共和国国民经济和社会发展第十四个五年规划和2035年远景目标纲要》第五篇专门阐述加快数字化发展、建设数字中国，并提出打造数字经济新优势、加快数字社会建设步伐、提高数字政府建设水平、营造良好数字生态。此外，市场营销理念、目标市场、营销组合、营销组织等都不断变化，数字化成为市场营销环境变革的重要原因之一，数字化时代社会和企业的运营都在不断进行颠覆性创新，市场营销的理论和实践面临巨大的变革和新的挑战。本书在撰写过程中，将经典和传统的市场营销理论有机结合，吸收和呈现数字化时代理论发展和实践创新的成果，努力适应数字化时代市场营销教学和实践的需要。这是本书的特色之一。

以顾客价值为主线

以顾客为中心是市场营销的基本理念，市场营销的核心过程为价值探索、价值创造和价值传递，这也是企业的基本任务，是企业生存和发展的基础。本书紧密围绕顾客价值主线，构建和创新内容体系，并聚焦于以下内容：基于数字化背景定义顾客价值、通过市场研究探索顾客价值、通过市场营销战略聚焦顾客价值、通过产品策略创造顾客价值、通过服务营销策略提升顾客价值、通过品牌策略倍增顾客价值、通过定价策略呈现顾客价值、通过渠道策略传递顾客价值、通过传播策略传播顾客价值、通过营销计划保障顾客价值。

赋能线上线下混合式教学

本书写作团队负责的“市场营销”课程的一个显著特点就是数字化教学，本书是国家精品在线开放课程、国家级线上一流本科课程“市场营销”的配套教材，助力实现线上线下混合式教学。线上重点体现资源赋能，丰富的学习资源为教师教学和学员学习提供支持，中国大学MOOC平台的“市场营销”课程（https：//www. icourse163. org/course/SCU－1002146004）面向社会和公众，截至2023年10月，已经开放13期课程，学员超过15万人次；教师也可以利用线上课堂，在学生充分学习的基础上，在线下通过项目驱动、案例分析、课堂讨论、专题活动、成果展示等翻转教学的形式，与线上资源融合呼应，形成完整的线上线下混合式教学模式。丰富的学习资源和线上线下融合也是本书的特色。

探索高阶教学和深度学习

2018年11月，教育部高教司吴岩司长在第十一届“中国大学教学论坛”上发表讲话，提出了“金课”建设的“两性一度”标准，即高阶性、创新性、挑战度。本书贯彻这一要求，进行充分探索。一是实施“高阶教学”，设计“一基两轴三阶”教学模式。“一基”是基础知识，要求掌握市场营销基础和前沿理论体系；“两轴”是能力和思维，要求培养专业能力和创造性思维；“三阶”是低阶、中阶和高阶递进。二是“深度学习”，要求给予充分的资源支持，增加学生学习的主动性和投入程度，培养学生高阶思维和解决复杂问题的能力。高阶教学和深度学习相配合是本书的重要创新。

体现应用型特色

本书基于经典的市场营销理论体系并顺应数字化时代市场营销变革，结合营销工作的实际，在市场分析、营销战略制定、营销组合等方面，培养应用能力，体现应用型的特点。本书不仅可以作为高校经济管理类专业的基础课或者选修课教材，也可以作为企业管理人员和其他人员学习市场营销知识的参考书。

本书以顾客为中心，以顾客价值为主线，内容涵盖市场营销的基础知识、基本理论和基本技能，同时也体现了数字化时代的市场营销变革。本书共有 10 章，涵盖市场营销基础、市场研究、市场营销战略、产品策略、服务营销策略、品牌策略、定价策略、渠道策略、传播策略、营销计划等方面的内容。

本书主编左仁淑教授具有 35 年以上的高校本科和工商管理硕士（MBA）市场营销教学实践以及近 50 家企业营销策划与咨询的实战经验，并主持国家级线上一流本科课程“市场营销”。左仁淑教授对本书编写思路和结构做了整体设计，负责全书统稿，并进行质量控制。具体编写分工如下：杨泽明、左仁淑负责第 1 章和第 9 章，黄春艾负责第 2 章，张琳负责第 3 章，朱丽萍、左仁淑负责第 4 章和第 5 章，周星桔负责第 6 章和第 10 章，陈春梅负责第 7 章和第 8 章。

本书的编写得到了四川大学余伟萍教授、吴易凌教授，四川农业大学邹芳教授，常州工学院钱明霞教授的指导和帮助，也得到成都爱找我科技有限公司、成都大道经纬企业管理咨询有限公司、良品铺子股份有限公司、新道科技股份有限公司四川分公司、山西云丘山景区等的大力支持。本书借鉴了国内外营销学者的最新研究成果，以及来自企业界、互联网运营专家的经验和案例，限于篇幅未能一一说明，在此向所有提供帮助者表示感谢！

由于作者水平有限，加之数字化时代的理论和实践变化迅速，有些观点或者理论尚不成熟，本书难免有偏颇或者错漏之处，敬请学者、专家和广大读者批评指正。

目 录

第 1 章 市场营销基础：定义顾客价值

第 2 章 市场研究：探索顾客价值

第 3 章 市场营销战略：聚焦顾客价值

第 4 章 产品策略：创造顾客价值

第 5 章 服务营销策略：提升顾客价值

第 6 章 品牌策略：倍增顾客价值

第1章 市场营销基础：定义顾客价值

教学目标

知识目标

- 掌握市场的概念和市场营销的核心概念。
- 理解市场营销管理哲学。
- 掌握市场营销框架。
- 了解数字化时代的营销变革。

能力目标

- 形成全方位的市场分析能力。
- 培养有关市场营销概念的认知能力。
- 养成数字化时代营销创新能力。

思维目标

- 树立以顾客价值为导向的营销思维。
- 建立市场营销框架的系统思维。
- 形成新时代的数字化思维。

素质目标

- 强化以顾客为中心的营销理念。
- 养成敏锐的市场意识。
- 培养数字化时代的创新开拓意识。

内容导图

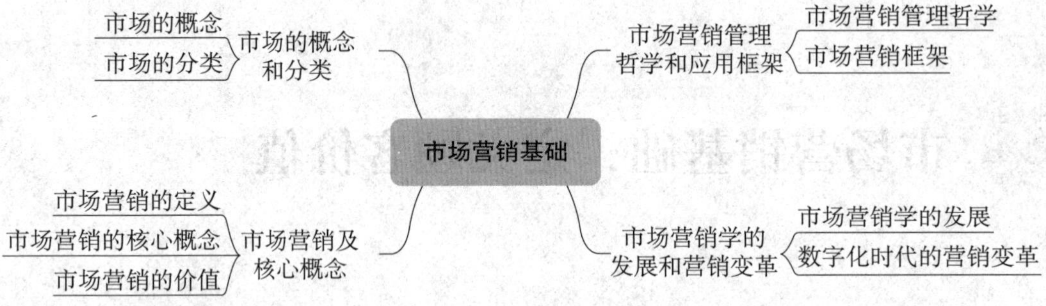

导入案例

A钢材物流中心的市场运营规划

随着房地产业和本地重大装备制造业的发展，钢材需求规模迅速扩大，同时生产资料市场发展并进一步成熟，用户对市场的管理服务要求越来越高，政府积极倡导生产性服务业的建设，所有这些都为钢材交易市场带来了全新的机会。原有的钢材交易市场无论是从规模上，还是从服务上都不能有效满足社会需求，因此项目方决定在原有的钢材交易市场的基础上，规划A钢材物流中心。在规划之初，项目方就基于市场营销的思维，系统地考虑立项、建设、招商运营的全过程。

做好顾客开发。钢材物流中心是重要的生产资料市场，在立项、投资、建设、运营过程中涉及的主体众多，那么钢材物流中心的营销对象有哪些？肯定不仅仅是商户，这是摆在决策者面前的一个新问题。系统考虑顾客和利益相关者，有利于钢材物流中心的市场开发和运营。项目团队通过广泛的调研和走访，提出了开发顾客和市场的思路，将营销对象界定为钢材经销商、钢材供应商/生产商、钢材采购商和用户、物流服务商、投资方、金融保险机构、房地产开发商、商铺投资商等。此外，与建设和管理相关的政府部门，要能够为项目的运营打造一个良好的环境。

规划产品和服务。通过对顾客的需求进行调查，切实考虑到不同类别的顾客的现实需求，A钢材物流中心对其功能进行了重新定义，规划了六大中心：一是交易中心，为顾客提供交易及相关服务；二是仓储中心，为供应商和采购商等提供增值仓储服务；三是加工中心，为买方和卖方提供钢材加工增值服务；四是配送中心，为采购商提供快速的物流配送服务；五是运营中心，为商户提供业务推广服务、联合周边钢材采购商和钢材大型用户举办采购节、建立信息中心为商户提供市场行情信息和营销服务；六是服务中心，提供政务代理、融资和保险、商务办公和生活服务。同时A钢材物流中心积极出动，与钢材大型用户建立合作关系，为商户带来更多的客源。在此基础上，可将其产品和服务规划为公共及物业服务、交易服务、增值物流服务、金融服务、营销服务、商业和生活服务六大类别，形成体系化的、独创的、具有竞争力的服务产品线和产品项目。

设计顾客价值。A钢材物流中心以顾客为中心，坚信顾客价值是顾客接受产品和服务的前提，站在顾客的角度，针对每一类顾客（营销对象）设计和创造顾客价值。例如钢材经销商的顾客价值就是通过物流中心，获取更多的采购顾客、获取更多的订单、提升物流管理服务的水平、节约采购和运营成本、获得便捷的政务与商务服务等；钢材用户和采购商的顾客价值就在于一站式采购、一条龙服务、供应链定制、降低采购和物流成本等；即便是在经济和社会发展方面，物流中心也可以发挥重要的作用，例如促进就业、增加税收、带动产业发展等。同样，物流中心对于投资人、物流服务商等也有其独到的顾客价值设计。

科学的市场运营设计有助于推进物流中心的立项、投资和建设，也为项目的招商奠定了重要的基础，对经销商、供应商和采购商都有很大的吸引力，物流中心通过一站式、一条龙的现代市场服务体系不仅能为顾客增值，也能够实现自己的经营目标，带动市场和相关产业的发展。

市场营销学是建立在经济学、管理学、社会学和现代技术基础上的应用性学科。个人和组织都会直接或者间接地介入市场营销活动中。市场营销可以为企业创造价值、传播价值、传递价值，是企业生存和发展的基础，对个人、企业、非营利组织有着巨大的价值。在数字化时代，全面、系统地学习市场营销理论和方法，对于学生和企业管理人员都非常重要。

第 1 节　市场的概念和分类

一、市场的概念

市场是社会分工和商品交换的产物，有商品交换就会有市场。随着社会分工的进一步细化，商品越来越丰富，交换的形式不断创新，市场的概念不断演变，内涵进一步丰富。党的二十大报告指出，要完整、准确、全面贯彻新发展理念，坚持社会主义市场经济改革方向，构建高水平社会主义市场经济体制，构建全国统一大市场，深化要素市场化改革，建设高标准市场体系。我们以党的二十大精神为指引，结合市场理论的发展和创新，基于企业应用实践，从场所导向、关系导向、管理导向和营销导向几个方面对市场的概念进行阐述。

1. 场所导向的市场

这是人们对市场的习惯性认识，是指人们用于商品交换的地点或者区域，也是基于空间的市场概念。例如南北朝的《木兰辞》就有“东市买骏马，西市买鞍鞯，南市买辔头，北市买长鞭”的描述。从更深层次来看，传统上基于场所的市场具备市场的基本要素，不仅聚集了买家和卖家，也聚集了商品，还有一定的规划和管理（例如唐代把市场规划为“东市”和“西市”，有学者认为这是“买东西”的由来），为商品交换创造了条件。

随着市场的发展，基于场所的市场概念在实践中也有丰富的应用和巨大的创新，在现代市场营销活动中对企业的市场规划和开发、渠道建设和运营也有着重要的指导作用，如表 1－1 所示。

表 1－1　基于场所的市场的作用

维度	作用
要素维度	有利于规划和完善交易场所必需的要素：卖方、买方、商品。随着市场的发展，还需要进一步聚集信息流、资金流、交易规则等
空间维度	有利于企业开发不同空间的市场：国际市场、国内市场、区域市场，城市市场与农村市场，商圈与社区，等等
商品维度	有利于企业利用不同的商品市场：一般商品市场、服务市场、资金市场、劳务市场、技术市场、生产资料市场等
运营维度	有利于企业创新运营形式：线上交易平台、中间商、终端和网点、直播等
功能维度	有利于企业完善市场功能：交易、支付结算、市场调研、物流、风险承担、融资、品牌推广、顾客关系维系等。随着市场内涵的丰富，基于场所的市场的功能也在持续创新
发展维度	有利于企业融入数字化背景：传统市场、现代市场、数字化市场等

在企业的营销活动中，基于场所的市场有非常重要的实践意义。例如做好渠道和网络的规划、建设，开发新的交易机会和空间（例如“一带一路”、国际市场），创新交易的时间、形式（例如航空公司开发 App，企业利用二维码和小程序进行产品销售和提供服务），完善销售终端的管理，开发社区商务，系统进行顾客接触点的设计和管理等。

2. 关系导向的市场

从本质上看，市场是商品交换关系的总和。基于社会分工，商品生产者的产品为供应物，然后所有者在市场上进行交换，参与市场的各类主体之间发生基于商品交换的各种关系。为了交易的有效进行，可以从以下两个角度对基于交换关系的市场进行理解。

拓展　现代市场关系的创新

（1）现代市场关系。现代市场关系指商品在生产领域、流通领域市场主体之间引发的关系，这些主体既包括参与交易的各方，还包括商品在生产和流通过程中起管理、促进或辅助作用的所有机构、部门。简单的市场关系如图 1－1 所示，现代市场关系如图 1－2 所示。

（2）利益相关者关系。利益相关者是对企业经营活动有影响的个人和组织，一个企业既要做好营销活动，也要处理好与利益相关者的关系。关系营销成为重要的营销创新，也为企业全方位营销提供了重要的参考，主要利益相关者如图 1－3 所示。为了做好关系营销，企业需要回答三个问题：

提示　顾客关系的层次

第一，需要和谁建立关系？

第二，建立什么样的关系？

第三，如何维系这种关系？

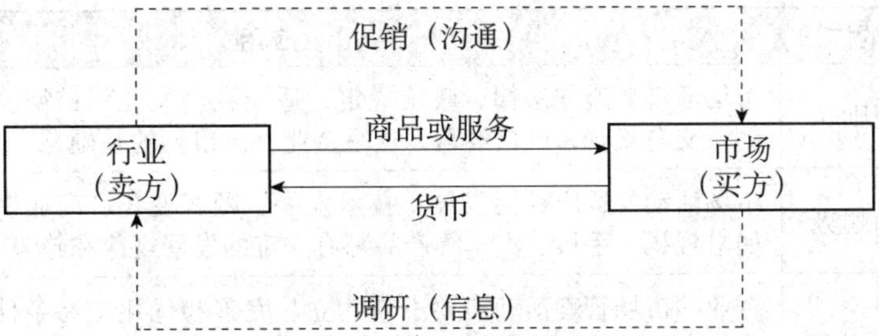

图 1－1　简单的市场关系

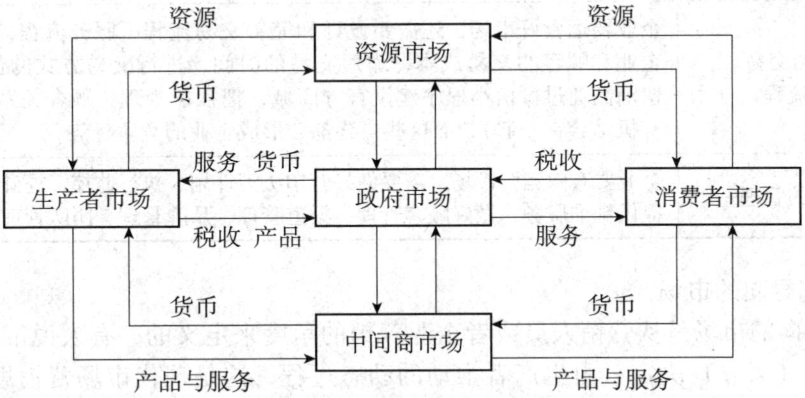

图 1－2　现代市场关系

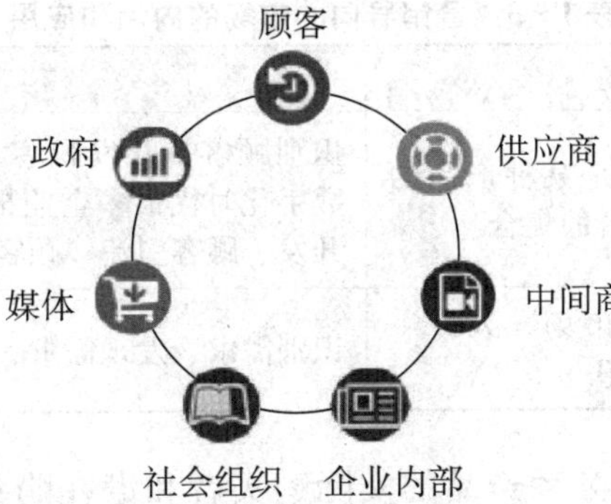

图 1－3　主要利益相关者

3. 管理导向的市场

管理导向的市场概念倾向于通过具体的交换活动和市场运行规律去认识市场，市场是商品交换及其规律、条件、过程的总称，管理导向的市场的内涵和应用如表 1－2 所示。

表 1-2　管理导向的市场的内涵和应用

管理导向的市场的内涵	应用
遵守法律和规则	市场活动要遵守法律、政策规定，适应社会文化、道德要求，遵守国际惯例、交易规则，诚信经营，这是企业立足市场的基础
符合运行规律和趋势	市场活动要适应社会发展、技术发展、顾客变化、商业模式的变革等。例如电视机、手机、汽车等产品都有一定的发展规律和趋势
具备完善的交易条件	企业的市场管理活动需要不断建立、完善和优化交易条件，包括商品、订货、物流、价格、资金流、信息流、客流等方面的条件。例如如果没有平台聚集足够的供应商和买家、没有流量、没有物流、没有支付工具、没有信用和安全管理，淘宝就不具备最基本的交易条件
有高效的交易、服务流程	企业要运营好市场，还需要设计和完善交易流程、服务流程，有效地降低企业和顾客的交易成本，缩短交易的时间，进行交易方式的创新（例如，快消品通过微信小程序建设官方商城，把社群管理、顾客关系和交易活动有机结合在一起），而这些最终都会形成企业的竞争优势
有健全的管理	企业要有效运营市场，需要做好营销决策计划、执行监控，提升顾客满意度，提供精准服务，做好顾客管理、渠道管理、品牌管理、团队管理等工作

4. 营销导向的市场

营销导向的市场是从营销人员或者企业营销的角度来定义的，有人说市场的发展是一个由顾客（买方）决定、由生产者推动的动态过程，这是现代市场营销思想的体现。其中，营销导向又有“顾客导向”和“需求导向”之分，顾客导向与需求导向在本质上是一致的，都是基于顾客，但需求导向更加直接和深入（见表 1-3）。

表 1-3　营销导向的市场的内涵和应用

营销导向	内涵	应用
顾客导向	市场就是顾客，是某种产品的实际和潜在购买者的集合	识别顾客、开发顾客、创造顾客、管理顾客关系，数字化时代很多企业把顾客运营的内容总结为顾客开发、顾客引流、顾客激活、顾客转化、顾客维系
需求导向	市场就是需求；市场 = 人口 + 购买力 + 购买欲望	识别需求、发现需求、引导需求、满足需求

（1）顾客导向。市场是某种产品的实际购买者和潜在购买者的集合。① 营销人员经常使用市场这个术语来指代各种各样的顾客，营销人员将卖家称为行业，将顾客群称为市场。② 简单地说“市场就是顾客”，顾客构成市场，企业要做好市场，就要创造顾客、维系顾客。

（2）需求导向。市场是对某种产品或者服务具有需求、支付能力和希望进行某种交

① 科特勒，阿姆斯特朗．市场营销：原理与实践：第 17 版．北京：中国人民大学出版社，2020：8.

② 科特勒，凯勒．营销管理：第 15 版．上海：格致出版社，上海人民出版社，2016：8.

易的人或组织；对于卖方而言，一个现实有效的市场只有具备人口、购买力和购买欲望三个要素，才能具备交易的条件。人口代表潜在市场的容量，购买力的强弱也能决定市场的大小，有无购买商品的欲望和需求是市场现实有效的标准，否则只能成为潜在市场。简单地说“市场就是需求”，有需求才有市场。企业要做好市场，就必须识别需求、发现需求、引导需求和满足需求。

提示　顾客分析 5W2H 模型

可以从不同的角度对市场进行定义，而且不同的角度都有其特定的理论和实践意义，企业在不同的阶段、不同的场景、不同的目标下可以利用不同的市场概念去开发和运营市场。因此，我们不能说哪个定义比较好。综上所述，本书将市场定义为：参与商品经济活动的交易主体（买方、卖方）为了实现产品和服务的价值，所进行的满足需求的活动所涉及的交换场所、交换关系、交换条件和交换过程的统称。

二、市场的分类

市场的分类有助于企业在更加详细的细分领域发现和规划自己的市场。一般情况下，市场可以按照交易主体、商品类别、空间布局、交易方式、交易主体地位、竞争程度进行分类。

1. 按照交易主体分类

主要包括消费者市场、制造商市场、中间商市场、政府和非营利组织市场等。其中，消费者市场是个人和家庭为了生存和发展而购买产品所形成的市场；制造商和中间商市场是企业为了生产运营或者再次销售购买的产品而形成的市场；政府和非营利组织市场则是为了满足公共或者社会需要，或者履行职责、承担社会责任进行购买而形成的市场。

2. 按照商品类别分类

随着市场的进一步成熟，交易商品的进一步丰富，市场可以按照商品类别进行分类，并在营销实践中形成众多的专业市场和大宗商品市场。例如一般商品市场（例如日用品）、房地产市场、汽车市场、资金市场、技术市场、信息市场、劳动力市场、产权交易市场、文化市场、旅游市场等。细分商品类别有助于企业针对特定的顾客进行精准的营销，提升专业性。

3. 按照空间布局分类

按照空间布局，可以把市场分为国际市场、国内市场、区域市场，城市市场与农村市场，等等。按照空间布局分类有利于企业在渠道和网络方面开发出新的市场增长点。

4. 按照交易方式分类

按照交易方式，可以把市场分为现货市场、期货市场。交易方式的创新是企业商业模式的变革之一。数字化背景下还有交易平台（例如淘宝、携程）、社群营销、电商直播等交易方式和全新的“人货场”组织模式。

5. 按照交易主体地位分类

根据交易主体地位，可以将市场分为卖方市场和买方市场。卖方处于支配地位的市场是卖方市场，交易条件有利于卖方，买方处于竞争状态；在买方处于支配和决定地位的买方市场，买方具有更多的选择权和决定权，卖方则为争取买方展开竞争。

6. 按照竞争程度分类

按照竞争程度可以分为以下几种市场：完全竞争市场，即竞争行为不受阻碍和干扰的市场；完全垄断市场，即市场上仅有一个卖家，其他主体不能参与竞争；垄断竞争市场，即介于完全竞争和完全垄断之间的市场状态。区分竞争程度有助于企业规划市场战略。

除此之外，部分学者还按照人口统计学属性（例如妇女市场、儿童市场、老年市场）、心理特征、行为属性、行业属性（例如钢铁市场、汽车市场、服装市场、教育市场等）等进行分类。这些分类可以用市场细分理论进行解释，进行市场细分可能会为企业创造新的市场机会，比如开发利基市场，并帮助企业获得细分市场的比较优势。

第 2 节　市场营销及核心概念

一、市场营销的定义

市场营销（或营销）的定义种类繁多，理论界和企业界都有自己的理解。随着社会经济的发展和人们认识的深化，市场营销的外延和内涵都在不断丰富、扩展和创新。人们对市场营销的主要认知如表 1－4 所示。

表 1－4　对市场营销的主要认知

认知角度	主要观点
某项具体职能	（1）一个推销人员或者销售经理谈到的市场营销，可能真正指的是销售；一个广告业务员所说的市场营销，可能只是广告活动；百货公司部门经理谈的市场营销可能是零售商品计划。他们都谈到了市场营销，但只谈到了市场营销活动的一部分（W. T. 史丹顿） （2）市场营销是一种为消费者服务的理论；市场营销是通过销售渠道把生产企业同市场联系起来的过程（基恩·凯洛斯） （3）市场营销是引导商品和劳务从生产者到达消费者或用户所进行的一切企业活动（美国市场营销协会（AMA））
市场相关的企业活动	（1）企业创造性地、有效地使自己适应所处环境的一切活动（雷·科利） （2）企业要生存、发展和盈利，就要有意识地根据用户和消费者的需要来安排生产（英国市场营销协会） （3）在满足消费者利益的基础上，适应市场的需要提供产品和服务的整个企业活动（日本学者） （4）市场营销是个人和组织对理念、货物和劳务进行构想、定价、促销和分销的过程，以创造交换和达到个人与组织的目的（AMA） （5）市场营销是在变化的市场环境中，为满足消费者需要和实现企业目标综合运用各种市场营销手段，把产品和服务整体销售给消费者的一系列市场经营活动

续表

认知角度	主要观点
价值创造、传播和传递	（1）市场营销是创造、传播、传递和交换对顾客、合作者和整个社会有价值的市场供应物的一种活动、制度和过程（AMA） （2）市场营销是选择目标市场并通过创造、传播和传递卓越的顾客价值，来获取、维持和增加顾客的艺术和科学（菲利普·科特勒：管理定义）；市场营销是一个社会过程，在这个过程中，个人和集体可以通过创造、提供和与他人自由交换有价值的产品和服务来获取他们的所需所求（菲利普·科特勒：社会定义）① （3）菲利普·科特勒认为，在狭义的商业环境中，市场营销涉及与顾客建立价值导向的交换关系，他将市场营销定位为：企业为获取利润回报而为顾客创造价值并与之建立稳固关系的过程②

在企业的营销实践中，我们建议从价值创造、传播和传递的角度对市场营销的定义进行认识和理解，AMA 和菲利普·科特勒对市场营销的定义对教学和营销实践均有重要的指导意义。为了加深理解，我们对市场营销的定义做以下分析：

1. 市场营销的目标

菲利普·科特勒指出市场营销关乎社会需要的识别与满足，市场营销最简洁的定义是“有利可图地满足需求”。顾客的目标是需求和欲望的满足，这是市场营销观念的体现；在营销实践中，企业的目标可以从以下角度理解：

（1）基本目标是“获得、保持和增加顾客”。

（2）交换是市场营销的核心。营销活动的目的一般都会指向交换，交换也是传递顾客价值的基本活动。

2. 市场营销的对象和主体

（1）市场营销的对象。AMA 在市场营销的定义中明确提到营销的对象是顾客、合作者和整个社会，这种广义的顾客对于拓展企业的营销视野，克服营销短视症非常有帮助，其主要作用在于：

第一，有效开发市场、获取顾客，销售产品和服务。

第二，提升企业形象和品牌影响力，提升企业的知名度。

第三，建立良好的社会关系，增进社会的理解和支持。

第四，获取更多的社会资源，例如顾客资源、渠道资源等。

第五，为企业的生存和发展提供有利的环境。

因此我们把市场营销的对象定义为“广义的顾客”，进行扩大营销。具体包括：顾客和用户、合作伙伴、政府相关部门、国际组织、社会组织、企业的其他利益相关者。

提示　数字化时代营销主体的变迁

① 科特勒，凯勒．营销管理：第 15 版．上海：格致出版社，上海人民出版社，2016：6.

② 科特勒，阿姆斯特朗．市场营销：原理与实践：第 17 版．北京：中国人民大学出版社，2020：5.

（2）市场营销的主体。菲利普·科特勒从两个角度描述了市场营销的主体：从社会角度来看，营销的主体是个人和集体；从管理角度来看，营销的主体可以是个人、企业、城市、国家。准确地说，市场营销的主体一般是指公司或企业，或者其下属的部门和个人。

3. 市场营销的内容

我们可以把市场营销的内容理解为“有价值的市场供应物”“顾客价值”或者“价值主张”，通常所说的顾客价值的载体是产品和服务。对市场营销的内容进行分类，有利于使企业的营销规划和活动更具体，也更有新意（见表1－5）。[1]

表1－5 市场营销的内容

内容	描述
产品	由企业生产，通过交易获取，能够满足需求和欲望的实物，例如手机、汽车
服务	是用户需要的，单独销售或者连同产品一起销售，例如住宿服务、出行服务等
地点	对特定地点的顾客价值进行营销，例如城市、旅游目的地、农家乐等
组织	企业和其他组织通过营销活动传播组织文化，提升组织形象、影响力，建立关系等，例如公司、大学、社会团体

4. 市场营销的任务

基于顾客价值的市场营销定义都提到创造、传播、传递顾客价值，我们可以把这几个环节理解为市场营销的基本线索，在此之前需要进行市场调研和创造顾客，全过程需要有营销计划、执行和审计。

（1）市场调研。主要包括环境分析等。

（2）创造顾客。传统的理论即STP框架，包括市场细分（segmenting）、目标市场选择（targeting）和市场定位（positioning）。在具体的营销活动中，一些企业往往更注重顾客开发、顾客管理和顾客维系，数字化运营则更注重顾客获取和顾客引流。

（3）创造顾客价值。主要任务包括产品开发和设计、产品制造、质量管理、产品组合、品牌创建、价格与价值匹配等。

（4）传播顾客价值。制订和执行整合营销传播计划，全面规划传播目标、传播受众、传播主体、传播内容、传播媒体、传播预算，管理大众传播和人员传播工具。在数字化时代，还可以充分利用新媒体传播顾客价值。

（5）传递顾客价值。涵盖生产、销售、配送与物流的供应链和相关辅助链，以及分销渠道的设计和管理、批发与零售环节的运营、人货场体系的建设和创新等。

二、市场营销的核心概念

1. 需要、欲望和需求

（1）需要。需要是市场营销的基础，一般认为，需要是人类生存和发展的基本要求，

---

① 科特勒，凯勒．营销管理：第15版．上海：格致出版社，上海人民出版社，2016：6－7.

是人自身和外部生活条件的要求在人的头脑中的反映，是人与生俱来的基本要求，如果感到某种缺乏就会有力求获得满足的心理倾向，例如衣食住行、安全等。

（2）欲望。当需要指向某个具体的物品或者目标时，就产生了欲望，欲望受到社会文化、环境和个人经历的影响，不同的主体会有不同的选择。例如人在饥饿的时候，希望得到食物。

（3）需求。需求是人们有支付能力并愿意购买某个具体产品的欲望。在以下条件具备的情况下就会产生需求：有需要，有购买具体产品的欲望，有购买力。需要、欲望和需求的关系如图1－4所示。

图1－4　需要、欲望和需求的关系

营销人员必须关注顾客需求，判断需求的状况，并根据需求的时机、场景去影响需求，采取针对性的营销措施，达成营销目标。常见的需求状况如表1－6所示。

拓展　马斯洛需求层次理论

表1－6　常见的需求状况

需求状况	描述	营销者的任务
负需求	顾客不喜欢，甚至花成本回避，但又必须消费。例如看病，某种程度上考试也是一种负需求	改变营销策略，重新设计产品，改变顾客信念、认知和态度；优化服务，提升顾客满意度
无需求	顾客缺乏兴趣、无意识，或者不希望购买。可能存在以下情况： （1）顾客没有需求 （2）顾客没有意识到自己的需求 （3）顾客没有认识到产品和服务的价值	引导需求，使顾客意识到自己的需求；场景营销，培养消费意识，在场景中体验需求；强化传播，展示产品价值，提示顾客
潜在需求	未成为现实需求，可能是因为购买条件不具备，或者产品不能完全满足需求，可能存在的情况： （1）市场尚未形成或还不成熟（例如大学生是未来的购房、购车人群） （2）购买力不足 （3）消费条件不具备（例如使用、维修、原材料供应等条件） （4）产品还不能有效满足需求	产品开发，通过优秀的产品、服务引导顾客使用（例如支付宝），满足需求；有效促销，或通过信贷、分期付款等方式提升顾客的购买力；顾客培育，致力于培养潜在客群，注重消费观念和习惯的养成（例如微信）
下降需求	需求逐渐减少，可能由顾客需求变化、技术进步、产品生命周期或者竞争引发	开发新市场群体（如从发达地区到落后地区）；产品改良，提升功能（通过改进产品满足新需求或产生新用途）；加强促销，刺激产品销售；退出现有产品市场

续表

需求状况	描述	营销者的任务
不均衡需求	在不同时间或者阶段需求不均衡	优化促销，例如淡季促销，调节需求；优化供给，合理调配资源（反季节生产）
充分需求	需求水平与预期一致	稳步经营，提升质量
过度需求	需求过大，超过供给水平	低水平营销
有害需求	有害或者不健康的产品或服务	反市场营销，运用法律、营销手段约束

2. 市场细分、目标市场选择和市场定位

由于社会分工的精细化和顾客需求的多样化，任何企业都不可能满足顾客所有的需求，因此会根据顾客需求的特征将整体市场细分为若干小市场，并根据市场需求、环境和企业目标选择目标顾客，形成自己的目标市场，最后针对顾客偏好和自身优势确定产品的关键利益和形象，从而明确市场定位。这是现代市场营销学目标市场战略的基本框架。

3. 产品与服务

市场营销学中的产品和服务也是满足消费者需求和欲望的供给物，是顾客价值的载体，也是价值主张的体现。

（1）产品。产品是由企业生产并通过交易取得的能够满足人们需要和欲望的任何事物，其价值在于它能满足人们的需要和欲望。

（2）服务。服务是用于出售或者与产品一起出售的活动、利益或满足感。

4. 交换、交易及交易营销与关系营销

站在企业的角度，无论是市场调研，还是目标市场选择，抑或是营销战略和营销计划的执行，一般市场营销活动都会指向达成交易，在企业看来，这也是市场营销的成果。也有学者认为市场营销的核心概念、市场营销的全部内容都体现在交换的概念中。

（1）交换。是指获取所需之物并以某些有价值的东西作为回报，这个概念具有一定的宏观性，泛指一种过程。

（2）交易。是交换的基本单元，也指商品交换的具体动作，多指业务达成，一般市场营销活动称为交易。

（3）交易营销和关系营销。建立在交易基础上的营销称为交易营销，交易营销的出发点是企业，基于业务，与顾客建立的是交易关系，更多是出于战术考虑，对达成业绩或者促进销售有利；关系营销是与利益相关方建立并保持良好的利益关系的营销活动，关系营销的出发点是顾客，基于顾客建立关系，更多是出于战略考虑，对培育市场资源、提升企业形象、营造良好的营销条件有利。交易营销和关系营销的比较如表1－7所示。

表 1－7　交易营销和关系营销

交易营销	关系营销
销售导向	顾客维持导向
注重短期利益	注重长期利益
强调产品性能，不重视顾客服务	强调顾客价值，重视顾客服务
间断型顾客接触	连续型顾客接触
在满足顾客期望方面承诺较为有限	对满足顾客期望的承诺程度高
质量是生产人员关心的事情	质量是涉及企业所有人员的事情

5. 顾客价值和顾客满意度

现代市场营销以顾客为中心，顾客价值和顾客满意度是企业达成市场营销目标的重要基础。顾客价值和顾客满意度涉及以下相关概念。

（1）效用。效用基于产品和服务的功能与品质，是顾客对产品和服务满足其需要的整体能力的评价。顾客在购买和使用过程中，不会仅仅考虑效用，而会全面评价和比较产品的效用和费用等，选择利益最大化的产品。

（2）顾客感知价值。顾客感知价值是指顾客通过将产品的总顾客价值（total customer value）减去总顾客成本（total customer cost）得出的对产品的评价，是对企业传递给顾客的感知利益与顾客的投入的权衡。顾客在购买时倾向于选择价值高且成本低的产品，企业在市场营销活动中，为了有效吸引顾客、赢得竞争，会努力提升总顾客价值、降低总顾客成本。顾客感知价值如图 1－5 所示。

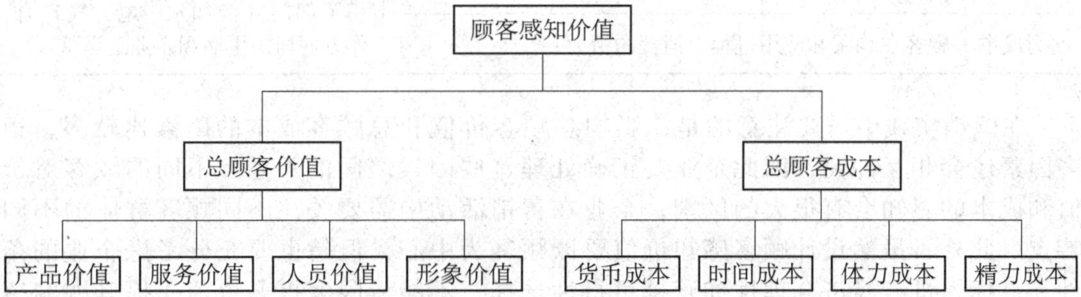

图 1－5　顾客感知价值

总顾客价值包括产品价值、服务价值、人员价值和形象价值，总顾客成本包括货币成本、时间成本、体力成本和精力成本。其具体构成和应用举例如表 1－8 所示。

表 1－8　总顾客价值与总顾客成本

总顾客价值		
构成		应用：以中国移动为例
产品价值	产品功能、质量、品种、规格、特性、品牌、式样等产生的价值。例如卓越的质量、设计的独特性、知名品牌等	提升通话质量；提升网络稳定性；优化套餐；提供针对特定行业（如医疗、旅游、金融）的专属电信解决方案

续表

总顾客价值		
构成		应用：以中国移动为例
服务价值	售前、售中、售后及各种附加服务，以及服务时间、服务效率、服务质量产生的价值。例如增值服务、便捷服务	VIP 俱乐部；积分奖励；呼叫中心；线上线下服务网络；服务内容创新
人员价值	人员的理念、知识、能力、效率、态度和作风、专业性等产生的价值。例如医院的专家、大学的学者、律师、会计师、银行客户经理的专业性	专属客户经理；专职小秘书；政企客户经理；技术、维修和售后支持人员；门店营业员的专业能力
形象价值	企业的整体形象、品牌形象等产生的价值。例如双一流大学、著名企业和企业家	品牌形象；用户口碑；顾客评价；门店装修；营业厅布局和环境
总顾客成本		
构成		应用：以中国移动为例
货币成本	顾客在购买和使用过程中支付的货币	话费优惠；套餐服务；常规和专题促销
时间成本	顾客在购买和使用过程中耗费的时间	网上营业厅；10086 等呼叫中心；App 应用；公众号；小程序；对接其他平台的充值入口；与政府相关部门（例如水、电、气）合作方便居民生活和企业运营
体力成本	顾客在购买和使用过程中消耗的体力	
精力成本	顾客在购买和使用过程中消耗的精力	

在营销实践中需要注意的是，影响总顾客价值和总顾客成本的因素比较多，很多因素还会相互冲突，因此企业要正确处理这些因素之间的关系。不同的顾客对价值和成本的感知会有很大的区别，企业在营销活动中需要关注不同顾客群体的不同特点。此外，虽然设计顾客感知价值要以顾客为中心，但是也要充分考虑企业的条件和目标，进行经济合理性和营销可行性选择，不能无限度提升价值。提升顾客感知价值主要是从价值和成本两方面进行调整和控制，一般有五种提升顾客感知价值的路径，如表 1-9 所示。

表 1-9 提升顾客感知价值的路径

	总顾客价值	总顾客成本
路径 1	提升	不变
路径 2	提升	下降
路径 3	不变	下降
路径 4	下降	下降更多
路径 5	提升更多	提升

拓展　顾客满意的三个层次

（3）顾客满意度。顾客满意度是企业在充分研究市场和顾客需求的基础上，创造价值、交付价值、满足需求的结果，也和企业营销目标、财务目标的实现有重要的关系。所谓顾客满意度，是指顾客将产品和服务满足其需要的感知效果与其期望进行比较形成的感觉，如愉悦与失望的感觉。如果顾客对产品和服务的感知效果超越其期望，顾客会非常满意；如果顾客对产品和服务的感知效果等于其期望，顾客会满意；如果顾客对产品和服务的感知效果小于其期望，顾客就会不满意（见表1－10）。

表1－10　顾客满意度及相应的行为

状态	满意度	行为
顾客期望 > 感知效果	不满意	转换品牌
顾客期望 = 感知效果	满意	无替代品时继续购买，但不能持久，会寻找更满意的企业
顾客期望 < 感知效果	非常满意	持续购买

顾客满意度不仅取决于对产品和服务的感知效果，与顾客期望也有密切的关系。因此，提升顾客满意度可以从提升产品和服务的感知效果和管理顾客期望两个方面入手，一般情况下顾客期望的来源包括：

第一，顾客自身的认知和理解，例如顾客认为应该达到的水平，以及自身的消费体验和阅历。

第二，相关的社会标准，大众认为产品和服务应该达到怎样的水平，或者行业提出的标准。

第三，相关群体的影响，例如其他顾客、明星、好友或者家庭成员的意见或评价。

第四，竞争对手的影响，例如，如果某些保险公司提供道路救援服务，而其他公司没有这项服务，顾客就会对其他公司感到不满。

第五，企业承诺，例如企业承诺7天无理由退货但没有做到，则会令顾客感到不满。

第六，媒体的影响，顾客由于受到传统媒体和新媒体的影响而对特定的产品和服务形成评价和期望等。

（4）顾客忠诚度。顾客忠诚度表现为顾客对企业或者产品、服务的认可程度，如依恋或者喜爱，包括情感忠诚、行为忠诚和意识忠诚。顾客忠诚的表现一般有：重复购买次数多、购买挑选时间短、对价格的敏感度低、对竞争产品有排斥性、对产品质量事故的承受能力强、与企业或者品牌的关系密切，可能存在支持倾向。

顾客忠诚度与顾客满意度有非常密切的关系，但在不同的行业和竞争环境中，顾客满意度和顾客忠诚度会有一定的差异。例如在一些垄断行业或者对于稀缺的产品和服务，即便顾客完全不满意，还是会保持较高的忠诚度；而在供给充分、竞争激烈、顾客选择余地大、营销手段丰富、顾客转移成本低的行业或者产品上，顾客即便很满意，也可能转向其他企业和品牌。所以顾客满意是基本前提和重要条件，但满意的顾客也不一定忠诚，最终决定顾客某一次购买选择的，是产品和服务的价值。提升顾客忠诚度的途径一般有提高顾客满意度、精确细分市场、提供超期望价值、改善顾客沟通、使用新技术、创造以顾客为中心的环境等。

6. 营销组合

1950 年，尼尔·鲍顿提出“营销组合”这一术语。营销组合是指企业根据目标市场的需要，全面考虑企业的任务、目标、资源以及外部环境，对企业可控制因素加以最佳组合和应用，以满足目标市场的需要，完成企业的任务和目标。营销组合是企业营销战术和营销计划的重要组成部分，是企业实现营销目标的执行性措施。

拓展 4×营销理论

1960 年，麦卡锡提出了著名的营销组合的 4P 理论，即产品（product）、价格（price）、渠道（place）、促销（promotion），这是营销组合最基础、最经典、应用最广泛的框架，后来出现的很多营销组合创新都是基于这个基础框架。1986 年，菲利普·科特勒提出了 11P 理论，除了 4P 外还包括权力（power）、公共关系（public relation）、人（people）、探查（probe）、分割（partition）、优先（priorition）、定位（position）等。

三、市场营销的价值

市场营销是一种社会活动，任何组织和个人因为生产经营、履行职责或者生活都会介入市场营销活动，市场营销对于国家、企业和个人都有着十分重要的作用。

1. 市场营销与企业职能

市场营销是企业独一无二的职能。管理大师彼得·德鲁克指出：“市场营销和创新，这是企业的两个功能。”[①]在商品经济社会，企业以顾客为中心，提供有价值的产品和服务来满足顾客需求，“顾客是企业得以生存的基础，企业的目的是创造顾客，任何组织若没有营销，则不能称之为企业”。菲利普·科特勒指出市场营销必须成为商业活动的中心，它的重点必须在顾客身上：“在一个产品泛滥而顾客短缺的世界里，以顾客为中心是成功的关键。”他还指出：“在没有足够支撑公司盈利的产品和服务需求的情况下，财务、运营、会计和其他企业职能即使运行得再好，也是枉然。”

企业运营具有整体性，在现代市场环境下，企业运营以市场为导向，市场营销贯穿企业管理的各部门。

2. 市场营销的社会价值

市场营销对国家和城市、行业、企业、家庭和个人都有着非常重要的作用。

（1）国家和城市。市场营销的理论和实践在国家营销和城市营销方面不断深化应用，在国家和城市战略制定、城市定位、区域特色打造、经济建设、产业规划和发展、文化交流、品牌影响力提升、形象塑造等方面都有显著的成效。例如我国的“一带一路”倡议，成都的城市营销，新加坡的花园城市形象，等等，据说新加坡和成都还设置了专门的城市营销部门。

① 德鲁克．管理实践．上海：上海译文出版社，1999：41.

（2）行业。市场营销在几乎每个行业都有着非常深入和广泛的应用，结合行业的特色，有针对性地为行业的市场开发和运营提供了支持。例如我们常见的农产品营销、汽车市场营销、金融营销、旅游营销、文化营销、地产营销、会展营销等。

（3）企业。市场营销是企业各项职能有效发挥的基础。市场营销以市场为中心，协调研发、采购、生产、质量管理、财务、人事、行政、物流等部门，以使整个企业高效运转。也是企业创新的重要源头和动力，有助于市场创新、产品创新、技术创新、渠道创新、服务创新、管理创新和商业模式创新等。

（4）家庭和个人。菲利普·科特勒说，市场营销"是我们这一代人的思维方式"，极大地激发了律师、医生、管理人员、博物馆馆长、政府官员以及经济发展专家的想象力。也可以说营销无处不在，时时有营销、处处有营销、人人需营销、事事能营销。在家庭生活、学习、职场、社交、政治等场景下，好的营销能在深化我们的洞察、提升自我对社会的价值、提升个人品牌和形象、营造良好的环境等方面提供重要的帮助和利益。

第 3 节　市场营销管理哲学和应用框架

一、市场营销管理哲学

市场营销管理哲学是企业营销活动的指导思想或者思维方式，也有学者将其描述成市场营销价值观。企业的市场营销管理哲学在营销活动中起着非常重要的作用，体现的是企业如何看待和处理企业与顾客、企业与社会的关系（见图 1－6），不同的市场营销管理哲学产生不同的营销活动，也将决定市场营销的成效。随着社会经济的发展和技术的进步，企业的市场营销管理哲学也在不断演变，其演变过程一般分为生产观念、产品观念、销售观念、市场营销观念和全方位营销观念五个阶段。

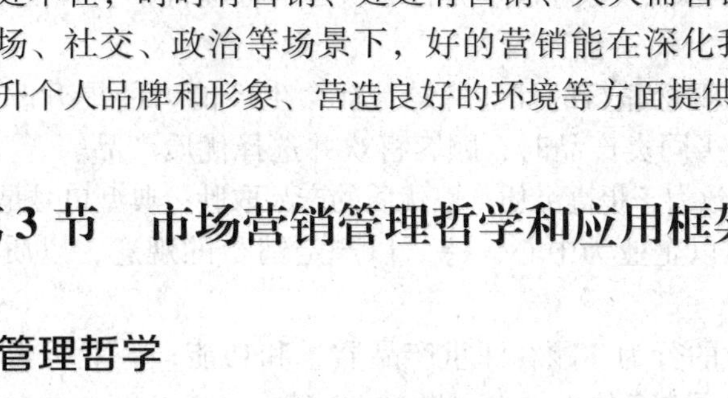

图 1－6　企业市场营销管理哲学的演变

1. 生产观念

（1）背景。生产观念在西方盛行于 19 世纪末至 20 世纪初，主要的背景是市场需求旺盛，而由于生产能力有限，物资短缺、供应相对不足。

（2）核心思想。是典型的卖方市场，是一种重生产、轻市场的"生产中心论"观点，注重产品与生产效率；典型的口号是"我们生产什么，就卖什么"。

（3）营销导向。以企业为中心，营销顺序是由企业到市场。

（4）顾客和企业的行为。由于产品紧缺，顾客选择余地较少；企业重视生产技术、生产能力、生产规模、生产成本，大量生产，不必关注市场需求和顾客差异。

（5）观念辨析。生产观念在特定的社会环境下帮助企业取得了经营上的辉煌，例如福特的T型车，但随着时代的发展、顾客需求的变化和资本的投入，全社会的生产能力得到了很大的提升，企业之间的竞争从谁能生产、谁能多生产转向谁生产的产品更好，就是我们平时所说的“人无我有、人有我优”，持生产观念的企业最终可能会陷入困境。但是我们也要认识到，即便是在现代社会，企业在满足市场需求的前提下，在全方位营销的战略布局中，生产领域的技术能力、研发能力、生产能力、成本控制能力也构成很多企业的竞争优势。因此，我们对传统的市场营销管理哲学应该批判性地继承。

2. 产品观念

（1）背景。产品观念盛行的社会背景是社会生产能力的提升改善了供给能力，供需矛盾得到缓解，在购买同类产品时，顾客喜欢并选择优质产品。

（2）核心思想。致力于提高品质，以优质的产品取胜；典型口号是质量比需求更重要。

（3）营销导向。以企业为中心，持“以产定销”的观念，以质量竞争，营销顺序是从企业到市场。

（4）顾客和企业的行为。顾客注重产品质量和功能；企业努力提升产品在质量、功能、效用、特色等方面的竞争力，并不断精益求精。

（5）观念辨析。产品观念大大提升了企业的竞争力，也优化了市场供给，但由于重视产品而忽略市场，可能导致“营销近视症”，最终可能造成产品不适应市场需求，并限制产品创新。因此有人认为产品观念过时了，但在企业全方位营销的战略布局中，以产品为突破口的竞争仍然发挥着重要的作用，在数字化时代，营销也在不断丰富产品的内涵，例如推出特色产品、名品、新品、爆品等，产品的创新也会引发市场/顾客创新、需求创新。在市场营销理论和实践的不断发展中，我们可以为产品观念赋予新的内涵。

3. 销售观念

（1）背景。销售观念流行的时间大致为20世纪30—40年代。背景是在生产观念和产品观念的指导下，市场供给的规模和质量得到了很大的改善，能生产出质量好的产品，必然导致卖方市场向买方市场过渡，致使部分产品供过于求，企业很自然地通过加强销售活动来维持运营。

（2）核心思想。重视销售，运用推销与促销手段来刺激需求的产生；典型口号是“我们卖什么，就让人们买什么”。

（3）营销导向。以企业为中心，营销顺序仍然是从企业到市场。

（4）顾客和企业的行为。顾客选择产品的余地大，影响选择的因素多，面对众多的产品会存在选择困难，销售人员的意见或建议能在一定程度上帮助顾客做出选择，促销活动在一定程度上能刺激顾客的购买；企业重视销售活动、渠道和网络的建设、销售团队的建设，也重视传播、促销和推广等营销活动。

（5）观念辨析。销售观念至今仍然被很多企业重视，它有效地指导了企业销售网络的建设、中间商的开发和管理、销售团队的培养、传播活动和促销活动的创新，丰富了市场营销的理论和实践。但是销售观念的一个致命缺陷是它是从企业的角度出发的，没有充分考虑顾客的需求、市场竞争和技术进步等环境的变革，因此必然会对企业的市场营销思维和活动形成制约。在数字化时代，销售观念的应用也有极大的创新，例如渠道的变革、电子商务的应用、新媒体的发展，带来新零售、新贸易，以及直播带货、内容营销、社交电商、社区电商等全新“人货场”体系的创新。

4. 市场营销观念

（1）背景。市场营销观念产生于 20 世纪 50 年代中期，当时社会经济环境发生重大变化，顾客无论是购买能力还是需求都有很大的提升，买方市场出现。在销售观念的指导下，无论企业的销售人员多么努力，措施如何到位，如果不关注市场，就看不到市场的趋势和变化，也无法分析竞争的态势，更不能了解顾客的需求，产品最终会因为不能满足市场需求被淘汰。这个时候，企业必须关注市场，以市场为基础、以顾客为中心重组企业的市场营销乃至整个生产经营活动。

（2）核心思想。以顾客为核心，发现并满足需求，关注市场营销环境、关注竞争；市场营销观念的四大支柱是目标市场、顾客满意、整体营销和盈利能力。

（3）营销导向。“先感应再响应”[①]，市场营销顺序是从市场需求到企业，再到产品生产；典型口号是“顾客需要什么，我们就生产供应什么”。

（4）顾客和企业的行为。顾客具有较大的选择权和话语权，市场以顾客的需求为中心；企业重视顾客需求，重视营销环境分析，重视顾客研究，以顾客价值为中心，全方位规划价值选择、价值创造、价值传播和价值传递过程。

（5）观念辨析。市场营销观念是市场营销管理哲学的革命性变革，不仅对市场营销，而且对企业的整体运营、社会价值观念也产生了深远的影响，至今仍是企业市场营销活动的基本指导思想。在数字化时代，以顾客为中心的市场营销理论和实践，包括顾客运营、顾客关系、个性化营销，互联网运营中的顾客获取、顾客引流、顾客转化，以及市场营销活动中的顾客主体地位多元化创新等，得到了创新和丰富。

5. 全方位营销观念

拓展　营销 4.0

（1）背景。宏观方面包括经济社会的迅速发展、全球化的深入、科技（特别是计算机、互联网和通信技术）和管理水平的进步、环境保护意识的增强、社会问题的突出，微观方面涉及消费者自主权、供应商运营能力、企业自身创新能力、竞争者战略能力、公司社会责任等的变化。这两方面的变化既为企业的市场营销活动提供了机会，也带来了挑战，要求企业不仅考虑企业和顾客之间的关系，也要考虑各方面的利益和资源、开发全方位的营销手段，进行整体、系统、协同的营销创新。

（2）核心思想。企业营销 = 顾客需求 + 社会利益 + 盈利目标；表现为市场营销对象多元化、市场营销手段整合化、市场营销绩效综合化。

（3）企业行为。一是关系营销，建立并维系与顾客和其他利益相关者的关系；二是

---

① 科特勒，凯勒．营销管理：第 15 版．上海：格致出版社，上海人民出版社，2016：20.

整合营销，整合各个营销要素和营销渠道进行一致性营销活动；三是内部营销，市场营销是整个企业的活动，与各个部门和岗位都有关系；四是绩效营销，市场营销的目标不仅是产生收入与利润，也包括提升企业品牌和顾客资产、市场份额、顾客满意度、雇员满意度等，还包括保护环境、有效履行社会责任，甚至在倡导健康的理念和价值观、传递生活和社会标准、提升社会文化水平方面做出贡献。

全方位营销的四个基本支柱为关系营销、整合营销、内部营销和绩效营销①，如图1－7所示。

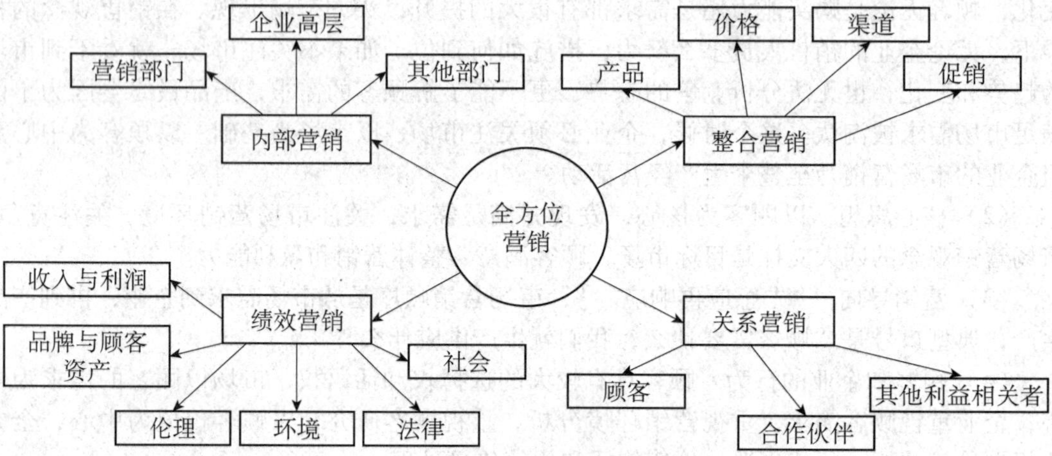

图1－7 全方位营销的四个基本支柱

二、市场营销框架

1. 基于公司价值链的市场营销框架

以市场为导向的价值探索、价值创造和价值传递与公司全局、长远、关键的战略规划和执行紧密相关，是公司战略制定的重要依据和组成部分。

（1）公司的价值探索、价值创造和价值传递。市场营销的核心过程为价值探索、价值创造和价值传递，如图1－8所示。其中，价值探索指需要进行科学的市场调研，寻找市场机会，避开环境威胁，并深刻洞察顾客和竞争对手，确定目标市场和市场定位，并选择价值②；价值创造指必须根据顾客的需求，设计顾客的利益和价值，通过设计、采购、生产制造等过程创造满足顾客需求的产品和服务，通过价格、质量等体现顾客价值，同时通过品牌管理提升顾客价值；价值传递指通过分销渠道提供交易、物流、售后服务等传递顾客价值。

（2）基于顾客价值的公司运营。以顾客价值为导向的公司，重视顾客中心、核心竞争力和合作网络。其中顾客中心主要解决的是价值探索和价值传递的问题；而价值创造需要企业有比较优势和核心能力，并通过公司的业务执行、内部资源的整合来完成。作为一个公司，

① 科特勒，凯勒．营销管理：第15版．上海：格致出版社，上海人民出版社，2016：21.

② 科特勒，阿姆斯特朗．市场营销：原理与实践：第17版．北京：中国人民大学出版社，2020：32.

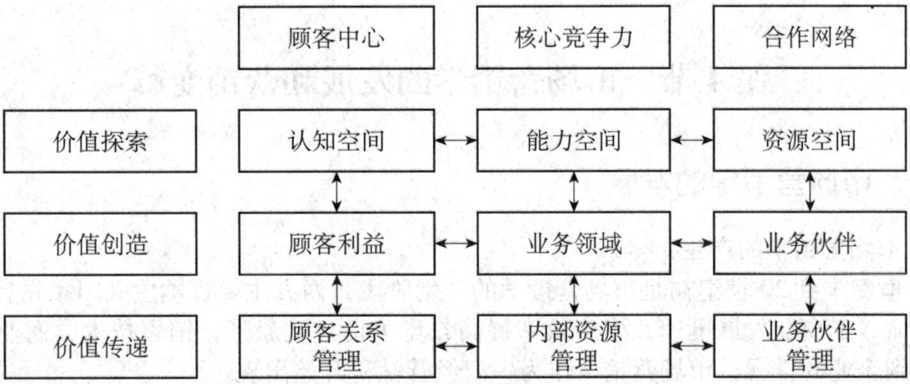

图 1－8　基于公司价值链的市场营销框架

经营的资源和条件会受到各种限制，在整个过程中需要通过合作，整合和管理更多合作伙伴的资源，更好地完成这个过程。从这个角度也能充分看出，企业的市场营销活动不仅涉及市场营销部门，还涉及整个企业各个部门的协同，也有参与价值创造和传递的各类外部主体的管理和协调，所以从全局的角度出发，很多企业把市场营销职能提升到战略的高度。

2. 基于营销管理的市场营销框架

基于营销管理的市场营销框架提供了市场营销活动的作业逻辑，有助于指导企业开展营销活动，做到流程清晰、规划合理、协调顺畅。菲利普·科特勒建立了市场营销管理框架，即“3C + STP + 4P”①，如图 1－9 所示。

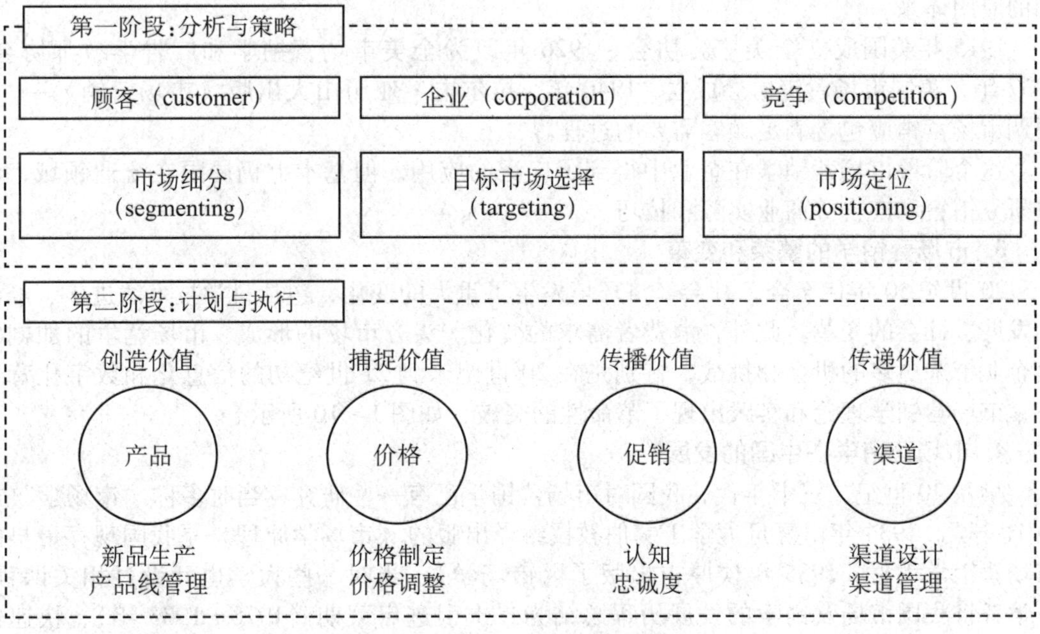

图 1－9　市场营销管理框架

① 曹虎，王赛，乔林，等. 数字时代的营销战略. 北京：机械工业出版社，2017：68－70.

第4节　市场营销学的发展和营销变革

一、市场营销学的发展

1. 市场营销学的产生

19世纪末到20世纪初是市场营销学的产生阶段，西方主要资本主义国家先后完成了工业革命，工商业发展迅速，生产效率提高，竞争也日益激烈，销售技术、商业广告等逐步受到企业的重视，市场营销学作为一门经营学科开始出现。

1902年至1903年，美国密歇根大学、加利福尼亚大学、俄亥俄大学等相继开设了市场营销课程；1910年，美国威斯康星大学巴特勒教授出版《市场营销方法》，首先使用市场营销作为学科名称；1912年，哈佛大学出版了赫杰特齐的《市场营销学》，市场营销学从经济学中分离出来。

这一时期，市场营销从企业的生产活动中被分离出来进行研究，市场营销学从经济学中分离出来成为独立的学科。市场营销学的研究建立在卖方市场基础上，主要领域为流通领域。

2. 市场营销学的应用

1929年爆发了严重的经济危机，企业面临的问题是如何把产品销售出去，企业开始重视市场，运用市场营销理论来指导实践，帮助解决销售问题，由此逐步建立了市场营销的应用体系。

1915年美国成立全美广告协会，1926年改为全美市场营销学和广告学教师协会，1937年，美国市场营销协会成立，1940年，拉尔夫·亚历山大出版《市场营销》一书，强调市场营销应包含满足顾客需要的过程。①

这个阶段市场营销学在企业中得到了广泛的应用，但基本上仍局限在流通领域，注重研究销售和广告等商业实务和技巧。

3. 市场营销学的繁荣和变革

20世纪50年代至今，社会经济环境发生了重大的变化，包括科学技术的进步、经济的发展、社会的变革。此外，消费者需求的变化、买方市场的形成、市场竞争的加剧等给企业带来更多的机会和挑战，特别是在20世纪末到21世纪初的信息化和数字化背景下，市场营销学理论和实践出现了革命性的突破，如图1－10所示。

4. 市场营销学在中国的发展

早在20世纪二三十年代，我国对市场营销学已有一些研究，当时多称“市场学”或“销售学”，1934年由复旦大学丁馨伯教授编译出版的《市场学原理》是我国现存最早的市场营销学教材，1935年侯厚吉出版了《市场学》，当时一些大学也开设过相关课程。有学者将我国市场营销学的发展历程总结为二次引进启蒙期（1978—1983年）、快速传

---

① 吴健安，聂元昆．市场营销学．6版．北京：高等教育出版社，2017：10.

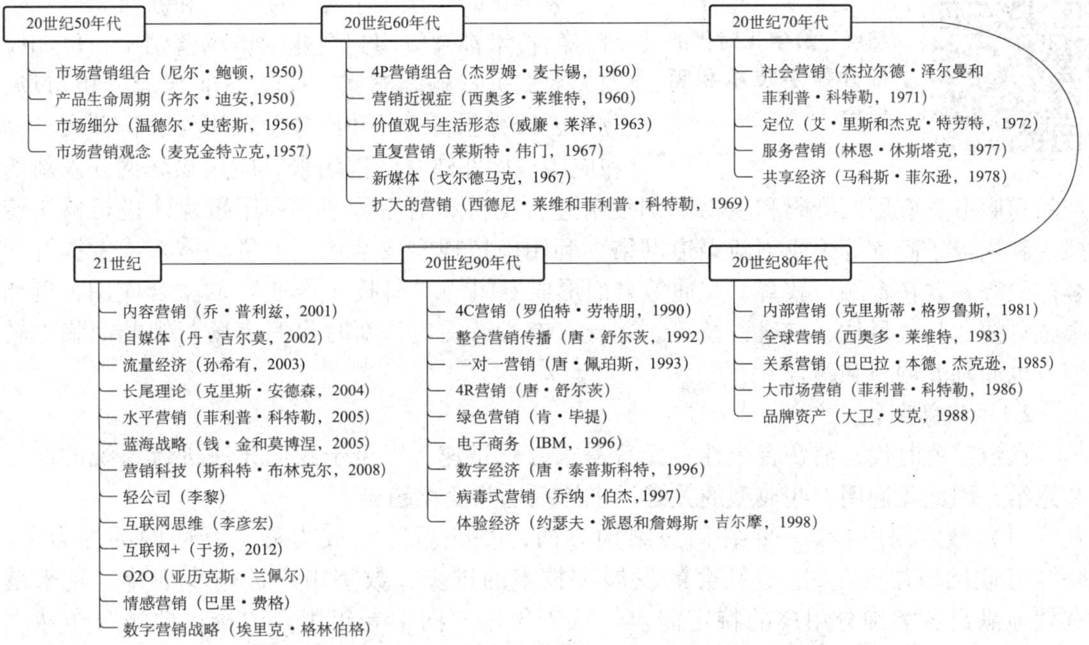

图 1－10　市场营销理论和实践中的创新性概念（部分）

播期（1984—1994 年）、研究与应用深入拓展期（1995 年及以后）等阶段。①

随着数字化时代的到来，我国市场营销学的发展也进入新时代，市场营销学科得到了极大的发展，市场营销实践更加深入，市场营销理论迭代创新，出现了很多新时代的营销研究成果。特别是在数字化、互联网应用等领域，我国的实践创新走在世界前列，在世界范围产生了巨大的影响，为市场营销学的发展做出了卓越的贡献。此外，市场营销教育事业欣欣向荣，为社会输送了大量的专业人才。

二、数字化时代的营销变革

在数字化时代，无论是宏观环境还是微观环境都发生了巨大的变化。

1. 营销新环境

随着计算机、互联网、电子信息和通信技术的发展，我们进入了数字化时代。在数字化时代，整个社会，包括政府、产业、企业、家庭和个人，都发生了深刻的变革。《中华人民共和国国民经济和社会发展第十四个五年规划和 2035 年远景目标纲要》第五篇专门阐述加快数字化发展、建设数字中国，并提出打造数字经济新优势、加快数字社会建设步伐、提高数字政府建设水平、营造良好数字生态。数字化成为市场营销环境变革的重要源头之一，有人将其称为“数字革命”。2008 年，斯科特·布林克尔首次提出了 MarTech 的概念，从字面上来看，MarTech = marketing + technology，即“营销 + 科技”。

① 吴健安，聂元昆．市场营销学．6 版．北京：高等教育出版社，2017：13－15.

拓展　数字化时代的部分数字技术和新概念

数字化时代产生了许多新技术和新概念，几乎所有的技术都被应用到企业的市场营销中，例如应用大数据进行顾客洞察、应用商业智能分析市场、应用云计算创新产品和服务、应用元宇宙开发产品和应用程序并建立营销场景、应用物联网开发新的产品和服务、应用二维码和生物识别技术进行支付和信用管理、利用融媒体进行营销传播、利用电子商务等手段创新渠道网络、利用虚拟现实技术建立人货场体系或者提升顾客体验等，并在金融、教育、交通等方面形成专门的“科技＋产业”的融合应用，例如金融科技、教育科技、交通科技等。因此，有学者提出，新时代的市场营销既面临着转型，也面临着创新和融合。

2. 用户新变化

在数字化时代，消费者个性多元且需求变化迅速，以至于我们无法进行系统的概括和总结，因此我们用一些典型的关键词来体现这些变化趋势。

（1）数字用户。第一，在用户结构方面，“95后”已成为移动互联网的主力军，是“互联网原住民”。随着社会的发展和技术的进步，数字用户进一步细分，越来越有效地满足各类细分用户的特定需求，从青年用户向中老年用户渗透，地域分布从大城市逐渐扩大到乡村。第二，在用户行为方面，各类用户在资讯获取、娱乐休闲、社交、生活、购物、教育、工作等领域都深度使用数字化产品和服务，从某种程度上讲，数字就是生活。用户的行为在发生变化，中国移动研究院在《数字化营销现状与趋势》报告中提到了用户价值经营精细化、用户消费多元化和用户行为线上化的趋势，在用户消费多元化中提出“消费需求变化、消费理念变化和消费触点变化”。第三，在用户组织方面，目前业界有一种“用户圈层化”的说法，即存在通过社交工具组织起来的各类用户圈层，这些圈层有一定的独特性，但圈层内的人又有一定的共性，例如“新老人群”“宝妈群”“考研党”“小镇青年”等，企业用恰当的内容、恰当的权益来维护这些圈层，通过这些圈层引流、获客、维系用户，因此，营销实践中有人提出“圈层营销”。

（2）用户主权。数字化时代的市场营销仅仅强调“以顾客为中心”远远不够，事实上我们已经进入“用户主权”时代，这不仅仅体现在市场主导权、选择权、话语权方面，数字化已经赋予用户全新的能力。用户主权的具体体现如表1－11所示。

表1－11　用户主权的具体体现

表现方式	具体描述
主导权和决定权	企业的营销以用户需求为导向，以用户满意为目标
开放和平权	平权是互联网的特征之一，平台的开放、新媒体的应用以及用户产生和传播内容的能力等，赋予用户话语权、传播权
博弈能力	信息透明，用户辨别能力强、选择权大、讨价还价能力强。数字化时代，不仅强调“性价比”，还突出“兴价比”，满足用户的兴趣和爱好

续表

表现方式	具体描述
用户角色变迁	用户不是旁观者，不是产品和技术的被动接受者，可以深度参与企业的生产运营和营销过程，成为产品和服务的设计者、生产者（阿尔文·托夫勒提出产消者一词：prosumer（产消者）= producer（生产者）+ consumer（消费者））、体验者（例如小米的荣组儿）、传播者（例如点评者、转发者）、合作者（例如百度文库内容的上传者）甚至联合创业者，用户还可以有情感角色，例如成为粉丝、好友、关注者，可以打卡、点赞、支持等
满足自我需求的能力	用户需要的不仅仅是产品和服务需求的满足，在数字化时代，情感表达、沟通、自我成就也是重要的需求，这也是自媒体流行的根本原因，特别是抖音、今日头条等，用户参与其中可获得存在感、认同感

（3）个性化。新时代的用户既具有共性，又具有个性，这在社会角色、消费需求、个性满足等方面都能得到体现。小众和细分化的需求众多，数字化赋予了企业“一对一营销”和“精准营销”的全新能力，企业能够更好地满足用户的需求；也可以更好地应用长尾理论。用户的个性化表现及营销措施如表 1－12 所示。

表 1－12　用户的个性化表现及营销措施

表现	营销措施
特定需求	基于营销战略的一对一营销、顾客秘书、顾客定制（大量客制化）
精准的产品和服务要求	一物一码：赋予每个产品独一无二的产品身份证 一店一策：每个店有一个针对性的策略和计划，例如将一些网点定位为老年银行，另一些网点定位为亲子银行，具有针对性 千人千面：为每个用户提供一个解决方案，例如电商平台的产品推荐
品牌倾向和态度	小众品牌：在一定范围内例如社区和圈子内部的人知晓和喜欢的品牌，比大众品牌打造成本低，更贴近用户
特定的人设	打造特殊的定位和独特性，针对特定群体进行营销，建立个人品牌，进行分众传播或者聚众传播

3. 企业新能力

拓展　数字化赋能企业营销（举例）

数字化在企业市场营销具体职能和各个环节都有重要的作用，这也是数字化时代企业市场营销转型和变革创新的具体途径和方向。企业可通过强化数据思维、利用自身的数据资源和手段、利用第三方或者合作伙伴的数据平台赋能企业战略、战术与执行，提升企业能力。

4. 竞争新格局

数字化时代，市场的竞争理念、竞争主体、竞争地位、竞争方式、竞争内容都发生了巨大的变化，形成了竞争新格局。

（1）竞争分析和动态跟踪。数字化时代让我们拥有了更多的数据、资源和工具进行竞争分析，并对竞争对手进行动态跟踪，及时了解竞争的状况。

（2）竞争能力培育。企业具备更加多元化的竞争优势，数字化本身就是一种强大的竞争能力，其中核心竞争能力是指企业拥有的、短期内很难被竞争对手取代的资源和能力。数字化时代市场多样化、顾客差异化，企业获取资源的能力增强，为企业核心竞争能力塑造提供了更多的选择。例如不同的企业在资本规模、技术研发、生产能力、顾客资源、渠道资源、品牌和知名度、人力资源等方面都能形成有效的竞争优势。

（3）竞争模式的差异化。技术赋能给更多的企业带来了竞争领域的创新，企业更有条件实现差异化竞争。例如基于利基市场和长尾市场的顾客差异化、基于特色功能的产品差异化、基于直播和短视频的渠道和网络差异化、基于独特定位的形象差异化等。

（4）竞争与合作协同。基于资源和企业目标，竞争与合作成为相对的选择，没有永远的竞争者，市场竞争不是零和游戏，而是各方发挥资源优势，例如品牌、数据、流量优势等，共同创造新的价值或降低各方的成本。互联网的开放思想更能为各方的合作提供平台和工具，形成双赢和多赢的局面，所以有人说“一场成功的谈判，每一方都是胜利者”。

5. 跨界新融合

创新、融合、开放、包容、平权是互联网的重要时代精神，数字化时代为企业开创了一个融合创新的环境，给企业市场营销的创新提供了更多的外部条件，融合创新本身也是数字化时代企业的新能力，能给企业的市场创新、技术创新、产品创新、管理创新带来新的机会和路径。

6. 发展新趋势

企业应实现数字化和智慧化驱动，创造顾客价值，满足顾客需求并实现企业的目标。数字化和智慧化技术为市场营销带来了很多创新实践。对于市场营销的未来发展趋势，在技术不断迭代的环境下没有定论，我们仅仅提出一些看法供大家讨论。

（1）人性化。在营销理念方面，更加注重用户主权、体现用户的个性、满足用户特定的需要；在营销管理方面，突出用户生态，重视用户开发，在顾客洞察、用户运营方面将出现更多的工具和创新；在顾客关系方面，更加重视创造和维系顾客，创新更多的触点和场景，在用户角色上有更多的创新，用户更加广泛和深入地参与到企业的运营，从而也会创造除产品价值之外的更多社会价值。

（2）一体化。第一，重视顾客全生命周期价值，建立以顾客为中心的闭环营销体系，打破市场开发、销售和服务分离的局面，建立顾客前期触达、中期获取、后期留存和维系的全方位体系，涵盖目标市场、市场定位、产品、运营、销售、服务等，同时注重现有顾客、潜在顾客的规划；第二，整合营销传播，突出传播目标整合、顾客整合、内容整合、媒体整合、活动整合，进行长期、稳定、一致的传播；第三，营销功能一体化，例如媒体即渠道（直播平台、短视频平台等）、产品即渠道（产品本身就是触点，扫描二维码就可以下订单）、顾客即渠道（顾客转告、推送），一些企业还实现了“人、货、场”一体化。

（3）智能化。首先是营销自动化，利用数字化和智慧化技术，使顾客研究、市场分析、订单处理、营销沟通、产品推送、物流配送、顾客服务、业绩评估等实现自动化、机械化、流程化，不仅提高了效率，而且降低了成本；其次是营销敏捷化，通过数字化技术，实现营销活动的实时处理、敏捷响应、动态跟踪、即时反馈、智能对策、有效协调；最后是营销精准化，通过数字化手段，实现一物一码、一店一策、千人千面的精准识别、传播、转化和服务。

（4）去中心化。第一，部门组织和协同。数字化营销与传统营销有很大的区别，数字化营销打破了传统的组织层级，突破了传统的垂直运营体系。第二，用户场景和触点多元化、营销渠道和空间立体化、传播主体矩阵化、传播媒介泛化。第三，网格化。在技术的支持下，每一个顾客触点都可以引发系统有序和及时的营销响应，真正做到“首问负责”“人人都是营销者”。

本章小结

市场营销对于国家、社会、行业、企业和个人都有着十分重要的作用，市场营销是企业独一无二的职能，是创造顾客、创造价值、传播价值和传递价值的社会过程。本章依次介绍了以下几个方面的内容：

（1）市场的概念等。第一，场所导向的市场是商品交换的场所；第二，关系导向的市场是交换关系的总和；第三，管理导向的市场是商品交换及其规律、条件、过程的总称；第四，营销导向的市场是某种产品的实际购买者和潜在购买者的集合。

（2）市场营销及核心概念。首先是市场营销的定义；其次是需要、欲望和需求，交换、交易及交易营销与关系营销，顾客价值和顾客满意度等市场营销的核心概念；最后是市场营销的价值。

（3）市场营销管理哲学和应用框架。一是市场营销管理哲学的演变，树立全方位营销观念；二是基于公司价值链和基于营销管理的市场营销框架。

（4）市场营销学的发展和营销变革。首先是市场营销学的发展；其次是数字化时代的营销变革，包括营销新环境、用户新变化、企业新能力、竞争新格局、跨界新融合、发展新趋势。

启示

随着数字化时代的深入与科学技术的进步，市场营销的学科基础得到不断的充实和发展，市场营销的理论不断丰富，市场营销的实践不断创新，我们对市场和市场营销的认识也在不断深化。同时营销理念不断更新，营销的工具和手段不断迭代和创新。市场营销从传统的关注产品与销售发展到关注顾客，顾客被还原成完整的、丰富的人，与企业建立联系，营销的价值主张上升到平等、共赢、参与的“精神与价值观的响应”。

思考与应用

1. 如何全面理解市场的概念？
2. 什么是市场营销？为什么说市场营销是企业的核心职能？
3. 什么是顾客感知价值？它由哪些部分构成？

4. 市场营销管理哲学的演变分为哪五个阶段？

5. 在数字化背景下，市场营销的理论和实践发生了哪些变革？

案例分析

找我婚礼的发展

找我婚礼的诞生要从创始人龙宏先生自己的婚礼说起。龙宏准备花2万元左右举办婚礼，并和夫人寻找婚庆公司。那时，选择成都好一点的婚庆公司至少需要3万元，对于3万元以下的订单，它们往往直接拒绝，而套餐虽然在价格上有很大的优势，但是谁也不想自己的婚礼和别人的一模一样。因为没有找到合适的婚庆公司，最后龙宏和夫人决定自己筹备婚礼，可是因为缺乏专业经验，亲力亲为的结果变成了劳心劳力，最重要的是婚礼并没有达到预期。从四川大学市场营销专业硕士毕业的龙宏感到疑惑：为什么没有一家婚庆公司可以实现没有预算限制的定制婚礼呢？用他后来的话说就是：当时成都婚庆产业存在市场空白，那就由我来填补。于是在2014年，在成都万达广场的一个小房间里，找我婚礼①悄然上线。

2014年，成都的婚庆产业由传统的婚庆公司占据主导地位，它们依托婚礼道具重复使用的优势，设立自己的婚礼仓库和婚礼执行部门，将婚礼的利润控制在40%左右，因此一场5万元左右的婚礼，实际成本大概是3万元。为了在婚庆市场找到自己的一席之地，找我婚礼率先提出以成本价做婚礼的理念，颠覆行业传统的盈利模式，所有的报价全部公开至官方网站和App。传统婚庆公司给客人制作一套婚礼海报，报价可能是400元，找我婚礼则将自己在广告供应商那里拿到的8元一平方米，整套下来150元左右的价格直接报给顾客，不再赚取中间差价。

那时国内正在被O2O卷起的狂风侵袭，找我婚礼正是借助O2O的模式立足，依托互联网进行口碑传播。“以成本价定制婚礼，同一场婚礼能够比传统婚庆公司节省40%～50%的费用”的标语成为当年找我婚礼进军婚庆市场的头号利剑。

同时为了保证婚礼的品质，找我婚礼开始挖掘婚庆市场上的另一核心资源——婚礼策划师。在当时很多传统婚庆公司中，婚礼策划师除了进行婚礼设计之外，还承担婚礼销售的岗位职责，主要的收入来源于婚礼总费用的提成，因此提高客人的婚礼预算成为当时司空见惯的事情。基于此种模式，找我婚礼开始对婚礼策划师这一角色进行重新定义。在找我婚礼，所有的婚礼策划师只需要专心做设计，销售和前期的服务工作则由婚礼顾问负责，同时为了避免一味抬高客人预算的行为，找我婚礼为所有的婚礼策划师进行定价，并将其个人主页呈现在网站上。比如根据策划能力，将A婚礼策划师的策划费定为1 500元。

为了实现婚礼策划师内部的良性竞争，找我婚礼根据每一个婚礼策划师的策划能力对其进行排名和定价，同时为了激励婚礼策划师的个人成长，提升服务水平，找我婚礼根据其订单量和好评率（在找我婚礼办完婚礼的客人享有对婚礼策划师的点评权利）制

---

① 当时名为“找我网”，2017年品牌更名为“找我婚礼”，为方便叙述，本案例统一使用“找我婚礼”。

定了一套涨价机制，如 A 婚礼策划师的策划费是 1 500 元，那么在他获得 10 次好评和完成 15 场婚礼订单之后，价格可以自动上涨至 1 600 元。通过这样的机制，实现了婚礼策划师的圈内推荐，让更多的婚礼策划师愿意加入找我婚礼。

解决了自身服务流程的搭建问题后，找我婚礼开始摸索从获客到售后的路径规划。找我婚礼精准定位，制定了自己的获客渠道。如根据一对恋人从相爱到领取结婚证并举办婚礼的过程，找我婚礼将领证环节作为一大获客点。找我婚礼最开始的时候用地推的方式进行传单的宣传讲解，后期因为调研发现很多去领证的新人没有提前准备好证件照，会在各民政局附近的照相馆拍照，因此在降低获客成本的前提下，找我婚礼与照相馆实现联合促销，让来拍照的新人以扫描二维码留下联系方式的形式领取拍照立减 10 元的优惠券，找我婚礼再每张照片补贴 10 元给照相馆，实现以每人 20 元的低获客成本使客资流入。类似于这样的低获客成本的方式贯穿渠道策略的始终，最终实现了线上网站、官方微博、App 同线下民政局、合作商等渠道的整合。

找我婚礼用两年时间解决了婚庆领域人和物的问题之后，立志让企业进一步发展壮大。于是找我婚礼在 2017 年进行了品牌的第一次升级。

（1）采用智能算法推荐婚礼人。找我婚礼提供婚礼定制服务，新人可以通过找我婚礼的网站、App 等渠道直接找到适合自己的婚礼人，从而省去复杂的中间环节和相应的费用。

人是服务的核心之一，婚礼行业同样如此。无论是主持人还是婚礼策划师，在每一场婚礼中是否用心投入，用户完全能够感受到。因此，对于婚庆领域的企业来说，“如何做好人才管理”“如何保证人才能够以服务为导向，全身心投入婚礼当中给新人留下美好的回忆”，这是企业急需解决的问题。基于这样的背景，婚礼人服务系统显得极其重要。

鉴于此，找我婚礼通过不断摸索，推出了智能算法。此前，新人选择“四大金刚”（司仪、跟妆师、摄影师、摄像师）等主要依据婚礼顾问的推荐。但这种方式效率低下，并且对人的依赖程度很高。找我婚礼拥有每对新人的精准画像、交易数据、服务数据，通过智能推荐，不仅可以提高效率，而且可以帮新人找到合适的婚礼人。

智能算法依据找我婚礼积累的关于婚礼服务过程的数据，根据用户的满意度以及用户画像，再加上这些满意客人的特征，设计出一套推荐算法，通过机器学习不断提升推荐的准确率。因此，随着公司婚礼业务量的不断增加，智能推荐也将越来越准确。

（2）供应链系统的建立以及盈利渠道的拓展。2017 年，找我婚礼依托规模优势尝试建立供应链系统。所有的供应链系统都有几个关键点：道具及设备周转的效率、采购成本、损耗。规模小的公司往往供应链管理成本很高，效果也不好。对于像找我婚礼这种具有一定规模的企业来说，供应链系统的建立则十分重要。比如，建立起鲜花、道具等供应链，可以为企业的婚礼做支撑，也可以提升企业的利润，提高公司在规模效应之下的议价能力。

2018 年，找我婚礼重点完善智能仓储与执行，整合婚礼中的人和物两个方面，进行信息化的改造，优化运营机制，进而提升整个婚礼服务的效率和质量。伴随效率的提升，找我婚礼的业绩也翻了一番，最高单月策划了 1 000 场婚礼。

龙宏说：找我婚礼是致力于“为用户创造幸福感、仪式感”的科技服务公司，覆盖情侣、家庭、工作三个业务场景。找我婚礼把婚礼策划当成流量入口，不断提升婚礼性价比和服务质量，预计老带新过程中新老人员之比将达到1:1。找我婚礼将通过品牌赋能、技术赋能、数据赋能、供应链赋能，带动行业发展。

（3）异地复制，建立城市合伙人。2017年，找我婚礼一位重要的合伙人自己组建了一个公司，为找我婚礼的团队培养人才，以在服务层面做提升。该公司通过和ABC国际婚礼统筹协会进行合作，在中国开展认证的、系统的婚礼服务培训。近几年找我婚礼陆续在重庆、南昌等地开设了线下体验中心，识别异地复制存在的问题。未来，找我婚礼将在全国建立五大区域中心，在100个城市选择城市合伙人，并且将所有的服务流程标准化。

找我婚礼致力于打造数字化时代婚礼服务新模式。公司根据顾客的收入水平、婚礼举办地、婚礼风格等再次细分市场，并希望建立智能化婚庆行业平台。找我婚礼以顾客满意度为导向，建立协同机制，实现全流程数字化，帮助产业内更多的婚礼人及企业，赋能行业操作系统，导入新的利益分配机制，实现了婚庆服务产业效率提升。

2019年找我婚礼建立了数据化服务品控体系；2021年公司婚宴预订业务覆盖了成都、重庆、南昌；2022年全国门店达到46家，年交易额达到3.5亿元。找我婚礼致力于将产业最优秀的生产者整合起来，赋能先进的行业解决方案，导入新的利益分配机制，实现婚庆服务产业效率提升，让每一场婚礼都超出期待。

针对“00后”用户需求和特点——希望婚礼设计个性化，如自己有所参与、婚礼有艺术感和体现个人风格；习惯网络化模式的消费；追求高品质，缺少品牌忠诚；追求极致用户体验——找我婚礼提供了一系列的解决方案，致力于提供一站式专业周到的服务。

找我婚礼通过全流程在线数字化，提升婚礼服务效率。通过算法驱动服务提高转化率，实现精准推荐。在用户触达方面，通过App、官网、微信公众号、微博、小红书等渠道，使得获客成本降低，订单成本小于5%，比传统婚庆公司低70%；通过智能顾客关系管理系统使订单增加，效率更高。在服务交付方面，通过协作系统和众包方式提高服务效率，降低人员流动性与人员管理成本，有效地提高了顾客满意度。

资料来源：找我婚礼官网.

▶ 思考题

1. 找我婚礼是如何找到市场的？
2. 找我婚礼是如何做到高品质、低价格的？
3. 你对找我婚礼的未来发展有什么建议？

第2章 市场研究：探索顾客价值

教学目标

知识目标

- 认识市场研究的价值。
- 掌握市场研究的一般流程。
- 了解市场研究的主要内容。

能力目标

- 具备市场研究方案的设计能力。
- 掌握信息收集和分析的方法。
- 能够撰写市场研究报告。

思维目标

- 形成市场研究方案设计的系统化思维。
- 具备以终为始的顶层设计思维。

素质目标

- 对被调查者个人信息进行保密。
- 坚持市场研究数据真实性原则。
- 市场研究执行过程中具有团队协作意识。

内容导图

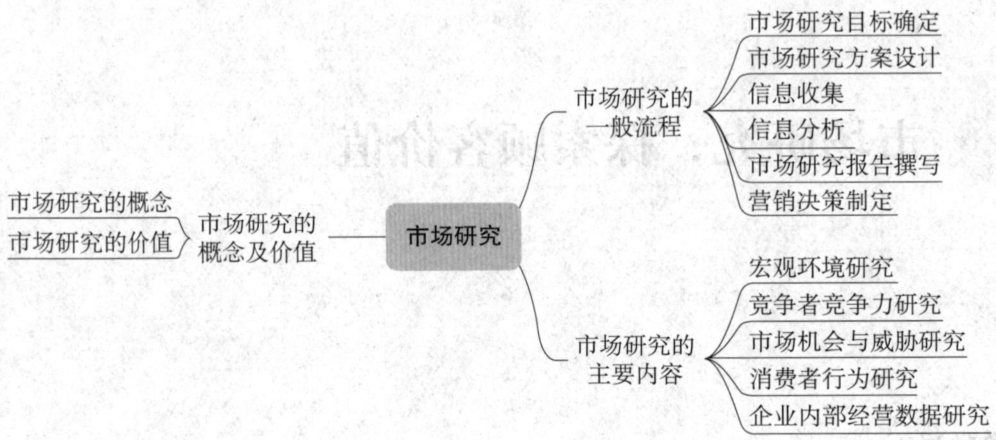

导入案例

喜茶对消费者的洞察

2018 年 5 月，喜茶推出了自己的小程序喜茶 GO。喜茶通过顾客在小程序点单来收集顾客的个人信息、消费偏好等，从而获得大量的用户数据。从喜茶 GO 小程序发布的隐私声明可推测，喜茶会员系统收集的用户数据有 20 多项。据喜茶于 2023 年 1 月 3 日发布的品牌十周年报告《喜茶这十年》披露，截至 2022 年 12 月 31 日，喜茶会员系统已有 6 300 万会员，构建了属于自己的庞大的数字化私域流量，从而为喜茶的精准营销提供了强有力的依据。

《喜茶这十年》披露，喜茶 2022 年深受消费者喜爱的 5 个人气品牌活动分别是喜茶与藤原浩、《梦华录》、《原神》、《只此青绿》、《甄嬛传》等经典 IP 联合展开的活动。通过对这些数据进行分析，喜茶掌握了消费者的喜好，在策划品牌活动时更有底气。后续喜茶又推出了消费者喜爱的多个品牌活动，为消费者持续带去惊喜，不断赢得消费者口碑。

基于对消费者的持续洞察，喜茶成为现制茶饮市场的佼佼者，曾被估值 600 亿元。喜茶也一直相信通过用户数据可以帮助喜茶更了解消费者，提供更多场景化的产品，助力喜茶成为更好的自己。

“现代营销学之父”菲利普·科特勒指出，营销正变得越来越取决于信息而不是销售力，最重要的事情是预测消费者的动向，并领先于消费者。而在大数据时代，企业的营销决策离不开对市场的深入研究。市场研究无处不在，企业决策者经常需要对企业存在的营销问题以及需要洞察的市场机会进行形式多样的市场研究，如市场环境研究、消费者行为研究、竞争现状研究等等。市场研究的基本目的是帮助企业决策者制定更精准的决策。

第 1 节　市场研究的概念及价值

一、市场研究的概念

市场研究，又称为市场调研、市场调查。美国市场营销协会对市场研究的定义是：市场研究是通过信息把消费者及公众与营销者联系起来的职能。这些信息可用于识别与界定营销机会与问题，提出、改进和评估营销行动，监测营销绩效，增进人们对营销过程的理解。进行市场研究要确定所需研究的相关信息，设计数据搜集方法，管理和执行数据搜集，分析数据，并与他人沟通研究发现及其现实意义。全球市场研究者协会对市场研究的定义是：市场研究是指为实现信息目的而进行研究的过程，包括将相应问题所需的信息具体化、设计信息搜集的方法、管理并实施数据搜集、分析数据、得出结论并确定其含义等。

上述定义表明了两个关键点：市场研究的目标和核心过程。市场研究是为了解决特定的问题，而市场研究的核心过程包括设计、收集、分析和报告。

二、市场研究的价值

当代市场竞争越来越激烈，市场环境变化也越来越快，科技的快速发展催生了越来越多新的商业模式。纷繁复杂、快速变化的市场环境，给众多的企业和消费者带来了挑战。如何快速、科学地获取精准的市场信息，形成企业的营销情报系统，才是企业应对这些变化的重要基础，因此，数据收集与分析已经成为企业必须具备的能力。

市场研究是洞察新的市场机会的重要工具，也是营销决策的重要前提，高质量的信息收集与分析决定着营销决策的有效性。国际知名的市场研究专家、美国得克萨斯大学阿灵顿分校的小卡尔·麦克丹尼尔（Carl McDaniel，Jr.）在其著作《当代市场调研》中写道："市场研究发挥了三种功能：描述、诊断和预测。"描述功能包括收集并呈现对事实的陈述，诊断功能通常用来解释数据和活动，预测功能用于预测未来。因此，市场研究对于企业经营有着不可替代的价值，具体表现在以下几个方面。

1. 洞察市场环境

市场研究可以帮助企业看清所处的市场环境，包括宏观环境与微观环境如何、发生了哪些改变，企业有哪些发展机遇及挑战，以帮助企业明确方向，扬长避短。

2. 理解目标顾客

市场研究可以帮助企业清晰地了解市场中的目标顾客有哪些，购买能力如何，购买动机是什么，以便企业更好地理解目标顾客，帮助企业为吸引顾客、保留顾客而制定精准的营销战略。

3. 掌握竞争动态

通过收集市场信息，可以了解行业竞争结构，企业的竞争对手都是谁，竞争对手都有哪些动作，产生了什么样的结果，便于企业掌握市场竞争的动态，从而更有针对性地制定决策，以在激烈的竞争中保持竞争优势。

4. 识别市场机会

市场研究还可以帮助企业发现商机。通过收集市场上提供的产品或服务与消费者需求之间的差距，找到消费者未被满足的需求，或者挖掘出消费者新的需求，为企业找到商机。

5. 发现经营问题

市场研究同样可以帮助企业发现经营中存在的问题。通过对企业内外部环境及经营数据的调研，可以分析出问题的根本，识别企业经营管理过程中出现的漏洞、不足或者失误，帮助企业快速锁定经营问题，寻求改进。

6. 洞察市场趋势

市场研究还可以帮助企业发现市场规律，洞悉市场变化，识别关键影响因素，通过调查、分析、预判，洞察市场趋势，为企业的战略方向及未来营销决策提供前瞻性的市场信息。

第2节　市场研究的一般流程

市场研究是一项系统性的工作，从市场研究目标的确定到研究结束需要科学的流程。尽管因为研究主题的不同，研究流程不会完全一致，但一般来讲，都要经过六个核心步骤，即市场研究目标确定、市场研究方案设计、信息收集、信息分析、市场研究报告撰写及营销决策制定，如图2-1所示。

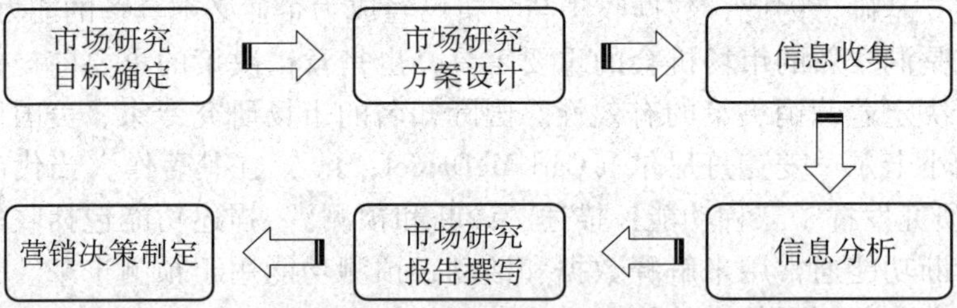

图2-1　市场研究的一般流程

一、市场研究目标确定

在进行任何一项市场研究之前，企业或研究者首先都需要明确此次市场研究的具体目标，即要解决的市场问题是什么。只有明确目标，才能有的放矢地设计方案、收集信息，否则就可能会方向不清，浪费企业资源，更解决不了想要解决的问题。每一次市场研究总是有所侧重，不能寄希望于一次市场研究解决所有问题。有时，企业在面临复杂的市场状况时，可能无法清晰地判断出当下要解决的核心问题，也就不能给出清晰的市场研究目标，在这种情况下，可以通过三种方式来帮助确定市场研究目标。

1. 收集和分析二手资料

通过收集和分析企业基本信息、经营现状、历史数据等二手资料，可判断问题的根源及所需的市场信息，从而确定市场研究目标。

2. 访问专业人员

通过访问业内有足够经验的人或者市场研究专家，也可以帮助企业厘清问题，确定市场研究目标。

3. 探索性调研

企业也可以通过对相关对象做一些初步的探索性调研，来获得对当前状况的理解和认识，以此来更为准确地界定市场研究目标。

二、市场研究方案设计

市场研究方案又称市场调研计划书，是根据研究目的和研究对象，在实施市场研究之前，对市场研究的全流程所进行的统筹思考和整体安排，以便系统地策划市场研究的各个环节，有条不紊地开展市场研究。

市场研究是一项复杂、系统、严谨的工作，需要协调各方，且是团队作业。为了让整个研究工作按照一致的步调开展，需要在实施之前制订科学可行的计划，以便让团队所有成员都能有一个明确的方向，统一执行。通过市场研究方案的设计，可以将研究目的转化为具体的研究内容，进一步明确市场研究的范围和对象，决定调查方式和方法，对整个市场研究项目起到统筹的作用。市场研究方案的科学性和可行性，是整个市场研究工作能否高质量完成的核心和关键。市场研究方案的主要内容包括以下五个方面。

1. 调研内容

基于调研目的，调研者需要运用以终为始的思维，系统地思考调研内容将从哪些方面展开才能达成目标。科学、系统的内容设计，首先意味着要有逻辑。通常来讲，调研内容逻辑的设计有三种方法：

（1）需求确认法。需求确认法即向调研委托方或发起方直接确认需求，这是企业调研最常见的一种内容确定方法。当委托方或发起方有足够明确的需求，对所需的调研内容也有明确的指向，调研内容逻辑的设计就变得很容易，按照实际需求梳理即可。

（2）理论基础法。理论基础法是指在调研目标确定之后，选择恰当的理论模型作为调研内容逻辑设计的依据。比如某物业公司想要了解业主对物业服务的需求以更好地提供服务，就可以选择马斯洛需求层次理论作为调研内容逻辑设计的依据。这种方法可以使得调研内容的设计更具有科学性。

（3）逻辑思维法。逻辑思维法是指选用某一恰当的逻辑来拆解调研内容，逻辑的选用能够帮助委托方或发起方顺利地理解调研内容之间的关联，如时间逻辑、水平逻辑、形象逻辑等。比如调研主题是“某产品的消费者行为调研”，就可以选用时间逻辑来拆解内容：消费前行为、消费过程中的行为、消费后行为。

确定了内容逻辑之后，再进一步设计具体的调研内容就清晰多了，对有必要涉及的内容进行逐一思考和设计，就能构建出系统、科学的调研内容了。

2. 调研对象及抽样设计

市场研究方案的第二个重要内容是调研对象的确定和抽样设计，即解决向谁调研和具体由谁来提供信息和数据的问题。调研对象是根据调研的目的和内容确定的某一范围内具备同一特征的各单位的总体；而要具体确定调研总体当中的单位，就需要确定是采用普查还是抽样调查。如果采用普查的方式，那总体当中的每个单位都是信息和数据收集的对象。然而从经济的角度考虑，绝大多数的市场研究项目都没有办法进行普查，有的也没有必要进行普查，那么，抽样调查就成了几乎所有市场研究项目优先选择的方式。

抽样调查是指从调研对象的总体当中抽取一部分单位作为样本进行调查。抽样调查因可以节约时间和成本，成为现代市场研究中使用面最广的调查方式。当然，误差也是不可避免的，但只要采用恰当的方法将抽样调查中的误差控制在最小范围，就不会影响对总体的推断。

（1）抽样设计的程序。抽样设计的第一步是界定调查总体，弄清调查对象的范围，以免在调查实施过程中产生混淆，如调查总体为“成都市大学生”，就需要界定“成都市”的范围及“大学生”的学校范围；第二步是选择资料搜集方式，因为这决定着抽样框的不同，如是入户访问、电话访问还是通过邮件发送问卷等等，选择哪种方式需要综合考虑调查对象的特征、成本预算及操作的可行性；第三步是获取抽样框，抽样框即总体中所有个体的名单及其结构，如第二步确定的是电话访问，抽样框就是调查总体的电话号码，如第二步确定的是通过邮件发送问卷，抽样框就是调查总体的邮箱地址；第四步是确定抽样方法，是采用随机抽样还是非随机抽样，以及是否有多个阶段抽样，每个阶段采取哪种具体的抽样方法；第五步是决定样本容量，即确定抽取多少个单位来承担具体的调查任务；第六步是实施抽样，即按照选择的抽样方法抽取样本；第七步是评估样本的科学性，这一步不可或缺，因为任何一种抽样方法都有可能产生抽样误差，为了避免意外，样本抽取出来之后，需要对样本进行检查，看是否产生了重大偏差，或者代表性缺失，如果样本出现较大误差，就要重新进行抽样或者补充抽样（见图2－2）。

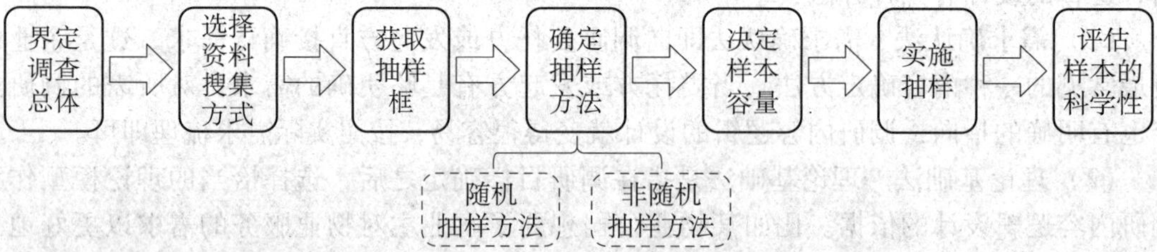

图2－2 抽样设计的程序

（2）抽样方法。从抽取样本的组织方式来划分，抽样方法可以分为两种，一种是随机抽样，另一种是非随机抽样。随机抽样也称作概率抽样，是指按照随机的原则选择样本单位，总体中的全部单位被抽中的机会均等；非随机抽样也称作非概率抽样，是指凭借调查人员的主观经验或个人判断来抽取样本。按照调查对象的性质和研究目的的不同，随机抽样的具体方法主要有简单随机抽样、分层抽样、等距抽样及整群抽样，非随机抽样的具体方法主要有方便抽样、判断抽样、配额抽样及推荐抽样。此外，一些复杂的、大规模的市场研究项目，不能一次性直接抽取调查单位，需要分成多个阶段来进行抽样，我们把这种抽样叫作多阶段抽样，即在多个阶段分别采用不同的抽样方法来进行抽样。

每种抽样方法的定义、优缺点等如表 2－1 所示。

表 2－1　抽样方法

类别	具体抽样方法	定义	优缺点或适用性
随机抽样（概率抽样）	简单随机抽样	完全按照随机的原则从调查总体中抽取调查单位，每个单位被抽中的机会均等	优点：简便易行 缺点：适用性有限、代表性不确定
	分层抽样	将总体按某种变量分成若干层，再从各层中随机抽取所需数量的基本单位	优点：较精确、能够了解总体和各层信息、方法灵活 缺点：分层变量难以选择、成本较高
	等距抽样	将总体排序，随机选择一个起点，每间隔 K 个单位就抽取一个单位作为样本	优点：简便易行、抽样效率高、精确度较高、成本相对较低 缺点：可能出现周期性偏差
	整群抽样	将总体分为若干群体，然后从总体中选定若干群体作为调查样本，对群体内各单位进行全面调查	优点：可行性强、成本低 缺点：不够精确
非随机抽样（非概率抽样）	方便抽样	以调查人员认为方便的方式进行抽样	优点：成本最低、耗时最少、方便易行 缺点：存在选择性偏差、代表性不强
	判断抽样	根据调查人员的主观意愿、经验和知识，从总体中选择具有代表性的样本作为调查对象	优点：成本低、方便快捷、回收率高 缺点：不支持对特定总体的直接推断
	配额抽样	将总体按一定变量分层，然后按照一定的配额，进行判断抽样或方便抽样	优点：较精确、能够了解总体和各层信息、方法灵活 缺点：分层变量难以选择、成本较高
	推荐抽样	又称滚雪球抽样，指在进行抽样的同时，要求被抽样者推荐附加名单	优点：有针对性、成本较低 缺点：对样本单位要求较高
多阶段抽样		分阶段运用不同的抽样方法逐步进行抽样	适用于大规模调查

在市场研究项目中，抽样方法的选择取决于研究的性质、研究的目的、抽样误差和非抽样误差的相对大小、总体的差异化程度以及统计和操作上的要求等。一般来说，当需要对市场份额或市场容量做出高度精确的估计时，应使用随机抽样。对于差异化程度较高的总体，选择随机抽样的方法能确保样本的代表性，从统计的角度，随机抽样也更可取，当然，如果希望用抽样结果推断总体，随机抽样也更受欢迎。当进行探索性调研，或者调查对象尚不明确，或者无法实施随机抽样，或者不需要对总体进行推断时，非随机抽样的方法更适用。

（3）样本容量的确定。样本容量是指样本中所含单位的数量，需要决定抽取多少样本单位才能对总体有足够的代表性。样本容量的大小不是取决于总量的大小，所以“总量多就多抽，总量少就少抽”的说法原则上是不科学的。样本容量的大小取决于多种因素，既应该有定性方面的考虑，也应该有定量方面的考虑，一般来说，考虑因素如表2－2所示。

表2－2 样本容量考虑因素

考虑角度	考虑因素
定性角度	决策的重要性、研究的性质、数据分析的性质、抽样方法的影响、成本的制约等
定量角度	总体当中各单位之间的差异程度、变量或问题的数量、统计分析方法的要求、精确度的要求、样本的遗失程度、要求推断的置信程度等

确定样本容量的具体方法也有很多，如经验法、约定法、成本基础法、置信区间法等。我们重点介绍置信区间法。置信区间是指由样本统计量所构造的总体参数的估计区间。在统计学中，一个样本的置信区间是对这个样本某个总体参数的区间的估计。置信区间展现的是这个参数的真实值有一定概率落在测量结果的周围的程度，其给出的是被测量参数的测量值的可信程度。①样本容量常用的计算公式有两种：

其一，用标准差计算：

$$n = (k \cdot \sigma / e)^2$$

式中：n——样本容量；

k——可信度系数；

σ——总体的标准差；

e——精确度（抽样误差、可接受的误差）。

其二，用百分比计算：

$$n = \frac{k^2 \cdot p(100\% - p)}{e^2}$$

式中：n——样本容量；

k——可信度系数；

p——总体差异的百分比；

e——精确度（抽样误差、可接受的误差）。

总之，不论用什么样的方法，样本容量的确定原则就是以最小的代价，获取最有代表性的样本。

3. 调研方法

市场研究需要搜集可靠的资料，以提供准确的信息和数据。不同资料的搜集需要采用不同的调研方法（或调查方法），常规的调研方法能够帮助企业获取系统化的市场信息；而在数字化时代，基于网络及大数据，调研方法也在不断推陈出新，以帮助企业用更少的人力、物力获取更精准的市场信息。

---

① 王福保，闵华玲，叶润修．概率论及数理统计．上海：同济大学出版社，1984.

（1）常规调研方法。市场研究的资料按照产生过程的不同分为一手资料和二手资料。常规调研方法有很多，按照资料来源不同，可以分为一手资料调研法和二手资料调研法，二者又包含多种具体的调研方法，常用调研方法的特点及应用如表 2－3 所示。

案例　某景区的神秘游客调查表

表 2－3　常规调研方法的特点及应用

分类	具体方法	特点	应用
二手资料调研法	文案调查法	节省成本，不受时空限制，时效性差，缺乏相关性和准确性，对调查人员要求高	适用于探索性调研
一手资料调研法	访问法	应用广泛、准确性高、便于资料整理与分析	可采用多种形式，适用于正式调研、定量研究
	观察法	直观、灵活、简便易行，时间长、费用高，对观察人员要求高，也可用机器进行观察	主要用于定性研究，也可做定量研究
	神秘顾客法	信息真实性、准确性较高，对调查人员的专业性要求较高，体验到的可能是偶然现象	主要用于服务质量的研究、竞争对手研究、场景体验式产品研究
	焦点访谈法	话题能够深入，灵活、生动，结果难以编码和分析，对主持人要求较高	适用于定性研究，可应用于对问题进行深层次研究
	深度访谈法	可消除群体压力，信息更真实，便于对保密、敏感话题进行研究，结果和数据难以解释和分析，单个样本访问时间长、成本高，对访谈者要求高	适用于探索性调研，可用于了解复杂行为、抽象的问题、保密及敏感话题，常用于探究受访者的想法
	德尔菲法	匿名性、反馈性，主要靠专家判断，较主观，时间长、成本高	常用于专业化程度较高的研究主题
	投影技法	有助于揭示调研对象真实的意见和情感，对调查人员的专业性要求高，可能产生解释偏差	常用于直接方法不能获取信息时，或在探索性调研中用于获得最初的看法与理解
	实验法	具有客观性、实用性，结果较准确，可探索因果关系，时间长、费用高，应用有局限，实验结果往往会有误差	适用于因果性调研，常应用于产品测试、销售测试、广告测试等

（2）数字化时代调研方法升级。数字化时代低廉的调研接入成本、智能化的信息处理技术使低成本、大样本的定量调研成为现实；随着各种技术的快速进步，调研的方式也变得灵活多样，动态调研的及时性也得到了有力保证，甚至对消费者心理及大脑反应的调研也更为精确（见表 2－4）。

拓展　大数据选址与网络爬虫

表 2－4 数字化时代调研方法的升级及应用

调研方法升级	具体方法	应用
从周期性调研到碎片化调研	社交媒体数据挖掘	进行社交媒体评论统计，分析消费者对某产品的兴趣及偏好，研究消费行为及消费心理
	移动终端实时动态信息抓取	实时采集用户行为数据，如用户购买时段、购买位置、产品选择、重复购买数据
	网络问卷或网络访问	通过主动投放网络问卷或采取碎片回复的方式与消费者互动，可用于产品研发、测试等需求调研
众包模式调研	平台化数据收集	通过互联网平台汇聚众人的力量、智慧来完成广泛的调研，如见数平台
从市场研究到泛数据分析	泛数据监测跟踪	对消费者网络轨迹或消费者体验信息进行实时监测、采集、分析，便于企业营销战略的及时调整，降低风险
大数据的文本抓取	网络爬虫	数据抓取系统通过自动抓取电商网站、媒体网站、微博等的公开数据，帮助企业对网络舆情、广告投放效果等数据进行分析和监控，还可进一步对文字进行语义分析，如核心词汇词频分析、词频检测等，帮助企业在大数据时代找到关键决策信息

在具体的市场研究项目中，选择哪一种或哪几种调研方法，主要取决于三个方面的因素：

第一，调查方的资源与目标。调查方数据收集的时长、预算及质量预期对调研方法的选择有着重要影响。比如，调查方时间要求很紧张、质量预期不高，可选择文案调查法加耗时较短的焦点访谈法。

第二，被调查者的特征。考虑被调查者的参与意愿、参与能力及被调查者之间的差异性。比如，调研对象是小朋友，就不适宜进行电话访问，而更适合选择面对面的访谈。

第三，调研问题的特征。调研问题的敏感性、操作的复杂性及问题的信息量也会影响调研方法的选择。比如，要调研促销活动对销量的影响，就更适合用实验法来测量两者之间是否有因果关系、有什么样的因果关系以及怎么发生的因果关系。

4. 调研工具

在市场研究项目中，针对不同的调研对象采用不同的调研方法，就需要设计对应的调研工具，以便于调研的有效实施以及信息的有效采集。比如，文案调查法需要设计调查提纲，焦点访谈法、深度访谈法需要设计访谈提纲，观察法需要设计观察提纲或观察量表，神秘顾客法需要设计神秘顾客观测表，实验法需要进行实验设计及制作实验记录表，德尔菲法需要设计专家征询表，投影技法需要准备图片、故事或场景等，访问法需要设计调查问卷等。这部分内容可以放在方案的正文，也可以以附录的形式放在方案的最后。不论调研工具是什么，都需要紧紧围绕着调研目的和内容进行系统设计。下面介绍调研中最常用的工具——问卷。

（1）问卷的结构。一份规范、完整的问卷一般由六个部分构成，包括标题、问卷说明、问卷主体内容、被调查者基本信息、编码及实施记录。

①标题。问卷标题是对调查主题和内容的直接概括，既要阐述完整，同时又要简洁明了、表达准确，以便让被调查者一看就能大概明白调查的方向。

②问卷说明。问卷说明是正式调查之前向被调查者做的说明，表明调查的目的和意义、对填写问卷的要求，一般放在问卷的开头。主要内容通常包括：问候语、表明调查者身份、介绍调查的主题、解释被调查者的选择、说明调查用途、保密承诺、礼品信息、调查邀请及致谢。

③问卷主体内容。问卷的主体内容是问卷的核心部分，是调查者要了解的主要内容，以不同的题型来呈现。这部分内容的设计依然要遵循市场研究方案中调研内容的设计逻辑，要先明确问卷从哪几个方面来收集信息，再在这几个方面之下设计具体的问题。问题设计完成后，问题顺序的编排也很重要，一般来说，用于筛选被调查对象的甄别性问题，需要放在所有问题的最前面部分，简单的、热身型的问题排在问卷靠前的位置，复杂的问题排在问卷中间靠后的位置。

④被调查者基本信息。被调查者的基本信息指被调查者的一些个体特征，如性别、年龄、收入水平等，所以又称为背景信息。因这类信息较为隐私和敏感，一般放在问卷的末尾，设计时需要考虑必要性，非必要性的个人信息尽量不设计，同时还需要考虑被调查者的接受度，以免引起被调查者的排斥。

⑤编码。编码是为问卷中的问题及备选答案统一设计代码。对于有选项的问题，一般执行前编码，即在问卷设计的同时就进行编码，以便于计算机结果的统计处理；对于开放式问题，可对可能的回答内容进行预编码，或者等问卷调查完成以后再进行编码。目前的问卷星、见数等在线问卷平台，已能很方便地实现编码。

⑥实施记录。实施记录是在问卷中用于记录调查实施基本情况的部分，如调查日期与时间、调查员姓名、调查地点、问卷审核人员信息，甚至是被调查者基本信息，以便回访或证实调查的真实性，一般放在问卷的封面、开头或者最后。

（2）问卷的基本题型。问卷的题型设计要基于以终为始的原则，从后往前思考调查者需要获取什么样的信息、获取信息的深度、想要运用什么样的分析方法以及信息分析结果的呈现方式。问卷的常见基本题型如表 2－5 所示。

提示　李克特量表在态度测量中的应用

表 2－5　问卷的基本题型

题型	定义	示例
两项选择题	问题只有两个答案，应答者选择其一	您是否喜欢旅游？ A. 是　　B. 否
多项选择题	问题有多个答案供选择	您喜欢旅游的原因是：＿＿＿＿＿（可选多项） 1. 工作之余放松　2. 开阔眼界　3. 换环境 4. 打发时间　5. 结交朋友　6. 亲近自然 7. 感受民风民俗　8. 冒险　9. 学习知识 10. 其他（请说明）：＿＿＿＿＿

续表

题型	定义	示例
开放式问答题	没有答案，由应答者自由回答	您在旅途中有过哪些不愉快的体验：________
排序题	对选项进行排序	当您选择旅行社出游时，您将考虑那些因素？ 请按重要程度由高至低排序：________ 1. 信誉好　2. 路线设计好　3. 时间安排合理 4. 住宿、餐饮条件好　5. 价格适中　6. 出游车况好 7. 导游服务好　8. 其他（请说明）：________
倾向偏差询问题	提出某种假设，以调查应答者意见、态度	如果一个新的在线问卷平台增加可自动收集问卷的功能（付费），你会愿意使用这个新的平台吗？ A. 愿意　B. 不愿意　C. 不确定
回想题	测试应答者对品牌名、公司名、广告等的印象强度	请列出您知道的手机品牌：________
辅助回忆题	提供某种线索，帮助应答者回忆	请回忆并填写以下广告语： 1. 装得下，________。 2. 世界的冰洞群，________。 3. ________，省得多。
配对题	以连线的方式，确认应答者对公司名、产品名、品牌名等的认识程度	以下左侧是一些旅游景点，右侧是景点的宣传语，请您将它们连接起来： 九寨沟　　东方的阿尔卑斯山 黄龙　　童话世界 四姑娘山　　人间瑶池
项目核对题	列出产品/服务的各种特征，以探询应答者的意见	请问在您选择旅行社出游时，下列因素对您的重要性如何？（非常重要、重要、一般、不重要、非常不重要） A. 口碑好 B. 行程安排合理 C. 性价比高 ……
强制选择题	列出两种以上的描述，要求应答者选出最能接近他的看法的一句话	请选出下面最接近你的看法的一句话： 1. 喜茶味道好极了 2. 喜茶喝起来还不错 3. 喜茶喝起来感觉一般 4. 喜茶不太好喝 5. 喜茶实在是太难喝了
李嘉图题	拟出若干陈述，由应答者表明态度	关于以下陈述，你的意见如何？（很同意、同意、不太确定、不同意、很不同意） 1. 鲜橙多非常好喝 2. 冬天喝热的鲜橙多更好 3. 鲜橙多能补充人体所需的维生素

续表

题型	定义	示例
竞争测试题	主要通过对比，测定广告、包装等效果	1. 您喜欢的手机品牌是（可选多项）： A. 三星 B. 苹果 C. 华为 D. 乐视 E. 360 F. vivo G. 朵唯 H. OPPO I. 小米 J. 酷派 K. 坚果 L. 其他：__________ 2. ［观看视频广告］看了广告后，您最想购买哪个品牌的手机：__________

（3）问卷的设计技巧。问卷设计是一个高技术含量的工作，每一个问题及选项的设计，都需要经过反复推敲，以确保精准提问，同时又便于被调查者理解，以获得被调查者最真实的反馈。所以，问卷设计不只需要扎实的专业知识，还需要掌握一些问卷设计技巧：

案例 成都地区菊乐乳制品消费需求和消费行为调查问卷

①准确定义问题，避免引起歧义；

②问题针对单一论题；

③使用简单句提问；

④使用通俗易懂的词语；

⑤避免诱导性提问；

⑥答案选项满足互斥性与全面性要求；

⑦考虑被调查者的回答能力；

⑧考虑被调查者的接受度。

5. 调研组织与控制

调研组织与控制是市场研究方案中不可或缺的部分，因为它对调研结果的质量有着至关重要的影响。市场研究是一项复杂的工作，如何设计调研内容和调研方法、如何组织人员实施调研、如何对收集回来的资料和数据进行整理和分析、如何规划调研的进度安排和过程质量控制、调研经费、报告的提交等，都需要提前做出具体的安排，以保障工作的有序开展，并高质量完成报告。

（1）组织计划。指对调研团队的人员配置、职责分配、人员培训、调研过程的质量控制进行计划。

（2）资料整理和分析方法。收集回来的调研资料，需要运用相应的方法去整理和分析。设计市场研究方案时，需要提前思考如何整理和分析不同类别的资料。如定性的资料用什么工具或软件整理，分析模型或分析工具是什么；定量的数据需要做哪些统计分析，采用什么样的软件或程序能实现分析要达到的目的和深度。

（3）进度计划。任何一个调研项目都是有时间限制的，需要明确从调研开始到结束的时间安排，包括每一项工作的进度计划，以确保整个调研流程能按时完成。进度计划可使用甘特图设计，用尽量短的时间完成预定质量的调研项目，以确保调研信息的时效性。

（4）经费安排。任何一个调研项目，都是需要经费支撑的，因此，方案设计中经费安排不可缺少。调研项目的经费多少，取决于调研范围、样本量、调研周期及调研难度。通常来说，调研经费一般由以下类目构成：

①调研方案设计费；

②抽样设计费；

③问卷设计费；

④调研实施费（培训费、交通费、访员与督导劳务费、礼品费等）；

⑤数据编码、录入费；

⑥数据统计分析费；

⑦调研报告撰写费；

⑧办公费（问卷印刷费、资料打印复印费、工具购买制作费、通信费等）；

⑨其他费用（如专家咨询费、视频制作费等）。

（5）调研报告的提交方式。设计市场研究方案时还需要对调研报告提交的成果、形式、数量等进行界定。

三、信息收集

市场研究方案设计完成，并与委托方或发起方沟通确认之后，团队就可按照市场研究方案有序实施市场研究。不同的信息因设计的调研方法不同，组织者需要选取恰当的人员去分别搜集，以提高效率和质量。信息收集过程中，有可能发现方案设计的个别方法难以实现，或者出现一些状况，导致部分工作无法按原方案执行，团队需要及时分析原因、灵活做出调整。同时，无论收集的是一手资料还是二手资料，调研人员都必须做好文字、照片、音视频记录，并保存好所有调研原始资料，以供回顾、查验；并有专人跟进调研进程，及时沟通、协调，保证进度，确保调研的质量。

信息收集过程最为重要的一项工作是控制调研过程中有可能产生的误差，这将直接决定调研的整体质量。信息收集阶段常见的误差来源及控制方法如表2－6所示。

表2－6　信息收集阶段常见的误差来源及控制方法

误差	常见的误差来源	控制方法
调查人员故意制造的误差	欺骗 诱导被调查者	监督 证实
调查人员非故意制造的误差	被调查者个体特征 误解 疲劳	选择和训练被调查者 休息或改变调查方法
被调查者故意制造的误差	说谎 不响应	激励 证实检查 “第三者”技巧 确保匿名和保密

续表

误差	常见的误差来源	控制方法
被调查者非故意制造的误差	误解 猜测 注意力减弱 干扰 疲劳	问卷设计周密 直接性问题 提供回答选项，如“不确定” 程度词的调整 提示语

资料来源：范冰，范伟达．市场调查教程．2版．上海：复旦大学出版社，2008：339.

四、信息分析

收集回来的信息，首先要进行整理及初步处理。定性信息要做归纳、分类或量化处理；定量信息，特别是问卷的数据，要进行审核、筛选、编码、录入、数据清洗及预处理，完成变量、量表的转换或加权处理。整理和初步处理完成后，就要对所有的信息进行分析研究，这是市场研究成果输出的关键环节。需要将定性分析和定量分析相结合，综合运用多种市场分析和统计分析的方法及模型，对所搜集的资料进行系统的、深入的、综合的分析，得出有价值的结论，提供企业决策所需的研究发现。

统计分析方法众多，我们重点介绍在市场研究中常用到的统计分析方法。

1. 描述统计

描述统计是通过图表或数学方法，对数据进行整理、分析，并对数据的分布状态、数字特征和随机变量之间的关系进行估计和描述的方法。描述统计分为频数分布、集中趋势分析、离散程度分析和相关分析四大部分。

（1）频数分布。频数分布是指把变量的值按照一定的类别、次序和间距划分成若干组，然后对所有的项目在各组出现的次数进行统计。通常在数据的预处理阶段进行，用于了解各类数据的分布，并且检验异常值。

（2）集中趋势分析。用来反映一组数据的典型值，常用的指标有众数、中位数和平均数等。众数是定类层次的指标，表示一组数值中出现次数最多的一个数值；中位数是定序层次的指标，表示按大小排序，处于一组数值中央位置的数值；平均数是定距层次的指标，也称为均数或均值，在定距和定比变量的测量中运用。集中趋势分析各指标的对比见表2－7。

表2－7 集中趋势分析各指标的对比

统计指标	适用变量	局限性
众数	类别变量	可能出现双众数
中位数	顺序变量	对极端数值不敏感
平均数	定距变量、定比变量	易受极端数值影响

（3）离散程度分析。主要是用来反映数据之间的差异程度或离散程度，测量的是数值的离散趋势，离散程度越大，集中趋势代表性越小；离散程度越小，集中趋势代表性

越大。常用的指标有异众比率、极差、四分位差和标准差（见表2－8）。异众比率是定类层次的指标，是指非众数次数与总体次数之比，其作用是分析除众数以外的数值在总体中的比例。异众比率越小，说明众数次数越接近总体次数，众数的代表性越大；异众比率越大，说明众数的代表性越小。极差是定序层次的指标，指一组数据中最大值与最小值之差，反映数据变化的最大幅度。四分位差也是定序层次的指标，指对于一组按大小排序的数据，处于3/4位置的数据与处于1/4位置的数据之间的差值，其作用是排除极值的影响，看一组数据的差异程度。标准差是定距层次的指标，指一组数值与其平均数之差的平方和除以总数所得的平方根，用于测量定距、定比变量。①

表2－8 离散程度分析

变量类别	离散程度分析
类别变量	异众比率
顺序变量	极差、四分位差
定距变量、定比变量	标准差

（4）相关分析。相关分析探讨随机变量之间是否具有统计学上的关联性。这种关系既包括两个变量之间的单一相关关系——如年龄与化妆品选择之间的关系，也包括多个变量之间的多重相关关系——如年龄、性别、化妆品选择之间的关系；既包括简单相关关系，也包括复杂相关关系；既包括两个变量同时增大或减小的正相关关系，也包括一个变量增大时另一个变量减小的负相关关系。相关系数用来表示变量之间线性关系的强度。

2. 推断统计

推断统计是指通过样本的统计值来估计总体的参数值的一种统计。对样本资料的分析是描述统计，而抽样调查的目的就是要用样本特征来推断总体，这就是推断统计。推断统计主要包括参数估计和假设检验。

（1）参数估计。是指根据一个随机样本的统计值来估计总体之参数值是多少。参数估计包括点值估计与区间估计。点值估计就是以一个最适当的样本统计值来代表总体的参数值。如从某所大学抽取100名大学生作为样本，计算出他们的生活费均值，然后将该值作为全校学生的平均生活费。点值估计一般只用来对总体参数进行粗略的估算，由于它不能说明估计的准确程度和可靠度，因此使用受限。区间估计是指以两个数值之间的间距来估计参数值。如计算出某所大学学生的平均生活费为1 000～1 200元/月，这种估计的总体参数在一定区间的方法就是区间估计。在样本大小相同的情况下，要求的可信度越大，间距就会越大。

（2）假设检验。是指先假设总体的情况是怎样的，然后以一个随机样本的统计值来检验这个假设是否正确。显著性检验是假设检验中最常用的一种方法。假设检验的一般步骤为：

① 范冰，范伟达．市场调查教程．2版．上海：复旦大学出版社，2008：382－389.

①提出原假设，记作 H_0；备择假设记作 H_1。

H_0：样本与总体或样本与样本间的差异是由抽样误差引起的。

H_1：样本与总体或样本与样本间存在本质差异。

预先设定的检验水准为 0.05；原假设为真但被错误地拒绝的概率记作 α，通常取 $\alpha=0.05$ 或 $\alpha=0.01$。

②选定统计方法，由样本观察值按相应的公式计算出统计量的大小，如 t 值、P 值等。根据资料的类型和特点，可选用 Z 检验、T 检验、秩和检验、卡方检验等。

③根据统计量的大小及其分布确定原假设成立的可能性 P 的大小并判断结果。若 $P>\alpha$，则按 α 所取水准不显著，接受 H_0，即认为差别很可能是由于抽样误差造成的，在统计上不成立；如果 $P\leqslant\alpha$，则按所取 α 水准显著，拒绝 H_0，接受 H_1，则认为此差别不大可能仅由抽样误差所致，很可能是实验因素不同造成的，故在统计上成立。P 的大小一般可通过查阅相应的界值表得到。①

除了以上两类统计分析方法外，还有因子分析、聚类分析、结构方程分析、偏最小二乘结构方程模型等众多统计分析方法；当然，除了定量的统计分析方法外，还有众多定性的分析方法和工具。不论选择什么样的分析方法，都要注意，分析一定要紧紧围绕着前述调研目的及调研内容展开，不同渠道和不同方法收集的一手和二手数据，只要是支撑同一结论的论据，就需要放在一起做综合分析，这样得到的结论才更有说服力和可信度。

五、市场研究报告撰写

市场研究报告是整个市场研究工作的成果，企业决策层可以依靠它来辅助决策，它也是一项市场研究工作质量水平的标志，因此，报告的撰写与呈现尤为关键。

一份完整的市场研究报告的基本结构有：封面、目录、摘要、调研概况、调研结果、调研结论与建议、附录。

（1）封面。市场研究报告的封面需要包括完整准确的标题、调研机构或团队、调研周期及报告完成时间。

（2）目录。市场研究报告的目录要能反映整个报告的逻辑，并呈现报告的核心结论，这就要求报告中的标题要有结论性的语言提炼，这样才能让阅读者一目了然，产生进一步阅读的兴趣。

（3）摘要。摘要是对整个市场研究报告的概述，需用简洁有力的语言，让阅读者在较短的时间内就能获知这份报告的主要内容、结论以及给出了什么样的建议。

（4）调研概况。调研概况是对整个调研的简要阐述，包括调研目的、调研内容、调研对象、抽样及样本量、调研方法、调研周期等。这有助于阅读者了解这份调研报告的可信度及适用范围。

（5）调研结果。这部分是报告的核心部分，也是调研成果的呈现。撰写的要点为：

---

① 陆克斌，崔久波．市场调查与预测．北京：教育科学出版社，2013：204.

如实陈述调研发现、艺术化提炼调研结果，使用结论性的小标题，并用事实、数据、图表作为论据。仍然需要强调的是，调研结果的撰写依然要围绕调研目的，依据前述市场研究方案设计的调研内容逻辑来展开，让阅读者从方案设计到报告呈现有相同的内容逻辑感知，方便对应和理解。

（6）调研结论与建议。在描述调研结果的基础上，需要给出调研结论，它是高度凝练的总结，表达调研所得的核心观点；同时，还需要依据结论给出建议，建议要有可行性并且要具体，以给企业做决策提供有价值的参考。

（7）附录。市场研究报告的附录包含支撑报告结论的原始数据、佐证材料，以及证实调研真实性和过程的记录，如调查问卷或实验的原始数据、数据分析的过程、观察或访谈的记录、实地调研的图片及音视频记录等。

在撰写市场研究报告的过程中，需要遵循一定的原则，包括以用户（委托方或发起方）为导向，考虑其需求；内容完整，逻辑严谨；以客观事实和数据为依据，实事求是；定性与定量结合、一手和二手资料结合；简明扼要，结论明确，有针对性和适应性。撰写中既要确保专业性，又要保证受众能看懂；所有的数据都要标注来源或出处，并用生动、有效的形式来表达，增加可信度的同时让人一看就明白。

市场研究报告的汇报也是调研成果输出的重要环节。无论是对委托方还是企业内部的决策层，市场研究报告的汇报目的都是让受众能在较短的时间内获知这份报告的核心发现，并予以认可及采纳，因此，除了报告本身的专业性和高质量之外，汇报人的汇报及演示技巧也格外重要。一般来说，高质量的报告呈现需要逻辑清晰、重点突出、结论明确、论据充分、图表生动；汇报人需要做好演练，确保语言精练、表达流畅，能恰当地吸引受众的注意力并与其互动。

六、营销决策制定

调研不是企业的最终目的，将调研获取的有价值的信息作为依据，帮助企业制定营销决策才是最终目的。通过科学的调研形成的市场研究报告，有现象和事实的发现，有调研结论的呈现，还有营销建议的提出，企业获取和认可市场研究报告之后，可以结合战略方向及内外部资源，制定对应的营销战略，以改善企业的营销绩效，或者找到新的市场机会，从而实现企业决策的科学性和前瞻性，为企业更好发展提供动力。

第3节　市场研究的主要内容

一、宏观环境研究

宏观环境又称一般环境，是指影响一切行业和企业的各种宏观力量。所有的企业都生存在宏观环境中，企业的发展离不开环境。而企业市场研究的主要内容之一，就是对企业所处的宏观环境进行调查、研究和分析，因为这决定了企业的发展方向。根据自身特点和经营的需要，不同行业的企业的宏观环境研究具体内容会有差异，但一般离不开政治与法律、经济、社会文化、技术、人口、自然这六大类环境因素。

1. 政治与法律环境

政治与法律是影响企业发展的重要的宏观环境因素。政治因素调节着企业活动的方向；法律则为企业规定商贸活动行为准则。政治与法律相互联系，共同对企业各项活动发挥作用。

政治环境包括一个国家的政治制度，执政党的性质，政府的方针、政策、法令等。不同的国家有着不同的政治制度，不同的政治制度对组织活动有不同的限制和要求。即使在同一个国家，在不同时期，其政府的方针特点、政策倾向、对组织活动的态度和影响也是不断变化的。例如党的二十大报告提出构建高水平社会主义市场经济体制，指出要"坚持和完善社会主义基本经济制度，毫不动摇巩固和发展公有制经济，毫不动摇鼓励、支持、引导非公有制经济发展，充分发挥市场在资源配置中的决定性作用，更好发挥政府作用""完善中国特色现代企业制度，弘扬企业家精神，加快建设世界一流企业。支持中小微企业发展。深化简政放权、放管结合、优化服务改革""完善产权保护、市场准入、公平竞争、社会信用等市场经济基础制度，优化营商环境"。企业在制定决策时，需要充分研究最新的政策。

国家在不同时期，根据不同需要颁布相应的政策，制定发展方针。这些方针、政策，如人口政策、能源政策、物价政策、财政政策、金融与货币政策、税收政策等，都给企业研究市场环境提供了依据。国家制定的经济与社会发展战略、各种经济政策等，企业都是要执行的，而执行的结果必然是影响市场需求，改变资源的供给，促进某些行业的发展，同时又限制另一些行业的发展，这是一种直接的影响。党的二十大报告指出："实施产业基础再造工程和重大技术装备攻关工程，支持专精特新企业发展，推动制造业高端化、智能化、绿色化发展。"这就为企业实现创新发展指明了一个重要方向，企业要去研究国家对专精特新企业的政策，目前，国家层面已在资金支持、人才支持、创新协同、品牌市场、企业转型、精准对接服务等方面推出多项推动专精特新企业培育的具体举措，企业可以尽力、尽早按照专精特新的标准去发展，以把握新的发展机遇。

对企业来说，法律是评判企业营销活动的准则，只有依法进行各种活动，才能受到国家法律的有效保护。因此，企业必须了解并遵守政府颁布的有关经营、贸易、投资等方面的法律法规。我国在发展社会主义市场经济的同时，也加强了市场法制方面的建设，陆续制定、颁布、完善了一系列重要法律法规，如《民法典》《广告法》《商标法》《反不正当竞争法》《消费者权益保护法》《产品质量法》《电子商务法》《互联网直播服务管理规定》等。

2. 经济环境

经济环境指企业进行市场营销时所面临的外部经济条件，包括经济发展阶段、国家经济发展状况、消费者收入水平、消费者支出模式与消费结构、消费者储蓄率、信贷水平等。一个国家或地区的经济运行情况及发展变化趋势将直接或间接影响企业目前及未来的市场营销活动。关键经济环境因素如表 2－9 所示。

表 2－9　关键经济环境因素

经济发展阶段	国内生产总值
通货膨胀率	国民生产总值
贸易余额	贸易依存度
贸易条件	财政收入
财政支出	财政赤字
货币供应量	就业率
失业率	劳动参与率
利率	汇率
政府投资	全社会固定资产投资
产业结构	投资结构
消费结构	人均收入
可支配收入	消费者物价指数
消费者支出模式	消费者储蓄率
信贷水平	

党的二十大报告指出了到 2035 年我国发展的总体目标，其中包括："经济实力、科技实力、综合国力大幅跃升，人均国内生产总值迈上新的大台阶，达到中等发达国家水平""人民生活更加幸福美好，居民人均可支配收入再上新台阶，中等收入群体比重明显提高"。这对于企业来说，蕴藏着市场机会。

3. 社会文化环境

社会文化是指一个社会的价值观念、生活方式、风俗习惯、道德水平、受教育水平、语言文字、社会结构等的总和。不同国家、不同地区的人民，拥有不同的社会文化与不同的生活方式，因此对同一产品可能持有不同的态度，从而直接或间接地影响产品的设计、包装、信息传递方法、产品被接受程度、分销和推广措施等。社会文化因素通过影响消费者的思想和行为来影响企业的市场营销活动。关键社会文化环境因素如表 2－10 所示。

表 2－10　关键社会文化环境因素

文化传统	价值观念
受教育水平	宗教信仰
风俗习惯	群体规范
社会阶层	民族构成
生活方式	消费趋势
语言文字	性别角色
社会责任	道德水平
种族平等状况	

4. 技术环境

党的二十大报告指出，要“以国家战略需求为导向，集聚力量进行原创性引领性科技攻关，坚决打赢关键核心技术攻坚战”“加强基础研究，突出原创，鼓励自由探索”“加强企业主导的产学研深度融合，强化目标导向，提高科技成果转化和产业化水平”。技术是社会生产力中最活跃且具有决定性的因素，它作为企业经营的重要环境因素，不仅直接影响企业内部的生产和经营，而且与其他环境因素相互依赖、相互作用，影响企业经营。技术的进步和发展，必将给经济、政治、军事以及社会等各个方面带来深刻的变化，这些变化也必将深刻地影响企业的营销活动，给企业造成有利或不利的影响，甚至关系到企业的生存和发展。因此，企业应特别重视技术这一重要的环境因素对企业营销活动的影响，以使企业能够抓住机会，规避风险。关键技术环境因素如表 2－11 所示。

表 2－11　关键技术环境因素

技术发展趋势	行业应用前景
技术竞争态势	创新研发动态
技术风险与防范	技术转移和技术商品化速度
专利及其保护情况	技术人才数量
科技基础设施	研发实力
新技术、新工艺、新材料的研发及应用	该领域技术研究开发费用总额
科技政策	技术质量检验指标

5. 人口环境

市场是由具有购买意愿并且具备购买能力的人构成的。人口因素对企业营销决策有重大影响。例如，人口总数直接影响着社会生产总规模；人口地理分布影响着企业的商圈选择；人口的性别比例和年龄结构在一定程度上决定了社会需求结构，进而影响社会供给结构和企业生产；人口的受教育程度直接影响着企业的人力资源状况；家庭户规模及家庭结构的变化与耐用消费品的需求和变化趋势密切相关，因而影响到耐用消费品的生产规模等。关键人口环境因素如表 2－12 所示。人类需求是企业活动的基础，企业需要分析所处的人口环境，以准确识别潜在消费者群体。

表 2－12　关键人口环境因素

离婚率	出生和死亡率
人口的平均寿命	人口预期寿命
人口在民族和性别上的比例变化	人口在教育水平和生活方式上的差异
社会保障情况	身体健康状况
人口婚姻状况	人口的年龄和地理分布
城镇和农村的人口变化	人口职业分布
受教育程度	人口总数变化
人口的流动	家庭户规模及家庭结构
文盲率	高净值人群的结构变化

6. 自然环境

党的二十大报告提出，“必须牢固树立和践行绿水青山就是金山银山的理念，站在人与自然和谐共生的高度谋划发展”。自然环境是企业赖以生存的基本环境，自然环境的优劣不仅影响到企业的生产经营活动，而且影响一个国家的经济结构和发展水平。自然环境包括自然资源、能源、环境治理这几个维度的要素（见表2-13）。

表2-13 自然环境要素

维度	要素
自然资源	阳光、空气、水、森林、土地等
能源	石油、天然气、银、锡、铀等
环境治理	环保政策法规、环保标准、环境污染防治技术、污染治理措施、碳中和能力等

二、竞争者竞争力研究

竞争者竞争力研究可以采用经典的波特五力分析模型，它由迈克尔·波特（Michael Porter）于20世纪80年代初提出，对企业战略制定产生了全球性的深远影响。波特五力分析模型可以有效地分析企业的竞争环境，这里的五力分别是：供应商的讨价还价能力、购买者的讨价还价能力、新进入者的威胁、替代品的威胁、行业内现有竞争者的竞争。五种力量的不同组合最终影响行业利润的变化。波特五力分析模型如图2-3所示。

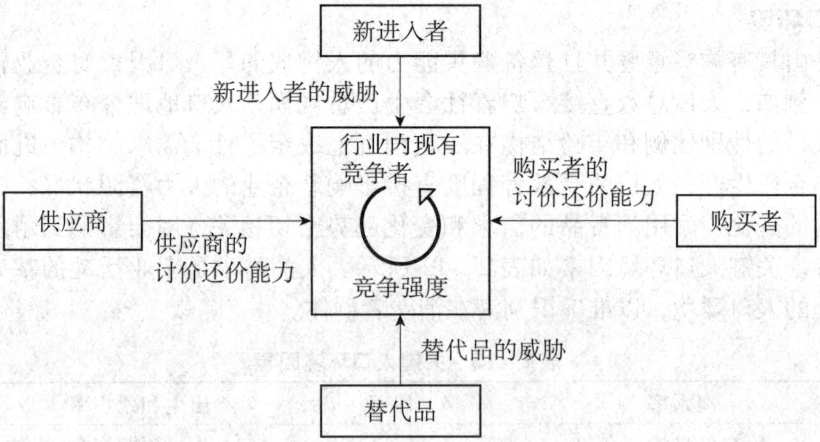

图2-3 波特五力分析模型

1. 供应商的讨价还价能力

供应商主要通过提高投入要素的价格或降低单位价值的能力，来影响行业中现有企业的盈利能力与产品竞争力。供应商力量的强弱主要取决于它们提供给买主的是什么投入要素。当供应商所提供的投入要素的价值占买主产品总成本的比例较大，对买主的产品生产过程非常重要或者严重影响买主产品质量时，供应商的讨价还价能力就大大提高。一般来说，满足如下条件的供应商会具有比较强的讨价还价能力：

（1）供应商所在行业为一些具有比较稳固市场地位而不受市场激烈竞争影响的企业所控制，其产品的买主很多，每个买主都不可能成为供应商的重要客户；

（2）供应商的产品具有一定特色，买主难以转换或转换成本太高，或者很难找到可与供应商产品相竞争的替代品；

（3）供应商能够方便地实行前向一体化，而买主难以进行后向一体化。

2. 购买者的讨价还价能力

购买者主要通过其压价与要求提供质量较高的产品或服务的能力，来影响行业中现有企业的盈利能力。一般来说，满足如下条件的购买者可能具有较强的讨价还价能力：

（1）购买者的总数较少，而每个购买者的购买量都较大，占了卖方销售量的很大比例；

（2）卖方所在行业由大量相对来说规模较小的企业组成；

（3）购买者所购买的基本上是标准化产品，且向多个卖方购买产品在经济上完全可行；

（4）购买者有能力实现后向一体化，而卖方难以实现前向一体化。

3. 新进入者的威胁

新进入者在给行业带来新生产能力、新资源的同时，希望自身在已被现有企业瓜分完毕的市场中赢得一席之地，这就会与现有企业发生原材料与市场份额的竞争，最终导致行业中现有企业盈利水平降低，严重的话还有可能危及这些企业的生存。新进入者的威胁的严重程度取决于两方面的因素，这就是新领域的进入障碍的大小与预期现有企业对于进入者的反应。

进入障碍主要涉及规模经济、产品差异、资本需要、转换成本、销售渠道开拓、政府行为与政策（如国家统一建设石化企业）、不受规模支配的成本劣势（如商业秘密、产供销关系、学习与经验曲线效应等）、自然资源（如冶金业对矿产的拥有）、地理环境（如造船厂只能建在海滨城市）等方面，其中有些障碍是很难借助复制或仿造的方式来突破的。预期现有企业对进入者的反应主要是现有企业采取报复行动的可能性大小，这取决于有关企业的财力情况、固定资产规模、行业增长速度等。总之，新企业进入一个行业的可能性大小，取决于进入者对进入所能带来的潜在利益、所需花费的代价与所要承担的风险的判断。

4. 替代品的威胁

两个处于同行业或不同行业中的企业，可能会由于所生产的产品互为替代品，从而产生相互竞争行为，这种源自替代品的竞争会以各种形式影响行业中现有企业的竞争战略。首先，现有企业产品售价以及获利潜力的提高，将由于存在容易被用户接受的替代品而受到限制；其次，由于替代品生产者的进入，现有企业必须提高产品质量、通过降低成本来降低售价或使其产品具有特色，否则其销量与利润增长的目标就有可能受挫；最后，若替代品生产者的竞争力强，用户转换成本低，则现有企业的经营会受明显的影响。总之，替代品价格越低、质量越好、用户转换成本越低，其所能产生的竞争力就越强；而这种来自替代品生产者的竞争力的强度，具体可以通过考察替代品销售增长率、替代品企业生产能力与盈利及扩张情况来加以描述。

5. 行业内现有竞争者的竞争

大部分行业中的企业相互之间密切相关，作为各企业整体战略一部分的竞争战略，其目标在于使自己的企业获得相对于竞争对手的优势，所以，在实施中就必然会产生冲突与对抗现象，这些冲突与对抗构成了现有企业之间的竞争。现有企业之间的竞争常常表现在价格、广告、产品介绍、售后服务等方面，其竞争强度与许多因素有关。

一般来说，出现下列情况将意味着行业中现有企业之间竞争的加剧：行业进入障碍较小，势均力敌的竞争对手较多，竞争参与者范围广泛；市场趋于成熟，产品需求增长缓慢；竞争者企图采用降价等手段促销；竞争者提供几乎相同的产品或服务，用户转换成本很低；退出障碍较大，即退出竞争要比继续参与竞争代价更高。在这里，退出障碍主要受经济、战略、情感以及社会政治关系等方面考虑的影响，具体包括：资产的专用性、退出的固定费用、战略上的相互牵制、情感上的难以接受、政府和社会的各种限制等。

行业中的每一家企业或多或少都必须应付由各种力量构成的威胁，经营者必须关注行业中的每一个竞争者的举动。除非认为正面交锋有必要而且有益处，例如能够得到很大的市场份额，否则经营者可以通过设置进入壁垒，包括差异化和转换成本来保护自己。当企业确定了优势和劣势时，必须进行市场定位，以便因势利导，然后保护自己并做好准备，以有效地对其他企业的举动做出反应。

根据前述对于五种竞争力量的研究，企业可以采取努力从自身利益出发影响行业竞争规则、先占领有利的市场地位再发起进攻等手段，增强自己的竞争实力并提升市场地位。

三、市场机会与威胁研究

1. 机会与威胁的评估

在市场中，机会是指环境变化形成的对企业的营销活动富有吸引力和利益空间的领域，简而言之就是营销环境当中对企业有利的因素；威胁是指环境中不利于企业的营销因素及其发展趋势。企业在营销活动当中，要经常关注机会和威胁。

（1）机会的评估。企业可从两个维度来评估机会，第一个是成功概率，第二个是吸引力，这两个维度把企业的机会分成四种，如图 2－4 所示。

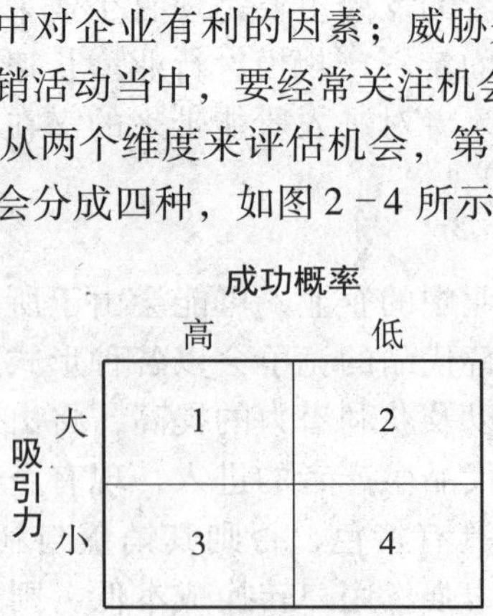

图 2－4　机会评估矩阵

第一种成功概率高、吸引力大，这一种是最佳机会，是企业要立即抓住的机会。

第二种成功概率低，但吸引力大，这一种是冒险机会，企业需要谨慎对待。

第三种成功概率高，但吸引力小，这一种是补缺机会。对这一种机会，企业在条件具备的时候，可以选择性开发。

第四种成功概率低，且吸引力小，这一种机会企业应当放弃。

（2）威胁的评估。企业关注营销环境当中对企业不利的条件时，也可以按照两个维度进行评估：一个是出现的概率，一个是影响程度。这两个维度将企业面临的威胁也分成了四种，如图 2－5 所示。

影响程度＼出现的概率	高	低
大	1	2
小	3	4

图 2－5　威胁评估矩阵

第一种威胁出现的概率高，而且对企业的影响程度大，企业应该特别重视。比如说政府出台的各类调控措施，对房地产公司影响比较大。

第二种威胁出现的概率低，但是对企业的影响程度大，即有些威胁可能不会出现，但它一旦出现，对企业的影响是致命的。这一种威胁要密切关注。

第三种威胁出现的概率高，但是对企业的影响程度小，这种威胁需要充分注意。

第四种威胁出现的概率低，且对企业的影响程度小。这种威胁只需进行适当的注意即可。

那么我们把机会评估和威胁评估结合起来，就形成了机会与威胁评估矩阵，如图 2－6 所示。

机会水平＼威胁水平	高	低
高	2.风险业务	1.理想业务
低	4.困难业务	3.成熟业务

图 2－6　机会与威胁评估矩阵

我们将威胁水平和机会水平分别按照高低来进行评价，就可以对企业的业务进行分析了。第一种情况是威胁水平低、机会水平高，被称作理想业务，企业需要赶紧抓住机会；第二种情况是威胁水平和机会水平都高，被称为风险业务，企业要注意扬长避短，充分发挥优势；第三种情况是威胁水平和机会水平都低，很多成熟业务就处于这种情况，这个时候企业将其作为常规业务来发展即可；第四种情况是威胁水平高，且机会水平低，我们称它为困难业务，这个时候企业需要采取转移或者放弃策略。

2. SWOT 分析方法

SWOT 分析方法是将营销环境当中的机会和威胁，与企业自身的优势和劣势加以综合评估和分析，来制定企业的发展战略和策略的方法。SWOT 其实是四个英文单词首字母的缩写，其中 S 代表优势，W 代表劣势，O 代表机会，T 代表威胁。优势和劣势来自企业自身，机会和威胁来自外部环境。

（1）优势。优势是企业相对于竞争对手表现更好的部分。

（2）劣势。相对于优势，劣势则表现为企业相对于竞争对手，或在当前计划下表现出的不足之处。

（3）机会。它来自宏观与微观环境，通常有利于企业发展。

（4）威胁。同样来自环境，为企业带来挑战。

我们在做 SWOT 分析的时候，主要有五个步骤：第一个步骤是分析外部环境，第二个步骤是分析内部条件；第三个步骤是构建 SWOT 矩阵，第四个步骤是评价 SWOT 矩阵，第五个步骤是选择发展战略。下面重点讲一下 SWOT 矩阵的构建与评价。

将优势、劣势与机会、威胁进行两两组合，企业就能得出四种战略组合（见图 2-7）：

（1）SO 战略：宜采用扩张战略，利用优势和机会；

（2）ST 战略：宜采用分散战略，利用优势，避开威胁；

（3）WO 战略：宜采用防卫战略，利用机会，克服劣势；

（4）WT 战略：宜采用退出战略，克服劣势，避开威胁。

内部条件 外部环境	优势（S） 列出5~10种内部优势	劣势（W） 列出5~10种内部劣势
机会（O） 列出5~10种外部机会	SO战略	WO战略
威胁（T） 列出5~10种外部威胁	ST战略	WT战略

图 2-7　SWOT 矩阵

四、消费者行为研究

消费者市场是市场营销的一个重要市场，消费者市场是个人和家庭为了生活所需而购买产品和服务形成的市场。消费者行为研究主要有三部分内容：一是消费者购买行为影响因素研究，二是消费者购买决策过程研究，三是消费者画像研究。

1. 消费者购买行为影响因素研究

影响消费者购买行为的因素有四种：一是文化因素，二是社会因素，三是个人因素，四是心理因素，如图 2-8 所示。

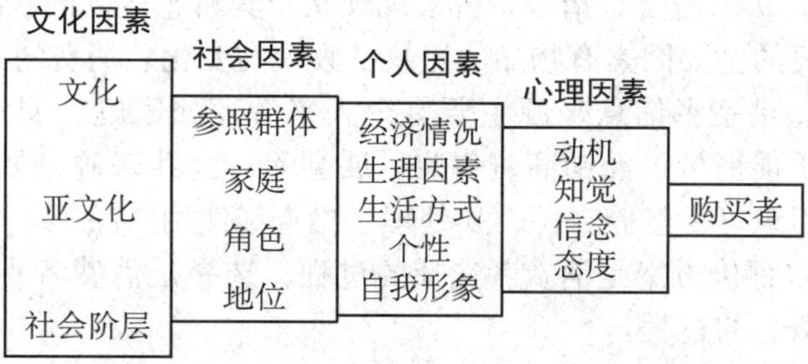

图 2-8　影响消费者购买行为的因素

（1）文化因素。文化因素包括文化、亚文化和社会阶层。文化是区分一个社会群体与另外一个社会群体的主要因素和标志，它包括一个群体具有的共同的或者是相近的价值观、道德、习惯、风俗等等；亚文化是文化的分支，比如民族文化、宗教文化、地域文化和职业文化等；社会阶层，就是具有相对同质性和相对稳定性的一个社会群体，社会阶层可以按照收入、职业、受教育水平等进行划分，同一个社会阶层的人具有相似的价值观、习惯或消费理念等，社会阶层具有稳定性，但也可以改变。

（2）社会因素。社会因素包括参照群体、家庭、角色和地位。参照群体是指能够直接或者间接影响购买行为的群体。家庭包括家庭生命周期和家庭结构等方面，家庭生命周期可划分为单身期、新婚期、满巢期、空巢期等，处在不同家庭生命周期的消费者需求是不一样的；家庭结构不同，消费者需求也不同。角色即家庭成员在家庭购买当中承担的角色，有的家庭是丈夫支配型，有的是妻子支配型，有的是家庭成员综合协调型，还有各自做主型，等等。另外，不同的地位决定了消费者对产品、服务的需求的差异。

（3）个人因素。个人因素可从五个角度来进行评价和分析。第一个是经济情况，如个人收入水平的高低、储蓄的多少、资产、信贷能力等都会影响其需求；第二个是生理因素，包括性别、年龄、身体状况等；第三个是生活方式，不同的生活方式也会对消费者行为产生重要影响；第四个和第五个分别是个性和自我形象，它们同样会对消费者行为有不同程度的影响。

（4）心理因素。心理因素包括动机、知觉、信念和态度。在不同的心理状态下，消费者的购买行为可能发生巨大的变化，企业需要持续地研究消费者心理，提供满足消费者需求的产品及服务。

2. 消费者购买决策过程研究

消费者的购买决策是一个动态发展的过程，西方营销学者将消费者购买决策过程分为五个阶段：认识需要、收集信息、评价方案、决定购买及购后评价①，如图 2-9 所示。这是一种典型的购买决策过程，这种过程适用于分析复杂的购买行为。

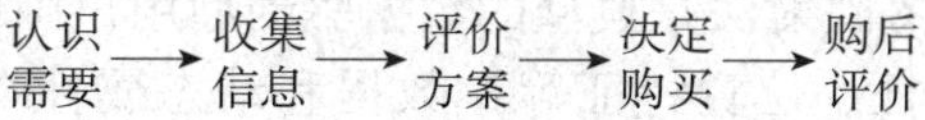

图 2-9　消费者购买决策过程

① 霍金斯，马瑟斯博．消费者行为学：第 12 版．北京：机械工业出版社，2014.

（1）认识需要。认识需要是指消费者发现现状与其所想达到的状况之间有一定差距。促使消费者认识需要的主要因素有物品的短缺、收入的变化、消费的潮流及促销的力度。

（2）收集信息。消费者信息来源主要有个人来源，如家庭、朋友、邻居、熟人等；商业来源，如广告、推销员、经销商、包装、展会等；公共来源，如大众传播媒体、新媒体、消费者评审组织等；经验来源，如处理、检查和使用产品等。

（3）评价方案。评价方案是消费者选择的过程，选择是消费者不断缩小购买对象范围，不断弄清有关概念的过程。

（4）决定购买。消费者从产生购买意向到决定是否购买主要有两个影响因素。第一个是他人态度，他人态度对消费者购买决策的影响取决于两个方面：一是他人对自己偏爱的产品的肯定或否定态度，二是消费者对他人意见的接受程度。第二个是意外情况，如失业、突然急需、涨价、新产品上市、商店有奖销售或者降价出售等促销活动，他们很可能因此改变购买意图。

拓展　数字化时代用户路径 5A 模型

（5）购后评价。消费者购买产品或服务以后，通常通过自己使用或他人的评价来检验自己的购买决策，重新衡量购买是否正确，确认满意程度。消费者对其购买的产品是否满意，将影响到以后的购买行为。如果消费者对产品满意，可能会继续购买该产品，并向他人宣传该产品的优点。如果消费者对产品不满意，则会尽量减少购买，甚至向他人倾诉不满意的感受并建议他们不购买。

3. 消费者画像研究

消费者画像，又称为用户画像。用户画像的概念最早源于交互设计/产品设计领域，“交互设计之父”阿兰·库珀（Alan Cooper）较早提出了用户画像的概念，并指出用户画像是真实用户的虚拟代表，是建立在真实数据之上的目标用户模型。[1] 用户画像研究主要通过市场研究和网络提取两种方法获取数据，市场研究包括用户访谈、问卷调查、观察法等方法，网络提取主要通过前后台数据库、网络爬虫技术、行业研究报告分析等方法获取数据。

用户画像的常用方法有两大类。第一类是人工分类，由画像人员在相关理论的支持下，结合自身知识与经验，描绘用户属性差异。常用的方法是虚拟故事构建法，即通过画像人员的主观想象力，对人物特征、背景、需求和时间进行假设，然后根据一个或多个片段构造故事情节，根据情节完成画像。以尼尔森（Nielsen）关于用户画像的介绍为基础可总结出适合此方法的常用构建要素：角色、时间、背景、片段、情节和梗概等。

第二类是技术提取，基于海量用户真实数据挖掘，通过机器学习的方法提取用户特征，最常用的方法是数据－用户标签映射法，这也是目前互联网界较为流行的用户画像方法之一。数据－用户标签映射法是典型的数据驱动型用户画像，首先采集用户的静态属性（人口特征、账号特征、位置特征等）数据和动态属性（行为特征、心理偏好特征、社交特征等）数据，然后通过一定的算法——文本挖掘算法如 LDA 主题模型等，分

① Cooper A. 交互设计之路：第 2 版．北京：电子工业出版社，2006：10.

类算法如贝叶斯网络、神经网络等，聚类算法如 K 均值算法等——将其转化为用户的标签信息，进一步应用数据可视化技术，并发挥画像人员一定的想象力，最终完成画像。①

五、企业内部经营数据研究

企业内部经营数据研究是企业决策层进行经营决策的基本前提，基于过去经营状况的分析与总结来预测未来。企业内部经营数据研究主要包括业务数据研究、营销绩效研究、财务报告分析、顾客信息研究等。

1. 业务数据研究

拓展　部分常见业务数据指标

业务数据研究可以帮助企业认清业务逻辑，识别业务问题，发现业务机会。业务数据研究的指标有很多，常见的指标包括但不限于销售与运营类指标、商品与供应链类指标、渠道与促销类指标及电商运营类指标。

2. 营销绩效研究

营销绩效研究，就是探索营销活动对企业绩效的影响，即对营销生产力进行测量，以了解营销活动对企业造成何种影响及影响的大小。②营销绩效研究的主要内容包括：营销价值链研究、营销度量研究、营销度量指标之间关系的研究。

营销绩效研究的指标包括营销价值链，即营销活动到顾客行为到市场资产到股东价值的影响链，比如营销活动影响顾客行为，顾客行为影响财务绩效，最终影响企业的股东价值；营销度量，如品牌知晓率、顾客满意度、顾客忠诚度、市场占有率、投资回报率、资产收益率、顾客购买行为的时间跨度和频率、顾客获取率、顾客保留、服务质量等。

3. 财务报告分析

财务报告分析分为会计分析和财务分析。会计分析的目的是评价一个企业对其经营状况的反应程度。通过分析会计政策和会计核算，可以知道公司会计数字的扭曲程度，可靠的会计分析可以提高财务分析结论的可靠性。财务分析是利用财务数据评估公司当前和过去的业绩，并了解其持续性。比率分析和现金流分析是两个最常用的财务分析工具。比率分析着重评估公司在产品市场中的业绩和财务政策；现金流分析则着重分析公司的资金流动性和财务的灵活性。

主要的财务报告分析指标包括总资产贡献率、资本保值增值率、资产负债率、流动资产周转率、成本费用利润率、全员劳动生产率、现金流、产品销售率等等。

4. 顾客信息研究

顾客信息研究可以帮助企业明确用户画像，更好地理解顾客，帮助企业与顾客保持良好的关系，为开发新顾客提供有力支持。顾客信息研究包括：顾客构成、顾客规模、顾客消费习惯、顾客关注重点；各类顾客消费心理、消费行为；顾客满意度与忠诚度；顾客购买过程的持续时间；顾客兴趣、性格及喜好；等等。常见的顾客信息研究指标如

① 亓丛，吴俊．用户画像概念溯源与应用场景研究．重庆交通大学学报（社会科学版），2017（5）．

② 黎小林，王海忠．营销绩效评估理论述评．广东商学院学报，2010（4）．

表2－14所示。

表2－14　常见的顾客信息研究指标

市场类别	常见指标
消费者市场	平均成交时长＝成交顾客接待总时长÷成交顾客数 平均接待时长＝顾客接待总时长÷顾客数 投诉率＝投诉顾客数÷顾客数×100% 新增会员数＝期末会员总数－期初会员总数 会员增长率＝期内新增会员数÷期初会员数×100% 会员贡献率＝会员销售总金额÷总销售额×100% 有效会员占比＝有效会员数÷会员总数×100% 会员流失率＝期内会员流失数÷期初会员数×100% 会员购买频率＝期内所有会员交易次数÷期内会员数 服务率＝服务体验顾客数÷总销售顾客数×100%
组织市场	成交率＝成交的组织客户数÷组织客户总数×100% 复购率＝重复购买的组织客户数÷组织客户总数×100% 大客户销售额占比＝大客户年度销售额÷年度销售总额×100% 回款率＝实际收到的销售款÷销售总收入×100% 利润贡献率＝单个客户利润÷总利润×100%

值得一提的是，企业内部经营数据研究可以通过经营分析会的形式来开展。一般来说，经营分析不能只做静态的数据研究，也要对比历史、对比目标、对比行业、对比标杆，进行动态的分析。对各种差距的分析要有精确的数据，比如预计销售增长率是10%，实际是7%，要分析为什么会出现这样的差距：是疫情的影响，还是竞争的因素，抑或是产品的问题？再如，计划营销费用是5 000万元，为什么实际是6 000万元？为什么预算不准确，以后能不能尽量避免？……只有不断进行动态的量化分析，才能够推动问题的真正解决，才能让参与决策的人员不断强化数据思维。没有数据，就不可能彻底分析清楚差距，经营能力就很难提升，企业后续的发展就只能凭运气和惯性，几乎不可能发展得更好。只有做到数据化，才能够把差距、问题分层、分类，才能帮助企业精准发现问题、有效指导决策。

本章小结

市场研究是洞察新的市场机会的重要工具，也是营销决策的重要前提。高质量的信息收集与分析是营销决策有效性的前提，是整个市场营销工作的基础。

市场研究的一般流程是本章的重点内容，包括市场研究目标确定、市场研究方案设计、信息收集、信息分析、市场研究报告撰写及营销决策制定。其中市场研究方案设计和市场研究报告撰写是重中之重。市场研究方案的主要内容包括：调研目的及内容、调研对象及抽样设计、调研方法、调研工具、调研组织与控制。一份完整的市场研究报告的基本结构有：封面、目录、摘要、调研概况、调研结果、调研结论与建议、附录。

问卷的设计及市场研究的主要内容及其指标是本章的难点。一份规范、完整的问卷一般由六个部分构成：标题、问卷说明、问卷主体内容、被调查者基本信息、编码及实施记录。市场研究的主要内容包括宏观环境研究、竞争者竞争力研究、市场机会与威胁研究、消费者行为研究及企业内部经营数据研究。

启示

市场研究是企业永恒的话题，未来基于新技术的发展，市场研究的方法将不断推陈出新，市场研究的内容也将不断丰富与深化，但市场研究工作不会变得简略，特别是对“人”的研究将永不停息。同时，市场研究的结果是企业营销决策的重要依据，但不是唯一依据，企业要结合自身实际综合考虑，否则可能会造成不可挽回的损失。

思考与应用

1. 市场研究的一般流程是怎样的？
2. 一份完整的市场研究方案包括哪些主要内容？
3. 比较分析“80 后”“90 后”“00 后”的消费行为。
4. 试分析互联网对消费者购买行为产生了怎样的影响。

案例分析

成都市“一人火锅”市场现状及消费现状调研方案

一、调研背景及意义

随着经济的发展，人们的生活水平不断提高，火锅在流行的餐饮品种中占有举足轻重的地位，受到众多消费者的喜爱。如今，火锅市场也衍生出“一人火锅”这种独特的形式。一人食的小火锅已经逐渐脱离正餐和聚会场景，成为许多人工作餐和快餐的新选择。通过对消费者特征与消费行为特征以及一人火锅产品自身特征进行分析，可以总结出一人火锅市场现状，优化消费者体验，推动一人火锅产业可持续发展，为经济发展做出更大的贡献。

二、调研目的

通过本次调研，了解以下主要内容，达到以下目的：

（1）了解消费者对一人火锅的需求程度，消费者消费观点及习惯。

（2）把握基于消费者心理的一人火锅的宣传方式和促销方式。

（3）分析消费者对一人火锅的消费特点。

（4）统计资料，预测一人火锅市场容量及潜力。

三、调研内容

1. 市场分析

宏观环境分析：

（1）消费者需求对一人火锅消费的影响。

（2）餐饮文化对一人火锅消费的影响。

一人火锅市场特点分析：

（1）火锅市场的发展及容量。

（2）一人火锅店的产品与服务（菜品质量、服务态度等）。

2. 消费现状

（1）消费者的消费习惯分析（就餐环境、氛围要求等）。

（2）消费者的消费结构分析（支出与职业等的关系）。

（3）消费者的消费水平分析。

（4）消费者的评价（观念、态度等）。

四、调研对象及抽样方法

调研对象1：成都市一人火锅店铺，采用文案调查法和访问法。

调研对象2：成都市在其他火锅店和一人火锅店消费的人群。

抽样方法：为确保样本的代表性、合理性及精确性，同时考虑到时间、人力、物力等因素，本次调研把调研对象分为两类：成都市吃其他火锅的群体和在一人火锅店消费过的群体。

针对成都市吃其他火锅的群体采取方便抽样和随机抽样方法；针对在一人火锅店消费过的群体采取配额抽样和随机抽样方法。随机抽样采用网络投放问卷的形式。抽样人群可分为18岁以下、18～23岁、24～35岁、35岁以上。

五、调研方法

调研以问卷、访谈两种形式为主，对消费者与商家采用不同的形式进行调查。

消费者：以问卷为主、访谈为辅，主要针对热爱火锅的群体。

（1）发布网上问卷：与商家合作，在店铺官网发出问卷邀请；以抽奖等有偿形式将问卷发布至社交平台。

（2）发布线下问卷：随机抽取几家火锅店铺，深入周边发放问卷。主要对象为想要就餐或就餐完的群体。

商家：以访谈为主。

与商家协商，对火锅店的管理者与服务者进行采访。

六、样本量及经费预算

预计发放400份问卷，访谈20位顾客。

经费预算：100元。

七、工作内容及进度安排

（1）确定调研主题：2022年9月25日至26日，集体讨论，搜集资料，确定主题。

（2）确定调研内容、方法等并制作思维导图：2022年10月17日至23日，小组讨论决定调研内容、方法并制作思维导图。

（3）分析自己与他人的思维导图并进行学习总结：2022年10月24日，小组汇报思维导图，并根据其他组的思维导图进行反思总结。

（4）设计调查问卷：2022年10月31日，小组进行调查讨论，设计出第一稿问卷。

（5）修改调查问卷后完成调研方案：2022年11月14日至20日，小组进行分工合作，完成调研方案。

（6）发放问卷：2022年11月21日，小组利用抽样方法，发放问卷。

（7）访谈：2022 年 11 月，全员参与。

（8）统计问卷、总结访谈：2022 年 11 月，全员进行分工合作，整理、总结。

（9）撰写调研报告：2022 年 11 月至 12 月，全员合作，撰写调研报告。

附录：调查问卷（略）

▶ 思考题

1. 你认为这份调研方案是否科学？为什么？
2. 如果是你，你会如何设计方案？

第3章 市场营销战略：聚焦顾客价值

教学目标

知识目标

- 了解企业战略及其层次。
- 掌握市场细分的原则和依据。
- 掌握目标市场营销策略的类型。
- 掌握市场定位的概念、战略和方法。

能力目标

- 洞察目标市场的分析能力。
- 评估细分市场的判断能力。
- 选择目标市场的决策能力。
- 明确市场定位的创新能力。
- 提升数字化战略认知能力。

思维目标

- 形成营销战略思维、系统思维和迁移性思维。
- 树立市场定位用户思维。
- 培育新环境下的数字化思维。

素质目标

- 培养数字化转型下的商业素养。
- 具备以顾客为中心的商业道德。
- 强化目标市场选择的社会责任意识。

内容导图

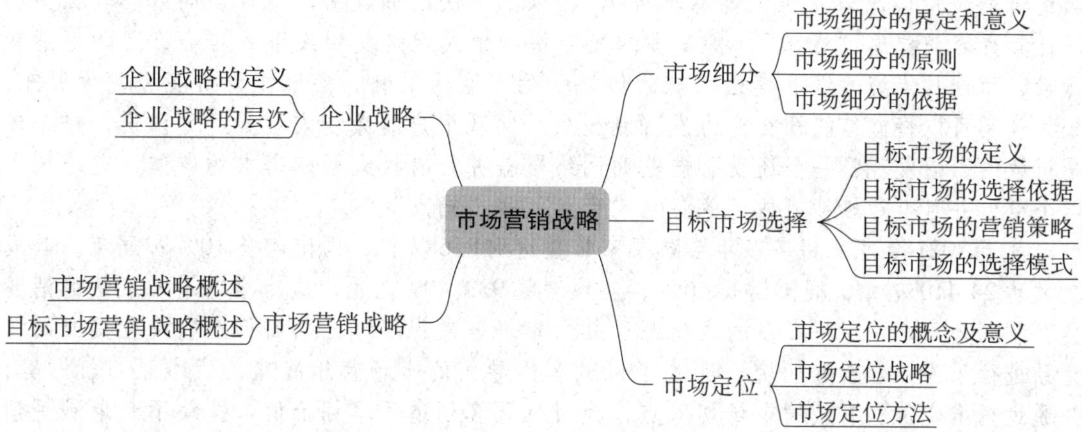

导入案例

拼多多的超车之路

2015 年 9 月，黄峥创办了拼多多——一家针对 C2B 拼团的第三方社交电商平台。仅用 6 年多的时间，拼多多就脱颖而出，并成为电子商务领域最受中低端消费者欢迎和近年来最具影响力的电子贸易平台之一。拼多多的成功在于它关注广大老百姓，“服务中国广大人群的消费升级”。

1. 拼多多的市场细分标准

拼多多按照人口、行为和心理等因素对市场进行细分。据官方统计，其主要用户是 30～39 岁的家庭主妇，占 49%。家庭主妇对产品的价值非常敏感，在生活中非常细心。她们主要购买家庭用品，而且更关心“产品多样化”和“便宜”，而不是质量，更喜欢邀请朋友共享优惠。此外，40～49 岁的中年人占 30%。这部分消费者大都没有使用支付宝的习惯，这样一来在淘宝等平台购物就很麻烦，而拼多多可以通过微信登录，支付也很方便。拼多多 65% 的活跃用户来自二三线及以下城市，他们具有对价格敏感、有自己的小圈子、线下沟通频繁、口碑传播能力强的特征，这与拼多多的新社交电商思维是一样的。

2. 拼多多的目标市场选择

据调查，中国年收入少于 20 万元的家庭占比很高，“性价比”仍然是消费者消费时考虑的第一要素。拼多多主攻“小城市 + 县 + 乡镇”，目标是农村地区和三四线及以下城市的电商细分市场。不管是淘宝还是京东，吸引的顾客大都追求一定的品质，但是从来没有人关注“能用就行”的大部分用户。因此，面对瞄准头部的一二线城市的强劲对手，拼多多直接瞄准对价格最为敏感的用户，这些用户正是京东、淘宝这些平台不太重视的对象。这种差异化竞争为拼多多成功占据市场提供了保障。

3. 拼多多的市场定位

曾经我们想买百货就会想起淘宝，想买家电、图书等就会想起京东，想买正品服饰就会想起唯品会，而拼多多为了和它们区别开来，定位于中低端的生活用品，其基本市场逻辑是“价格优势”和“优惠与折扣”，以低价快速形成用户规模。同时，其社交属性让其更容易打造“爆款”，拼多多的线上拼购模式就是复制线下的庙会、团购等消费场景，而这种传统的线下模式之前的传播受到了空间限制。腾讯作为拼多多的大股东，毫无疑问可以将微信的社交能力发挥到极致，实现用户的爆炸式增长。可以说，拼多多是机敏的，它发现了一个还没有被电商网络覆盖并且有极大网购需求的群体，它瞄准了这个群体并且很巧妙地抓住了他们的“痒点”和“痛点”。

截至2021年底，拼多多年活跃买家数量达到8.687亿，同比增长10%；同年，其成交额达24 410亿元，同比增长46%，实现营收939.499亿元，成为全球增长最快的消费类互联网公司之一。拼多多的成功源于其对市场宏微观环境、电商行业以及直接或间接竞品进行了深入分析和研究，实施了以顾客为导向的市场营销战略，找准了目标顾客，并通过精准定位和有效的市场切入点，为目标顾客创造了卓越价值，持续不断地满足消费者日益多样化的需求。

资料来源：拼多多的市场定位和产品定位分析．先知网；宏润源：拼多多的市场定位及盈利模式是什么．(2021-06-30)．搜狐网；拼多多发布2021全年财报．(2022-03-21)．网易；成都格布果果电商详讲拼多多如何细分消费者市场．(2021-11-12)．搜狐网．

互联网时代，市场迭代速度非常快，外部环境、资讯内容、平台方式、用户思维都在不断发生变化，市场营销必须与时俱进，与数据和数字结合起来，推动营销技术的不断更新，满足数字化时代的用户需求。目前，70%的企业已经或正在制定数字化转型战略，56%的首席执行官表示数字技术的进步有助于增加收入。虽然营销工作变化很大，但有一点却从未改变：顾客参与是营销成功的关键。因此，营销战略和策略必须能够有效吸引并连接当今的顾客。在数字经济时代，企业要准确把握市场形势变化，应“市”而动，顺“市”而为，把握国际国内市场的关键数字化营销趋势，以制定制胜的营销战略及培育新的数字化营销能力，从而实现企业与终端用户的无缝对接和交互，与时俱进地创造和传递独特的顾客价值，通过树立品牌领先优势来持续获取顾客。

第1节　企业战略

一、企业战略的定义

最初的“战略”是一个军事术语，可以追溯到孙武撰写的《孙子兵法》。《辞海》第七版对战略下的定义是“‘军事战略’的简称。筹划和指导战争及武装力量建设与运用全局的方略”。战略一词源于希腊语“strategos”，意为“指挥军队的科学和艺术”。在汉语中，“战”指战争，“略”是“谋划”“谋略”。虽然不同的军事家和战略家对战略的定义各有侧重，但战略的本质仍然是对战争的筹划和谋略。在现代社会，战略

拓展　战略与战术的关系

一词已广泛应用于政治和经济等领域，其含义也衍生为全局性、统领性、控制成败的策略、方案和谋略等。

在企业管理文献中，战略用于描述一个企业打算如何实现其目标和使命。① 菲利普·科特勒认为："当一个组织清楚其目的和目标时，它就知道今后要往何处去。问题是如何通过最好的路线到达那里。公司需要有一个达成其目标的全盘的、总的计划，这叫作战略。"

提示　企业战略的 5P 模型

二、企业战略的层次

根据影响范围和侧重点的不同，企业战略可以分为总体战略、竞争战略和职能战略三个层次。企业战略层次及内容如图 3－1 所示。

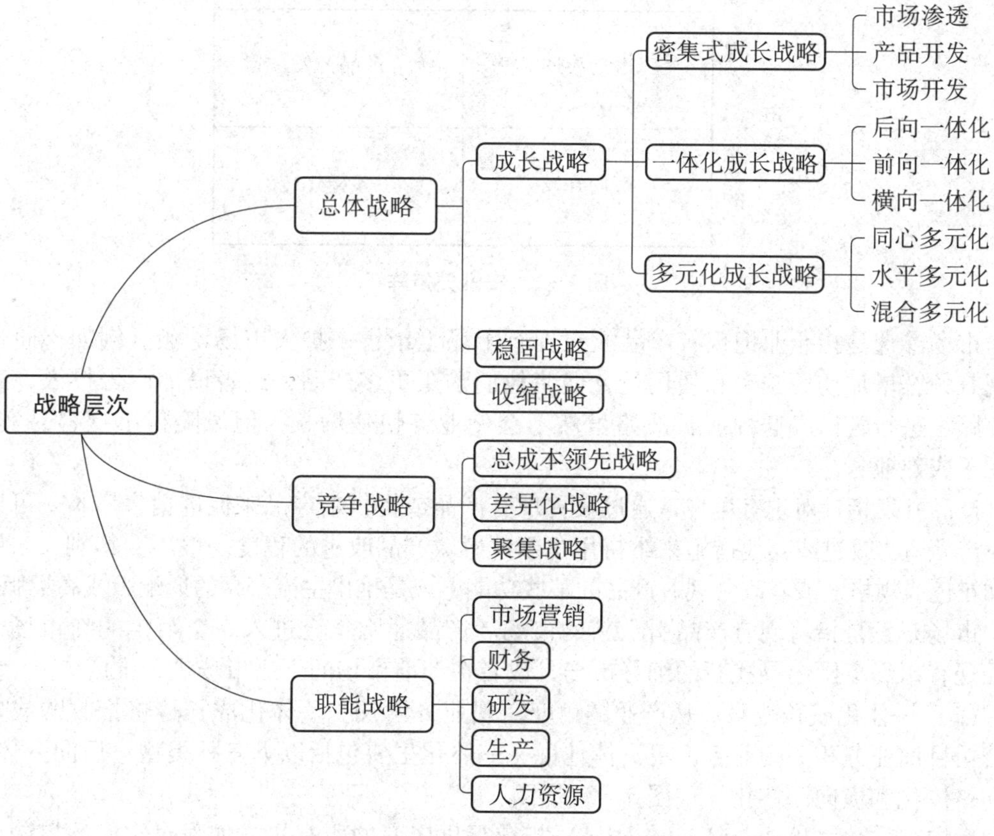

图 3－1　企业战略层次及内容

① 吴健安，聂元昆. 市场营销学. 6 版. 北京：高等教育出版社，2017：51.

1. 总体战略

总体战略，也叫公司层战略，是企业最高层次的战略。它决定企业的发展方向、应该选择哪些经营业务、进入哪些领域等问题，通常由企业高层负责制定和落实。总体战略可以分为成长战略、稳固战略和收缩战略。下面我们重点介绍成长战略。

一旦企业决定采用成长战略并拓展业务，有三种具体战略可供其选择，即密集式成长战略、一体化成长战略和多元化成长战略。

（1）密集式成长战略：相对稳健、保守的业务成长对策。密集式成长战略指企业在原有生产范围内挖掘产品和市场方面的潜力来实现成长的一种战略。借助安索夫矩阵（见图3-2），企业提供的产品和接触的市场可以按照“现有”和“新的”两种形式进行归类，通过该矩阵并运用产业链成长思维，企业业务成长可采用如下三种方式来实现①（多样化不属于密集式成长战略）。

		产品：现有	产品：新的
市场	现有	市场渗透	产品开发
	新的	市场开发	多样化

图3-2 安索夫矩阵

市场渗透是指企业把现有产品放在现有市场上销售来扩大市场份额。例如，通过鼓励现有顾客增加使用频率和使用量，促使他们购买更多产品；或者增加广告投入，鼓励潜在顾客进行尝试。这种成长战略虽然不会使业务快速增长，但风险很小且容易实现，适用于成熟业务。

产品开发指针对现有用户，通过改善现有产品或提供新产品来促进销售增长。可以通过对产品适当改进或其他措施来维持用户新鲜感。产品改进的程度一般不会特别大，例如增加花色或规格，或者改善现有产品的某些功能，或是推出主流产品的低配版或高配版等。

市场开发是指将现有产品引入新的市场。产品通常不会进入完全陌生的新市场，而是在现有市场范围内寻找新的细分市场，或者在当前市场的下级市场进行推广。

（2）一体化成长战略：从产业链角度实现业务增长。一体化成长战略指收购或建立与公司目前业务相关的业务。更具体地说，一体化主要包括以下三种类型：后向一体化、前向一体化和横向一体化，如图3-3所示。

后向一体化（backward integration）指获得供应商的所有权或加强对它们的控制，以保证企业物资供应来源，实现产品的发展和企业的顺利发展。例如，一家具公司兼并了几家木材厂，通过保证原材料供应来确保企业的顺利成长。

① Ansoff I. Strategies for Diversification. Harvard Business Review，1957，35（5）.

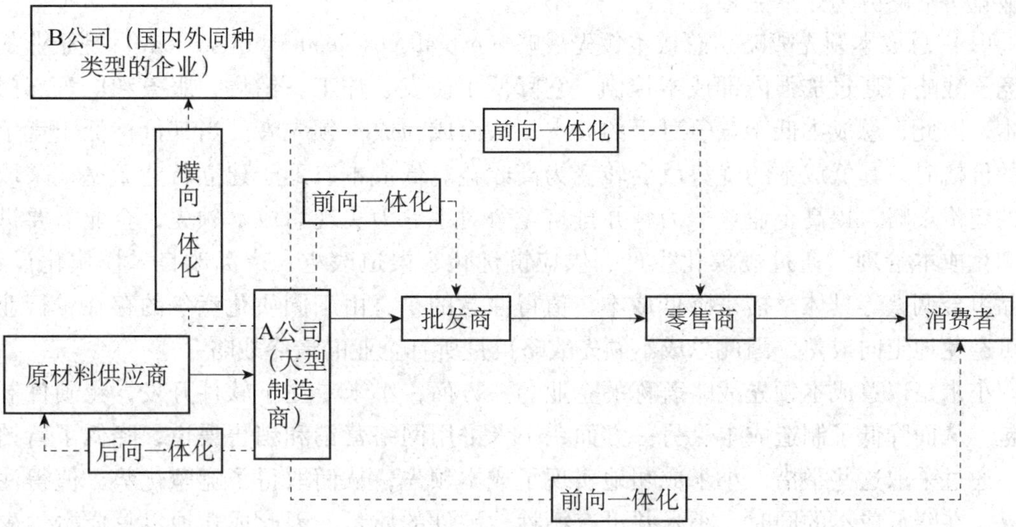

图 3－3　一体化的三种类型

前向一体化（forward integration）指获得批发商或零售商的所有权或加强对它们的控制。例如，一海参养殖企业建立自己的海参品牌专卖店，以期实现业务拓展。

后向一体化和前向一体化是企业在上下游开展活动，因此，统称为纵向一体化。

横向一体化（horizontal integration）是指通过收购生产同类产品的公司等，实现横向竞争力的增长。这种成长方式的优点非常显著，不仅可以直接增加市场份额、降低竞争压力，同时还可以实现多家公司技术互补、能力增强。横向一体化战略面临的潜在问题在于，对于规模较大的公司，收购行为存在触犯反垄断法的风险，可能无法得到相关部门的批准。

（3）多元化成长战略：开发全新价值，风险高但回报大。多元化成长战略可以分为同心多元化、水平多元化和混合多元化。同心多元化是一种增加新业务的战略，企业会进入全新的市场并利用其现有的技术、经验和能力。虽然由于新市场的不确定性，这种战略的风险较高，但企业可以采用与原有技术接近的技术来开发新业务，例如生产乘用车的公司开发运载车辆，生产食品的公司开发保健品等。

水平多元化指企业采用全新的技术来开发与当前市场差异显著的技术和产品。相比同心多元化，这种战略的风险更高，因为新技术的不确定性可能会导致产品供应不稳定。当然，熟悉市场和顾客可以降低这种不确定性，并且老顾客的信任也能够降低新产品推广时的成本。

混合多元化是指企业进入完全陌生的市场，开发全新的产品。虽然这种战略的回报最高，但风险也最高。由于市场和产品存在不确定性，大多数尝试混合多元化的公司都很难成功。

2. 竞争战略

竞争战略又称业务单位战略、经营战略或经营层战略。竞争战略回答了如何在当前竞争格局下建立优势、如何战胜竞争对手等问题，根据迈克尔·波特的竞争战略理论，企业竞争战略分为以下三种：

（1）总成本领先战略。总成本领先战略（overall cost leadership strategy）是企业的一种竞争战略，通过加强内部成本控制，它降低了研发、加工、销售、服务和广告部门的成本，因此，总成本低于竞争对手的成本，从而成为成本领先者。当其价格低于竞争对手的价格时，其低成本的优势就会转变为高收益。低成本有助于建立行业壁垒，采取灵活的定价策略，提高企业竞争力，并排挤竞争对手。为实现总成本领先，企业需要进行精细化成本管理，通过规模化生产、供应链优化、渠道改进、产品改良、模块化设计、产品组合调整等具体举措来降低成本。值得注意的是，由于同质化竞争的存在，行业将不可避免地走向成熟，因此总成本领先战略也是所有企业的最终战略。

小米是以总成本领先战略著称的企业。一方面，小米专注于软件开发，将硬件制造外包，从而降低了制造成本。另一方面，小米采用网络营销和销售渠道，降低了营销成本。通过采取这些举措，小米成功地实现了成本领先，从而取得了竞争优势。值得注意的是，在降低成本的同时，小米并没有牺牲软硬件的质量，因此成功地以总成本领先战略在手机市场占据一席之地。

（2）差异化战略。差异化战略（differentiation strategy）是一种企业寻求独特性、通过有意形成的差异化来形成竞争优势的战略。它旨在提供具有独特价值的产品和服务，以吸引顾客并建立品牌忠诚度。差异化战略的目的是在对价格不那么敏感的市场中建立行业壁垒和提高边际利润，从而增强企业的竞争力。企业可以在产品、服务、品牌形象等方面实施差异化战略。这种战略适用于企业在售价上无法与对手竞争或希望创造新的利润增长点的情况。采用差异化战略，企业可以通过提高产品质量、增加功能、提供独特的服务或改进品牌形象等举措来与其他企业区分开，从而建立竞争优势。

苹果公司采用的是产品差异化战略。苹果公司强调其产品研发，其产品在性能、体验、使用、售后服务等方面与其他电子产品有显著差异。另外，苹果公司运用其强大的营销能力，将各种差异化最大限度地传递给消费者，这奠定了苹果公司在行业中的领军地位。海底捞选择的是服务差异化战略，客人在等位时，可免费享受美甲、擦鞋等服务。它执行三级服务标准并为客人提供贴心且令人惊喜的服务。海底捞为客人带来的不是100分的满意，而是120分的感动。如今，餐饮市场竞争异常激烈，但是海底捞通过差异化的服务成为餐饮行业的领跑者。

（3）聚焦战略。聚焦战略（focus strategy）又称集中化战略，是一种专注于特定细分市场或产品的战略。该战略的实施意味着企业将投入大量资源为一个较小的细分市场提供特定的产品或服务。这种战略成功与否取决于该产品或服务是否为顾客提供了独特价值或是否具有较高的性价比。通常，这种细分市场的规模较小，较少受到强大竞争者的关注，企业可以通过专注于这一细分市场来提高效率和改善效果，从而在某些方面或某些点上超过那些业务范围较广的竞争对手。聚焦战略分为成本聚焦战略和差异化聚焦战略两种类型，两者的区别如表3-1所示。

表 3－1　聚焦战略的两种类型

	成本聚焦战略	差异化聚焦战略
适合的市场	自然利基市场。通常是一些大企业不太关注的、未来预期增长率不高的市场	潜在利基市场。本身的市场空间并不小，只是暂时没有被行业的领军企业或一线品牌所重视
适合的企业	具有资源或产业规模优势的小企业	行业隐形冠军企业
相关案例	（1）必胜客主卖比萨，这是快餐企业或其他餐饮企业通常不愿意涉足的一个细分领域 （2）二手车经销商。对于汽车行业来讲是聚焦的细分市场，而且属于成本聚焦的一种战略市场，其特点是企业运营成本比较低	（1）王老吉。凉茶属于饮料行业一个聚焦的细分市场，属于小品类，王老吉通过对凉茶的重新定位——“怕上火喝王老吉”，成功占领了潜在利基市场，成为行业佼佼者 （2）“极暖”文冬姜。姜行业属于聚焦的细分领域，欧赛斯发现中国女性普遍体寒，于是将品牌命名为极暖，极暖对应体寒，品牌逻辑类似于王老吉

以上三种竞争战略的核心特征、前提或要求、优缺点方面的对比见表 3－2。

表 3－2　三种基本竞争战略的对比

	核心特征	前提或要求	优缺点
总成本领先战略	● 单位产品成本低 ● 市场份额最大化 ● 具有价格低廉等优势 ● 规模化发展	● 良好的融资渠道与持久的投入 ● 产品设计便于制造，工艺简单 ● 低成本的分销渠道 ● 先进的设备与更高的劳动生产率 ● 严格的成本控制与组织管理	● 扩大销售 ● 提高进入壁垒 ● 忽视需求 ● 对新技术反应迟钝
差异化战略	● 在产品设计、工艺、品牌、款式、服务等方面具有优势 ● 能更好地满足顾客需求	● 具有营销、研发、技术、工艺实力 ● 良好的产品开发、技术创新形象 ● 进入行业时间长，有传统优势 ● 公司管理与市场渠道的强有力支持	● 培养了顾客忠诚 ● 增强了供应商的讨价还价能力 ● 降低了顾客对价格的敏感度 ● 成本提高 ● 销量难以提升
聚焦战略	在一些领域或某些方面具有相对的竞争优势	● 企业实力弱 ● 没有其他竞争者	● 集中资源 ● 更了解市场 ● 适应性差、风险大

3. 职能战略

职能战略也称职能层战略，是公司或战略业务单位各个职能领域的战略，用于协助各个管理职能和相关部门确定其职责、任务和要求，并通过实施管理职能，确保公司总体战略和竞争战略的有效实施。职能战略涉及市场营销、生产、研发、财务和人力资源等领域。一般来说，市场营销职能引领一个企业与其市场、需求相适应；生产职能包括设备、原材料的采购和供应，形成并发展满足市场所需的生产能力；研发职能主要是为公司提供可持续发展的动力，其中包括产品研发、更新、升级等；财务职能决定公司运营所需的资金来源，控制和管理资金的使用，进行成本收益的核算；人力资源职能通过人力资源开发和管理帮助公司实现目标。

第2节　市场营销战略

一、市场营销战略概述

1. 市场营销战略的定义

市场营销战略（marketing strategy）是指在现代市场营销理念下，为实现经营目标，对市场营销发展的总体设想和规划。作为企业战略的核心，市场营销战略的目标是最大限度地提高企业资源的使用效率。

提示　对市场营销战略的解读

企业的市场营销战略包括两个方面的内容：一是确定顾客群（市场细分与目标市场选择），二是确定针对顾客群的战略。首先对整体的市场进行认知，然后将其分成若干个小的市场，从中挑选出最具发展前景的市场，并把重点放在该市场的客户服务与需求满足上，这是企业在进行市场营销时必须做出的第一个战略决定。第二个战略决定是以市场营销战略为导向，以产品、价格、渠道、促销等可控因素为核心，构建一体化的营销组合。为了寻找最优的市场营销战略与组合，公司必须进行市场营销分析、规划、实施与控制。

2. 数字化时代市场营销战略的转型升级

（1）数字化时代的营销趋势。市场营销必须与时俱进，以满足数字化时代用户需求与营销技术的不断迭代。在数字化营销时代，可以用四个关键词来描绘营销的未来发展趋势，同时，它们也是企业实现数字化转型的有效切入点（见表3-3）。

表3-3　数字化时代的营销趋势

趋势	说明
全链路	大数据、人工智能应当深入品牌营销的每一个环节（推广前、推广中、推广后），这样才能“通吃”数字化时代的红利
全域	最好的营销方式是将线上和线下打通，融合成一套数字化解决方案

续表

趋势	说明
品效协同	实现品牌广告和效果广告的有机组合，在中长期内实现效果最大化
全闭环	所有环节的营销数据都需要作为资产积淀下来，用来作为后续营销的重要基础

资料来源：友盟 + 吕志国：营销环境在变，数智营销何以成为品效协同的利器？.（2021－06－25）. 凤凰网财经.

（2）数字化时代的营销战略。整个营销时代可以划分为两个阶段：传统时代和数字化时代。传统时代和数字化时代的市场环境与营销战略是不一样的。后疫情时代，数字化转型的重点就是以营销战略为核心的转型升级（见图 3－4），因为市场营销战略直接决定了企业价值创造的方式以及企业与客户彼此接触的方式。

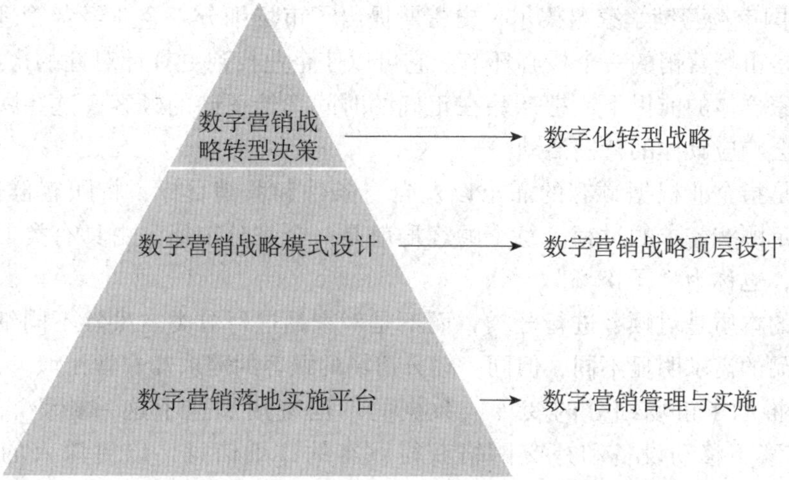

图 3－4　基于营销战略的数字化转型金字塔模型

资料来源：王赛：向华为学“数字化”转型，从市场战略 Marketing 开始.（2020－04－29）. 凤凰新闻.

二、目标市场营销战略概述

由于人力、物力、财力等自身资源的限制，企业不可能满足多元化市场中所有消费者的需求，也不可能满足一个消费者的所有需求，它们需要识别细分市场，以便更有针对性地为目标消费者服务。为了更有效地聚焦其营销活动和参与市场竞争，许多公司开始重视目标市场营销战略。

目标市场营销战略，即 STP 战略，是现代企业营销战略的核心。企业通过市场细分，从众多细分市场中，至少选择一个具有吸引力、可以发挥企业长处的细分市场作为自己的目标市场，再结合竞争条件和自身实力，选择针对不同目标市场的营销战略。

拓展　目标市场营销战略的关键：聚焦、定位和差异化

在现代营销理论中，企业营销战略的三个核心要素，即市场细分、目标市场选择、市场定位（即STP）。所有的市场营销战略都建立在STP的基础上。企业需要通过这三个核心要素，规划市场，为制定和实施相应的市场营销组合策略奠定基础和提供依据。[①]

第3节 市场细分

一、市场细分的界定和意义

1. 市场细分的界定

1956年美国市场营销学家温德尔·史密斯提出了市场细分。企业经营管理的实践证明，市场细分是市场营销的一个核心环节，它可以使企业找到更有针对性的产品和服务，在集合潜在买家群体的前提下，把产品在正确的时间卖给正确的顾客，这些顾客有共同的需求，可能会响应具体的营销活动。[②]

市场细分是指企业根据顾客的需求以及自身条件和营销目标，将顾客群进行分类，以便更好地满足顾客需求的过程。每个顾客群就是一个细分市场，由具有类似需求和欲望的顾客组成，也称为“子市场”。

市场细分的本质是对顾客进行分类，而不是对产品进行分类。虽然不同细分市场的顾客对同一产品的需求明显不同，但同一细分市场的顾客的需求却非常相似。

数字营销推动了市场细分的变革，数据的广泛应用加速了这一趋势。营销者可以通过搜索引擎、移动设备和社交网络获得顾客的详细信息，以更深入的方式进行市场细分。现在，数字营销人员可以利用社交标签、用户评论、电子邮件活动和手机应用程序等，重新定位市场营销目标人群。数字化时代，企业能够对目标人群进行更细致的分类，并通过网络和移动端与之实时交互。[③]数字媒体和数据的生产有助于划分网络市场，创造具有相同价值观的消费群体。传统的市场营销关注高潜力的小部分用户的转换，而数字营销提供了更精细的细分方法，使得营销者可以更好地定位目标人群，改善营销效果。

市场细分变量在整个营销发展史中经历了多次演变。从20世纪50年代的人口统计学特征，到60年代的区域人口统计学和行为特征，再到70年代和80年代的心理统计特征，以及90年代的顾客忠诚度和收益数据，现在的营销人员使用经济学数据进行细分，甚至使用一对一的用户画像进行精准营销。在当今大数据挖掘和分析技术的支持下，精准营销乃至一对一营销可以最大限度地得到应用，它通过结合细分模型和顾客调研来对

---

① 吴健安，聂元昆．市场营销学．6版．北京：高等教育出版社，2017：179.

② 曹虎，王赛，乔林，等．数字时代的营销战略．北京：机械工业出版社，2017：81.

③ 同② 82.

细分顾客进行精准化描述。

例如，早在 2013 年淘宝就推出了千人千面的排名算法。该算法借助庞大的淘宝数据库构建买家兴趣模型。在详细分类中，它捕获了与购买者兴趣点相匹配的促销信息，并将其显示在目标受众查看的网页上。如果买家喜欢连体泳衣，当买家来到某个促销页面，系统会在泳衣类目中展示连体泳衣给消费者。数字化时代的用户细分流程如图 3－5 所示。

拓展理论　超市场细分

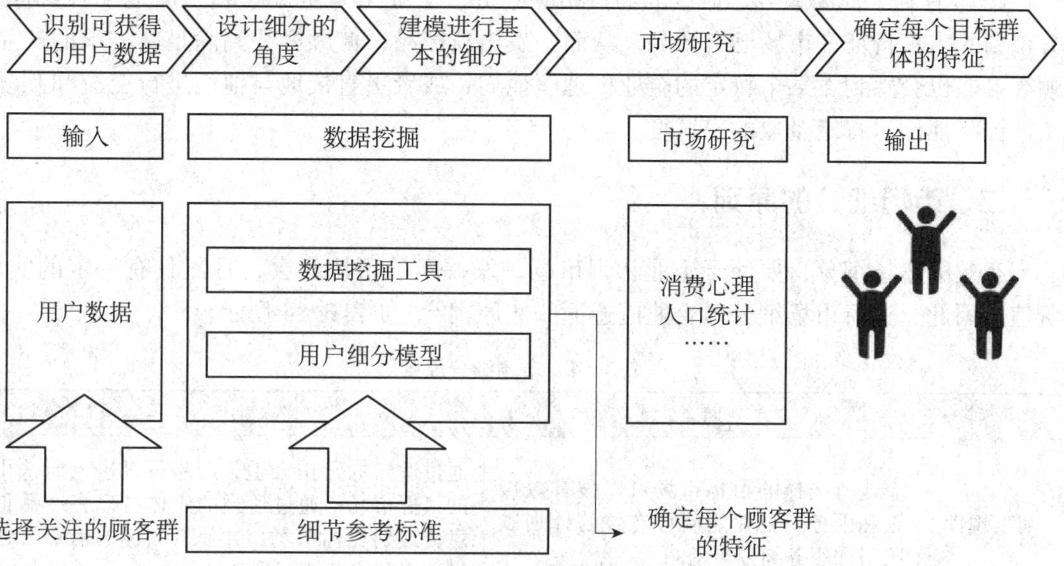

图 3－5　数字化时代的用户细分流程

2. 市场细分的意义

市场细分是企业“以顾客为中心”的营销理念的根本标志。需要注意的是，营销者的作用并不是创造细分市场，而是识别细分市场并确定哪些细分市场是目标市场。市场细分对企业而言具有以下重要意义。[①]

拓展理论　反市场细分

（1）有利于发现市场机会。在买方市场的情况下，企业要做好营销决策，需要先找到有吸引力的市场机会。市场细分可以帮助企业有效地了解各个细分市场的需求和竞争的差异，结合自身的实力，找到适合自己发展的目标市场和有吸引力的市场机会。

（2）有利于聚焦企业资源。通过市场细分，企业可以将有限的资源集中在最有利的

---

① 吴健安，聂元昆．市场营销学．6 版．北京：高等教育出版社，2017：181－182.

细分市场，展开针对性经营，扬长避短，以有限的资源取得最佳的营销效果和最大的经济效益。

（3）有利于设计和调整市场营销组合。市场细分还可以增强企业市场调研的针对性，提升市场信息的反馈效率。企业可以根据市场消费特点和变化，及时、恰当地设计和调整市场营销组合。

（4）有利于提高企业的市场份额和效益。市场细分也可以帮助企业实现资源利用最大化，将竞争对手的顾客转化为自己的顾客，扩大市场份额和实现更有效的商业运营。

（5）有利于提高顾客忠诚度。通过市场细分，企业可以更聚焦和全面地了解目标细分市场的需求特征和市场已有产品，从而开发出新产品，使顾客找到满足其需求的产品。顾客可能也会感到，某个特定的企业更理解他们，或者更直接地与他们进行交流和互动，从而提高他们对特定企业的忠诚度。

二、市场细分的原则

有效的市场细分，要便于企业认识市场，发掘新的市场机会，且需具有一定的实用价值。因此，进行市场细分时企业应遵循一些原则①，如表 3－4 所示。

表 3－4　市场细分原则

原则	内涵	举例
可实现性	企业所选择的目标市场可以被有效接近和服务。企业能制订有效的计划以吸引和服务细分市场。	通过适当的营销渠道，产品可以进入所选中的目标市场；通过适当的媒体可以将产品信息传递到目标市场，并使有兴趣的消费者通过适当的方式购买到产品。
可盈利性	所选择的细分市场应当具有能够盈利的规模，且有一定的发展潜力，使企业赢得长期稳定的利润，值得营销者为之设计一套营销方案。	专门为身高 2 米以上的人生产服装，对于服装制造商来说是难以盈利的。
可衡量性	细分市场的规模、购买力和特征等数据资料能够被获取、测量和推算。	在汽车市场上，在保证产品质量的情况下，估计有多少人更注重价格，有多少人更重视外观，有多少人更注重性能，等等。
可区分性	细分市场在概念上是可区分的，并对不同的营销组合有不同的反应。	女性化妆品市场可依据年龄层次和肌肤类型等变量加以区分；汽车市场可以根据收入水平和年龄层次等变量进行区分。

① 吴健安，聂元昆．市场营销学．6 版．北京：高等教育出版社，2017：190－191.

三、市场细分的依据

1. 消费者市场细分的依据

消费者市场细分的依据可归纳为四个细分变量，如表3-5所示，有些因素相对稳定，有些则处于动态变化中。无论使用哪一种细分变量，细分的本质都在于识别消费者需求的差异性。通过细分市场，营销计划能根据识别出的消费者差异做出相应调整。①

拓展 基于网络的市场细分

表3-5 消费者市场细分的依据

细分变量	具体维度
地理因素	国家、地区、省份、城市、街区、气候、人口密度等
人口因素	年龄、性别、家庭规模、婚姻状况、家庭生命周期、收入、职业、教育水平、社会阶层、宗教、种族、世代、国籍等
心理因素	偏好、个性、态度等
行为因素	购买时机、追求的利益、使用状况、用户忠诚度、购买的准备阶段等

（1）地理因素。地理细分是一种常见、简单而又明确的市场细分方式，它基于不同地域消费习惯的差异，将市场划分成不同的地理或自然区域，如国家、地区、省份、城市、街区，甚至根据气候和人口密度细分市场。在地理细分的情况下，公司可以选择在一个或多个地理区域运营。现在越来越多的企业认识到地理细分的重要性，在产品设计、营销方案、渠道开拓、营销传播组合等方面开始注重不同区域的消费者需求和偏好的差异，制定不同的市场营销战略。

需要注意的是，即使在同一地理细分市场中，消费者在需求上也可能存在较大差异，因此企业在使用地理细分的同时，还需要结合其他的细分方法，如行为细分、人口细分、心理细分等，这样才能使企业更全面地了解市场需求，制定更具针对性的营销战略。

麦当劳是一个典型的应用地理细分的例子。麦当劳按地理位置划分市场，分析地区之间的差异。比如，美国东部民众和西部民众偏爱的咖啡口味大不相同。麦当劳针对不同地区不同消费者的偏好和消费习惯来销售不同的产品，从而满足所有消费者的需求。每年，麦当劳都会投入大量资金进行调研，研究人口结构、消费习惯和文化习俗等，并撰写详细的调研报告；根据每个国家，甚至每个地区的特点来制定相对应的市场战略。麦当劳开始进入中国市场时，大量沿用美国的营销方式，最后发现，中国人的饮食习惯和美国人大相径庭，比如中国人更喜欢鸡肉汉堡包，于是麦当劳改变了在中国的营销战略，这一举措促进了麦当劳在中国的发展。

---

① 科特勒，凯勒．营销管理：第15版．上海：格致出版社，上海人民出版社，2016：228.

（2）人口因素。人口因素是最常用和最重要的市场细分变量之一。[①] 人口细分是指根据年龄、性别、家庭规模、婚姻状况、家庭生命周期、收入、职业、教育水平、社会阶层、宗教、种族、世代和国籍等人口因素对市场进行细分。人口因素和消费者需求紧密相关，同时其相关信息和数据可以通过各国政府或国际组织公布的统计资料获得，因此，易于被衡量和区分。基于不同的人口因素，消费者在价值观念、生活方式、审美观念、消费行为等方面会有很大的差异。通过细分，企业可以更好地了解这些差异并推出适合不同群体的产品和服务，从而更好地满足不同群体的需求。企业常用的人口细分维度[②]如下：

一是年龄段和生命周期阶段。随着年龄的增长，消费者的需求会发生变化。企业可以根据不同年龄段和生命周期阶段的消费者的需求，提供不同类型的产品，并运用不同的市场营销组合策略。例如，一些食品公司会为儿童提供充满趣味的午餐食品，而为老年人提供更加便于食用的三明治；高露洁会生产适合儿童、成年人使用的不同款式的牙膏和牙刷；而生产奶粉的企业则通常会将奶粉分为婴儿、幼儿和成人等不同的类型。这些企业能够通过满足不同年龄段和生命周期阶段的消费者的需求，来增加产品销售额和市场份额。

二是性别。消费者的需求和偏好会受到性别因素的影响，例如服装、化妆品、日用品等消费品。

三是收入。消费者的收入是影响其消费行为的重要因素，特别是对于汽车、服装、化妆品、旅游等。例如，大众、宝马等汽车生产商会针对高收入人群推出数百万元的高档车，针对中等收入群体推出数十万元的车型，而针对低收入群体提供 10 万元左右的车型。

四是社会阶层。社会阶层是指在某一社会中具有相对同质性和持久性的群体。同一阶层的成员在价值观、兴趣爱好和行为方式等方面具有相似性，而不同阶层的成员之间则有很大的差异。企业只有了解不同社会阶层的消费者特点，才可以划分出更多的细分市场。

（3）心理因素。消费者的购买行为往往受到心理因素的影响。心理细分是指将购买者按照偏好、个性、态度等因素分为不同的群体。通过对心理因素的分析，可以更好地理解消费者的心理需求，从而制定更加精准的市场营销战略。

一是偏好。人们对生活的追求不同，有些人追求时尚，有些人追求环保，有些人追求刺激，有些人追求舒适，因此消费者偏好的产品风格和类别也会有所不同。

二是个性。个性是指一个人相对稳定的心理倾向和特征。个性可通过自信、自主、支配、顺从、保守、适应等性格特征来体现。例如，万宝路借助西部牛仔形象塑造了吸引无数男性消费者的形象，这些消费者崇尚自由野性、阳刚洒脱、粗犷豪迈。

三是态度。企业可以根据顾客对产品持有的态度来细分市场，并在接触顾客和传递信息时采取不同的策略。例如，不同消费者对同一产品的态度可能存在差异，有些人持

---

① 科特勒，阿姆斯特朗．市场营销原理：第 15 版．北京：清华大学出版社，2019.

② 文娟．科特勒全书．长春：吉林文史出版社，2017：132 – 133.

肯定态度，有些人持否定态度，还有些人则持无所谓的态度。

（4）行为因素。市场细分的最佳切入点是按照消费者的购买行为进行细分，包括购买时机、追求的利益、使用状况、用户忠诚度、购买的准备阶段等。

一是购买时机。营销人员可以根据消费者的购买时机进行市场细分。例如，城市交通公司可以根据上下班高峰期和非高峰期乘客的需求，分别进行有针对性的营销；航空公司也可以按照消费者的购买时机来划分市场。

二是追求的利益。它指的是消费者在购买过程中对产品不同效用的重视程度，即购买某种产品是为了解决某类问题、满足某种需求。营销人员可以根据消费者所追求的主要利益的不同，对他们进行细分。例如，在购买汽车时，有人看重安全性，有人看重舒适感，有人看重驾驶的愉悦感，有人看重档次与品牌形象，还有人看重的是性价比。

三是使用状况。营销人员可以根据消费者是否使用产品以及使用频率，将其分为"非使用者""曾经使用者""潜在使用者""首次使用者""经常使用者"等。营销人员往往更加关注"经常使用者"，并试图和他们建立起稳定和长期的关系；此外，也可以吸引目标市场的"非使用者"，或者尝试与"曾经使用者"重新建立关系。从常规消费来看，不同消费者对产品的使用量也是有差异的，据此可将消费者细分为"大量使用者"和"少量使用者"。"大量使用者"必然会消耗更多的产品，进而购买更多的产品，给企业带来可观的销量。

四是用户忠诚度。用户忠诚度是指消费者对某品牌的喜爱程度。据此，可以划分为四个群体："绝对品牌忠诚者""多品牌忠诚者""转变型品牌忠诚者""非品牌忠诚者"。在"绝对品牌忠诚者"占较大比重的市场中，其他品牌难以进入；在"转变型品牌忠诚者"占较大比重的市场中，企业应尽量分析消费者转移的内外部原因，以调整其营销组合策略。那些"非品牌忠诚者"占较大比重的企业，则应评估原有品牌定位和目标市场选择等是否准确，并随市场和竞争环境的变化重新调整定位。①

五是购买的准备阶段。消费者的需求和对产品的认知程度是有差异的。企业可以从消费者购买的准备阶段入手，对市场进行细分并采用不同的刺激和引导策略。例如，一部分消费者可能还不知道自己对某类产品的需求，一部分能够意识到自己的需求，但还不知道该使用哪些产品，还有的消费者则对产品的价值、特性等方面缺乏了解，而一些消费者可能正在考虑是否要购买。

2. 生产者市场细分的依据

细分消费者市场的依据，有些也适用于生产者市场，比如地理因素、追求的利益、使用状况等，但还需要考虑其他变量。生产者市场常用的细分变量是用户变量，主要包括行业、规模和地理等。

（1）行业细分。不同行业生产者的需求差异较大，影响采购决策的因素也有所不同。例如，计算机制造商在购买产品时更注重质量、性能和服务，价格不是主要因素。

（2）规模细分。不同规模的用户在购买数量上也存在差异，大客户数量较少但购买

---

① 吴健安，聂元昆．市场营销学．6 版．北京：高等教育出版社，2017：185－189.

量大，小客户数量较多但购买量较小。因此，很多企业会建立相应的系统来分别处理大客户和小客户。例如，某办公用品企业根据规模将用户分为两类：一类是大客户，由该公司的全国客户经理负责联系；另一类是小客户，由推销人员负责联系。

（3）地理细分。为确定服务的主要地区，企业可以利用地理变量。不同国家因自然资源、气候条件和生产需求的差异而形成不同的产业集群，这导致生产者市场在地理上比消费者市场更加集中。通过按地理区域对生产者市场进行细分，企业可以设计出适当的营销组合，最大限度地利用销售资源和网络，降低销售成本。

除了上述变量外，生产者市场还有许多其他的细分标准。美国学者波罗玛和夏皮罗提出了生产者市场的主要细分变量，如表 3－6 所示。

表 3－6　生产者市场的主要细分变量

用户	● 行业：我们应把重点放在购买这种产品的哪些行业？ ● 规模：我们应把重点放在多大规模的公司？ ● 地理：我们应该把重点放在哪些地区？
经营	● 技术：我们应把重点放在哪些客户所重视的技术上？ ● 使用者/非使用者地位：我们应把重点放在大量、中度、少量使用者，还是非使用者上？ ● 客户能力：我们应把重点放在需要很多服务的客户上，还是只需少量服务的客户上？
采购	● 采购职能组织：我们应把重点放在采购组织高度集中的公司，还是采购组织相对分散的公司？ ● 总采购政策：我们应把重点放在乐于采用租赁、服务合同、系统采购方式的公司，还是采用密封投标等贸易方式的公司？ ● 购买标准：我们应把重点放在追求质量的公司、重视服务的公司，还是注重价格的公司？
情境	● 紧急与否：我们应把重点放在那些要求迅速和突然交货的公司，还是其他公司？ ● 用途：我们应把重点放在本公司产品的某些用途，还是将力量平均花在各种用途上？ ● 订货量：我们应把重点放在大宗订货还是少量订货上？
个性特征	● 购销双方的相似点：我们是否应把重点放在那些人员及价值观念与本公司相似的公司？ ● 对待风险的态度：我们应把重点放在敢于冒风险的客户，还是避免风险的客户？ ● 忠诚度：我们是否应把重点放在那些对供应商非常忠诚的公司？

第 4 节　目标市场选择

一、目标市场的定义

市场营销学者麦卡锡提出应当把消费者看作一个个特定的群体，即目标市场。目标市场是通过市场细分后，具有相同需求或特征的、企业准备为之服务的一个或几个购买者群体。

二、目标市场的选择依据

在目标市场营销战略中，目标市场的评估和选择是非常关键的一步。评估细分市场是指在市场规模和增长率、市场结构吸引力、企业目标与实力、道德与社会责任等方面对各细分市场进行详细分析和评估。目标市场的确定意味着营销对象的确定，对营销战略规划具有指向性的影响。

拓展　目标市场选择：小众市场

1. 市场规模和增长率

公司应收集和分析细分市场的资料，判断其是否具有适当的规模和增长率。具体包括当前的销售量、市场增长率、预期的获利性等指标。"适当的规模"是一个相对概念，大公司可能偏好销售量很大的细分市场，对小的细分市场不感兴趣；小公司由于实力较弱，会有意避开较大规模的细分市场。细分市场的增长率可以反映未来的销售额或销售量增长情况。企业只有选择具有恰当规模和增长空间的细分市场，才能获得持续的发展。

2. 市场结构吸引力

市场结构吸引力主要是指市场中竞争对手的数量、竞争的激烈程度、替代品的数量等。市场结构吸引力的具体评估指标包括行业利润率、技术难易程度、市场准入门槛、营销透明程度、产品生命周期等。细分市场的利润潜力主要受竞争激烈程度的影响，可以借助波特五力分析模型[①]，从以下几个方面来考虑：

（1）现有竞争者。在某一个细分市场中，可能有多个实力雄厚或相当的企业竞争，当这个细分市场已经接近饱和或者萎缩时，这个市场的吸引力就会下降。

（2）新进入者。如果该细分市场进入的门槛较低，那么该细分市场的吸引力也会下降。

（3）替代品。替代品从某种意义上限制了该细分市场的潜在收益。替代品的价格越有吸引力，该细分市场增加盈利的可能性就越小，从而使该细分市场的吸引力下降。

（4）购买者和供应商的讨价还价能力。购买者和供应商对细分市场的影响，表现在它们的讨价还价能力上。如果购买者的压价能力强，或者供应者有能力提高价格或降低所供产品的质量，那么该细分市场的吸引力就会下降。

3. 企业目标与实力

选择目标市场时，企业还要考虑自身的目标与实力。评估企业实力的指标有资金、人力资源、研发能力、生产能力、供应链、销售渠道、品牌形象、竞争优势等。

某些有吸引力的细分市场，如果无法达成企业的长期目标，也只能放弃。对一些符合企业目标的细分市场，必须考虑是否具有在该市场获得成功所需的各种能力和资源条件。[②]具体的选择依据如图 3－6 所示。

4. 道德与社会责任

科特勒指出在确定目标市场时，除了要重点考虑上述因素外，营销者还必须考虑道

---

① 波特．竞争战略．北京：中信出版集团，2014：26－34.

② 吴健安，聂元昆．市场营销学．6 版．北京：高等教育出版社，2017：194.

企业目标与实力 \ 细分市场的吸引力	大	小
相符	目标市场	可能放弃
不符	潜在目标市场（与长期目标相符）或放弃（与长期目标不符）	放弃

图 3－6　目标市场选择依据

德与社会责任问题。① 社会营销观念要求企业在细分市场时，不仅考虑自身利益，也要考虑整个社会的利益。

目标市场选择可以帮助公司专注于最有利可图、最有发展空间的细分市场，但有时也会引发消费者的争议和担忧。最常见的问题是那些容易受到影响和处于弱势地位的消费者，可能会被具有争议或潜在危害的产品，例如网络游戏等伤害。

在国内消费市场中，青少年健康成长、环境保护、食品安全、信息安全等问题也都是消费者所关注的。例如，人们一直对一些青少年沉迷网络游戏表示担忧。目前，我国网瘾青少年约占青少年网民总数的13. 2%，网瘾青少年总人数约为2 400 万。青少年因沉迷网络游戏而犯罪的新闻也屡见不鲜。因此，企业在选择目标市场时应谨慎对待这些因素，不能触碰底线，否则会给企业的形象和声誉带来巨大的负面影响。

大数据时代是一个信息流动特别快的时代，网络安全问题不断出现。例如，不法分子会通过网络病毒、网络爬虫、系统漏洞等获取消费者的数据，从而在网络上进行犯罪活动，给消费者带来极大的安全隐患。2017 年，公安部在腾讯安全团队和京东的协助下破获了窃取并贩卖公民个人信息的案件。案件中，犯罪分子盗取了约 50 亿条消费者信息，涉及社交、购物、医疗等领域，在网络黑市上以各种方式进行贩卖。科特勒曾指出，营销并不是以聪明的方式推销产品或服务，而是一门创造真正客户价值的艺术。营销就是为消费者和社会创造价值。在数字化时代，企业应该重视数字营销的数据保护。

当越来越多的数字营销战略和大数据融合时，消费者和品牌似乎正在被一串串晦涩的数字隔开。值得企业关注的是数字背后是一个个真实的、有血有肉的人。营销技术的运用应该体现出企业的文化和正确的价值观，应该在具有人性化的温度下剖析消费者背后的“真相”，把握关键的营销发力点。

三、目标市场的营销策略

1. 无差异化营销策略

无差异化营销（undifferentiated marketing）或者大众营销（mass marketing）策略指

---

① 文娟. 科特勒全书. 长春：吉林文史出版社，2017：147－149.

企业忽略细分市场间的差异，以整体市场作为自己的目标市场，运用一种产品、一种价格、一种推销方法来满足绝大多数顾客的需要。例如在一段时间内，福特的 T 型车只有黑色的；可口可乐以同一种配方来满足全球不同国家和地区消费者的需求；肯德基炸鸡在世界各分店中提供相同的生产工艺、相同的质量指标和相同的服务水平。在无差异化营销策略下，产品需要在内部质量和外部形式方面具有独特的风格，才能得到大多数消费者的认可。

2. 差异化营销策略

差异化营销（differentiated marketing）策略指企业以整体市场上的各个子市场作为自己的目标市场，根据各个子市场的不同需求，提供不同的产品，开发不同的营销组合，以满足各个细分市场的不同要求。例如，化妆品公司资生堂使用不同的品牌来满足不同品位的女性；一些服装公司将女装分为时尚、中性和朴素型。

3. 集中性营销策略

集中性营销（concentrated marketing）策略指企业以整体市场中的某一个或几个子市场为目标市场，并根据目标市场的需要，打造相应产品，制定市场营销组合，满足细分市场需求，提高市场占有率。例如，日本尼西奇公司原本是生产雨衣、泳帽、卫生带等橡胶制品的小企业，由于订单不足濒临破产。公司管理者从人口普查数据中发现，当时日本每年约有 250 万名婴儿出生，如果每个孩子使用两块尿布，一年需要 500 万块尿布。所以公司决定专门生产尿布。实行专业化生产后，公司又不断研发出新材料、新品种，不仅垄断了日本尿布市场，还将产品出口到全球 70 多个国家和地区，成为享誉世界的“尿布大王”。

这三种目标市场营销策略各有优缺点，如表 3－7 所示。企业在选择目标市场进行营销时，必须考虑到所面临的各种内外部因素和条件。

表 3－7　三种目标市场营销策略对比

<table>
<tr><th>策略</th><th>优点</th><th>缺点</th><th>适用情况</th></tr>
<tr><td>无差异化营销策略</td><td>1. 可以降低单位产品的直接生产成本和分销成本。
2. 可以节省产品推广费用。
3. 可以减少市场调研、产品研制等费用。</td><td>1. 分裂的市场和多元化的营销渠道与传播方式，使得接触顾客变得困难和昂贵。
2. 不能够很好地满足不同顾客的需要，影响产品的销售量。
3. 如果同行业中的绝大多数企业都采用该策略，就会造成大市场的竞争激烈而较小市场的需求得不到满足的局面。</td><td rowspan="2">一般实力雄厚的大公司采用这种策略。</td></tr>
<tr><td>差异化营销策略</td><td>1. 可以更好地满足不同顾客的需要从而提升产品销售量，提高企业声誉。
2. 不依赖于一个市场和一种产品，适应性较强，风险相对较小。</td><td>1. 小批量多品种生产、差异化的广告宣传、多样化的分销渠道和扩大的市场调研等，必然增加企业成本。
2. 受企业资源和管理能力的限制，规模较小和财力有限的企业不能采用此种策略。</td></tr>
</table>

续表

策略	优点	缺点	适用情况
集中性营销策略	1. 集中资源对某一细分市场做深入细致的市场调研，从而制定出更有针对性的营销对策。 2. 在生产和销售等方面实行专业化，能够降低企业的生产成本和经营费用，从而取得较好的经济效益。	1. 有较大的经营风险，因为目标市场范围过小且品种单一。 2. 如果目标市场的顾客需求和偏好发生变化，企业就可能陷入困境。 3. 当强有力的竞争者进入目标市场时，企业会受到一定影响。	采用这种策略的企业需对目标市场有较深的了解，大部分中小型企业采用这种策略。

资料来源：吴健安，聂元昆．市场营销学．6 版．北京：高等教育出版社，2017：191－193.

四、目标市场的选择模式

1. 目标市场选择的五种模式

企业在综合评价的基础上，可以选择其中一个、几个甚至所有的细分市场来作为企业的目标市场。具体有五种可供参考的模式，如图 3－7 所示。①

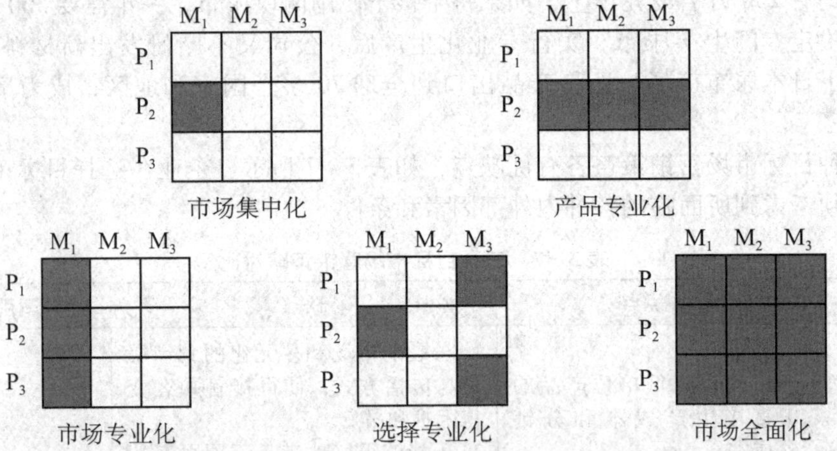

图 3－7 目标市场选择的五种模式

（1）市场集中化。市场集中化是一种最简单的目标市场选择模式，公司选择一个细分市场并生产一种产品，为单一顾客群体提供服务。市场集中化使公司可以更多地了解细分市场的需求以及使用市场营销组合获得有利的市场地位和良好的声誉。

（2）产品专业化。产品专业化意味着企业专注于生产一种产品并将其销售给所有顾客群体。例如，饮水机制造商将同一种饮水机分别销售给大学、超市和企业，并向所有顾客群体销售该产品。

（3）市场专业化。市场专业化是指企业专门为某一顾客群体提供其需要的各种产品。

① 吴健安，聂元昆．市场营销学．6 版．北京：高等教育出版社，2017：199.

例如，某家电企业为家庭用户提供微波炉、榨汁机、面包烘烤机、熨斗、吸尘器等各类小家电；某企业专门为婴幼儿提供奶粉、尿不湿、服装、玩具等不同产品。

（4）选择专业化。选择专业化意味着企业选择具有利润空间和结构吸引力的细分市场，并且以符合企业目标和实力的细分市场作为目标市场，各个目标市场之间联系较少或者没有联系。

（5）市场全面化。市场全面化是指企业生产各种各样的产品，以满足不同顾客群体的需求。这意味着所有细分市场都是其目标市场。一般来说，只有实力雄厚的公司才能实施这一模式。例如，IBM 公司在全球计算机市场、可口可乐公司在全球饮料市场、宝洁在全球日用品市场、丰田汽车公司在全球汽车市场上都采取了市场全面化的战略。①

2. 五种模式的优缺点对比

五种目标市场选择模式的优点和缺点如表 3 - 8 所示。

表 3 - 8　五种目标市场选择模式的优缺点分析

目标市场选择模式	优点	缺点
市场集中化	充分了解细分市场的需要和欲望，从而建立稳固的市场地位，获得更高的经济效益。	风险较大，例如个别市场萎缩。
产品专业化	有利于形成和发展生产和技术上的独特优势，在该领域树立专业化形象。	当该领域出现一种全新的技术与产品时，产品销售量可能会因此而大幅度下降。
市场专业化	提供不同类型的产品，便于分散经营风险，同时基于专门化的产品或服务，容易获得良好的声誉。	由于集中于某一顾客群体，当这一群体的需求下降时，企业也会面临收益下降的风险。
选择专业化	能有效地分散经营风险，即使某个细分市场经营状况不佳，仍可在其他细分市场获得收益。	企业需具有较多资源和一定的营销实力。
市场全面化	企业通过大批量生产，使生产、销售和管理成本大幅降低。	与公司各方面实力密切相关，一般只有大企业才能采用该模式。

第 5 节　市场定位

一、市场定位的概念及意义

1972 年，艾・里斯和杰克・特劳特提出了“定位”（positioning）一词，指出定位始于一件商品、一项服务、一家公司、一个机构，甚至是一个人。科特勒认为定位是对企业的产品和形象的策划行为，目的是在目标顾客的心中占据一个独特而有价值的位置。

① 吴健安，聂元昆．市场营销学．6 版．北京：高等教育出版社，2017：194.

因此，营销者需要发展营销组合的各个方面，以使产品满足目标顾客的需求，并在此基础上进行心理定位。值得注意的是：第一，定位是心智之战，定位不是针对产品本身，而是针对目标顾客的内心所采取的行动，即确定产品在目标顾客心目中的恰当位置。第二，定位不仅是一种沟通策略，也是企业的一种营销战略。第三，定位的目的是使产品或品牌吸引消费者，以最大限度地提高公司的利润。

定位这一概念在市场营销中得到广泛应用后，出现了许多专业的术语。市场定位是其中广泛使用的一种。市场定位又称产品定位或竞争性定位。基于竞争对手的现有产品在细分市场中的地位以及顾客对特定产品的兴趣塑造一种产品的特征、形象以及在细分市场中的竞争地位，产品特征可以体现在形状、结构和性能上，也可以反映在奢侈、简约、时尚、优雅等认知上。它们可以用质量水平、价格水平等表示。

例如，提起高露洁，人们想到“没有蛀牙”；提起 M&M's 巧克力豆，人们想到“不融在手，只融在口”……这些品牌通过定位在消费者心中占据了一席之地，所以它们能够大获成功。国内的众多品牌中，也有一些得益于精准的定位，从而确立了自己在市场中的地位。例如，当我们听到“我们不生产水，我们只是大自然的搬运工”，就会想起农夫山泉；提到“水中贵族”，就会想到百岁山；提到“喝熟水”，就会想起今麦郎凉白开；等等。企业在市场定位过程中，一方面要了解竞争者的产品的市场地位，另一方面要研究目标市场对产品的各种属性的重视程度，从而完成产品的市场定位。①

拓展　钻石模型

市场定位的意义体现在，第一，在现代社会中，产品出现同质化发展的趋势，竞争异常激烈，为了避免被其他产品所替代，企业必须通过市场定位来建立企业及产品的市场特色，使顾客对其产品形成偏好，这是企业战胜竞争对手的有力武器。第二，企业的市场营销组合要受到企业市场定位的制约，市场定位决策是企业制定市场营销组合策略的前提和基础。例如，某企业决定生产销售优质低价的产品，这就决定了产品的质量要高，价格要低，广告宣传也要突出强调企业产品质优价廉的特点，要让目标顾客相信货真价实，低价也能买到好产品；此外，企业的分销储运效率要高，保证低价出售仍能获利。也就是说，企业的市场定位决定了企业必须设计和发展与之相适应的市场营销组合。

二、市场定位战略

市场定位的本质是差异化，是指企业努力发展差异性较大的产品系列和营销项目，努力树立起企业的独特形象，通过成为同行业中的领先者来获得竞争优势。例如，斯沃琪（Swatch）的手表以鲜艳、时尚吸引了年轻消费群体的关注；赛百味（Subway）推出健康的三明治以使自己区别于其他快餐企业。

在超竞争的市场环境和消费升级背景下，企业可以通过多元化途径如向市场提供差

① 吴健安，聂元昆．市场营销学．6 版．北京：高等教育出版社，2017：196.

异化的产品、服务、人员、形象以及促销方式等提升竞争力，具体如下。

1. 产品差异化战略

产品差异化战略（product differentiated strategy）是为获得竞争优势而创造被认为是整个行业独一无二的产品的战略。它涉及产品质量、样式等方面的差异。产品质量涉及耐用性和可靠性等。产品样式是区分产品的重要方面，尤其是在汽车、服装、公寓和其他产品中。经验表明，在某些领域，特别是在高科技领域，公司所拥有的核心技术表明了它是否能够率先推出创新和高价值的产品。例如，产品质量策略是德国企业进入国际市场的关键策略之一。最早，“德国制造”是劣质商品的代名词。随后，德国企业开始进行全面的质量控制工作，不断提高产品质量。自 20 世纪 70 年代以来，“德国制造”已成为国际市场上高质量和高价值的象征。

2. 服务差异化战略

服务差异化战略（service differentiated strategy）是指提供各种差异化的服务内容、服务渠道和服务形象，强调自己的优势，击败竞争对手。差异化的服务可以推动形成其他企业进入该领域的壁垒。服务差异化的本质在于可以增加顾客价值，并通过与顾客保持稳定的关系来击败竞争对手。例如，海底捞始终坚持“服务第一，客户至上”的理念，改变传统的标准化和单一化的服务，倡导个人特色服务。海底捞的服务不仅体现在细节上，更重要的是，它建立了从顾客进店到用餐结束的完整服务体系。例如，等位期间，顾客可以享用各种免费的小吃、饮料，海底捞还提供为女性免费做指甲等服务。在竞争激烈的餐饮行业中，海底捞的贴心服务超出了顾客对餐饮业的基本期望。差异化服务让顾客认同和感动，从而培育忠诚顾客。

3. 人员差异化战略

人员差异化战略（personnel differentiated strategy）是通过聘用和培训比竞争对手更为优秀的管理人员、销售人员、技术人员等获取竞争优势。市场竞争归根到底是人才的竞争。例如，麦当劳的员工以彬彬有礼著称；IMB 公司的员工以具备专业知识而出名；迪士尼乐园的员工以热情洋溢而出名。训练有素的员工应体现胜任、礼貌、可信、可靠、敏捷、善于交流等特征。人员差异化战略对于零售商尤其重要，零售商可以利用一线销售人员实现人员差异化。

4. 形象差异化战略

形象差异化战略（image differentiated strategy）是指通过树立独特的产品形象来实现差异化。形象是公众对企业及其产品和业务的感知和感觉。企业可以从如下三个方面树立独特形象。首先，企业可以以不同的方式体现自身特征，以便将它们与竞争者区分开来。其次，企业可以创造某种感染力，触及顾客的内在感觉。最后，企业可以使用传播工具来呈现差异化的形象，如产品名称、颜色、标志、口号等。例如，特步的标志体现出特步产品坚持在否定中超越自我、超越对手的开拓精神；天猫的吉祥物是一只猫，而京东用狗做吉祥物也体现出鲜明的特色。

5. 促销方式差异化战略

促销方式差异化战略（promotion differentiated strategy）是针对细分市场的不同类型和特点，正确、巧妙地利用各种促销策略组合，如广告、销售促进等，构建顾客对企业和产品的差异化认知，以此来占领不同的细分市场。例如，企业通常通过商品陈列、展销等方式来吸引农村市场多而分散的顾客，而通过广告、人员推销等方式来接触人口密集城市的顾客。

三、市场定位方法

在现代企业经营过程中，市场定位成功与否至关重要。影响市场定位的因素很多且复杂多变，定位方法不同，竞争态势也不同，下面列举三种主要的市场定位方法。

1. 避强定位

避强定位又称为错位定位，是一种避开强有力的竞争对手进行市场定位的方法，可以表现为填补市场“空隙”，如选择不同的市场区域或价格区间等。避强定位的目的在于防止强大竞争对手的打压，迅速在市场上站稳脚跟，并塑造独特的形象。该定位风险低、成功率高，被大多数中小企业所采用。例如，蒙牛创建初期，强调自己争做“内蒙古乳业第二品牌”，有效地避开了与乳业巨头伊利的正面竞争，获得了消费者的关注与认可，也使蒙牛在短时间内发展壮大，成为中国的知名品牌。

2. 迎头定位

迎头定位又称为对峙定位或对抗性定位，是一种企业根据自己的实力，在市场上与占据支配地位的竞争对手展开正面竞争的定位方法。也就是说，将本企业的产品定位于与竞争对手相似的位置上，同竞争对手展开激烈的、正面的争夺，最终将竞争对手挤出原有位置，并取而代之。① 显然，这种定位会带来一定风险，但不少企业认为这样做能够激励自己奋勇前进，或者可以带来一定的“轰动”效应，一旦成功就会取得巨大的市场优势。例如，可口可乐与百事、麦当劳和肯德基、苏宁和国美、淘宝与京东、统一和康师傅等都经常处于针锋相对的状态。实施迎头定位，要能够正确判断自己的实力，不一定非要打垮对方，能够平分秋色对企业来说也是巨大的成功。

3. 重新定位

重新定位是指对销路不佳、市场反应差的产品进行二次定位。通过改变产品特色和形象，使目标顾客对产品新形象有一个重新认识的过程。重新定位的目的在于让企业摆脱困境，重新获得增长与活力，为产品找到更大的成长空间。企业产品在出现下列情况时需要考虑重新定位：一是竞争者推出了类似定位的产品，侵占了本企业产品的部分市场，使其市场占有率下降；二是消费者偏好发生变化，该产品不再处于有利的位置。

本章小结

企业战略是企业达成其目标的全盘的、总的计划。企业需要根据环境变化，结合自身资源和实力选择适合的经营范围，在竞争中获胜。企业战略可分为总体战略、竞争战略及职能战略三个层次。

市场营销战略是企业在现代市场营销理念下，为实现其经营目标，对市场营销发展

① 最实用的干货：6 种常见的市场定位方法．（2019－02－28）．百度百家号．

的总体设想和规划，其目标在于实现企业资源的利用效率最大化。

顾客驱动型的市场营销战略的实施宗旨是为目标顾客创造价值，其核心是目标市场营销战略。其中，市场细分——基于顾客特征的归类是基础，目标市场选择——找准靶心是过程，市场定位——寻求差异化和竞争优势是目的。消费者市场细分可依据四个变量，即地理因素、人口因素、心理因素和行为因素；目标市场营销策略有三种，即无差异化营销策略、差异化营销策略和集中性营销策略；市场定位的本质在于差异化，关键在于通过寻求差异化完成在目标消费者心中的“注册”和“备份”。

启示

无论是在环境分析和市场需求调研的营销基础阶段，还是在市场细分、目标市场选择、市场定位的营销战略制定阶段，抑或是营销组合策略的具体实施阶段，大数据、云计算、人工智能、物联网、区块链等数字化技术的运用，都可以帮助企业对消费者的信息进行全面分析与研究，通过更加了解消费者的需求来实现营销的精准化，并在提升营销效率的同时，为顾客带来更加优质的体验。数字化背景下，企业对环境机会的精准把握，对风险的精准识别，对用户画像和需求的精准洞察，对目标市场的精准锁定，以及直击痛点的精准营销战略等，都会给企业带来深远影响。诚然，信息的多元化和瞬息万变会加大企业的管理难度，但是机会与挑战总是并存。在海量数据下，企业只有降低自己的管理成本，提高人才的使用率和产品的销售数量，有效利用数字化时代的多元化资源，才能应对挑战，逆流而上，成为最后的胜利者。

思考与应用

1. 可依据哪些变量来细分消费者市场？
2. 企业怎样选择目标市场？
3. 如何使自己的产品与竞争产品区分开来？
4. 数字化时代目标市场营销策略如何充分发挥其作用？

案例分析

小罐茶：三年实现从零到年销售额 20 亿元的增长

北京小罐茶业有限公司成立于 2014 年，是互联网思维、体验经济下的一家现代茶商，创始人是杜国楹。其推出的小罐茶，是在中华文化复兴和消费升级趋势下诞生的一个高端中国茶品牌。小罐茶用创新理念，以极具创造性的方法整合中国茶行业的优势资源，联合六大茶类的八位制茶大师，坚持原产地原料、传统工艺、大师监制，独创小罐保鲜技术，打造高端中国茶。杜国楹的营销方法可谓是稳、准、狠，小罐茶年销售额 20 亿元的成绩，就连国内做了二三十年的老茶企都很难达到。

2015 年前后的茶叶市场具有如下特点：第一，茶叶在中国消费者心目中占据着重要地位，短期内难以被咖啡、新式茶饮取代；第二，消费者对茶叶的认知程度不一，大部分只能说出品类和价格区间；第三，市场占比虽大，但面临增长乏力、对年轻消费者吸引力下降的问题。

在经过五年的市场调研后，小罐茶将茶叶消费者细分为三类：第一类是“茶小白”，即对茶没什么了解，也缺乏相关知识。他们偶尔喝茶，没有形成偏好，多半也没有专业器具，不会把茶作为唯一的饮品，也会喝咖啡。第二类是“茶习惯”，即天天喝茶，喝茶已成为一种生活方式，喝不惯白开水。他们对茶有一定了解，但停留在一知半解的状态。第三类为“茶领袖”，即茶叶发烧友，对茶的理解和认知远超常人。他们通常会选择一些在市面上买不到的小众茶品，是茶叶意见领袖，能影响周围人群的选择。针对茶叶市场特点和行业痛点，小罐茶最初致力于满足用户群体待客送礼的需求，所以四五十岁的商务人士成为第一批消费者，同时，这类用户也构成现有市场的主要部分。然而，在文化自信、消费升级、新零售崛起的当下，小罐茶开始重视中青年高端商务人士。年富力强的中青年人群才是颠覆传统大众品牌的主力。这类人年龄在35～40岁，大多是白领精英、城市新贵，有一定的经济基础和消费能力，愿意接受新鲜事物和时尚文化，向往精致而有品质的生活，但是对于中国茶的了解不够深入。

确定了目标顾客之后，小罐茶开始进行多元化布局。首先，打造与众不同的品牌定位，小罐茶将自己定位为高端中国茶。其广告词“小罐茶，大师作”，短小精悍，记忆成本低，提醒目标顾客产品是由大师制作，提升感知价值，暗示产品的质量优良，降低选择成本；相对于茶叶品牌常用的绿色、有机，让人印象更加深刻。其次，根据顾客需求进行产品设计，多品种搭配，方便顾客尝鲜体验；生产控制严格、产品质量稳定，保证口感达标；为生产和分销商留足利润空间，从而保证品质和服务；严格筛选每一片茶叶，使其形状、大小、粗细一致，提升了茶饮过程的体验。最后，通过精美包装来赋能品牌定位。定量封装，使用方便，可实现手不粘茶，并赠送茶杯；独创铝罐，保护茶叶，使其不受潮、不氧化、不破碎，持久留香；礼盒包装、设计美观、识别度高，提升了品牌价值，送礼也很有面子。

正确的目标顾客和精准的市场定位外加前卫的营销战略，使小罐茶开创了有别于传统茶叶品牌的“体验式消费”。就像小罐茶市场中心总经理梅江所说，“中国茶一直以来都以传统的形象示人，我们用一种全新的方式来打破惯例，重新定义并打造小罐茶的品牌体验。相信我们现今的体验店将会以更现代、更国际化的品牌语言，使品牌可以在不同的零售渠道平台销售”，小罐茶要“更多地站在消费者的角度思考问题，把产品做到极致，把用户体验做到极致”。随着小罐茶3.0企业文化的发布，其“用一片叶子温暖世界”的愿景已成为可能，中国茶以全新形象走向世界并不遥远。

资料来源：深度分析小罐茶品牌为什么成功．（2021－12－21）．百度百家号．

▶ 思考题

1. 小罐茶是如何进行市场细分的？
2. 小罐茶的市场定位是什么？
3. 从目标市场营销策略的角度来看，小罐茶成功的原因是什么？

第4章 产品策略：创造顾客价值

教学目标

知识目标

- 掌握产品的定义与产品整体概念的五个层次。
- 熟悉产品组合相关内容。
- 掌握产品生命周期理论及产品生命周期各阶段的营销战略。
- 了解新产品开发的流程。
- 掌握产品包装设计原则。

能力目标

- 具备产品组合管理能力。
- 具有制定产品生命周期各阶段的营销战略的能力。

思维目标

- 形成产品创新的用户思维。
- 树立产品策略的系统思维。
- 形成新产品开发的创造性思维。

素质目标

- 树立产品创新和风险意识。
- 坚守产品质量。
- 培养知识产权保护的法律意识。
- 坚持产品包装设计中可持续发展的社会责任意识。

内容导图

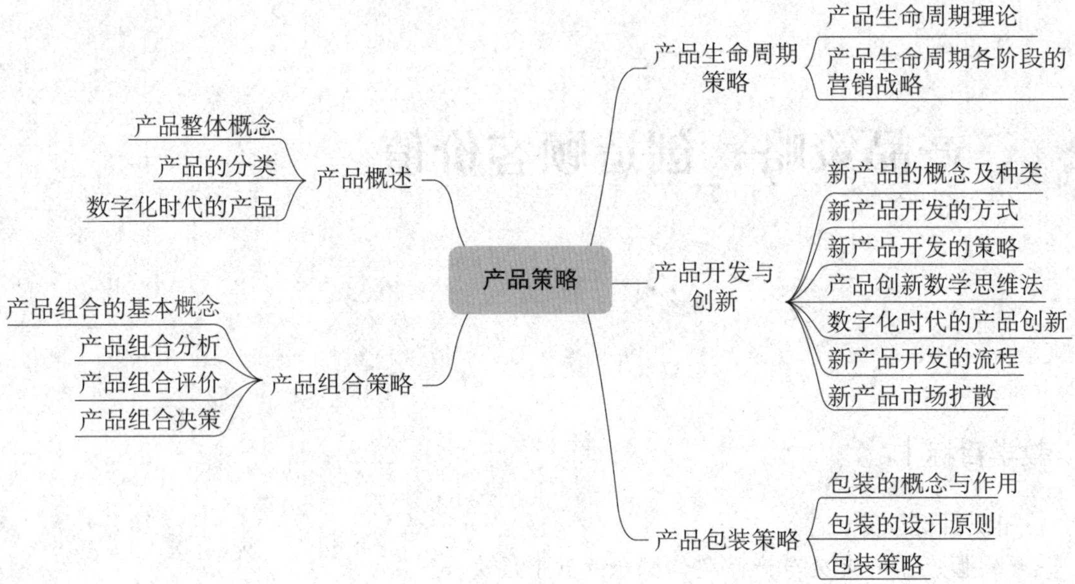

导入案例

李子柒品牌的产品策略

李子柒是中国美食短视频创作者，她的视频充满自然、清新的味道，体现了中国传统文化，受到国内外关注。她制作并推出藕粉、柳州螺蛳粉等具有地方特色的美食。除了向顾客传递美食的核心价值外，她还通过绿色天然产品成分和颇具东方韵味的包装，传递了美好的外在形式价值，同时满足了顾客购买食物时期望得到的健康、淳朴的体验。产品配套使用的具有设计感的杯子、勺子、食用说明、小卡片等也为顾客带来了附加价值或利益。

李子柒基于美食视频风格，在设计产品时结合产品特点，运用古风元素。例如，制作桂花坚果藕粉时，进行产品成分创新，将新鲜采摘的藕清洗后截取中段，进行搓粉、过滤、沉淀、削片、晾晒等，不混入任何木薯粉、土豆粉，经过自然晒干，最大限度保留藕的营养成分。她还在藕粉中添加桂花和香脆坚果，使营养更加丰富。其"拉丝"效果，带给消费者不一样的体验。采用罐式包装设计，插画采用更张扬的大荷叶元素，肆意盛开的新旧荷花争相斗艳，呈现出活力而清爽的夏天。密布的荷叶不显一丝杂乱，更有视野开阔的感觉，盛夏的莲藕与悄然盛开的荷花互相映衬，灵活诠释了制作原料，有出淤泥而不染的新鲜之气。

李子柒品牌基于产品整体概念为顾客传递价值——美食价值、纯朴体验等附加价值；将中国传统文化和地方风味相结合，开发丰富的产品组合，迎合新时代市场需求变化，让传统文化和美食碰撞，焕发生机和活力。

产品是顾客价值的载体，是企业生产经营活动的核心，在新时期，也是供给侧结构性改革的关键要素。正确的产品决策是实现市场定位的保证，也是后续做出定价、渠道、促销等决策的基础。企业如何做出产品决策？数字化对企业产品策略有哪些影响？本章将从市场营销实务的角度出发，介绍产品整体概念、产品组合决策、产品生命周期策略、新产品开发与产品包装等问题。

拓展　数字化时代对产品策略的升级

第1节　产品概述

一、产品整体概念

1. 产品的定义

ISO 9000质量管理体系认证标准将产品定义为：在组织和顾客未发生任何交易的情况下，组织能够产生的输出，可以是交付给顾客的最终产品，也可以是半成品或采购产品。从营销的角度，产品是指能向市场提供的、可引起人们注意、购买、使用或消费，以满足某种需求的任何东西，是包括物理特征、包装、质量、品牌、服务和信誉等在内的一系列有形、无形属性的集合（见图4－1）。

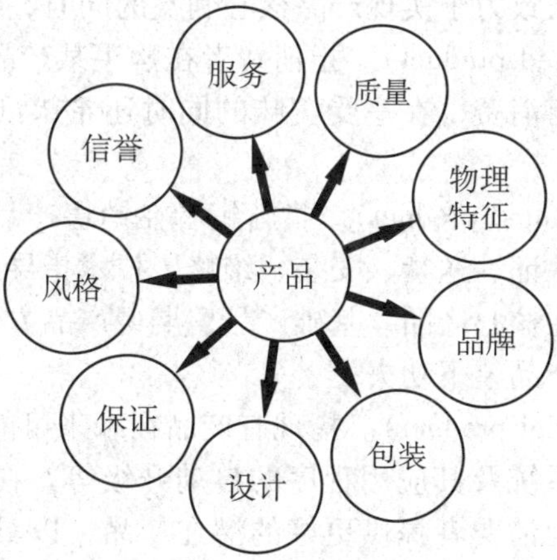

图4－1　产品的构成要素

2. 产品层次模型

产品整体概念可分为五个层次①，见图4－2。

（1）核心产品（core product）。又称核心利益，是消费者购买产品最根本的追求，是产品对于消费者最基本的效用或利益，也是产品能够满足消费者需求的使用价值。如

① 郭国庆．市场营销．4版．北京：中国人民大学出版社，2021：230.

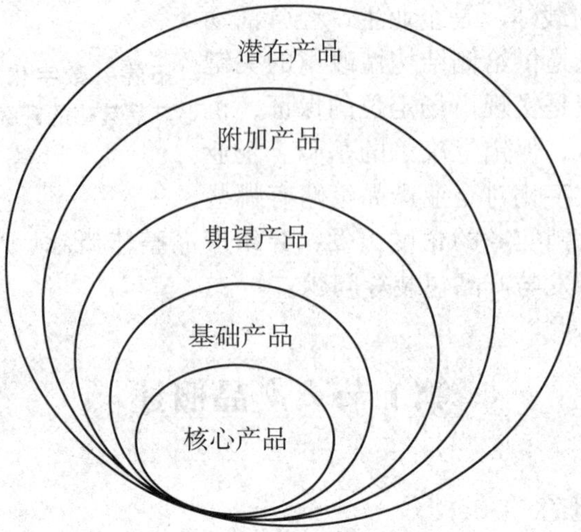

图 4－2 产品层次模型

人们购买洗衣机，是为了不用自己动手搓洗就能使衣物洁净，清洗功能就是核心产品。企业生产和销售的任何产品，须具有基本效用或利益。

（2）基础产品（basic product）。又称形式产品，是产品核心利益得以实现的外在形式。营销者须将消费者需要的核心利益转化为形式产品，形成产品的基本形态，包括产品的结构、成分、品质、式样、品牌、包装、风格等。产品的基本效用必须借助形式产品才能实现。所以，企业在致力于实现产品核心利益的同时，也要完善产品的外在形式。

（3）期望产品（expected product）。指消费者在购买某产品时期望得到的与产品密切相关的特性。如人们去酒店消费，在享受美味的同时还希望酒店环境优雅、餐具整洁卫生等。

（4）附加产品（augmented product）。指营销者在销售产品时提供给消费者的各种附加服务或利益，包括质量保证、送货、安装、维修、技术指导或培训等。[①] 随着生产技术的发展，不同企业的产品在核心产品、基础产品、期望产品方面的同质化程度越来越高，要赢得优势，就要在附加产品上下功夫。

（5）潜在产品（potential product）。指现有产品在未来可能进行的改进和变革，如互联网电视和智能手机操作系统及其应用程序的自动升级等。在技术变化和消费环境变化较快的行业，营销者需要为消费者提供更好的潜在产品，以具有更强的产品吸引力和市场竞争力。

拓展理论 产品六层次

产品整体概念的五个层次，体现了现代市场营销以消费者为中心的指导思想。企业的生产与营销活动都要围绕消费者的需要和欲望展开，要满足消费者的当前需求，也要考虑消费者需求的变化。无论是生产部门、技术部门还是其他部门，都要考虑

① 朱华锋．营销原理：观念与策略．合肥：中国科学技术大学出版社，2018：205.

怎样才能让消费者满意，这样才能在竞争中取胜。

在顾客购买过程中，企业和品牌应努力创新，改善品牌互动。只关注产品质量的企业能够满足顾客的基本需求。另外一些企业通过服务计划和设计，可以为顾客带来差异化的服务体验。那些站在更高点的企业，能够提供足以改变顾客生活方式的定制化产品，实现顾客参与，满足顾客更多的需求。

二、产品的分类

营销者应根据产品形态、购买目的等标准对产品进行分类，不同类型的产品需要采取不同的营销战略。

1. 根据产品形态，产品分为有形产品和无形产品

有形产品是具有实物形态的产品，根据其耐用程度可以分为耐用品和易耗品。

（1）耐用品。一般指使用期限长、价值较高的有形产品，如电脑、汽车等。消费者在选购这类产品时对质量和售后服务的要求高，营销者需要提供更多的销售、售后服务。

（2）易耗品。一般指使用期限短、易消耗、价值较低的有形产品，如食品、饮料、牙膏等。消费者会经常购买，营销者需要给消费者提供购买的便利性和经济性，要通过广告等方式吸引消费者试用，形成消费者的品牌偏好和习惯性购买行为。

无形产品是没有实物形态的产品，主要包括服务和数字化产品两类。

（1）服务。不可分割、不可储存的服务，既有各种经营性和消费性的纯粹服务，如理发、咨询等；也有与有形产品联系在一起的附加服务，如送货、安装等售后服务。服务营销者需有严格的质量控制标准和良好的品牌声誉。

（2）数字化产品。可通过无线电和互联网等非实体渠道传输的产品，如广播节目、计算机软件、智能 App、网络信息和在线服务等。数字化产品营销者没有规模制造成本，不需要建设实体销售渠道。

2. 根据购买目的的不同，产品分为消费品和产业用品两类

消费品是指直接用于最终消费者生活需要的产品，各种类型的消费品及其特征如表 4－1 所示。

拓展　实用品和享乐品

（1）便利品。指消费者经常购买或随时需要购买的产品，并且很少花费精力做购买比较。根据购买场景和频次，便利品又分为以下几种：一是消费者定期购买的日用品；二是冲动购买产品，是指消费者事先没有购买动机，当受到如免费试吃、广告宣传等刺激后，迅速产生购买动机而购买的产品；三是应急品，是消费者平时没有需要但当需要产生时会立即购买的产品，如下雨时购买雨伞等，购买目标明确，购买迅速。鉴于此，企业必须提供购买的便利渠道和方式。

（2）选购品。指消费者不经常购买的产品，如果确需购买，则对产品的质量、规格、价格、售后服务、品牌等认真比较后才购买。鉴于此，企业必须塑造产品的个性化和差异化形象。

（3）特殊品。指具有特定品牌，为特定的消费群体专门提供的产品。如汽车、昂贵的照相器材和音响设备等。消费者对这类产品有一定认识，需求产生后会去经销商那里购买。因此，企业要让消费者知道购买渠道。

（4）非渴求品。指消费者不了解或者了解了也不愿意购买的产品，比如新上市产品。传统的非渴求品有保险、墓地等。让消费者购买非渴求品需要营销人员付出很多努力，还需要广告等传播方式的支持。一些复杂的销售技巧就是在非渴求品的营销中发展起来的。

表 4-1　各类消费品的特征

	消费品类型			
	便利品	选购品	特殊品	非渴求品
举例	洗涤剂、杂志	家具、家电	奢侈品	保险、墓地
购买花费的时间	少	多	多	多
计划购买花费的时间	少	多	多	多
满足需求的速度	快	相对较慢	相对较慢	相对较慢
是否比较价格和质量	否	是	否	是
价格	通常很低	通常较高	通常较高	价格多样
购买频率	频繁	不频繁	不频繁	不频繁
看重品牌还是商店名称	品牌	商店名称	两者	两者
包装	很重要	不太重要	不太重要	很重要

产业用品是用于制造其他产品或参与其他业务活动的产品，不用于个人或家庭的生活消费。产业用品的种类多于消费品，较消费品复杂。因此，其市场营销活动比消费品需要更多技术和专业知识。根据产业用品进入生产过程的程度及其相对成本，可把产业用品分为两大类，其示例、特征、营销注意事项如表 4-2 所示。

（1）原材料与零件。是完全进入生产过程并全部转化为制造商所生产的成品的产品，包括天然产品、农产品、材料和零件等。

（2）设备。是生产过程中，价值逐渐、分次转移到产成品中的产品，包括主要设备和附属设备。主要设备是产业用品购买者的主要支出项目。附属设备是指产业用品购买者完成生产经营活动所需要的各种辅助产品。

表 4-2　产业用品的示例、特征及营销注意事项

	产业用品类型					
	原材料与零件				设备	
	天然产品	农产品	材料	零件	主要设备	附属设备
示例	煤、原油等	如小麦、棉花、水果等	棉布、纱布、生铁、橡胶等	压缩机零件	固定设备（如机床）等	手工工具、衡器量具等
特征	由少数企业提供				价值高、技术含量高	价值低、使用时间较短

续表

	产业用品类型					
	原材料与零件				设备	
	天然产品	农产品	材料	零件	主要设备	附属设备
营销注意事项	运输条件重要；最短销售路线可节省流通费；可订立长期购销合同；如期交货最重要；价格是选购的主要考虑因素，应按质量标准分级定价	多中间商、长渠道；储存不易，易腐烂；生产呈季节性、需求全年均匀；同质化程度高；广告作用小；可分级定价	直供直销，保证品质、交货时间和交货数量；关键因素是质量、价格和服务；中间商作用小，广告不重要		直接销售、客户定制、招投标；部分通用程度高、用户多，需中间商；服务、备件供应重要；购买者需要财务支持，可使用银行贷款	经过中间商出售；广告等可促进销售；一般不需要给购买者提供财务支持，但是，价格较高的附属设备可采用分期付款方式

上述关于产品分类的研究，说明产品特点是影响企业营销战略的重要因素。当然，企业营销战略还取决于产品生命周期、竞争者数目、市场细分程度和整个市场的经济情况等。

三、数字化时代的产品

（1）产品性质与形态的数字化。主要有两种：一是数字化产品，如网络新闻、音乐等信息产品；二是产品信息的数字化形式，通过数字化平台如社交媒体进行展示、传递。

（2）产品价值传递的便利性与产品质量判断的风险性。数字化时代，产品价值的交换突破了时空限制。同时，顾客通过数字化平台购买产品，由于信息并非完全对称，不能试用或触摸，可能会影响对产品质量的评判，带来物质或精神损失。

示例 用友的数字化产品

（3）打造产品品牌的重要性。产品品牌是产品质量的标志。数字化时代，顾客在数字化平台了解、购买产品，无法获得真实的购物体验，因此一般对品牌有较高关注度。名牌产品有助于减少顾客的不信任感，减少数字化平台交易给顾客带来的风险。这要求生产者与经营者更加注重品牌效应。

第2节 产品组合策略

一、产品组合的基本概念

1. 产品组合、产品线和产品项目

（1）产品组合（product mix）。是指企业生产或销售的全部产品线和产品项目。它反映了企业的生产经营范围和产品结构。现代企业出于自身的发展需要，往往有许多产品种类，但产品组合不恰当可能会造成产品的滞销积压，甚至引起企业亏损。

（2）产品线（product line）。又称产品大类，是在技术和结构上密切相关、使用功能相似、规格不同而满足同类需求的一组产品。它们经由相同的渠道销售，或者属于同一价格范畴等。如海尔集团的家电系列有冰箱、空调、洗衣机和冰柜等产品线。

（3）产品项目（product item）。是构成产品线的基本元素，是指在同一产品线中不同规格、款式、型号、质量和价格的产品。每一产品线中包括多个产品项目，如宝洁洗发护发产品线包括海飞丝、飘柔、潘婷等多个产品项目。

2. 产品组合的宽度、长度、深度和关联度

（1）产品组合的宽度。又称产品组合的广度，是指一家企业生产经营的产品系列的多少，即拥有的产品线的数目。产品线越多，产品组合的宽度越大，反之亦然。如表 4－3 所示，海尔的产品组合的宽度大于长虹。产品组合的宽度说明了企业的经营范围、跨行业经营的程度。增加产品组合的宽度，有利于扩大经营范围，分散经营风险，可以充分发挥企业的生产能力，使企业的资源得到充分利用，提高经营效益。

（2）产品组合的长度。指一家企业的产品组合中全部产品线的产品项目总数。在表 4－3 中，海尔产品组合的长度为 3 794，长虹产品组合的长度为 197。增加产品组合的长度，可以满足消费者不同的需求，提高企业经济效益。

表 4－3　海尔和长虹的主要产品线（截至 2023 年 3 月）

海尔	长虹
冰箱（400 种产品） 冷柜（244 种产品。卧式、立式） 冰吧（26 种产品。单温区、多温区） 酒柜（23 种产品） 洗衣机（521 种产品。滚筒、波轮、洗烘一体、双桶、迷你等） 空调（547 种产品。壁挂式、柜式、移动） 电视机（227 种产品。平板、曲面、激光） 热水器（809 种产品。电热水器、燃气热水器、空气能热水器、太阳能热水器等） 厨房电器（562 种产品。燃气灶、油烟机、洗碗机、消毒柜、电饭煲等） 电脑及配件（63 种产品。笔记本电脑、台式电脑、平板电脑、显示器、配件等） 小家电（363 种产品。净水机、空气净化器、扫地机器人、饮水机、体脂秤等） 商用解决方案（9 种产品。中央空调，商用洗涤、热水、厨房、净水设备，全屋智能设备等）	启客系列（24 种产品） 平板电视（78 种产品。激光、智能、商用等） 空调（6 种产品。壁挂式、立柜式、中央） 冰洗产品（43 种产品。冰箱（28 种）、洗衣机、冰柜） 家电（21 种产品。生活电器、厨卫家电） 数码影音（10 种产品。移动通信、娱乐影音、数码配件、电视周边） 智慧家庭（6 种产品。照明、显示器、健康产品、生物医疗、家庭装饰等） 功能箱包（9 种产品）

（3）产品组合的深度。表示在某类产品中产品开发的深度，是指一条产品线的产品

项目即品种数。多者为深，少者为浅。如表 4－3 所示，海尔空调有 547 种，冰箱有 400 种，其空调和冰箱的产品线的深度分别就是 547 和 400；长虹的空调有 6 种，冰箱有 28 种，其空调和冰箱的产品线的深度分别是 6 和 28。可见，海尔空调比冰箱产品线要深，长虹空调比冰箱产品线要浅。产品组合的深度往往反映了一家企业产品开发能力的强弱。深的产品组合，可满足顾客对该类产品的不同需求，并且可以最大限度地占据货架空间，占领更多细分市场，覆盖较大的价格范围，获得经销商的支持。浅的产品组合，则有利于减少库存，降低产品开发和订单处理的成本。

（4）产品组合的关联度。指企业各条产品线在最终用途、生产条件、分销渠道、消费群体、价格范围等方面的共性和相互关联的程度。如表 4－3 所示，海尔主要拥有 12 条产品线，其中，冰箱与空调这两条生产线在生产技术方面高度相关，电视机、洗衣机产品线在市场方面高度相关。从分销渠道来看，以宝洁为例，宝洁产品属于消耗性日用品，可通过超市、连锁店、便利店来销售，因此宝洁的产品线高度相关。但是，如果从生产条件、最终用途来看，宝洁的产品线则缺乏相关性。一致性高的产品组合，能使企业集中生产技术和发挥营销专长，塑造强大的品牌形象，建立牢固的分销联系。但过度一致的产品线易受市场环境威胁、销售波动或增长潜力下降的影响。

一般而言，多元化经营的企业，因同时涉及不同行业，各产品线之间的关联程度较低。而专业化经营的企业，各产品线之间的关联程度则较高。增加产品组合的关联性，可以使企业在某一特定领域提升竞争力和获得良好声誉。

3. 跨界产品组合

互联网时代随着技术发展和营销战略创新，出现了一些新商业模式和跨界产品组合。如智能硬件产品和软件产品跨界组合、智能显示产品和内容产品跨界组合、电商实物产品和互联网金融服务跨界组合等。① 跨界产品组合即企业将其他行业产品纳入企业产品体系，而被纳入的产品对于顾客来说可以免费获得，条件是消费企业主流产品。这种模式被称作异业合作，将使得行业之间的界限越发模糊。②

二、产品组合分析

1. 产品线销售额和利润分析

产品线销售额和利润分析有两个方面：第一，统计各产品线销售额和利润及其在总额中的占比，评价各产品线的贡献率；第二，进行各产品线贡献率的配比分析，即利润贡献率与销售额贡献率的比值分析。对产品线进行销售额和利润分析后，还应对产品线内部不同的产品项目进行销售额和利润分析。如某厂家生产的手机产品线有 A、B、C、D、E 五个产品项目，各自的销售额与利润分析如表 4－4 所示。

---

① 朱华锋．营销原理：观念与策略．合肥：中国科学技术大学出版社，2018：250.

② 张志强．创新创业看我行：案例与应用．北京：国家行政学院出版社，2017：215.

表 4－4　某厂家手机产品项目的销售额与利润分析

产品项目	销售额（万元）	利润（万元）	销售额占比（k_1）（%）	利润占比（k_2）（%）	配比值（k_2/k_1）
A	1 500	300	50	30	0.6
B	900	300	30	30	1.0
C	300	250	10	25	2.5
D	150	200	5	20	4.0
E	150	－50	5	－5	－1.0

产品项目 B 销售额与利润都较高。两者占比均为 30%，配比值为 1，业务发展正常，需继续保持；产品项目 C 与 D 虽销售额占比不大，但利润占比较高，因而配比值大于 1，属于厚利、有发展前景的产品，值得加强；产品项目 A 虽销售额与利润占比都举足轻重，但配比值仅为 0.6，即利润占比与销售占比不匹配，业务存在问题；而产品项目 E 利润、利润占比、配比值都为负，无疑是问题业务。

2. 产品项目市场地位或竞争分析

产品项目 A 与 E 业绩不佳的原因何在？可尝试进一步从市场地位或竞争形势上进行分析。假定手机的两个主要属性是产品价格和产品性能。图 4－3 是一个手机产品项目定位图，表示 A、B、C、D、E 这五个产品项目与竞争对手产品项目 G、H、K、X、Y 的定位情况。① 可以看到，产品项目 E 与 K 产生正面冲突，并受 X、H、G 的围攻，竞争环境与市场地位极为不利，因而处于亏损状态。不过，从竞争对手产品项目的定位来看，E 的性能略好，但价格比 K 略低。因此 E 的亏损并不完全在于竞争对手产品项目的冲击，产品项目本身可能也存在问题。产品项目 A 受到竞争对手产品项目 G 与 H 的较大冲击，还受到 Y 的一定影响，因而竞争环境与市场地位不太理想，这是 A 配比值较小的原因。至于产品项目 C 与 D，处于市场空白处，目前还没有竞争的产品项目，因而配比值较大。

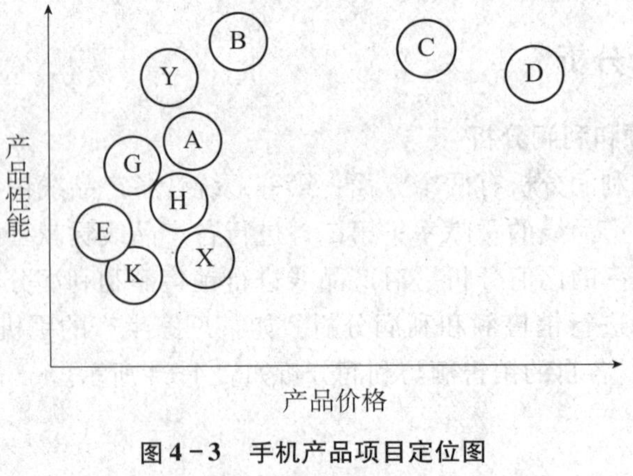

图 4－3　手机产品项目定位图

① 张启明，杨龙志．市场营销学．北京：机械工业出版社，2020：174.

三、产品组合评价

市场是一个动态系统，需求经常变化，一方面，原有竞争者不断改变策略；另一方面，新竞争者不断进入。因此，企业要经常对产品组合进行分析、评价和调整，以保持一个最佳的产品组合。产品组合的评价方式很多，主要有四象限评价法和产品系列平衡法。①

1. 四象限评价法

四象限评价法指运用波士顿矩阵对产品组合进行评价的方法。依据市场占有率高低和销售增长率高低可划分四个象限，如图 4－4 所示。

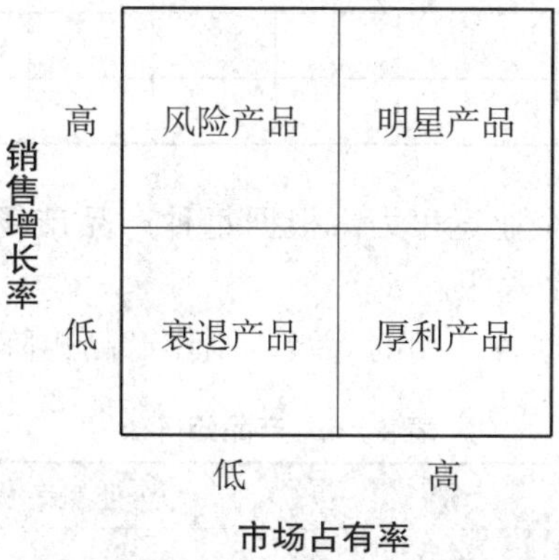

图 4－4　四象限坐标图

第一类产品，即明星产品，市场占有率高、销售增长率高，一般处于成长期后期。对于此类产品，企业要全力开发，优先发展，并在资源等方面给予保证。

第二类产品，即厚利产品，市场占有率高，销售增长率低，能给企业带来较高利润，是企业收入的主要来源，一般处于成熟阶段。企业对该类产品应努力维持现状和提高盈利水平。

第三类产品，即风险产品，销售增长率高，市场占有率低，这类产品刚进入成长期，有发展前途，竞争也十分激烈，而本企业尚未形成优势。因此，企业要研究对策，权衡利弊，或者放弃，或者集中力量突破薄弱环节，扩大优势，将其发展为明星产品。

第四类产品，即衰退产品，市场占有率和销售增长率低，这类产品已无利可图，应果断淘汰。

2. 产品系列平衡法

该方法通过对每种产品的市场吸引力和企业竞争力进行综合评分，对产品组合进行评价。步骤如下：

（1）对各产品的市场吸引力与企业竞争力进行分解并逐项打分。市场吸引力主要包括产品的市场容量、销售增长率、销售利润率、对社会的贡献等。企业竞争力主要包括

---

① 殷博益．市场营销学．3 版．南京：东南大学出版社，2018：160.

市场占有率、生产能力、技术能力、资源条件等。评价时可逐项按标准打分（详细的评价项目和评分标准，可根据本企业的情况自行拟订）。评分可列表进行，常见格式如表 4－5 所示。

表 4－5　产品市场吸引力与企业竞争力评价表

产品	市场吸引力						企业竞争力					
	市场容量	销售增长率	销售利润率	对社会的贡献	……	总得分	市场占有率	生产能力	技术能力	资源条件	……	总得分
A												
B												
C												
D												

（2）分析市场吸引力和企业竞争力。根据每种产品市场吸引力和企业竞争力的总得分将其划分为大、中、小三个等级。

（3）列出产品矩阵。根据各产品的等级，制作产品矩阵表，如表 4－6 所示。

表 4－6　产品矩阵表

市场吸引力	企业竞争力		
	大	中	小
大			
中			
小			

（4）确定产品发展对策。根据产品所处位置，采取不同策略，如表 4－7 所示。

表 4－7　产品系列平衡管理对策表

市场吸引力	企业竞争力		
	大	中	小
大	积极投资，提高占有率	甘冒风险，迅速发展	增加资金，大力发展
中	改进产品	稳定，重视平衡	选择性投资
小	及早撤退或淘汰产品	及早撤退或淘汰产品	减少损失，淘汰产品

必须注意，不论企业采用哪种产品组合，都不能强求所有产品项目同时达到最佳状态。一般来说，产品组合中包括以下几种产品：销售利润率和销售增长率都高的产品；目前虽不能获利，但有良好发展前途，预期为主要产品的新产品；目前虽仍有较高利润率而销售增长率已趋降低的产品；已决定淘汰，逐步收缩其投资，以减少企业损失的产品。合理的产品组合是企业长期稳步发展的基础。

四、产品组合决策

企业经过产品组合分析，可以根据市场需求、竞争形势和自身能力对产品组合的宽度、长度、深度和关联度等做出决策。企业在进行产品组合时，必须遵循两个原则：一是有利于促进销售；二是有利于增加企业总利润。

1. 扩大产品组合

该策略包括增加新的产品线、扩大经营范围，或者在现有的产品线中增加新的产品项目，其形式包括：

（1）产品线延伸。如果企业超出现有范围来增加其产品组合的长度就是产品线延伸，分为：

①向下延伸。指在原有的产品线里增加低端产品项目。如最初定位在高端市场精工手表的企业或品牌，推出低端手表产品。

②向上延伸。如企业的现有产品被定位为中端产品，后来增加了高端产品。

③双向延伸。指原定位于中端产品市场的企业，向产品线的上、下两个方向延伸，增加高端、低端产品。

（2）产品线填充。在现有产品线定位不变的条件下，增加一些产品项目，增加产品组合的深度。例如，同一产品线上增加更多花色、型号、款式等，使企业产品更加丰富，满足更广泛的市场需求，提升产品线的专业化程度，占领同类产品更多的细分市场，增强行业竞争力。

与产品线延伸不同，产品线填充决策中所增加的产品项目与原有产品项目都是定位于同一市场、满足同一目标顾客群体的需求，只是可供目标顾客选择的产品规格、款式等有所增加而已。

示例　吉利的全产品线战略步伐

（3）增加新产品线。新产品线可与现有产品线在技术、市场资源方面相关。

2. 缩减产品组合

较长、较宽的产品组合会在市场繁荣时为企业带来更多的盈利机会，但在市场不景气或原料、能源供应紧张时期，或者产品线中有大量积压的存货时，企业可以考虑缩减产品组合，把更多的资源投入利润率较高的产品线，以提升产品的获利能力。与扩大产品组合策略相反，企业可以剔除一些资源耗费多、没有市场发展前景、盈利水平低的产品项目，甚至淘汰整条产品线。

3. 产品线现代化

如果企业产品组合的宽度、长度等都很适宜，但生产方式已经落后于市场需求趋势，影响企业的生产与营销效率，就需要考虑引入最新科学技术、优化生产流程管理、更新或改造现有产品线，使产品更好地适应市场需求，增强竞争能力，这就是产品线的现代化策略。

具体有两种方式：一是逐步实现，可以节省资金，但容易被竞争者模仿；二是以最快速度用全新设备更换原有设备，这就需要在较短时间内投入大量资金，但可以快速产生市场效果，并对竞争者形成威胁。

4. 产品线特色决策

产品经理经常在产品线中选择一个或少数几个产品项目进行特别宣传。主要有两种情形：一是企业以产品线上低档产品进行特别宣传，使之成为开拓销路的廉价品，吸引顾客购买，然后，想方设法地吸引顾客购买高档产品；二是对优质高档产品进行宣传，以提高产品线的等级和定位。

第 3 节　产品生命周期策略

市场是不断变化的，产品也不会经久不衰。每一种产品在市场上都会有一个从诞生到衰亡的历程，不同的是周期的长短和变化的趋势。因此，企业经营者应当密切关注产品在市场上的走势，并根据其在市场上的表现调整营销战略。为此，企业必须深入理解产品生命周期理论，科学运用营销战略。

一、产品生命周期理论

1. 产品生命周期概念

产品生命周期，又称产品循环。[①] 人们通过对市场活动的长期观察，认识到产品同有机体一样，有其产生、发展、衰亡的过程。这被称为产品的“市场生命”或“经济生命”，其长短受到社会生产力发展水平、产品更新换代速度、消费者需求变化和企业间竞争状况等因素影响。产品种类（如电视机、洗衣机）、品类（如黑白电视机、彩色电视机）、品牌（如创维、熊猫）均有其生命周期。市场营销所研究的产品生命周期，严格讲是产品品类的生命周期。产品种类的生命周期最长，在相当长一段时间内显示不出其阶段性变化；其次为产品品类的生命周期；生命周期最短的是品牌。如糖果是一种产品种类，口香糖是其中一个品类，而“××牌口香糖”则是具体品牌的产品。三者相比较，糖果生命周期最长，“××牌口香糖”的生命周期最短。在实际经营中，应用产品生命周期理论分析产品种类的情况较少，更多的是分析产品品类或具体品牌。

产品生命周期不同于产品使用寿命。产品的使用寿命涉及产品的耐用程度，是产品从开始使用到损坏报废的时间间隔，与产品的自然属性和使用强度有关。

研究产品生命周期理论有着特别重要的意义，可以帮助企业正确判断不同产品的销售趋势，制定正确的产品策略及营销战略，延长产品的生命周期，从而提高企业的经济效益。

2. 典型产品生命周期阶段

根据产品的市场状况变化，可将产品生命周期分为四个阶段，即投入期、成长期、

---

① 郭国庆．市场营销．4 版．北京：中国人民大学出版社，2021：238.

成熟期和衰退期。如果以产品在市场上的销售收入及利润变化来反映产品生命周期，可得到产品生命周期曲线，如图 4－5 所示。有些产品在几个星期或几个月内迅速经历这些阶段，而有些产品可能需几年甚至更长时间来完成每个阶段。

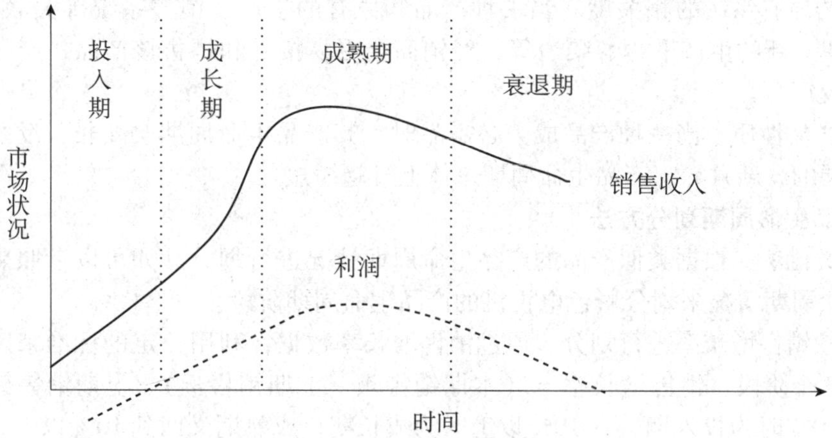

图 4－5　产品生命周期曲线

资料来源：闫红巍，张如泽，李娜．市场营销．北京：中央广播电视大学出版社，2014：103.

（1）投入期。又称推广期、介绍期，是新产品投入市场的阶段。由于新产品刚投放市场，接受度低，需求量少，销量少；同时，由于生产、技术原因，生产规模相对较小，质量可能不稳定，生产成本高。企业要加大投入、进行广告宣传、铺设渠道网络等，因此在这一阶段可能会出现亏损。

（2）成长期。又称发展期。如果新产品可以成功度过投入期，便进入成长期。随着越来越多的消费者开始熟悉并接受新产品，销售收入和利润迅速增长。由于产量扩大并形成规模，企业单位生产成本和销售成本都在下降，利润大幅增长。特别是后期，由于看到新品有利可图，竞争者开始产销竞品。

（3）成熟期。又称饱和期、稳定期。刚进入成熟期，销售收入仍在增加，但由于市场需求趋于饱和，增长速度放缓。随后，销售曲线达到峰值并开始下降。产品已是标准化生产，市场更细分，竞争者用各种手段争夺消费者，降价成普遍选择。竞争加剧迫使竞争力较弱的企业退出该行业，市场上仍有原始产品的改进版和拓展版不断出现。

（4）衰退期。由于新品或替代品不断出现，市场需求不断变小，销售收入及利润迅速下降。竞争企业数量减少，而市场中幸存的往往是专门销售该产品的公司。生产和营销成本成为利润的最重要决定因素。当有新产品加入整个成功的产品系列时，公司还可继续经营；否则，管理层须确定何时淘汰产品。

拓展　产品生命周期的其他形态

3. 影响产品生命周期形态的因素

（1）产品的技术成熟度。与采用新技术的产品相比，建立在成熟技术上的新产品开发时间短、费用低，产品投入期较短，成熟期却可能很长，如方便面。采用新技术的产品则相反，由于技术变化很快，一种技术尚未成熟就可能被另一种技术替代，产品生命周期往往不完整，如微软维纳斯计划中的机顶盒。

（2）与原有系统的相关度。当一种产品和原有的生产、销售系统等关联度较大时，由于无须建立新的生产平台、渠道等，经销商会更易接受和销售该产品，产品的投入期和成长期较短。

（3）产品性质。当一种产品成为必需品时，其产品生命周期会变长，反之则短。随着科技发展的日新月异，产品生命周期总体上日趋缩短。

4. 产品生命周期划分方法

（1）类比法。根据类似产品的产品生命周期情况进行划分。如可以参照黑白电视机的产品生命周期情况来划分彩色电视机的产品生命周期阶段。

（2）按销售增长率进行划分。通过销售增长率数据，利用一定的标准来区分产品生命周期的各个阶段。销售增长率 =（本期销售额 - 上期销售额）/上期销售额。销售增长率不足 10% 时为投入期，在 10% 以上时为成长期，成熟期又回到 10% 以下，衰退期的销售增长率为负数。

（3）按产品普及率进行划分。一般，产品普及率小于 5% 是投入期；5%～50% 是成长期；大于 50%，小于等于 90% 是成熟期；90% 以上时则进入衰退期。[①] 通常，这种方法特别适用于判断家用电器产品所处的生命周期阶段。

二、产品生命周期各阶段的营销战略

1. 投入期的营销战略

本阶段的企业营销战略应突出一个“快”字，即以最短时间、最快速度使产品进入成长期，具体措施如下：

（1）建立知名度。投入期的产品立足未稳，企业要千方百计使市场感知和熟悉产品，要扩大产品宣传，建立产品信誉。在这一阶段企业要承担较高的广告费用。

（2）品牌提携。利用现有产品辅助发展新产品，用名牌产品提携新产品。如荣事达公司利用荣事达洗衣机形成的品牌效应推出荣事达冰箱。

（3）引导试用。通过采取试用、试听、试穿、品尝等方法，引导消费者积极了解新产品。

（4）激励中间商。对批发、零售企业等渠道中间商加大折扣，刺激中间商积极推销新产品。

另外，企业有四种战略可供选择，如图 4－6 所示。

（1）快速撇脂。企业用高价格、高促销费用迅速推出新产品，尽快提升市场销量。这种战略适用于知名度不高，但特色明显、市场规模大的新产品，目标市场应具有较强购买力且愿意按价购买。由于面对竞争者的潜在威胁，企业须迅速建立顾客品牌偏好。

---

① 束军意，汤宇军．市场营销：理论、方法与实训．3 版．北京：机械工业出版社，2019：148.

价格 \ 促销费用	高	低
高	快速撇脂	缓慢撇脂
低	快速渗透	缓慢渗透

图 4－6　投入期的营销战略

（2）缓慢撇脂。企业用高价格、低促销费用推出新产品，以求用尽可能少的支出获得尽可能大的收益。这种战略适用于市场规模小、有一定知名度的新产品，同时，顾客愿意支付高价，潜在竞争威胁不大。

（3）快速渗透。企业用低价格、高促销费用推出新产品，以求迅速占领市场，取得较大市场份额。这种战略适用于市场规模大、顾客不太了解的新产品。同时，顾客对价格十分敏感，潜在竞争威胁大。企业希望通过获取高市场占有率拥有较大销售规模，并通过扩大规模和积累生产经验大幅降低成本。

（4）缓慢渗透。企业采用低价格、低促销费用推出新产品，以求通过低价提升销量，通过低促销费用节省成本。这种战略适用于市场规模大、有一定知名度的新产品，同时，顾客对价格敏感。

2. 成长期的营销战略

本阶段的企业营销战略应突出一个“好”字。可采取以下措施：一是提高产品质量，根据顾客需求不断改进产品性能，增加品种、型号、款式，力求产品具有特色；二是扩大目标市场，积极开拓新的细分市场；三是转移广告重点，从建立产品知名度转向品牌和商标的宣传；四是增加新的分销渠道或加强现有分销渠道；五是通过灵活降价吸引对价格敏感的顾客。

3. 成熟期的营销战略

本阶段的企业营销战略应突出一个“改”字，即对企业原有的产品、市场和营销组合加以改进。具体有以下措施：

（1）调整市场。企业通过各种方式寻找新的细分市场和营销机会，尽量为企业获取新的销售来源。企业可以通过发掘没有使用过本产品的新顾客，设法提升现有顾客的产品使用量与使用频率，为产品重新定位以吸引更多的顾客群，以及设法争夺竞争者的顾客等方式，调整产品的市场，从而有效延长产品的成熟期。

（2）调整产品。企业通过调整产品来满足更多顾客的需要，从而提升产品销量。主要做法有提高产品质量、增加产品功能以及改进产品款式。此外，还要积极研制第二代产品，为产品的升级换代做好准备。

（3）调整营销组合。企业除了调整产品以外，还可以调整营销组合的其他环节，即价格、渠道、促销。

4. 衰退期的营销战略

本阶段的企业营销战略应突出一个“转”字，即转入新市场或开发产品的新用途。具体如下：一是转移目标市场，包括地域上的转移，如大城市没销路就转向中小城市、城镇乃至乡村。二是开发产品的新用途。例如，当儿童食品销路萎缩，研究发现老年人对某些营养成分的需求和儿童相近时，便可以宣传食品的新用途，扩大目标市场。

综上分析，由于产品在生命周期各个阶段的特点不同，所以企业的营销目标和营销战略也会不同，如表4-8所示。

表4-8　产品生命周期不同阶段的特点、营销目标与战略

		投入期	成长期	成熟期	衰退期
特点	销售收入	少	迅速增加	达到峰值	减少
	成本（单位顾客）	高	中	低	低
	利润	亏损	增加	高	减少
	顾客	创新采用者	早期采用者	早期大众、晚期大众	落后的购买者
	竞争者	极少	逐渐增加	多，逐渐减少	减少
营销目标		迅速让市场接受，打开销路	最大限度占有市场份额	稳定市场份额，获取最大利润	减少支出，榨取最后收益
营销战略	产品	提供基本产品	提供拓展品、服务及保证	提供式样多样化的产品	逐步淘汰产品
	价格	成本加成定价	市场渗透价格	与竞争者相比具有价格优势	降价
	渠道	选择性分销	密集性分销	更密集、广泛的分销	有选择地减少无利可图的分销网点
	促销	加强促销，吸引试用	适当减少促销	增加促销、鼓励品牌转换	降到最低水平

第4节　产品开发与创新

一、新产品的概念及种类

1. 新产品的概念

新产品是指与以前的产品相比，在结构、性能参数、外观上完全不同的产品。市场营销学中所讲的新产品与技术型新产品的含义不完全相同。市场营销学强调消费者的观点，凡消费者认为是新的，能从中获得新的满足、可以接受的产品即属于新产品。

2. 新产品的种类

（1）全新型新产品。也称创新新产品，与技术型新产品有时有相同意义。全新型新产品指利用新技术、新材料及新工艺制造出的过去从未有过的产品。

（2）换代型新产品。指产品的性能有重大突破和改进，如石英钟表是机械钟表的换代产品。开发换代型新产品要比创造全新型新产品难度小得多，也能够使企业较快地盈利。

（3）改进型新产品。指在原有产品的基础上，改进材料、结构、性能、造型、包装等而制造出的具有新用途、满足新需求的产品，如手表从圆形到方形。

（4）模仿型新产品。指企业对自身未生产过的、市场上已有的产品进行仿造而推出的新产品，亦称企业新产品。尽管是仿造，但仍有开发价值，可以填补国家或地区的某种产品空白，并为改进型新产品的开发提供条件。

二、新产品开发的方式

1. 独立研制

企业依靠自己的科研力量研究开发新产品。这种方式能够结合企业特点，形成自己的产品系列，使企业在某一方面具有领先地位。但独立研制要求企业有较强实力和较多资金投入。一般适用于拥有较强力量的大中型企业或企业集团。

2. 协作开发

企业与科研机构、高等院校等联合开发新产品。这种方式可使科技成果迅速得以应用，也可使企业获得设计和技术等方面的指导和帮助。既可充分发挥各方特长，又能使各方受益。当然，由于技术力量来自不同单位，各方有效协调至关重要，因此在实际操作中往往有难度。

3. 技术引进

企业引进外部的成熟技术开发新产品，或直接引进设备生产新产品。这种方式可以使企业节省研究费用、缩短开发时间，能较快地掌握产品制造技术，及时生产新产品并投放市场，成功率较高。但企业也要注意，引进的技术或设备通常是别人正在使用或已使用过的，引进前须认真分析市场容量和产品发展前景，充分考虑技术和设备的先进性和适用性，避免盲目引进造成不良后果。

4. 研制与引进相结合

企业在引进外部先进技术的基础上，结合自身专长研制新产品。这种方式可以使独立研制和技术引进相互补充、有机结合，不仅省时间、投资少、风险小，而且可使产品更具特色和吸引力，有利于提高企业的技术水平和经济效益。

拓展　产品创新的常见方式

三、新产品开发的策略

1. 改进策略

企业依据现有的设备和技术能力改进现有产品。优点是开发费用较低，成功概率较高，缺点是只适合较小规模的创新。如海尔洗衣机在原有基础上，生产适合夏季使用的小神童洗衣机。

2. 仿制策略

企业仿制竞争者的新产品，在原有的基础上进行创新和改进。这类产品只要市场需要，一般容易立即生产，不需要太多资金和尖端技术。但企业应注意对原有产品的某些不足和缺陷进行改进，切忌全盘照抄。

3. 差异化策略

企业在研制新产品时，充分调研现有同类产品的特性，研发出具有显著差异的产品，其目的是向消费者提供具有明显特征的产品，给消费者一种标新立异的印象，以此提升产品竞争力。

4. 补缺策略

企业对当前市场、国家经济建设急需的产品进行研发。[①] 这种策略有利于企业快速占领市场，增强企业在市场上的核心竞争力。

四、产品创新数学思维法

1. 加法

（1）加法视角的内涵。加法视角是思考哪几种事物可以组合在一起，从而产生新的功能。如日历＋唐诗＝唐诗日历；剪刀＋开瓶装置＝多用途剪刀；等等。

（2）加法视角的运用。

①实物相加。机械与电脑功能相结合的工业品和生活用品屡见不鲜，如程控机床、电脑控制洗衣机等；橡皮与铅笔组装在一起更方便使用。

②虚实相加。随着民众文化水平的提高，实物产品叠加精神因素成为潮流。如姓名瓷杯、属相雨伞等都是实物与精神因素相加的产物。具体方法如下：

一是为产品附加主题，如数码影像蛋糕是高度个性化的产品，拥有深厚的精神内涵。二是让产品负载广告，柯达将印有商标的贴纸贴在鸡蛋上，实现了很好的传播效益。三是让产品附加拟人功能，如会说话的吸尘器随时给用户提示。

③概念相加。[②] 实质是一种明确概念的逻辑方法——限制。逻辑限制可以明确概念、揭示实质、显示事物特征、产生创意。科学的发展总是由浅表到深入、由抽象理论到实际应用。例如，在学科名称前加上某一概念，可缩小概念的外延，增加概念的内涵。如20世纪60年代出现的“心理学”教材，80年代依年龄段划分的“幼儿心理学”“青少年心理学”“老年心理学”，研究动作行为的则有“消费心理学”“写作心理学”等。

2. 减法

（1）减法视角的内涵。减法视角是将复杂事物简单化，功能专一化，带来轻快灵便、简洁明了的愉悦。合理取舍、有效增利的减法策略，能够帮助企业集中优势资源，重点开发销路广、利润高的产品。

（2）减法视角的运用。

①简化功能，节约成本。许多商品是多功能的，用途广泛，但伴随而来的是成本增

---

① 王斐，罗军．营销策划．北京：北京理工大学出版社，2018：92.

② 左仁淑．营销策划：原理与方法．北京：中国人民大学出版社，2020：39.

加、价格昂贵。如高档打火机质优价昂，而简易打火机便宜好用且销量更大。消费群体具有多层次性，消费环境复杂多样，消费品也应有多种规格与档次，化繁为简有时还能出奇制胜。

②壮士断腕，先减后加。有道是“文武之道，一张一弛”“退一步是为了进两步”。可见，弛、退、减、失并不都是坏事，要依据具体情况分析。无可奈何地失去，是被动消极的；而有计划地舍弃，则是主动积极的。壮士断腕是勇，先减后加是智。智勇双全，方可闯过难关。

③有减有加，以加养减。既注重商场规范，又能打破条条框框，出奇招而制胜。有加有减，时加时减，此加彼减。目标不变，策略灵活，是商家营销策划的精明之处。局部用减法，而全局却是加法的效果。局部减法有广告功能，更有示人以诚的强大心理作用。

④精打细算，降低损耗。减法视角最直接的做法就是材料、资金、人力等都厉行节约。经营上提高质量与降低成本常难以兼顾，而减法策略可有效解决这一难题，关键在于降低成本或提高质量后让消费者获得物超所值的体验。

3. 乘法

（1）乘法视角的内涵。阿基米德曾说过：给我一个支点，我能撬起整个地球。乘法视角其实就是利用杠杆原理，追求效果的放大，靠数量去创造最大的社会与经济效益。因此，模式复制是乘法营销最为直接和有效的实现路径。

（2）乘法视角的运用。

①滚动式发展，以量取胜。许多企业抓住机遇，实行滚动式发展，将利润再投入产品生产中，扩大再生产，改进产品，以迅速发展壮大。[①] 对于缺乏知名度的初创企业，该乘法策略是很有效的一种做法。

②刻意求大，招人耳目。在产品外形上使用乘法，以收奇效。如早期时钟主要是摆在桌上，体积不大，由座钟到壁挂钟，再到钟楼上很远都能看见的大钟，就是乘法视角的运用。

③繁殖、发展，连锁成群。肯德基、麦当劳等国际性公司都是以连锁形式发展起来的。企业通过积累资金拥有无形资产后，采用统一的经营内容、管理模式、服务标准，将原有店铺的形式复制到全国或世界各地，形成连锁店。连锁店总的来说是克隆店、复制店，运用的正是典型的乘法策略。企业在经营中要想合理运用乘法策略，需要有效配置稀缺资源，将员工、顾客、股东、合作伙伴等直接利益相关者和社区、媒体、政府等间接利益相关者都整合到企业市场链中，以转移成本、获取客户、求得支持、赢得利润。

4. 除法

（1）除法视角的内涵。除法视角是指将本来可以一步到位的目标过程分成若干的战略区间，依靠战略区间的转换和技术的升级换代获取利润；也指把能独立、经济效益好的项目分离出来，单独立项运营，以实现分拆单位之和大于整体的效应。

（2）除法视角的运用。

①整体缩小，袖珍见奇。器物往往有特定的放置空间，在某些空间其规模、体积是

---

① 左仁淑．营销策划：原理与方法．北京：中国人民大学出版社，2020：42.

合适的，但换了场地，可能显得过于庞大。适度缩小就是除法视角的妙用，功能上无大变化，只是重量更轻、尺寸更短、体积更小。

②化整为零，小量包装。如食品行业广泛运用小量包装给消费者新鲜感、出行携带便利感。高定价商品通过小量包装则可以走进大众消费市场。

③细分细合，先分后合。有些消费者因兴趣爱好、为增长知识或旨在节约开支，购买零部件自行组装，如音响设备、交通工具、家用电脑等。产品开发也可以利用这个角度的除法。

总之，“加减乘除”的创意思维是产品开发的基本方法。企业基于实践需要，运用不同的视角，可收获奇效。

五、数字化时代的产品创新

产品是企业的灵魂，企业若想基业长青，就必须持续提供令消费者满意甚至超出其预期的产品。大数据时代的到来，为企业的产品创新提供了新的契机。党的二十大报告指出：“坚持把发展经济的着力点放在实体经济上，推进新型工业化，加快建设制造强国、质量强国、航天强国、交通强国、网络强国、数字中国。”

1. 制造智能化

以互联网为基础的新一代信息技术正在深入推动制造业的创新发展。作为实现智能制造的重要驱动力，大数据能够整合全部生产线数据，对生产动态建模、多目标控制流程进行优化，对物料品质、能耗、设备异常和零件生命周期进行监控预警，赋予设备和系统“自我意识”，从整体上大幅降低生产能耗，进而实现低成本、高效率的生产。因此，在一定程度上，车间的传感器所产生的大数据决定了“工业 4.0”所要求的智能化设备的智能水平。

示例　李宁的数字化产品创新

在产品应用层面，企业通过生产携带传感器等装置的智能产品，实时采集、存储和传输大量有关用户使用和偏好的数据，让用户参与到产品的改进与创新之中，帮助企业及时改进产品功能，预先诊断产品故障，并根据生产需求的变化，第一时间创新产品和改善服务。同时，还可在此基础上构建全新的商业模式，通过规模化定制，满足用户的个性化需求，为企业创造全新价值。

2. 产品定制化

在以往的工业社会中，标准化作业一直是大企业安身立命之本，也是很多中小企业追求的目标。大型企业追求规模扩张，为实现规模效应进行低成本大量生产。然而随着时代的进步，标准化已不能满足高端顾客的需求，很多中低端顾客也希望获得私人定制待遇。数字化时代，企业有更多机会了解顾客，准确把握消费趋势和市场变化，提供满足顾客需要的产品。利用大数据，内容产品也可以做到定制化。

3. 产品与服务个性化

大数据时代的企业有更多机会去了解顾客需求，海量数据的支持让个性化产品与服务有了更好的延伸和更大的价值。首先，企业需要在庞大的数据库中找出最具有利用价值的数据；其次，把相似顾客分为一类，设计针对性服务。个性化顾客的单位可大可小，大到一个有同样需求的顾客群体，小到每一个顾客个体。

面向未来，各行业的产品或服务在数字化时代各种技术的支持下都将向更为个性化的方向发展。如在教育方面，随着慕课的普及，教育主管部门、学校能收集过去不可能集聚起来的在线学习大数据，实现迎合学生个体需求的个性化教学。

4. 产品文化传承创新数字化

这是指利用数字技术进行传统文化产品维护、重塑，用数字记忆方式对文化产业的精神属性进行保护、传承并实现多元文化价值。同时，利用数字技术进行新兴文化产品设计、加工、制作，将文化产业的物质属性用数据描述方式进行设计、制作并实现多元商业价值。

六、新产品开发的流程

新产品开发不但要有严密的组织和管理，还必须有一套系统、科学的流程。由于不同企业的生产经营条件不同、新产品的项目不同，开发流程也各具特色。一般来说，开发新产品的流程大致可分为八个阶段[①]，如图 4－7 所示。

1. 产品构想

产品构想是在企业战略基础上提出的，也有人称之为“创意”“构思”“设想”。产品构想主要来源于购买者（包括消费者和工业用户）、专家、批发商、零售商、竞争者、企业的营销人员等。以上人员的工作主要有：

（1）寻找、激发构想。设法从环境中发掘好的产品构想，如从顾客对现有产品的意见中发现，从新科技成果中寻找，也可以从竞品中得到启发。企业可鼓励内外部人员产生和发展新构想。尤其是营销人员经常与顾客打交道，了解顾客对产品的看法，往往能产生新的构想。

（2）完善构想。将搜集到的好构想反映给企业有关部门，征求修正和补充意见，以完善最初构想。

有一些方法可以帮助企业最有效地发掘构想：

一是特点罗列法。把某一产品的特点列出，然后逐一推敲，以便找出另一种特点组合，改进产品。

二是硬性结合法。通过自由联想，考虑不同产品的关系，进而形成新的构想。如把扇子与遮阳帽结合，产生扇帽。

三是多角度分析法。将存在的几个重要因素列出来，查看每一个因素变化的可能性。如洗衣粉产品涉及的因素很多，最重要的因素是去污力、泡沫、洗涤范围和包装，可在这几个因素的基础上，尝试改进的可能性。

四是头脑风暴法。团队在不受任何限制的融洽气氛中，以会议形式进行讨论，打破

---

① 束军意，汤宇军．市场营销：理论、方法与实训．3 版．北京：机械工业出版社，2019：144.

常规、积极思考、畅所欲言。个体会因受到会议中他人意见的启发和影响而有所创新。

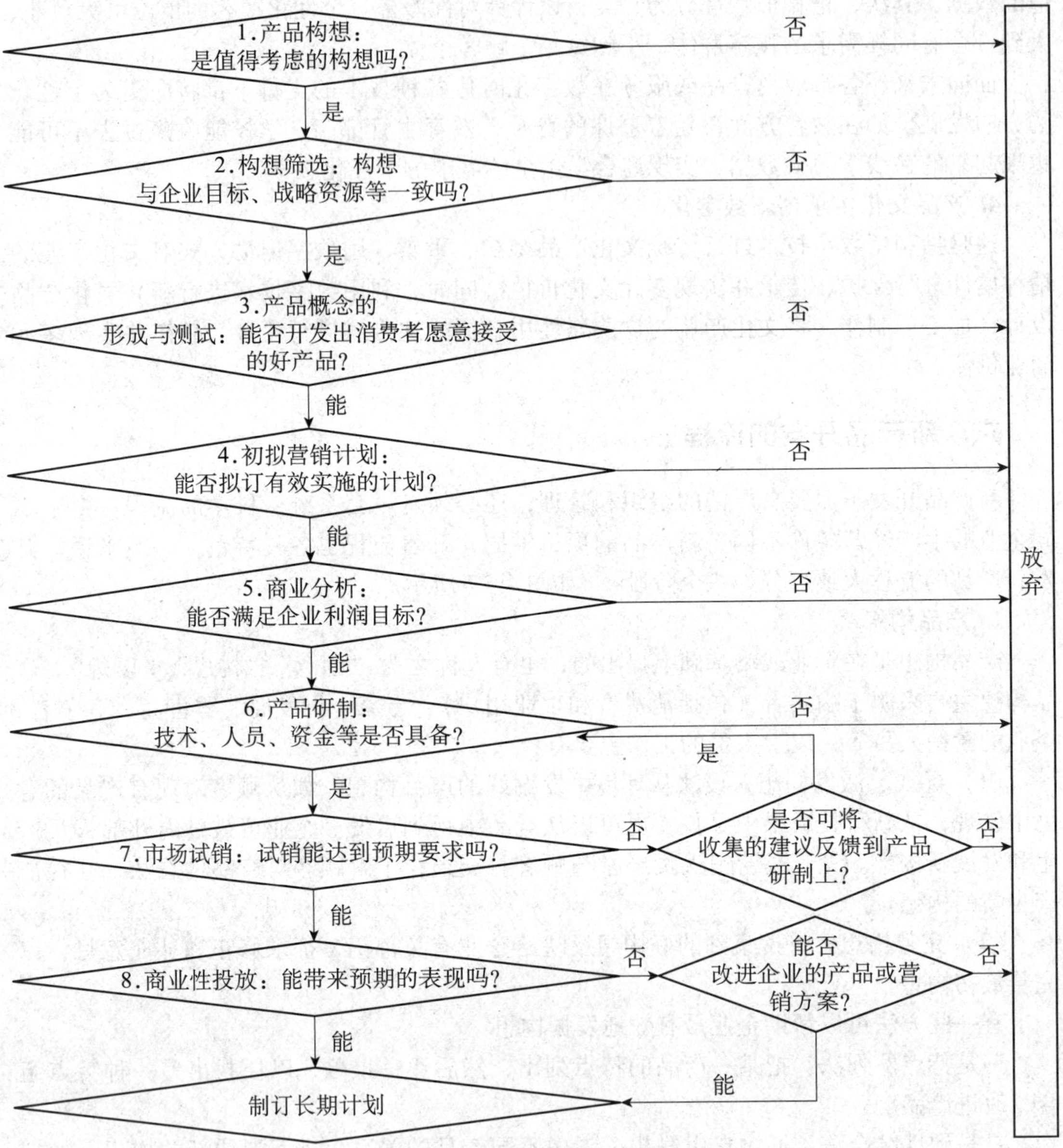

图 4－7　新产品开发流程图

2. 构想筛选

构想筛选的形象说法叫作“过滤”。企业产品开发部门在搜集构想之后，当决定采用哪项构想作为发展方案时，要进行构想筛选。筛选时，一般考虑以下因素：

（1）构想的新产品是否同企业的营销范围、营销目标一致；

（2）构想的新产品有没有适当的目标市场以及销售量的大小；

（3）构想的新产品的获利能力；

（4）构想的新产品的特点是否突出，是否便于消费者了解；
（5）构想的新产品成本与企业的设备情况；
（6）构想的新产品的原料来源情况；
（7）构想的新产品上市后，可能出现的竞争状况，即竞争地位的估计；
（8）构想的新产品的潜在需求量；
（9）构想的新产品上市后对现有产品可能带来的影响；
（10）消费者的生理需求和心理因素。

3. 产品概念的形成与测试

产品构想经筛选后，需进一步发展为更具体、明确的产品概念。产品概念是指已经成形的产品构想，可用文字、图像、模型等予以清晰阐述，以使之在顾客心目中形成一种潜在的产品形象。

一个产品构想能够转化为若干个产品概念。每一个产品概念都要进行定位，以了解同类产品的竞争状况，选出最佳的产品概念。选择的依据是未来市场的潜在容量、投资收益率、销售成长率、生产能力，以及对企业设备、资源的充分利用等。可采取问卷方式将产品概念提交给目标市场中有代表性的消费者群体进行测试、评估。产品概念的问卷可以包括以下问题：你认为该产品与一般产品相比有什么优点？该产品是否能够满足你的需求？与同类产品比较，你是否偏好该产品？你能否对产品属性提供某些改进的建议？你认为价格是否合理？产品投入市场后，你是否会购买（肯定买、可能买、可能不买、肯定不买）？问卷调查可帮助企业确立吸引力很强的产品概念。

4. 初拟营销计划

企业选择了最佳的产品概念之后，必须制订把这种产品引入市场的营销计划，并在未来的发展阶段中不断完善。初拟的营销计划包括以下内容：

（1）描述目标市场的规模和结构、消费者的购买行为、产品的市场定位，以及短期（如 3 个月）的销售量、市场占有率、利润率预期等；

（2）概述产品预期价格、分销渠道及第一年的营销预算；

（3）分别阐述较长时期（如 3～5 年）的销售额和投资收益率以及不同时期的市场营销组合等。

5. 商业分析

商业分析即从经济效益的角度分析新产品概念是否符合企业目标，预测销售额、销售量，推算成本与利润。预测新产品销售额可参照市场上类似产品的销售历史，并考虑各种竞争因素，分析新产品的市场地位、市场占有率等。另外是对销售量的预测。销售量预测的常用方法有判断分析法、趋势外推分析法、因果分析法和产品生命周期推断法等。其中，判断分析法和产品生命周期推断法属于定性预测法，趋势外推分析法和因果分析法属于定量预测法，下面介绍后两种方法。

（1）趋势外推分析法。

一是算术平均法。又称简单平均法，是直接将若干时期实际销售量的算术平均值作为销售量预测值的一种方法。

$$预测销售量=\frac{已知时间序列各期销售量之和}{时间序列期数}$$

这种方法的优点是计算过程很简单，缺点是没有考虑远近期销售量对预测销售量的价值的不同，从而使不同时期的资料简单平均化。所以，该方法只适用于针对各期销售量比较稳定，且没有季节性变化的食品和日常用品等的销售量预测。

二是趋势平均法。趋势平均法是指在使用移动平均法计算 n 期时间序列移动平均值的基础上，进一步计算趋势值的移动平均值，进而利用特定基期销售量移动平均值和基期趋势值移动平均值来预测未来销售量的一种方法。其计算公式为：

$$预测销售量=\frac{基期销售量}{移动平均值}+\frac{基期趋势值}{移动平均值}\times\frac{基期与预测期}{的时间间隔}$$

$$某期的趋势值=该期销售量移动平均值-上期销售量移动平均值$$

$$基期趋势值移动平均值=最后一个移动期趋势值之和\div趋势值移动的期数$$

（2）因果分析法。

因果分析法也是预测分析中常用的方法，利用因果分析法预测销售量的步骤如下：一是确定影响销售量的主要因素；二是根据有关资料确定销售量与自变量之间的数量关系，建立因果分析模型；三是根据未来有关自变量的变动情况预测销售量。

在完成一定时期内新产品销售额的预测后，就可推算出该时期的产品成本和利润。成本预算主要指通过市场营销部门和财务部门综合预测各个时期的营销费用及各项开支，如新产品研制费用、销售推广费用、调研费用等。分析产品的财务收益，则可以采用盈亏平衡分析法、投资回收率分析法、资金利润率分析法等。

6. 产品研制

产品研制主要是将通过商业分析后的新产品概念，交送研发部门或技术工艺部门，试制产品模型或样品，同时进行包装的研制和品牌的设计。这是新产品开发的一个重要步骤，只有通过产品研制，才能使产品概念实体化，并发现不足与问题，再经过改进，才能证明这种产品概念在技术、商业上的可行性如何。应当强调的是，产品研制必须使模型或样品具有产品概念所规定的所有特征，应进行严格的测试与检查，包括专业人员进行的功能测试和消费者测试。功能测试主要在实验室进行，测试新产品是否安全可靠，性能质量是否达到规定的标准，制造工艺是否先进合理等。消费者测试是请消费者试用并征集对产品的意见。这两种测试的目的都在于对样品做进一步的改进。

7. 市场试销

新产品的市场试销，是对新产品和营销计划的全面检验。新产品试销前，必须就以下问题做出决策：

（1）试销的地区范围。试销市场应是企业目标市场的一部分。一般来说，应选择收入居于中等水平、有代表性的地区。如果选择城市，则选择三四个比较合适。

（2）试销时间。试销时间的长短，一般根据该产品的特征、竞争者情况、试销费用和平均重复购买率决定。

（3）试销过程中要取得的资料。一般应了解首次购买情况（试用率）和重复购买情况。

（4）试销所需要的费用。

（5）试销的营销战略及试销成功后应进一步采取的行动。

8. 商业性投放

新产品试销成功后，就可以正式批量生产，全面推向市场。这时企业要支付大量费用，而新产品投放市场的初期往往利润微小，甚至会亏损。因此，企业在此阶段应就以下几点慎重做出决策：

（1）投放时机。企业必须分析何时是新产品推出的最佳时机。如果新产品是用来替代本企业其他产品的，那么应在原有产品库存较少的情况下投放市场；如果新产品具有较强的季节性，则应在消费旺季到来之前投放市场；如果新产品尚需改进，则应等到产品进一步完善之后再投放市场，切忌仓促上市。

（2）投放地区。企业需要决定在何地投放新产品。一般情况下应在某一地区市场集中开展广告和促销活动，拥有一定市场份额后，再向各地市场扩展。资金雄厚并拥有通畅的国内外销售网络的大企业，可能会选择迅速把新产品推向更大市场。

（3）目标市场。目标市场的选择，可以依据试销或产品开发以来所收集的资料。最理想的目标市场应是最有潜力的消费者群体，通常具备以下特征：最早采用新产品；大量购买新产品；具有一定的传播影响力；等等。

（4）营销组合策略。企业要在新产品投放前制定尽可能完备的营销组合策略，新产品营销预算要合理分配到各营销组合因素中，要根据主次轻重有计划地安排各种营销活动。

七、新产品市场扩散

1. 新产品特征与市场扩散

（1）新产品的优越性。新产品的优点越多，如在功能、可靠性、便利性、新颖性等方面相比于原有产品越具优越性，市场接受得就越快。

（2）新产品的适应性。新产品必须与目标市场的消费习惯以及人们的价值观等相吻合。当新产品与它们相适应时，则有利于市场扩散，反之，则不利于市场扩散。

（3）新产品的简易性。新产品设计、整体结构、使用、维修、保养必须简单，这样有利于新产品的推广扩散，消费品尤其如此。

（4）新产品的明确性。新产品的性质或优点要容易被人们观察和描述，容易被说明和示范。信息传播较便捷、易于认知的产品，其采用速度一般比较快。例如，流行服装不用说明即可被人们知晓，因而扩散较快；反之，某些除草药剂，因不能立即看到效果如何，市场扩散就会比较慢。

2. 购买行为与市场扩散

（1）消费者采用新产品的程序与市场扩散。人们对新产品的采用过程，客观上存在一定的规律性。美国市场营销学者罗杰斯调查了数百人接受新产品的实例，总结归纳出人们接受新产品的程序和一般规律，认为消费者接受新产品一般经历以下五个重要阶段：认知—兴趣—评价—试用—采用。

一是认知。个人获得新产品信息的初始阶段。新产品信息的主要来源是广告或其他间接渠道（如商品说明书等）。此阶段消费者对新产品信息的了解还不系统，只是一般性了解。

二是兴趣。在此阶段，消费者不仅认识了新产品，并且产生了兴趣。消费者会积极地寻找有关资料进行对比分析，研究新产品的具体功能、用途、使用等问题。如果满意，消费者将会产生初步的购买动机。

三是评价。在这一阶段，消费者主要权衡采用新产品可能获得的利益和承担的风险等，从而对新产品的吸引力做出判断。

四是试用。指顾客开始小规模、少量试用新产品，以此增加自己对新产品的认识，检验购买的正确性。企业应降低失误率，详细介绍产品性质、使用方法和保养方法。

五是采用。采用是指顾客通过试用获得满意体验，放弃原有产品，完全接受新产品，并开始正式购买。

（2）顾客对新产品的反应差异与市场扩散。在新产品的市场扩散过程中，由于社会地位、消费心理、价值观、个人性格等多种因素的影响，不同顾客对新产品的反应具有很大的差异。

一是创新采用者。也称为“消费先驱”，通常勇于革新、喜欢冒险、性格活跃，其消费行为很少受他人意见影响。他们经济条件较好，社会地位较高，受过高等教育，易受广告等促销手段的影响，是企业投放新产品时的极好目标。

二是早期采用者。一般是年轻消费者，对新事物较敏感并有较强适应性，经济状况良好，对早期采用新产品有自豪感。他们对广告及其他渠道传播的新产品信息很少有成见，但与创新采用者比较，持较为谨慎的态度。

三是早期大众。这部分消费者很少有保守思想，受过一定教育，有固定收入；对舆论领袖的消费行为有较强模仿心理；不甘落后于潮流，但受经济条件所限，购买高档产品时会持谨慎态度，常在征询早期采用者的意见之后才购买新产品。研究其心理状态、消费习惯，对提高产品的市场份额具有重要意义。

四是晚期大众。指较晚跟上消费潮流的人。其受教育水平及收入水平往往比早期大众略低，对新事物多持怀疑或观望态度，往往在产品成熟阶段才开始购买。

示例　小米产品的市场扩散

五是落后的购买者。这些人思想比较保守，对新事物、新变化多持反对态度，固守传统消费行为方式，在产品进入成熟期后期以至衰退期才开始购买。

新产品的整个市场扩散过程，从创新采用者到落后的购买者，形成了完整的正态分布曲线（见图4-8），这与产品生命周期曲线有相似之处，为企业规划产品生命周期各阶段的营销战略提供了有力依据。

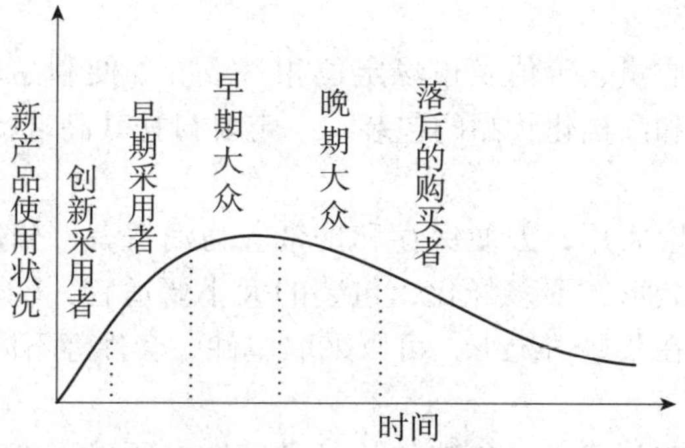

图 4-8　新产品的市场扩散过程

第 5 节　产品包装策略

一、包装的概念与作用

产品包装有两层含义：一是指采用不同形式的容器或物品对产品进行包装的操作过程，即包装方法；二是指产品的容器和外部包扎，即包装器具。

一般来说，包装具有以下作用：

1. 保护产品，便于储运

包装最基本的功能是保护产品，便于储运。有效的产品包装可以起到防潮、防热、防冻、防挥发、防污染、保鲜、防碎、防变形等保护作用。因此，在设计和制作产品包装时，要注意材料的选择以及技术控制。

2. 吸引注意力，促进销售

著名的杜邦定律表明，63% 的消费者根据产品的包装来选购产品。设计良好的包装能够突出产品特色、有效传播品牌形象、吸引消费者注意力，有助于消费者辨认品牌。

3. 创新产品，增加盈利

作为整体产品的一部分，设计独特的包装能够突出产品差异，提升产品竞争力，增强企业盈利能力。企业还可以申请外观设计专利，使之成为企业资产的重要组成部分。

二、包装的设计原则

1. 安全性

安全是产品包装最基础的作用，也是包装设计的最基本原则之一。在包装活动中，选择的容器和材料必须适合产品的物理、化学和生物特性，以保证产品不变质和损坏。

2. 促销性

包装图案要以衬托品牌为主，充分显示品牌特征，使消费者能立即识别产品。名牌产品包装上的醒目商标可以立即起到招徕消费者的作用。

3. 一致性

包装必须与产品的质量、价值及市场定位相一致。如便利品的包装不宜太精美，而一些贵重物品、艺术品和高档化妆品的包装，一定要衬托其高端特质。

4. 实用性

包装的造型和结构应实用，方便保存和携带。为消费者、分销商和零售商提供便利是包装的重要作用。包装形式要多样化，包装的大小要适宜，轻重要适当，既要保证密封性，又要容易开启。在某些情况下，可以采取单件、套件等不同的包装形式。

5. 社会性

社会、文化直接影响消费者对包装的认可和感知，所以，包装要充分考虑当地消费者的价值观和习惯等，否则会伤害消费者的感情，产生难以估量的后果。

6. 合法性

包装应按照法律规定标明企业名称和地址，食品和化妆品等应标明生产日期和保质期。包装设计还应当兼顾社会利益，节约社会资源，杜绝有害包装材料。

三、包装策略

1. 相似包装策略

某一企业生产的各种产品在包装物上采用相同或相近图案、色彩等，使消费者通过类似包装联想起同一企业的产品。这种包装方式可以节省设计、制作费用，向消费者呈现统一的产品或企业形象，使消费者便于识别。但相似包装只能适用于质量相同的产品，质量相差较大的产品不宜使用。

2. 差异包装策略

企业依据产品的不同档次、用途、营销对象等采用不同的包装。如高档产品的包装要精致，中档产品的包装可稍微简略朴素；儿童产品的包装可用动物或卡通人物形象，老人使用的产品的包装则应简易实用。

3. 配套包装策略

企业将多种相关的产品进行组合，装在同一包装物中，这种策略既便于消费者配套购买，还可以扩大销售，带动新产品上市。如把茶壶、茶杯、茶盘、茶碟放在一起进行包装。

4. 再使用包装策略

包装物在被包装的产品消费完毕后，还能移作他用，以此给予消费者额外的利益。这种策略既可以增加包装的用途，也能增加消费者的购买欲望，扩大销售。

5. 附赠品包装策略

企业利用包装内附赠物品的形式，吸引顾客重复购买，这种包装策略的形式多种多样。

6. 改变包装策略

改变包装即放弃商品的旧包装，改换新包装。下列情况宜采用此策略：原包装缺点明显；包装材料落后，为更好地满足目标顾客对包装物的要求需改变包装；等等。实行这一策略，可弥补原有包装的不足，使产品以新面貌出现，对促销有积极作用。但是，名牌商品包装的改变要慎重，以免消费者怀疑是假冒伪劣产品等。

包装策略要配合企业的产品策略。若企业采取单一的产品策略，追求企业及产品在消费者心目中的特定形象，则需要为实现这一目的设计独特包装。可口可乐公司为配合整体策略，在设计饮料的瓶子上绞尽脑汁。可口可乐当时的主要目标是避免雷同，创造出独一无二的品牌形象，设计和制造出一种“在黑暗中用手一摸就知道是可口可乐”的有特色的包装物。

本章小结

产品是营销组合策略中首要和基础性的因素，并在很大程度上决定着企业市场营销的成败。企业制定营销组合策略，必须切实根据目标市场决定产品组合，以满足特定顾客的需求。企业有必要从顾客真正的需求出发，诠释产品整体概念，进行包装设计等，并提供必要的服务保证。在竞争日益激烈的情况下，产品组合决策和包装策略日益重要。同时企业要依据产品生命周期各阶段开展产品营销活动，洞察市场变化，进行新产品开发等。

启示

未来经济发展呈现出网格化、信息化、数字化、知识化的特征。新经济对人类的影响是全方位的。与新经济发展相适应，企业新产品开发的总体发展趋势是：产品更新换代的频率进一步加快，新产品开发的周期越来越短。具体体现为产品创新的多功能化、高科技化、绿色化、环保化，大规模定制模式下的个性化、微型化、轻型化、方便化。

思考与应用

1. 什么是产品组合？如何理解产品组合的基本概念？
2. 什么是产品生命周期？判别产品生命周期各阶段的方法有哪些？
3. 一家企业开发新产品的步骤有哪些？

案例分析

文创产品创新

2021 年 7 月，三星堆博物馆官方消息显示，三星堆再度跨界，上线“彩妆系列”产品，其中包含青铜纵目眼影盘、鱼凫唇泥、青铜纵目礼盒等五款“青铜秘宝”。紧接着，首款考古摇滚盲盒也正式揭开面纱，青铜人化身乐队，出手就是顶流天团。盲盒未售先热，网友直呼“好想拥有”。

三星堆博物馆微信官方店铺信息显示，有赞提供技术支持的小程序商城已成为三星堆承载私域流量的核心阵地，配合留言抽奖送盲盒、引导用户加入粉丝群、晒单等活动，为其不断提升粉丝亲密度，并吸引新一批用户。同时，在公域平台上，三星堆博物馆联合各大社交媒体同步发声，新品预售与话题营销双管齐下，圈粉无数年轻人。

另一文创资深玩家——人民文创，是人民日报社旗下文创品牌，也是传媒界的首个文创品牌。2018 年“人民网文创店”有赞旗舰店开业，六大系列 70 余款单品全线开卖。2019 年，人民文创与经典国货品牌英雄钢笔合作，推出“英雄钢笔 · 1949”，销量过亿。国庆期间，人民文创和上海故事联名的丝巾在半个月的时间里众筹 400 余万元。

故宫文创也很早开始深耕私域运营。2016 年 12 月，在“故宫宫廷文化”微商城上，1 万册“故宫异想 2017 手账”在 2 小时内售罄，成为传统文化品牌接触社交电商的经典案例。2018 年，故宫彩妆在故宫淘宝全面上线，包括口红、眼影、腮红、高光在内，共计 12 款。故宫彩妆产品的设计灵感，全部来自故宫博物院的珍藏文物，大多来自饰品，萃取了明清两代的艺术精华。这座美丽宫殿和现代彩妆的完美融合、激烈碰撞造就了故宫彩妆。2021 年推出的“故宫的雪”系列彩妆，庄重大气。故宫彩妆产品融入了故宫文化底蕴，产品一出就引起热议，让故宫走近平民，也让现代人感受历史。

新兴文创品牌的私域经营能力提升，往往意味着“私域三角”指标的全面提升。私域三角即：私域产权力，指品牌和顾客建立连接，企业信息触达用户的能力；单客价值度，指客户重复购买率 × 单个客户全生命周期价值；客户推荐率，指通过老客带来新客的能力和在关联领域对顾客的影响力。

资料来源：三星堆盲盒火爆背后，有赞“私域三角”模型助力新文创品牌崛起．（2021－07－16）．搜狐网；上新了故宫：故宫文创产品．（2019－04－09）．搜狐网．

▶ 思考题

1. 案例中文创产品创新成功的原因是什么？
2. 基于顾客价值分析文创产品的整体概念。
3. 案例中文创产品的创新能够给相关企业带来哪些启示？

第5章 服务营销策略：提升顾客价值

教学目标

知识目标

- 了解服务的基本特征与有形展示的类型。
- 掌握服务期望模型、服务质量差距模型。
- 理解服务营销三角形与服务利润链理论、服务蓝图、服务质量的评价标准。
- 了解服务营销组合要素、体验营销策略。

能力目标

- 具备基于顾客价值的服务设计能力。
- 具备构建服务营销组合的能力。
- 能够设计服务过程，绘制服务蓝图。
- 具备设计服务有形展示的能力。

思维目标

- 树立数字化时代服务设计的互联网思维。
- 树立服务营销组合的用户接触点思维。
- 增强有形展示的可视化和形象化思维。
- 培养服务流程的结构化逻辑思维。

素质目标

- 遵循服务职业道德。
- 树立数字化时代的服务创新意识。
- 遵守商业道德。

内容导图

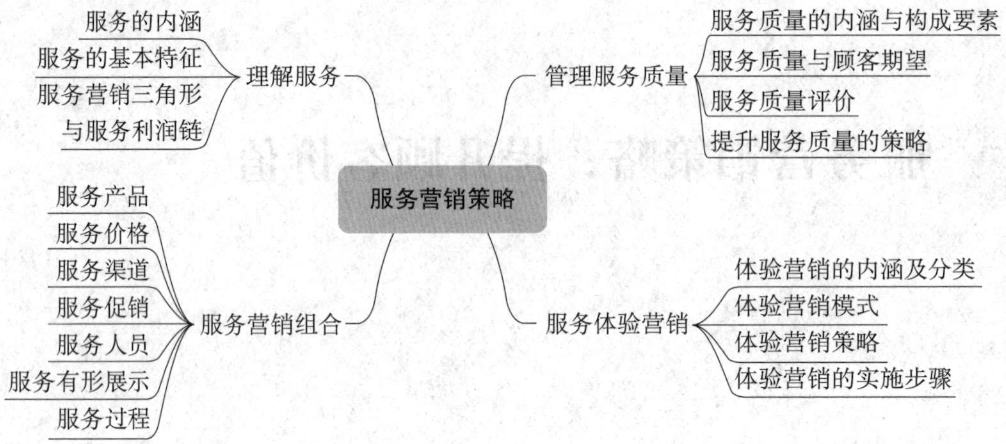

导入案例

海尔服务

海尔是中国第一家推出“三全”服务的彩电生产企业，几乎囊括了服务方面的所有内容。全天候咨询服务、服务到位、365 天服务等服务措施的推出，对整个行业的服务起到了规范化和推动作用。

海尔服务的发展轨迹如下：1985 年“上门四不准”的规范化服务；1994 年标准化服务；2001 年“服务到社区”的增值化服务；2010 年成套化服务；2016 年智能化服务；2017 年社区管家服务；2018 年生态化服务；2019 年智慧成套服务；2020 年场景服务，发布全流程、全场景、有温度的体验云服务。

海尔智家的体验云服务从三个方面升级了服务体验。首先，体验线上：智家体验云平台通过大数据形成更加具象的用户画像，为用户提供数字化、全流程的精准服务；并联合生态方，共创智慧家庭全场景定制方案。其次，增值线上：通过海尔智家“1 + N”服务体系，提供 1 个服务管家、整合 N 个生态方，全面协调从设计、施工到安装等流程，为用户打造一站式的个性化场景解决方案。最后，生态线上：海尔智家解决用户家生活服务痛点，如建立社区服务小店，为用户提供家生活场景生态服务，如全屋智装、局改微装、衣物护理等。

海尔围绕用户需求，创造用户体验迭代的价值循环，不仅让用户参与到服务创新的全流程，还通过交互创造出超乎用户想象的服务，给用户带来更多惊喜和创新体验。

资料来源：海尔服务：以前，服务家电；现在，服务家庭！.（2020－12－30）. 搜狐网.

伴随着从产品主导逻辑向服务主导逻辑的转变，顾客角色经历着动态演变：从被动接受者向主动选择者、共同生产者、价值的共同创造者和能力的共同开发者转变。如何通过更优异的服务营销来提高顾客满意度和忠诚度，进而提升顾客资产价值，并最终提升企业财务绩效，已成为企业界和学术界共同关心的战略问题。在移动互联网、大数据、人工智能与数字经济飞速发展的今天，无论是在制造企业中，还是在服务企业中，服务已成为竞争优势的重要源泉。2021 年我国服务业“稳定器”作用明显，服务业增加值为 609 680 亿元，比上年增长 8.2%，占国内生产总值的 53.3%，对经济增长的贡献率为 54.9%。党的二十大报告提出，要“构建优质高效的服务业新体系，推动现代服务业同先进制造业、现代农业深度融合”。制定符合数字经济时代与市场需求的服务策略，是企业尤其是服务业企业的竞争取胜之道。本章围绕服务的特征，阐述服务营销组合、管理服务质量、服务体验营销等重要内容。

第 1 节　理解服务

一、服务的内涵

市场营销学界对服务概念的研究从 20 世纪五六十年代开始。与经济学界的研究不同，市场营销学者把服务作为一种产品进行研究。西方市场营销专家分别从不同角度界定服务，具体如表 5－1 所示。

表 5－1　服务概念的界定

年份	代表人物或组织	观点
1960	美国市场营销协会	服务是用于出售或者同产品连在一起进行出售的活动、利益或满足感。这一定义被人们广泛采用
1974	斯坦通	服务是一种特殊的无形活动，向顾客或工业用户提供所需的满足感，与产品销售和其他服务并无必然联系
1983	莱特南	服务是与某个中间人或机器设备相互作用并为消费者提供满足感的一种或一系列活动
1988	菲利普·科特勒	一项服务是一方能够向另一方提供的任何东西的所有权问题，其生产可能与实际产品有关，也可能无关
1990	格罗鲁斯	服务是以无形方式，在顾客与员工、有形资源、产品或服务系统之间发生的、可解决顾客问题的一种或一系列行为
1993	艾德里安·佩恩	服务是一种涉及某些无形因素的活动，包括与顾客或他们拥有的财产的相互活动，不会造成所有权的更换

上述学者或组织从不同视角揭示了服务的共同特点，这些研究对拓展服务内涵、推动服务营销学的发展具有重要意义。

拓展　数字化时代企业服务的创新

二、服务的基本特征

为了将服务同有形产品区分开，自 20 世纪 70 年代以来，西方市场营销学者从产品特征的角度来探讨服务的本质。格罗鲁斯认为服务具有以下基本特征：

（1）无形性。这是服务的最主要的特征。第一，与实体产品相比较，服务是无形的，人们不能通过触摸察觉到其存在；第二，消费者消费服务后所获得的利益有时很难被察觉，或者要经过一段时间后，服务的消费者才能感觉到利益的存在。

（2）不可分离性。是指服务的生产过程与消费过程具有不可分割性，二者同时进行。服务开始时消费就开始，服务结束时消费也就结束。顾客只有以积极、合作的态度参与服务生产过程才能体验到服务。想到黄山旅游的人，只有亲自去黄山，才能欣赏到黄山的风景，享受到旅游服务。

（3）差异性。服务的构成及其质量水平经常变化。对于服务的质量检验很难采用统一标准。同时，受到服务人员自身因素影响，即使由同一服务人员所提供的服务也可能会有不同水准。由于顾客直接参与服务的生产和消费过程，顾客的知识水平、兴趣和爱好等差异也会影响服务质量和效果。

（4）不可储存性。服务不能在时间上储存以备未来使用，也不能在空间上转移，如不能及时消费会造成服务损失。服务的价值是通过划分不同的时间段来体现的。如飞机座位、酒店客房等，若不能在有效时间段出售则会发生价值损失。因此，服务能力的充分利用成为服务管理的挑战。服务业的储存成本与制造业不同，不是发生在储藏产品上，而是发生在无顾客上，被称为闲置生产力成本。

（5）不可转让性。在服务的生产和消费过程中不涉及任何东西的所有权转移。因此消费者觉察到购买服务的风险时，可能会产生消费心理障碍。如旅客乘坐航班抵达目的地后，除了机票和登机卡在手上，其他一切都清算交割。航空公司没有把任何东西的所有权转移给旅客。

这里需要指出，上述服务的五个基本特征，不可能充分描述所有的服务。如心理咨询服务是无形的，然而餐厅服务却同有形的菜肴联系在一起。从某种意义上讲，只能说服务具有无形性、不可分离性、差异性、不可储存性和不可转让性的倾向，而产品同样具有某些服务的特征。因此，每一项具体的服务只是以上五个基本特征的综合，如图 5－1 所示。

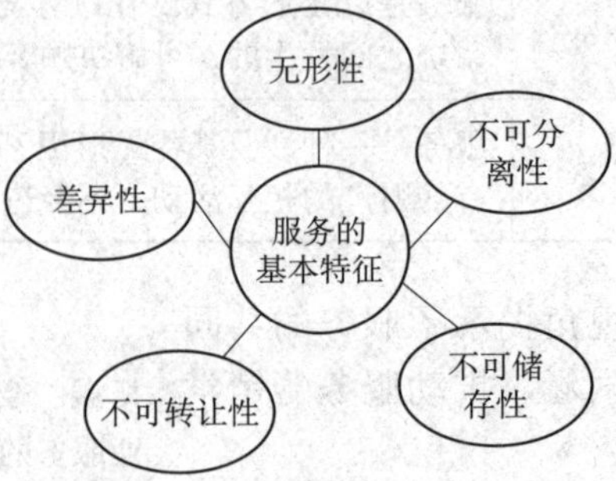

图 5－1　服务的基本特征

从上述五个基本特征可以看出，无形性是服务的最主要特征，其他特征都是从这一特征派生出来的。正是因为无形性，服务才具有不可分离性，这二者又决定了服务的差异性、不可储存性和不可转让性。此外，就对服务市场营销行为的影响而言，其他几种特征也不如这两种特征影响深远。

三、服务营销三角形与服务利润链

1. 服务营销三角形

格罗鲁斯针对服务的全面营销问题，提出服务营销三角形理论[①]，认为服务营销由外部营销、内部营销和互动营销三个部分组成（见图 5－2）。外部营销包括企业服务的定价、促销、分销等内容；内部营销包括企业帮助员工提升的各项工作；互动营销强调员工向顾客提供服务的技能，要求企业根据服务过程合理调配人力资源，做好员工挑选和培训，为员工创造良好服务环境，培养忠诚员工，激发其对顾客服务的热情，最终赢得顾客忠诚。服务营销三角形以顾客为导向，描述了六种主要关系。

（1）企业与目标顾客进行沟通，使顾客了解竞争优势。

（2）企业与内部员工进行沟通。只有员工深入了解企业战略，最终才能有效地贯彻实施企业的战略，提高企业经营效率和改善企业经营效果。

（3）保持服务策略与企业日常运作系统的一致性。从逻辑角度看，企业日常运作系统应服从于服务策略，并且需要同时强化面向员工和顾客的服务流程。

（4）企业日常运作系统对顾客的影响。企业日常运作系统应以为顾客提供便利为中心。

（5）强调企业日常运作系统和员工努力的重要关系。企业应为员工提供优质服务保障，提高员工的积极性和工作能力。

（6）顾客与服务提供者之间的相互作用关系。这种相互作用的质量通常影响顾客满意度。

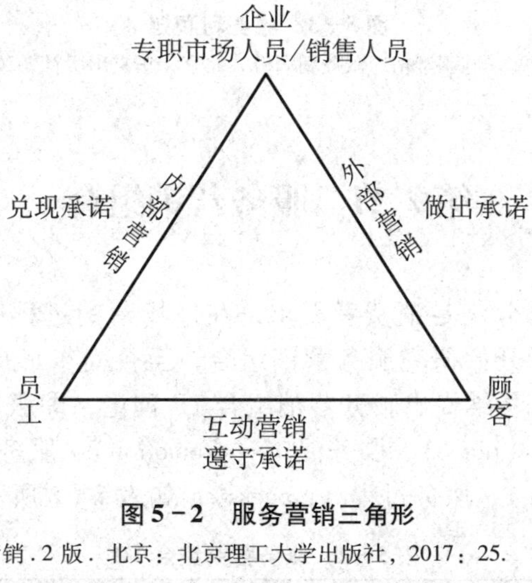

图 5－2　服务营销三角形

资料来源：任滨．服务营销．2 版．北京：北京理工大学出版社，2017：25.

---

① 格罗鲁斯．服务管理与营销：服务利润逻辑的管理：第 4 版．北京：电子工业出版社，2019：248.

2. 服务利润链

20 世纪 90 年代，赫斯克特提出了服务利润链理论，深化了服务营销三角形理论。服务利润链理论阐述了利润增长、顾客忠诚度、顾客满意度、顾客价值同员工能力、满意度、忠诚度、生产率等存在的直接关系，如图 5－3 所示。服务利润链研究了三种关系：(1) 利润和顾客忠诚度；(2) 员工忠诚度和顾客忠诚度；(3) 员工满意度和顾客满意度。服务利润链可以为企业带来良好的经营效果，突出与竞争对手的差别，对竞争优势具有巨大贡献。

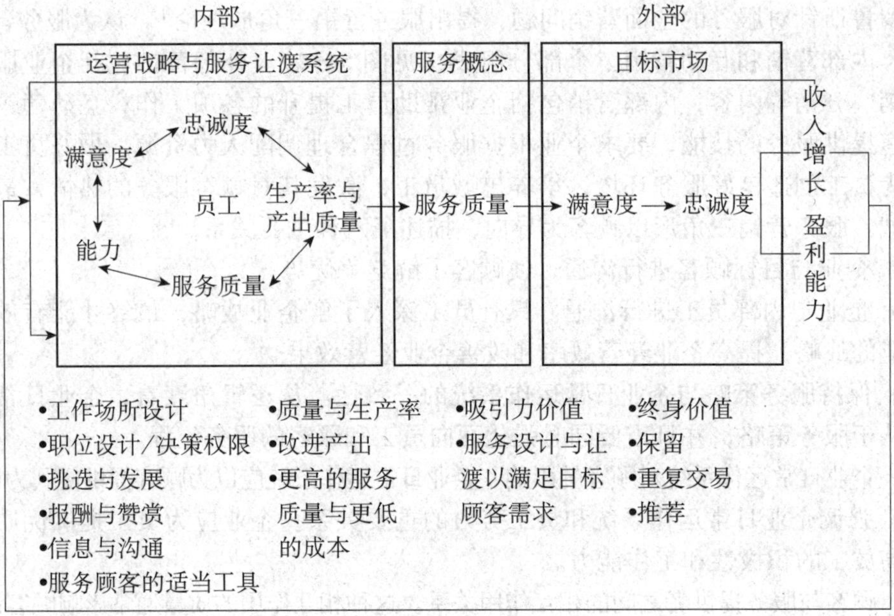

图 5－3 服务利润链

资料来源：赫斯克特，萨塞，施莱辛格．服务利润链．北京：华夏出版社，2001：20.

第 2 节 服务营销组合

服务营销是企业为充分满足消费者需求，在市场营销过程中所开展的一系列活动。从 20 世纪 70 年代，学者开始研究服务营销组合，至今尚未形成统一观点。80 年代初，美国营销学家布姆斯和比特纳提出服务营销组合 7P 理论，即服务产品（product）、服务价格（price）、服务渠道（place）、服务促销（promotion）、服务人员（people）、服务有形展示（physical evidence）、服务过程（process），如表 5－2 所示。

表 5－2 服务营销组合 7P

要素	内容
服务产品	范围；质量；水平；品牌；服务项目；保证；售后服务

续表

要素	内容
服务价格	基本价格；折扣；付款条件；顾客认知价值；质量价格比；差异化
服务渠道	所在地；可达性；分销渠道；分销范围
服务促销	广告；人员推销；销售促进；公共宣传
服务人员	人员配备、培训、激励、形象；人际行为；态度
服务有形展示	环境：装潢、色彩、陈设、噪声水平；实物装备
服务过程	政策；手续；器械化；顾客参与度；顾客取向；活动流程

一、服务产品

服务产品是服务营销组合7P中的首要要素，包含范围、质量、水平、品牌、保证及售后服务等。一个完整的服务产品分为核心服务、便利服务和辅助服务三个层次。核心服务体现了企业为顾客提供的最基本效用，如航空公司的运输服务；便利服务是为配合、推广核心服务而提供的便利，如订票、接送站等；辅助服务用以增加服务的价值或区别于竞争者的服务，有助于实施差异化营销。对于服务业企业来说，进行高水平的服务产品设计是抢占市场和赢得服务竞争优势的前提。

1. 服务产品设计的含义

服务产品设计是服务营销管理的前提和基础，是一个设计理念的酝酿、形成和发展过程，具有很强的观念性和基础性。它包括以下三层含义：

（1）以顾客的需求为服务产品设计导向。服务产品的设计就是将顾客的需要以产品的形式加以呈现，通过对服务产品的特征、结构和功能的规定，为顾客提供高质量的服务享受。因此，进行服务产品设计的目的是使产品和服务过程更加符合目标顾客的具体要求，并为今后的生产管理活动指明基本方向，使得所提供的服务产品能符合或超越顾客的期望水平。

（2）服务产品设计的本质是集成、整合和再造的过程。集成涉及各种信息，如市场预测、顾客档案、技术档案等，还有人力、物力、财力的投入。整合和再造由设计人员所控制的设计流程和行为方法组成，最后产出结果是设计方案。

（3）从抽象理念到具体细节的转化过程。服务产品设计不可能是一蹴而就的，设计总是开始于一个非常模糊简单的对可能的解决方案的认识，经过一段时间，这种认识从一个抽象理念被逐步细化，最后提炼出具体完整的产品服务内容及生产流程的设计。

2. 服务产品设计的基本内容

一个完整、具体的服务产品设计，大体包括以下基本内容：

（1）实用的服务理念。服务设计者要明确并落实这样的观念，即顾客购买服务是希望获得相关的利益和效用。顾客购买服务的本意不是拥有服务产品，而是满足需求。如乘客购买飞机票，很少是单纯地为了体验乘坐飞机旅行，更多是基于节省时间成本而做出的选择。设计者必须深刻理解某种服务所包含的服务理念，这是服务产品具体设计的前提。

（2）具体的服务内容。服务产品设计需要把服务理念具体化、可操作化，分解成各种服务要素的组合。服务内容是指实现服务理念即顾客所希望的利益和效用，必须向顾客提供的各种服务要素，如具体的服务内容、辅助服务提供的有形物品等。为实现航班的服务理念，优秀的航空公司会向乘客提供免费的机场巴士、舒适的候机环境、乘机的安全保障、贴心的食物、饮料供应等。

（3）服务过程。涉及设施的布局方式、服务地点的选择以及服务过程类型等。服务过程本身就是服务产品的组成部分，与服务要素一起构成完整的服务体验，来满足顾客需求。

3. 服务产品设计的步骤

服务产品设计活动要经过一系列的步骤，如图 5－4 所示。

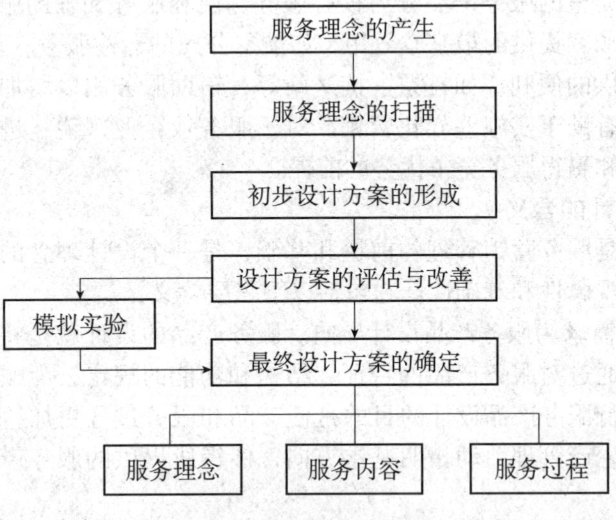

图 5－4　服务设计步骤

资料来源：陈觉．服务产品设计．沈阳：辽宁科学技术出版社，2003：27.

（1）服务理念的产生。服务理念的产生始于某个主意或点子，对它们进行归纳提炼，可形成初步的服务理念。一种新的服务理念的产生可能来自多种渠道，包括顾客、竞争对手等外部渠道，以及一线服务者和销售人员等内部渠道。服务理念是服务产品的核心，是服务企业给消费者提供的能满足其需要的服务、产品的功能和效用。服务理念的确定是服务产品设计的基础。服务理念的合理性，决定了服务设计的科学性。

（2）服务理念的扫描。服务企业各部门要“扫描”和研究某种服务理念是否能真正成为一种新的服务产品。通过可行性分析，探讨该服务理念成为一种新服务产品的可能性。这两个阶段完成后将形成完整的服务理念。服务理念形成并确定后，服务设计就进入由理念到具体方案的转化过程。

（3）初步设计方案的形成。对可行的服务理念进行分解，细化每一个环节，形成初步的设计方案。服务产品初步设计方案是对服务产品设计内容的初步规划和安排。这个环节十分复杂，需要反复调整和改进。具体包括四个方面，如图5－5所示。

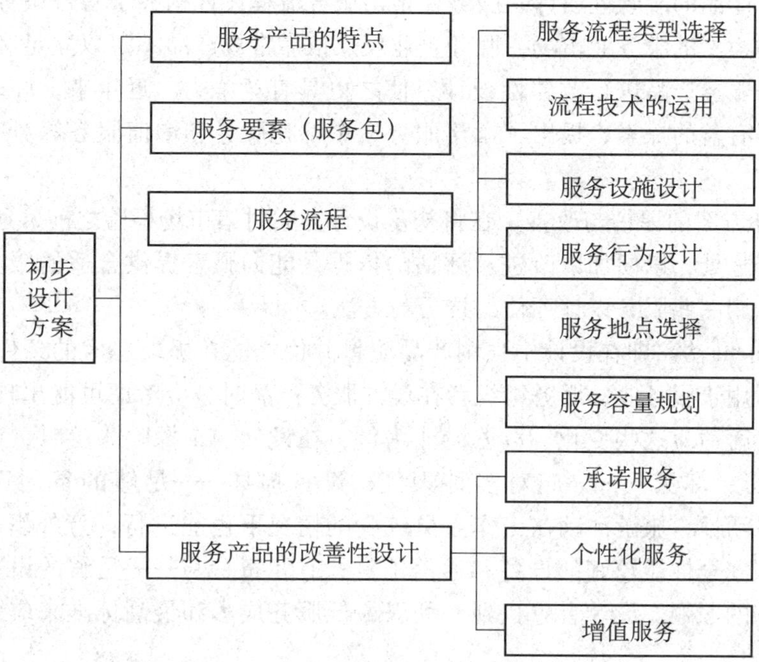

图5－5　初步设计方案的构成

资料来源：陈觉．服务产品设计．沈阳：辽宁科学技术出版社，2003：28.

一是服务产品的特点。服务产品的特点是指服务产品相对于顾客需求和竞争对手在可获得性、可靠性、个性化、价格、服务范围、服务质量和服务速度等方面的特征。它建立在目标市场竞争形势和顾客需求基础之上。明确了服务产品的特点，就确定了服务产品设计的基本格调。如快餐厅服务设计的特点在于强调服务的速度和价格。服务产品特点为服务要素（服务包）和服务流程的设计明确了原则和重点。

二是服务要素（服务包）。服务要素是指服务组织为满足顾客需要需向顾客提供的服务内容，包括显性服务、隐性服务、支持性设施和支持性物品四方面。如一家英式酒吧，其显性服务是通过调酒师和服务员的服务，使顾客能饮用各种酒品饮料；隐性服务是顾客感到自己社会地位得到体现；支持性设施是酒吧的建筑和装修陈列以及各种设备；支持性物品是各种酒水饮料、小吃等。服务要素设计的目的在于确定向顾客提供什么。

三是服务流程。狭义的服务流程指服务程序，即服务的先后顺序。广义的服务流程指整个服务提供系统和服务提供方式。多使用广义的服务流程概念。它关系到整个服务生产系统的组成要素（服务设施、服务行为）、服务提供方法（服务流程类型、

拓展　数字化时代企业服务创新中的服务流程再造

流程技术)、服务地点和服务数量（服务容量)。设计服务流程就是要解决“怎样向顾客提供服务”的问题。

四是服务产品的改善性设计。服务要素与服务流程设计构成了常规服务产品的设计。但在竞争日趋激烈的服务业市场，服务企业仅仅依靠常规产品不足以立足和发展。因此，服务企业需对服务产品进行改善性设计，使之更具有竞争力。近年来，许多服务企业在这方面做出了有益的探索，提出了承诺服务、个性化服务和增值服务等竞争力较强的服务形式。

(4) 设计方案的评估与改善。在将初步设计方案付诸市场检验之前，还需进行评估，检查有无不足之处，以便加以改进。评估的依据是能向顾客提供合适的服务质量。所以在这里还要运用一些服务设计评估的技巧与方法。

一是 Taguchi 法。即在设计中强调产品质量并使之能在极端恶劣的条件下保持稳定。这种方法也适用于服务业，服务组织者在设计服务产品时，应考虑可能出现的各种情形，看服务产品能否适应这些变化。以旅游业为例，在设计一个探险旅游时，设计者应考虑下列特殊情形：坏天气——应对多种天气；设备损坏——足够的备用设备；员工短缺——具有灵活性，旅游活动在工作人员较少的情况下也能进行；意外事故——多种急救设备，使用安全性能较好的设备和通信工具；有儿童参与——足够的设备与服务，为儿童提供特殊的照顾。设计者应找到一种以最低服务成本和最高标准来应对这些情形的方法。

二是 Poka-Yoke 法。将此方法应用于服务系统的设计，可给服务质量提供保证。一般要经过三个阶段：第一阶段是审查服务过程的每个环节并确定服务失误在何时何处出现；发现服务失误后就进入第二阶段，沿着服务蓝图中的流程线寻找失误发生的根源；第三阶段是建立一个服务保险系统来防止失误，需要引入设备、设施、人员培训等，并进行多种形式的检查。

大量的服务企业的实践证明，通过低成本的过程质量控制和员工日常工作程序手册，可以在不需要昂贵检查费用的情况下达到高质量。统计表明，大量服务错误的发生是由于员工粗心大意，所以，该策略实施的关键就在于制作提示清单、程序手册或检查表，用标准化作业来限制员工判断，同时减少员工判断失误。

(5) 模拟实验和最终设计方案的确定。制造业设计中，一般要在设计方案定稿之前制作样品模型，并对其进行各种性能测试，根据测试结果确定是否进一步改进。而服务业不能按相同的方法来进行这一步，因为服务产品的生产和消费是同步的，没有一个独立的“产品”存在形式。也就是说，服务产品设计没有“样品模型”。那么，服务业如何进行模拟实验以确保设计方案最佳?

企业可采用小规模实验法。如温迪快餐公司在新服务设计方案初步确定后，会利用公司的一个小型仓库，按设计方案进行设施设备的布置摆放，并让员工按新服务方式为志愿的顾客提供服务，然后听取顾客的意见，以此评估设计方案的有效性。

如果模拟实验成功，设计方案就可最终定稿，进行实际运作。否则，需要重新评估并加以改进直至模拟实验成功。

二、服务价格

服务价格（也称服务定价）方面的因素包括基本价格、折扣、付款条件等。价格是区别服务质量高低、定位高低的重要标志。服务特征对于服务价格具有重要的影响。其中，收益管理是制定服务价格的一种重要策略，此处予以具体阐述。

1. 收益管理的内涵

收益管理这一术语起源于航空业，其本义是指每一可供给的座位每英里能产生的收益。此后这一理念被应用于其他行业，其意义也变为每一可供给的存货单位所能产生的收益。在服务营销中，收益管理是指在不同时期对具有不同需求的顾客采用不同服务价格，以产生最大收入或收益的综合计划策略。在需求旺盛的时候，企业往往为其有限资源的使用索要最高价格；而在业务不那么繁忙的时候接受低价。这便是收益管理的基础。

2. 收益管理的应用

收益管理的历史可以追溯到 20 世纪 70 年代末 80 年代初，美国政府放弃对机票的定价权，让航空公司自己定价。这时，收益管理系统发挥了重大作用。美国航空公司售票系统允许各航空公司根据市场需求情况实时更改各自的票价，变更航线。系统根据实际的订票量和需求量，实时调整机票价格，使得航空公司能够最大限度地获取利润。航空公司在收益管理上的成功，吸引了旅馆、出租车公司等，它们采用收益管理均取得了可观收入。

实施收益管理的公司通过预测市场需求，针对细分市场进行差别定价，优化资源配置，实现"将座位按不同的票价适时地卖给不同的旅客"的理念，在成本不变的情况下使收益最大化，并同时将机会成本和风险降到最低。实行收益管理的企业具有以下特点：（1）产品或服务价值的易逝性，如酒店的房间和床位；（2）产品或服务可以在消费前进行销售；（3）需求的变化比较大；（4）企业生产或服务能力相对稳定，短期内不易改变；（5）市场可以根据顾客需求偏好进行细分，这是实行差别定价的前提；（6）变动成本比较低，而固定成本比较高。

3. 收益管理的本质

收益管理本质上是某种形式的差别定价。在现实中，酒店业和航空业都使用收益管理系统。在低需求期，服务提供商会报出折扣价格。在高需求期，折扣会被取消。而且，通过报出多种价位，服务提供商可以有利可图的方式匹配价格、服务和购买者，进而增加净收益。服务企业要有能力将自己的顾客群分割为不同的细分市场，如商务市场和休闲市场，然后对其适用差别定价原则。航空公司一般根据支付意愿来细分其乘客群体。低票价会报给那些愿意接受某些旅行限制的乘客。商人或某些对时间敏感的旅行者通常愿意为在高峰期不受限制地旅行支付更高票价。

三、服务渠道

1. 服务渠道的内涵

服务渠道是指服务产品从生产者手中传递到终端顾客手中所经过的各分销机构连接

而成的通道，是服务产品分销活动的载体，起点是生产者，终点是消费者，中间环节包括批发商、零售商等。

2. 服务渠道的特点

（1）更短更直接的渠道。一般来说，服务行业的渠道比有形产品的渠道短。在很多情况下，服务渠道只包括服务提供者与服务使用者。

由于在这种直接的结构中没有中间商的存在，因此可以避免选择和管理中间商等方面的麻烦。但是，与渠道设计有关的所有市场问题都必须得到解决，这些问题包括：提供的服务设备是否得当，是否有足够的顾客包含在服务范围内，以及在何时、何地提供服务等。

（2）特许经营模式的广泛采用。服务渠道中，特许经营被广泛应用。特许经营模式是解决大型连锁组织服务标准化问题的有效工具。使用特许经营模式，服务提供者能够成为大型服务提供组织中的一员，并且可以获得独立开展业务带来的利益，与此同时实现标准化服务。

3. 服务渠道决策的考虑因素

第一，服务地点特别重要，企业在选址的时候首先要考虑所能触达地域内潜在顾客及竞争对手的数量和分布。如便利店一般建在居民聚居的地方或者临街的位置，银行应尽可能在人流量大的商业区多设网点。

第二，服务提供者应开发各种渠道全方位地接触顾客，利用新的渠道经营。例如柯达公司为顾客提供了打印数码照片的四种方式，即零售店的小实验室、家用打印机、在线柯达画廊和自助服务等。

第三，服务提供者须考虑其所在地的地缘可达性。其中，地缘可达性不仅是指实体上的，还包括传递和接触的其他方式。因此，服务渠道的类型及其涵盖的范围都与服务可达性密切相关。

四、服务促销

无论是产品促销，还是服务促销，最基本的促销工具都是广告、人员推销、销售促进和公共宣传，然而在实际运用中，其重要性有所不同。

在消费品促销中，由于目标市场太分散，主要采用非人员促销方式。广告能够提供大量企业和产品信息，在消费品促销中具有重要作用。而工业品市场用户地域上的高度集中、单次购买量大等特性，决定了工业品促销的主要方式是人员推销。销售促进在这两个市场中同等重要。

服务业更强调互动性，销售人员与顾客接触频繁。相较于购买有形产品，消费者在购买服务产品时，对服务销售者的主观印象会产生很大的影响。而服务越是复杂，就越需要提供准确信息，回答顾客的各种问题，讨论其他可行方案，因此对于大多数服务行业来说，人员的沟通作用最为重要。人员推销是刺激服务购买的最佳手段，随着服务的个性化发展，这种趋势还在不断加强。同时，广告、销售促进和公共宣传也是服务业的重要促销工具，对吸引注意力和激发购买兴趣，有不容忽视的作用。

五、服务人员

服务企业内部营销的对象是服务人员，吸引和保持一支严格执行顾客导向服务标准的人员队伍对服务企业十分重要。服务企业实现这个目标可从四个方面入手，如图 5－6 所示。

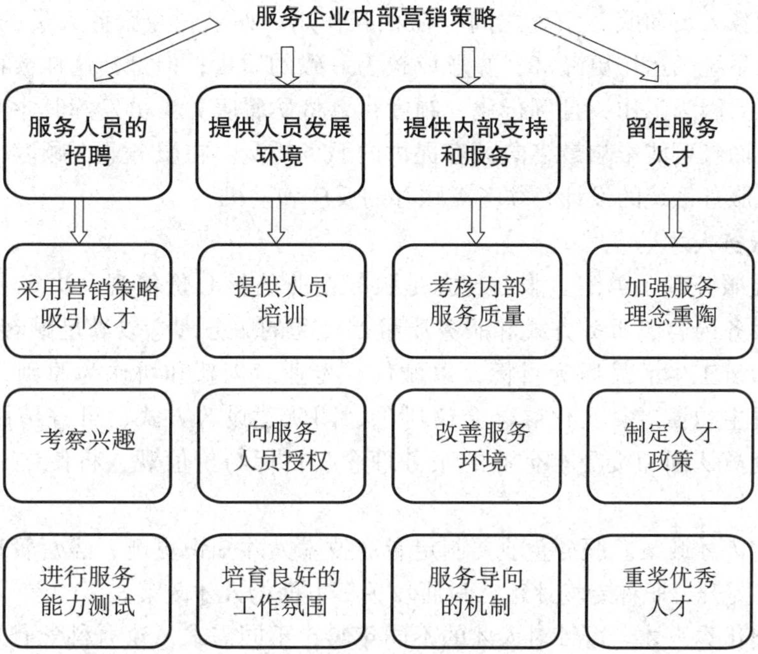

图 5－6　服务企业内部营销策略

资料来源：涂永式．服务营销．广州：广东高等教育出版社，2007：208.

1. 服务人员的招聘

服务企业内部营销的起点是人员招聘，应考察应聘者的兴趣及其对服务企业理念的接受程度。美国营销学家贝利等建议服务企业采用服务营销策略吸引人才，包括与潜在人才沟通；鼓励现有员工参与人才招聘；每个岗位吸引多个候选人；吸引和招聘具有不同阅历、不同背景的人才以适应顾客需求多样化的发展趋势。此外，服务企业还应对服务人员进行服务能力测试。

2. 提供人员发展环境

向服务人员提供良好的发展环境。一是进行人员培训，提高人员服务能力；二是向一线服务人员授权，以迅速回应顾客需要；三是培育良好的工作氛围，鼓励服务人员之间的学习合作，鼓舞人员士气，保持人员的服务热情。

3. 提供内部支持和服务

服务企业可以建立包含服务态度、能力、反应性及效果在内的内部服务质量考核机制，以提高内部支持和服务的质量，考核一般采用问卷、座谈、访谈等形式；通过改善服务环境，包括服务地点的优选，房屋装修，服务设备、工具和用品的更新、维护等，激励服务人员，提高其工作的热情；建立服务导向的组织体制，支持一线服务人员。顾客是第一位的，直接为顾客服务的一线人员处于第二位，整个体制要为一线人员服务，而一线人员又为顾客服务。

服务人员虽然是服务系统的重要构成要素之一，但无法改变整个服务系统的不完善和低效率。服务人员和服务系统之间存在相互作用。如果剥夺服务人员的自由决策权，可能会使服务系统的运作更经济，并形成较为一致的质量；但是，这样会牺牲服务人员的工作满足感。因为工作一旦例行化、制度化，将妨碍服务人员发挥其主观能动性，减弱工作动机，而且可能影响最终向顾客提供的服务质量。在服务业，顾客也参与服务传递过程，因此服务系统的设计必须考虑顾客的反应和动机。

4. 留住服务人才

（1）加强服务理念熏陶。服务理念是服务企业的核心价值观，决定了服务企业的服务目标、服务内容、服务方式和服务质量。优秀的服务理念以满足顾客需求为导向，以提升顾客和员工生活品质为目标，以诚信、专业、创新和协作为原则，以持续改进为动力。通过主题演讲、文化墙、会议讨论、团队建设等方式，可宣传服务企业的服务理念。让全员认同和接受本企业的服务理念、目标与价值观，将使之对企业产生强烈的归属感。

（2）制定人才政策。服务企业要制定专业技术人才知识更新、经营管理人员专项扶持、职业技能提升、职称专场评审、科研攻关等方面的人才政策。

（3）重奖优秀人才。可针对人才的不同年龄、不同需求，建立科学有效的物质激励和精神激励机制，设计差异化、多元化、针对性的激励方式，对优秀人才给予丰厚的物质激励。同时，注重人才在思想、事业上的追求和需要，给予尊重和认可，满足人才的精神需要。

六、服务有形展示

1. 有形展示的内涵

有形展示是指在服务市场营销管理的范畴内，一切可传达服务特色及优点、暗示企业服务能力、让顾客产生期待或记忆的有形组成部分，如企业的建筑装修环境、员工精神面貌、品牌载体等。从环境心理学可知，消费者通过看、听、触摸、闻、品尝所形成的印象，会影响其对于服务的感知和认可，并进一步影响其是否购买该服务。因此，恰当的有形展示能满足消费者了解服务的需求，从而引发购买欲望。服务营销所研究的有形展示包括广告沟通、服务标准和档次、服务人员和环境设施、良好的品牌和口碑等，它们能帮助服务企业的管理者了解消费者需求并有针对性地提出解决方案，具体如表 5－3 所示。

表 5－3　服务的有形展示

顾客	管理者
（1）消费之前很难在头脑里想象	（1）使用广告宣传使之形象化
（2）购买服务产品的风险很大	（2）提供不同的服务标准和档次，以便于选择
（3）服务不可触知	（3）将服务有形化，使其可感知优秀的服务人员和良好的服务环境设施
（4）很难在同类型的服务中做出选择	（4）打造良好的品牌和口碑效应，树立质量形象

资料来源：杨珮．服务营销．天津：南开大学出版社，2015：218.

2. 有形展示的类型

（1）核心展示和边缘展示。按照展示对顾客认知服务产品质量的影响程度，可将有形展示分为核心展示和边缘展示。核心展示是指在购买和享受服务的过程中不能为顾客所拥有的展示，比边缘展示更重要，因为只有满足了顾客的核心需求，顾客才会产生购买行动。电影院的优雅环境和良好音响效果等，都是顾客在进行购买时所关注的核心展示。边缘展示是顾客在购买和享用服务的过程中能实际拥有的展示，是核心展示的必要补充，自身没有独立价值，如电影票只是顾客能够享受服务的凭证。

（2）场景展示、信息展示和价格展示。按照展示的构成要素，可将有形展示分为场景展示、信息展示和价格展示。场景展示是基于物质环境的有形展示。朱利·贝克将场景展示要素分为环境要素、设计要素、社交要素三种，并为广大学者普遍接受。信息展示是基于信息沟通的服务展示形式。它通过多种媒体传播展示服务，其内容如图 5－7 所示。价格展示，即以服务价格为基础的展示形式。

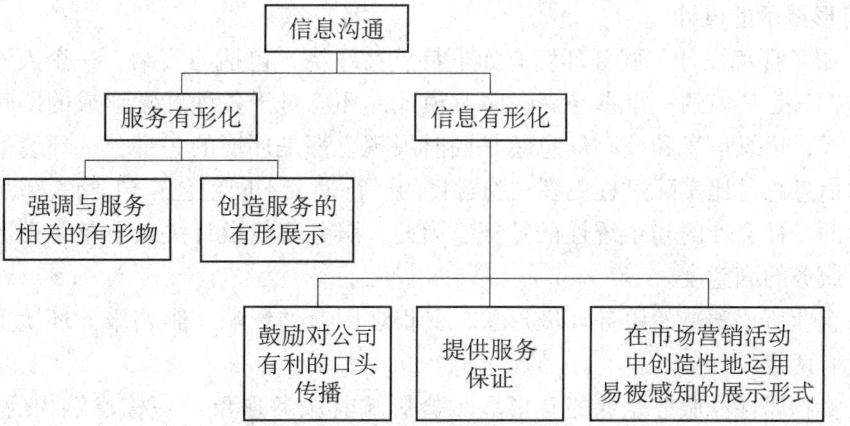

图 5－7　信息展示

资料来源：孟雷，孙晓红，李福学．精编市场营销学．4 版．武汉：武汉理工大学出版社，2019：349.

3. 有形展示的管理

（1）把服务同顾客易于接受的有形物体联系起来。由于服务产品的品质可以通过有形展示部分表现出来，所以有形展示越易理解，服务就越易为顾客所接受。具体操作时要注意使用的有形展示必须能使顾客想到该服务的利益，这些利益是顾客认为很重要的，并且也是他们在服务中所寻求的。服务提供者面临的最大挑战是找出这些利益，然后用适当的有形展示去表现。必须确保这些有形展示所提供的承诺能够兑现，也就是说，各种产品的质量必须与承诺相符，否则会产生适得其反的效果。

（2）把发展和维护企业同顾客的关系作为重点。有形展示的目的是建立企业同顾客之间的良好关系，赢得忠诚顾客。服务业的顾客通常被鼓励寻找和认同某个服务提供者，而不只是认同服务本身。如银行的理财顾问、大客户经理、医生、律师等，都强调“以人表现服务”。服务提供者的重要性显而易见，他们直接与顾客打交道，不仅衣着打扮、言谈举止影响顾客对服务质量的认知和评价，与顾客之间的关系也直接决定顾客同整个企业的融洽程度。

（3）有形展示管理的有效执行。有形展示通常被认为只是营销部门的工作，但从展示的类型和作用来看，应该是以营销部门为核心，服务企业所有部门都要参与的一项工作。

服务企业应时刻审视以下问题：是否积极进行了服务有形展示？有高效的方法进行服务有形展示吗？是否认真关注了有形展示的细节？是否已经将服务有形展示和市场营销计划相结合？有形展示能否支持服务营销策略？有没有通过调查来指导服务有形展示？有没有去主动发掘来自员工和顾客的有价值线索？是否向员工讲解了服务有形展示对于企业营销的重要性？在服务展示过程中有创新精神吗？对第一印象有具体深入的管理吗？对员工仪容、仪表进行过管理和培训吗？是否使用了有形因素来指导员工完成其服务工作？

4. 有形展示的设计

（1）服务环境设计。服务环境有如下特点：环绕、包括与容纳，一个人不能成为环境的主体，只是环境的一个参与者；多重模式，环境对于各种感觉形成的影响并不是只有一种方式；边缘信息和核心信息总是同时展现，都是环境的一部分；环境的延伸所透露出来的信息总是比实际过程更多；隐含目的、行动及不同角色；包含许多动机性信息；隐含美学的、社会性的和系统性的特征。因此，服务环境设计关系着整体形象，影响着消费者对服务的满意度。

服务企业所要塑造的服务环境形象，受很多因素的影响。影响服务环境形成的关键因素主要有两点：

一是实物属性。服务企业的有形展示会影响其服务形象。一栋建筑物的具体结构、规模、造型、建筑材料、位置及与邻近建筑物的比较，都是塑造顾客观感的因素。至于其相关因素，如停车的便利性、可及性、橱窗、门面等也很重要。因为这些往往能给人留下各种印象。服务企业内部的陈设布局、装饰、照明等，整合在一起往往也会创造出“印象”和“形象”。能将所有这些构成要素整合成一家服务企业“有特色的整体个性”，需要具备相当的设计性、技术性和创造性。

二是气氛。气氛是指一种借以影响买主的“有意的空间设计”。此外，气氛对于员工及前来公司接洽的其他人员也有重要影响。商店需注意使自己的特有气氛适合目标市场，并能诱导购买。

（2）人员展示设计。人员展示是指员工形象与举止等的适当表现，它是顾客用来评价服务的有形线索，也属于物质环境展示中的社会因素。人员展示的重要程度在不同的行业中是不同的，与该服务企业员工与顾客的接触方式有关。服务企业接触顾客的方式有三种：一是服务人员直接与顾客接触的人际接触；二是通过技术方式与顾客接触的技术接触；三是人际接触和技术接触共同使用。

服务人员的专业技术技能、外表、语言、行为、精神风貌都是人员展示中的重要内容。服务企业在进行人员展示时需要对顾客有爱心；关注服务人员的职业形象；关注与人相关的产品展示；等等。

（3）品牌载体展示设计。在有形展示中，品牌既和设计因素有关，又和信息沟通有关。品牌自身是无形的，必须通过直接或间接的物质载体来表现，从而让顾客感知其存在，给服务企业带来有形价值。品牌的直接载体是图像、品牌标志等，间接载体是与品牌相关的价格、质量等销售信息。品牌提供这些载体，将服务产品的性能、价值或服务企业的经营理念转化成可以令顾客感知的感官体验。

七、服务过程

1. 服务蓝图

服务过程一般由一系列分散的活动组成，这些活动由不同的员工完成，往往让顾客在接受服务过程中感到服务企业不明确自己的真正需求。为了使服务企业了解服务过程，梳理服务过程中顾客的需求，有必要把服务过程的每个环节按步骤画出流程图，这就是服务蓝图。服务蓝图提供了一种把服务合理分解的方法，它逐一描述服务过程的步骤或任务、执行任务的方法和顾客能够感受到的有形展示。

（1）服务蓝图的概念。服务蓝图是详细描绘服务系统与服务流程的图片或地图，是服务过程优化的重要工具，也是设计顾客接触点的工具之一，是以简洁明确的方式将服务理念和设计思路转化为服务系统的可视化方法。按其内容的详细程度可分为概念性蓝图和细节性蓝图两种。

（2）服务蓝图的构成。服务蓝图作为服务传递系统的一种可视化技术，由感知与满足顾客需求的一组有序活动组成，如图 5－8 所示，包括顾客行为、前台员工行为、后台员工行为、内部支持，以及互动分界线、可视分界线与内部互动分界线。前台员工行为与顾客行为由一条互动分界线隔开，而可视分界线将前台员工行为与后台员工行为隔开，后台员工行为与内部支持之间由一条内部互动分界线分开。

顾客行为包括顾客在购买服务和评价服务过程中的步骤、选择和互动。如在法律服务中顾客行为可能包括决定聘请律师代表自己进行交涉等。前台员工行为是顾客能观察到的员工行为。如在法律服务中委托人（顾客）可以看到的律师（服务人员）的行为包括会面、出具法律文件、出庭辩护等。后台员工行为是发生在幕后的行为，这

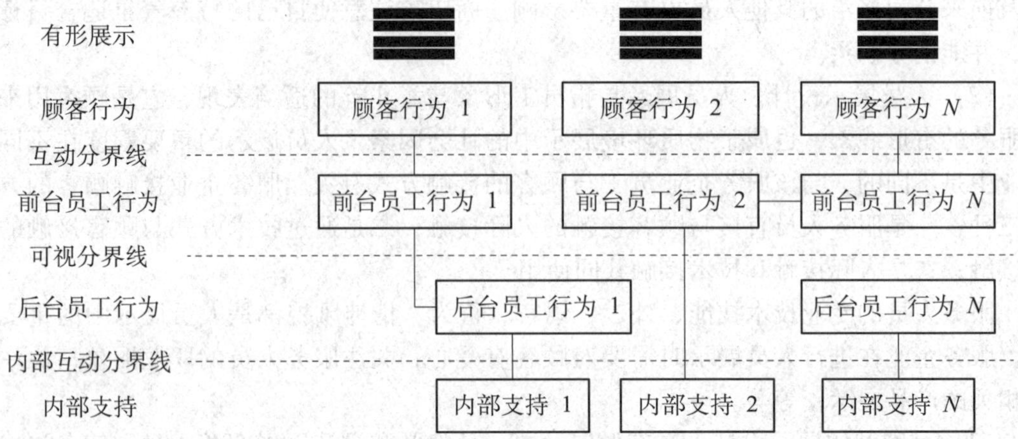

图 5－8　服务蓝图的构成

资料来源：舒伯阳．服务运营管理．重庆：重庆大学出版社，2017：120.

些行为对前台的服务活动有支持作用。例如，在法律服务中，律师的会面准备和文件准备等活动。

内部支持包括内部的服务和互动行为。如在法律服务中，受雇人员的秘书准备文件等。有时支持性活动可包含在后台员工行为之中。在设计有效的服务蓝图时特别要注意从顾客对服务过程的理解出发逆向导入实施系统。

顾客行为、前台员工行为、后台员工行为、内部支持这四个部分，分别由互动分界线、可视分界线、内部互动分界线这三条分界线分开。互动分界线区隔顾客与服务企业间的直接互动，有竖线穿过互动分界线，即表明顾客与组织发生接触；可视分界线把顾客能看到的服务行为和看不到的服务行为分开，即把员工在前台与后台的工作分开，该线在服务传递系统的设计中具有重要的意义。内部互动分界线用以区别接触顾客的人员的工作和其他支持性服务人员的工作，竖线穿过该线表明发生了内部接触。

服务蓝图的最上方列出了服务的有形展示。有形展示是将无形的服务有形化，因为服务本身是无形的，顾客常常在购买之前通过有形展示对服务进行判断，并在消费过程中或在消费完成后对服务进行评价。每个接触点上方都应列出服务的有形展示。

在运用服务蓝图的过程中，甄别和管理服务接触具有重要意义，因为在每一个接触点上，服务人员都要向顾客提供不同的职能质量与技术质量。顾客在接触点上感知的服务质量的好坏将影响到顾客对企业服务质量的整体印象。

（3）服务蓝图的设计步骤。服务蓝图的设计步骤如图 5－9 所示。

①识别需要制定蓝图的服务过程，并进行分解。可将整个服务过程分解为多个环节，并对每个环节的具体流程进行详细描述或标注，包括服务人员的角色、顾客的行为和反应等，以便于识别问题和改进服务。

②识别目标顾客对服务的体验。不同顾客对服务的需求不同，具有同等需求水平的顾客是可以纳入同一幅蓝图中的，但如果需求水平不同，就必须分别开发蓝图。这就需要提前确定服务对象是谁，他们的需求是什么，需要解决什么问题。针对细分市场中顾

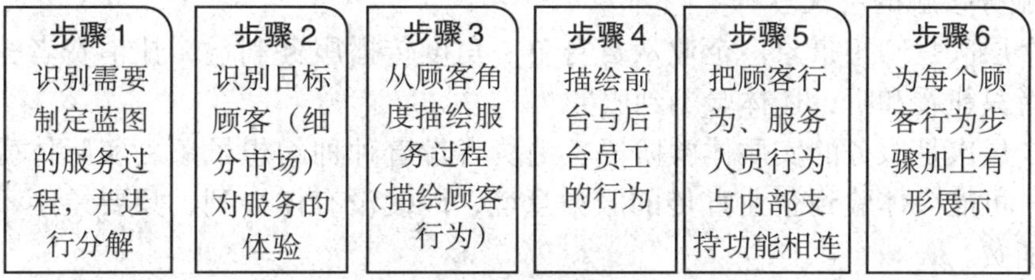

图 5－9　服务蓝图的设计步骤

资料来源：舒伯阳．服务运营管理．重庆：重庆大学出版社，2017：121.

客的具体需要，提供具体的服务，能够使服务过程更清晰。

③从顾客角度描绘服务过程。一般包括描绘顾客在购买、消费和评价服务中的选择和行为。如果描绘的过程是内部服务，则顾客就是参与服务的员工。

④描绘前台与后台员工的行为。需要从顾客和服务人员两方的视角出发描绘过程，区分顾客能看到的前台服务行为和顾客看不到的后台服务行为。最常见的方法是向一线员工询问，哪些行为顾客可以看到，哪些行为发生在幕后。

⑤把顾客行为、服务人员行为与内部支持功能相连。在这一环节，内部行为对顾客的直接或间接影响能够凸显出来，从内部服务过程与顾客关联的角度出发，这一过程相当重要。

⑥为每个顾客行为步骤加上有形展示。在蓝图上添加有形展示，显示顾客看到的东西，以及顾客体验中每个步骤所得到的有形展示，这样能够帮助分析有形展示的影响及其整体战略与服务定位的一致性。

2. 服务接触管理

（1）服务接触的定义。

狭义的服务接触仅限于服务人员与顾客之间的双向互动。广义的服务接触则包含服务中涉及的其他方面，代表性理论如贝特森的服务接触三元模型。该模型认为服务接触有三个构成元素：顾客、与顾客接触的员工和服务企业。顾客是服务接触中的重要角色，也是评价服务质量的主体。

（2）服务接触的类型。

一是远程接触。没有直接的人与人之间的接触，但是对于公司来说，每一次接触都是改善顾客对公司的看法的机会。在远程接触中，有形展示、技术过程和系统的质量成为判断整体质量的主要标准。①

二是电话接触。对质量的判断与在远程接触中不同，判断质量的重要标准有接电话的语气、员工的知识以及处理顾客问题的速度和效率。

三是面对面接触。面对面接触中的服务质量评价问题最为复杂。在决定质量的时候，语言和非语言行为都很重要，如员工服务行为本身，以及设备、手册等。顾客通过互动中的行为，在为自身创造高质量的服务中也扮演重要角色。

① 王发兴．服务营销概论．广州：广东高等教育出版社，2018：231.

(3) 服务接触的层次。

第一个层次是幻想景象。企业从自身单一角度传播服务利益，让消费者去想象、体会，消费者只能看和听，还体验不到服务。

第二个层次是服务的实质体验阶段。消费者带着种种幻想景象去实际体验，消费者在消费时，可能会体验到企业宣传的服务意境，即使没有体会到，只要差距不大，消费者也愿意消费。

第三个层次是连续消费。如果服务与消费者预期差别不大，又符合其喜好，就会形成连续消费。

(4) 服务接触管理的原则。

一是一致性。顾客一般不会主动区分哪一个信息来源更可信、更重要，但如果某一信息或体验与企业的形象有差异，顾客就会产生不适，很有可能会减少对该产品的信任。100 去掉 1 等于 0 揭示的正是这个道理。因此企业应时刻致力于向各个接触点传递一致的品牌信息。伯恩德·施密特博士在康奈尔大学酒店管理学院组织的国际酒店行业感官印象调研项目中，就不同体验接触点的感官因素的协调程度做了定性和定量分析。该调研项目选择了几家国际连锁酒店，让被调查者看同一酒店的三个部分：建筑外观、大堂和一间典型的客房，测量促使他们入住某酒店的动机。结果是色彩和整体风格一致的酒店广受欢迎。

二是认知连续性和感觉多样性。认知连续性是指顾客体验提供者在服务风格和服务主题上的概念性重复，以加深顾客对服务提供者的服务或品牌的连续性认知，进而促进购买或重复购买服务的行为。认知连续性的重要性在于如果没有连续的认知，顾客体验将陷于无序。感觉多样性指某段时间里具体的服务体验接触点，在色彩、标语、灯光、场地结构、服务人员和食品气味等方面，要有适当变化。如果没有感觉多样性，任何体验接触点都不会长期吸引顾客的注意力。

(5) 服务接触管理的优化策略。

一是增强顾客体验意识。要明确掌握顾客对本企业的真实体验，有的放矢地优化调整。因此企业必须与顾客展开有效的互动沟通，在沟通过程中积极地收集顾客的各种反应，并加以分析。另外，还要针对顾客的行为进行有效的市场调研。企业要力争在每一个接触点都能传递最佳顾客体验，在服务中不断创新。

二是统一体验主题，使企业达到“一种形象，一个声音”的效果。要实现真正的亲密接触，就需传播“简单而真实”的体验主题，而且只有一个重要的体验主题时才会更清晰、更有冲击力，才能让受众牢记在心。另外要确保有效接触。

三是做好服务人员管理。其一，服务人员的服装与仪表标准。服务人员穿着区别明显的服装时，会与其他公司的员工明显区分开来，为公司的服务提供有形展示。其二，规范服务人员态度、行为和言语。根据工作性质的不同，服务人员需学习与实践特定的服务规章。其三，服务人员要具备足够的服务能力。

四是顾客参与。对市场导向的管理人员来说，让顾客参与是提高服务生产力的关键所在。顾客需与服务人员积极合作，共同完成服务的生产过程。没有顾客的积极参与，服务便不能进行。当服务生产需要特定技能时，公司应该将目标锁定在能够为服务生产带来所需技能的顾客。顾客作为共同生产者，需要完成的工作越多，对相关的信息需求量也越大，所以在服务之前应向顾客提供切实可行的服务简介或教育，从而使顾客对自身在共同创造服务产品过程中应当扮演的角色有清晰的认识，从而保证服务过程和产出的效率和质量。

五是把品牌的核心内涵作为接触管理的核心。建设品牌需要建立消费者对品牌内涵的认识和体验，无论是通过产品广告、促销活动，还是通过其他方式表现和演绎品牌内涵，都要经得住体验。如果不能让消费者认可，或者消费者体验后不满意，那么，这个品牌就会出现危机。要想让品牌内涵快速在消费者中传播，让顾客从多个角度、不同侧面立体地得到品牌信息，并且提高品牌传播的效率，就要摒弃传统的品牌传播方式，采取品牌接触管理的信息传播模式。通过品牌接触可以释放一致的品牌内涵，使消费者接触到的所有品牌信息，都传递同样的价值观与核心概念。只有在所有品牌接触上传播一致的品牌信息，才能提高品牌传播的效率，快速、有效地建立起品牌个性与联想。

第 3 节　管理服务质量

服务是服务营销的基础，而服务质量是服务营销的核心。服务质量是企业在竞争中制胜的法宝。服务质量的内涵与有形产品质量的内涵有区别，消费者对服务质量的评价不仅要考虑服务的结果，而且要考虑服务的过程。服务质量应由消费者评估，消费者认可的服务才是高质量的服务。

拓展　数字化背景对企业服务营销的影响

一、服务质量的内涵与构成要素

1. 服务质量的内涵

服务质量是服务或服务业满足特定或潜在需求的特征的总和。由于服务交易过程的顾客参与性和生产与消费的不可分离性，服务质量必须被顾客识别并经顾客认可。服务质量的内涵包括以下内容：

（1）服务质量是顾客感知的对象；

（2）服务质量既要有客观方法加以规定和衡量，也要由顾客主观认识加以衡量和检验；

（3）服务质量产生于服务生产和交易过程之中；

（4）服务质量是在服务企业与顾客交易的真实瞬间实现的；

（5）服务质量的提高需要内部形成有效管理和支持系统。

2. 服务质量的构成要素

（1）技术质量。指服务过程的产出，即顾客从服务过程中所得到的东西。如宾馆为旅客休息提供的房间和床位，饭店为顾客提供的菜肴和饮料，航空公司为旅客提供的飞机、舱位等。技术质量都有比较客观的标准，容易为顾客所感知和评价。

（2）职能质量。指在服务过程中，顾客所感受到的服务人员履行职责时的行为、态度、仪表等带来的利益和享受。职能质量的判断完全取决于顾客的主观感受，难以依据客观标准。技术质量与职能质量构成了服务质量的基本内容。

（3）企业形象质量。指企业在社会公众心目中形成的总体印象，包括企业的整体形象和企业在所在地区的形象两个层次。企业形象通过视觉识别系统、理念识别系统和行为识别系统得以体现。顾客可从企业的资源、组织结构、市场运作、企业行为方式等多个方面认识企业形象。

（4）真实瞬间。指服务过程中顾客与企业进行服务接触的过程。这个过程产生于一个特定的时间和地点，这是企业向顾客展示自己服务质量的时机。真实瞬间是服务质量展示的有限时机，一旦时机过去，服务交易结束，企业往往难以改变顾客对服务质量的感知。真实瞬间是服务质量的特殊构成要素，这是有形产品质量所不包含的因素。

企业的服务生产和传递过程应计划周密，执行有序，防止棘手的真实瞬间出现。如果出现失控状况并任其发展，出现质量问题的风险就会大大增加。一旦真实瞬间失控，服务质量就会退回低水平状态。

二、服务质量与顾客期望

1. 顾客服务与顾客期望

顾客是服务质量的唯一判断者。顾客期望在企业对顾客服务中起着关键作用。顾客将所期望的与正在得到的进行比较，以此对服务质量进行评估。企业为了在服务质量方面取得信誉，需按照或超出顾客所期望的水平为顾客提供服务。

期望与感觉之间的不一致是顾客进行服务质量评估的决定性因素。然而，期望作为一个比较的标准，通常表达两种不同的意思：一是顾客相信将会在服务中发生（预测），二是顾客想要在服务中发生（愿望）。

2. 服务期望模型

服务期望模型认为，满意是通过一个两阶段的过程实现的。在购买前，顾客会对产品的绩效，即产品将会提供的各种利益和效用，形成期望，购买以后，顾客则会将消费产品所获得的真实绩效水平与购买前的期望进行比较，由此形成的二者之间的差距称为“不一致”，这是第一阶段。在第二阶段，顾客针对不同情况做出不同的反应：当实际绩效与期望相同即不一致为零时，顾客产生“适度的满意”；当实际绩效达不到期望时，就是产生“消极的不一致”，它导致顾客不满意并可能产生有负面影响的公共评论或顾客的不忠诚；而当实际绩效超过期望时，就会产生“积极的不一致”，并带来顾客满意、有益的公共评论和顾客忠诚。

3. 管理顾客期望

（1）确保承诺的可实现性。明确的产品或服务承诺和暗示的产品或服务承诺都是企业可以控制的，对其进行管理是管理期望的比较直接可靠的方法。企业应集中精力于基本服务项目，通过切实可行的努力和措施，确保对顾客所做承诺能够反映真实的服务水平，保证承诺完满兑现。承诺过多会引起顾客较高的期望，一旦承诺不能兑现，将失去顾客的信任，这对企业是不利的。

（2）重视服务的可靠性。在顾客对服务质量进行评估的多项标准中，可靠性无疑是最重要的。提高服务可靠性能带来较高的顾客保持率，在顾客心目中形成口碑，减轻吸引新顾客的压力，减少再次服务的开支。

（3）坚持沟通的经常性。经常与顾客进行沟通，理解顾客期望，对企业所提供的服务加以说明，能帮助顾客更好地理解服务企业提供的服务。

有效管理顾客期望是在持续提升企业服务水平的基础上，从顾客角度入手，提升顾客总体满意度。在顾客期望水平持续攀升、服务成本有增无减、服务效果与投入不成正比的情况下，有效管理顾客期望的方法无疑能够从另一角度出发，帮助企业剖析问题的本质，最终达到降低服务成本、提高顾客满意度的目的。

4. 超出顾客期望

（1）进行优质的服务传递。每一次与顾客的接触都是一种潜在的机会，企业可以为顾客提供个性化的服务，超出顾客的期望，让顾客得到更好的服务。

（2）根据服务质量评价，提高服务水平。顾客对服务的期望存在着满意和渴望这两个水平，所以对服务质量的评价也应该涉及这两个方面：感觉到的服务与满意的服务之间的差距，以及感觉到的服务与渴望的服务之间的差距。企业将前者称为服务合格度，后者称为服务优秀度。

服务合格度 = 感觉到的服务 − 满意的服务

服务优秀度 = 感觉到的服务 − 渴望的服务

一个企业的服务合格度和服务优秀度的分类会从服务质量角度确定其在竞争中的位置。根据顾客的感觉和期望的相对水平，企业可以采取措施，超出顾客期望，成为顾客的首选目标。

三、服务质量评价

1. 服务质量的评价标准

一般认为，服务质量的评价标准，主要有以下五个方面。

（1）可感知性/实体性（tangible）。服务产品的有形部分如各种设施、设备以及服务人员的外表等可以感知。由于服务产品的本质是一种行为过程而不是某种实物，具有不可感知性，因此，顾客只能借助这些有形的、可视的部分来把握服务的实质。服务的可感知性从两个方面影响顾客对服务质量的认识：一方面，提供有关服务质量本身的有形展示；另一方面，直接影响顾客对服务质量的感知。比如，顾客到餐厅就餐，餐厅整洁、典雅，餐具干净美观，服务员大方、待客彬彬有礼、服务周到，顾客即可感受到该餐厅服务的高水准，在评估其服务质量时会给予较高的评价。

（2）可靠性（reliability）。企业准确无误地提供所承诺的服务。许多以优质服务著称的企业都通过可靠的服务来建立自己的声誉。可靠性实际上是要求企业避免在服务过程中出现差错，因为服务差错不仅会给企业带来直接的经济损失，而且可能意味着失去很多的潜在顾客。在服务过程中，服务企业要尽可能采取措施确保所提供的服务质量的一致性，尽可能避免失信于顾客。

（3）反应性/响应性（responsiveness）。企业随时准备为顾客提供快捷、有效的服务。研究表明，在服务传递过程中，顾客等候服务的时间是关系到顾客感觉、顾客印象、服务企业形象以及顾客满意度的重要因素，所以，尽可能地缩短顾客等候时间、提高服务传递效率无疑将大大提高企业的服务质量。

（4）保证性（assurance）。服务人员的友好态度与胜任能力能增强顾客对企业的服务质量的信心。当顾客同一位友好、和善且学识渊博的服务人员打交道时，会认为自己找对了企业，并产生好感。友好态度和胜任能力二者缺一不可。服务人员缺乏友善的态度会让顾客感到不快，而如果服务人员对专业知识懂得少同样会使顾客失望，尤其是在服务产品不断推陈出新的今天，服务人员更应该拥有丰富的专业知识。

（5）移情性/情感性（empathy）。服务人员态度友好、关心顾客、了解顾客的实际需要并予以满足，可使整个服务过程富有人情味。

2. 服务质量的评价步骤

我们可通过对顾客服务预期与顾客实际体验之间的差距的比较分析来衡量服务质量。具体步骤如下：（1）选取服务质量的评价标准。（2）根据各项标准在所调查的服务行业的地位确定权重。（3）对每项标准设计 4～5 道具体问题。（4）制作问卷。（5）发放问卷，请顾客逐条评分。（6）对问卷进行综合统计。（7）分别测算出预期服务质量和感知服务质量：预期服务质量等于各项预期服务质量要素得分分别与权重相乘后的总和；感知服务质量等于各项感知服务质量要素得分分别与权重相乘后的总和。（8）求得预期服务质量减去感知服务质量后所得的差距值，差距值为正，则表明感知服务质量与预期服务质量存在差距，服务质量差；相反，则服务质量好。

3. 服务质量差距模型

经过长期营销实践，美国营销专家帕拉苏拉曼、泽斯曼尔和贝利等提出了服务质量差距模型，专门用来分析服务质量问题的根源，如图 5－10 所示。

该模型说明了服务质量是如何形成的。模型的上半部分涉及与顾客有关的现象。预期服务与顾客的过去经历、个人需求以及口碑传播相关，另外，也受到企业营销沟通活动的影响。

实际经历的服务在模型中称为感知服务，是一系列内部决策和内部活动的结果。在服务交易发生时，管理者对顾客预期的认识，对确定企业所遵循的服务质量标准起到指导作用。当然，顾客亲身经历的服务交易和生产过程是一个与服务生产过程有关的质量因素，生产过程的技术措施是一个与服务产出有关的质量因素。

图 5－10 说明了企业在分析和设计服务质量时，必须考虑哪些步骤，然后查出问题的根源在哪里。各要素之间有五种差距，也就是质量差距。质量差距是由质量管理前后不一致造成的。最主要的差距是预期服务和感知（实际经历）服务之间的差距（差距 5）。五个差距及其产生的原因分述如下：

（1）管理者认识的差距（差距 1）。这个差距指管理者对预期质量的感觉不准确。产生的原因有：市场研究和需求分析存在偏差；关于预期的信息不准确；向管理者传递的信息失真或丧失；臃肿的组织结构改变了在与顾客联系中所产生的信息。

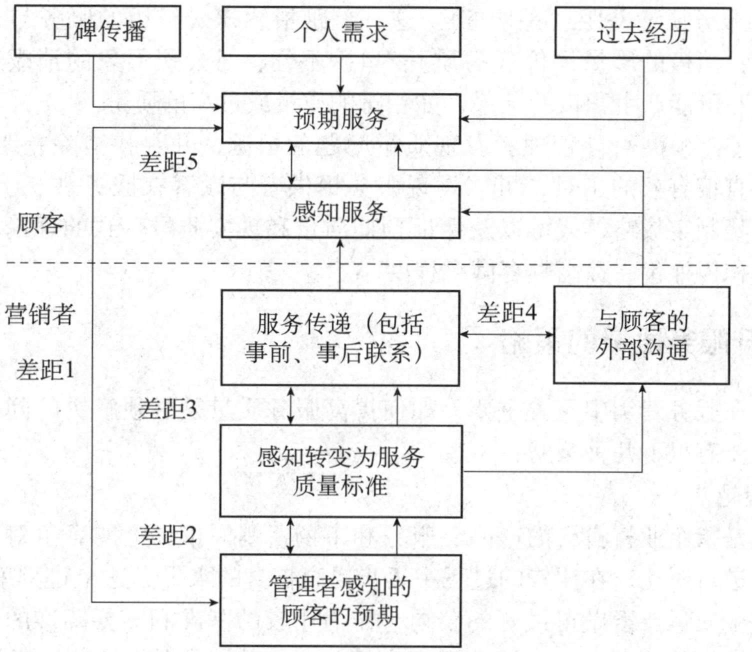

图 5－10　服务质量差距模型

资料来源：任滨．服务营销．2 版．北京：北京理工大学出版社，2017：160.

（2）质量标准差距（差距 2）。这个差距指服务质量标准与管理者感知的顾客的预期不一致。产生的原因有：计划失误或计划不够充分；计划管理混乱；组织无明确目标；服务质量的计划得不到最高管理层的支持。差距 1 的大小决定计划的成功与否。但是，即使关于顾客预期的信息充分、正确，质量标准的实施计划也可能会失败。出现这种情况的原因是，高级管理层没有保证服务质量的实现，质量没有被赋予最高优先权。改进措施是改变优先权的排列。目前，在服务竞争中，顾客感知的服务质量是成功与否的关键影响因素。因此，在管理清单里，把质量排在前列非常必要。总之，服务生产者和管理者对服务质量达成共识，缩小质量标准差距，比任何严格的目标和计划过程重要得多。

（3）服务交易差距（差距 3）。这个差距指在服务传递过程中员工的行为不符合质量标准。差距产生的原因有：管理和监督不善；标准太复杂或太苛刻；员工对标准有不同意见，如一流服务质量可以有不同的行为；标准与现有的企业文化存在冲突；员工对标准、顾客需要的认识不足；内部营销不充分或根本不开展；技术和系统没有按照标准为工作提供便利。

（4）营销沟通差距（差距 4）。这个差距指营销沟通行为所做出的承诺与实际提供的服务不一致。引起这一差距的原因及相应对策有：第一，外部营销沟通的计划与执行没有和服务生产统一起来，可通过建立一种使外部营销沟通计划和执行与服务生产统一起来的制度。如至少每个重大活动应与服务生产行为协调起来，使得市场沟通中的承诺更加准确和符合实际，外部营销活动做出承诺后能够履行，避免夸夸其谈所产生的副作用。第二，在广告等营销沟通过程中存在承诺过多的倾向，可通过完善营销沟通计划流程，并且做好严密监督加以解决。

（5）感知服务质量差距（差距5）。这一差距指感知或经历的服务与预期服务不一致。这会导致：消极的质量评价（劣质）；口碑不佳；对公司形象的消极影响；丧失业务。差距5也有可能产生积极的结果，如相符的质量或过高的质量。

服务质量差距模型引导管理者发现质量问题的根源，并寻找消除差距的适当措施。该模型是一种直接有效的工具，可以发现服务提供者与顾客在服务观念上存在的差异。明确各种差距是制定战略、战术以及保证预期质量和现实质量一致的理论基础。这会使顾客给予质量积极评价，提高顾客满意程度。

四、提升服务质量的策略

服务质量在服务营销中至关重要，如何提高服务质量是必须解决的问题。提高企业的服务质量主要有以下几种策略：

1. 定点超越

定点超越是指企业将自己的产品、服务和市场营销同市场上的竞争对手，尤其是最强的竞争对手进行对比，在比较的过程中逐步提高自身的水平。这个过程就是标杆跟进。企业将把每一个质量要素做得最好的公司，作为比较的基准和需要瞄准的标杆。标杆跟进不仅是统计数据的比较，还包括访问领先的公司，并搜集其实现杰出业绩的资料。这可能需要公司跨越自身领域。服务企业可从以下三个方面运用这一方法。

（1）在服务营销策略方面，企业应该将自身的营销策略同竞争者成功的策略进行比较，寻找它们的相关关系。通过比较，企业可以比较容易地找到自己成功和失败的关键因素，从而制定更合理的策略。

（2）在企业经营方面，企业侧重于从降低竞争成本和增强竞争差异化的角度了解竞争对手的做法，并制定自己的经营战略。

（3）在业务管理方面，企业应对自己所经营的业务进行重新审视，比较自己和竞争对手在经营业务的品种、服务的深度和广度方面的差异，同时，检查自己的各个业务部门是否能充分发挥各自的服务职能。

2. 降低顾客质量风险

由于服务具有无形性、不可分离性等特征，顾客在购买服务时往往犹豫不决，因为服务质量可能不符合顾客期望水平。而服务企业若能消除或降低这种风险，则有助于提高服务服务质量。企业可以从以下几个方面着手：

（1）坚持质量第一。这要求服务企业的高层管理人员真正投资于质量管理活动，包括履行承诺，在资源配置上支持质量管理活动，建立以质量为核心的服务企业文化，全体员工树立质量第一的服务观点，使企业内部各个管理层次都能自觉地为维持良好的服务质量做出贡献。顾客了解到企业内部的质量观及措施，会逐渐消除质量风险方面的忧虑。

（2）加强员工培训。以人为中心的服务，其质量取决于人的操作技巧和态度。企业要重视员工培训，让员工掌握新的服务技巧，改善服务态度。企业要创造一种能得到员工支持、对优良业绩给予奖励的环境，在员工满意基础上让顾客满意。

（3）宣传质量。企业要明确顾客对质量的担心，在设计广告时要突出服务的质量特征与水平。如请现有顾客“现身说法”，介绍自己购买服务后的心理感受。

（4）利用促销技巧。服务质量不符合预期，顾客会感到有损失。如果顾客感到金钱损失较大，则企业可充分利用促销技巧。

（5）善用口碑。不少研究发现，在选购服务时，顾客容易听取曾经使用过类似服务的亲朋好友的意见。因此，善用现有顾客的口碑也能增强顾客的信心。

第 4 节　服务体验营销

一、体验营销的内涵及分类

1. 体验营销的内涵

2001 年 12 月，美国著名未来学家阿尔文·托夫勒预言服务经济将走向体验经济，人们会创造越来越多的和体验有关的经济活动，商家将靠提供体验服务取胜。体验营销就是在整个营销过程中，通过影响消费者更多的感官感受来介入其行为过程，从而影响消费者的购买决策和结果。通过看、听、用、参与的手段，能够充分刺激和调动消费者的感官、情感、思考、行动、联想等感性因素和理性因素。体验营销以向顾客提供有价值的体验为主旨，力图通过满足消费者的体验需要达到吸引和保留顾客、获取利润的目的。它不把体验当作一种无定形的、可有可无的东西，而是将其作为一种真实的经济提供物，作为一种有别于产品和服务的价值载体。

拓展　数字化时代的体验管理

2. 体验营销的分类

伯恩德·施密特在《体验式营销》中将不同的体验形式称为战略体验模块，并将其分为五种类型①：

（1）知觉体验。指人们的各种感官受到刺激而形成的体验，视觉、听觉、触觉、味觉与嗅觉体验等即感官体验。

（2）思维体验。通过启发智力，思维体验创造性地让消费者获得认知和解决问题的体验，它能够让消费者产生统一或各异的想法。思维体验往往被广泛用于高科技产品宣传。

（3）行为体验。已超过情感影响和认知的范畴，这种体验通常包括生理行为体验、生活方式体验、相互作用体验等。通过增加消费者的身体体验，指出消费者做事的替代方法、替代的生活状态与互动，可丰富消费者的生活，从而使消费者改变生活。

（4）情感体验。通过诱发、触动消费者的内心情感，旨在为消费者创造情感方面的体验。情感体验强调情感的影响力、感召力。

（5）相关体验。指消费者在追求自我完善和被他人认同的过程中获得的体验，包括感觉、感受、思维和行动层面的体验。

---

① 施密特．体验式营销．北京：中国三峡出版社，2001：94－196.

针对以上五种体验可开展相应的体验营销。

二、体验营销模式

（1）娱乐营销。企业巧妙地将各种营销活动寓于娱乐之中，通过精心为顾客设计的娱乐体验来吸引顾客，潜移默化地提升品牌认知度和品牌美誉度，实现促进顾客消费的目的。

（2）美学营销。以满足人们的审美体验为重点，经由知觉刺激，给顾客以美的愉悦、兴奋与享受。营销人员可通过选择、利用美的元素，如色彩、音乐、图案等，以及美的风格，如时尚、典雅、简洁等，再配以美的主题来迎合消费者的审美情趣，引发消费者的购买欲望。

（3）情感营销。以消费者内在的情感为诉求，致力于满足顾客的情感需要。消费者在选购、使用商品的过程中，对于符合心意、满足实际需要的产品和服务会产生积极的情绪和情感，这能增强消费者的购买欲望，促进消费行为的发生。

（4）生活方式营销。以消费者所追求的生活方式为诉求，通过将公司的产品和品牌演化成一种生活方式的象征，甚至是一种身份、地位的象征，从而达到吸引消费者、建立起稳固的消费群体的目的。

（5）氛围营销。企业针对某一群体、场所和环境所产生的效果和带来的感觉。好的氛围能够吸引顾客，使得顾客频繁光顾。

三、体验营销策略

1. 在产品中附加体验

将美好的体验附加到产品之中，提高产品的感知质量。因此，实体产品制造商不仅要关注产品的技术、功能与质量，更要重视顾客在使用其产品时的感受。

2. 用服务传递体验

由于服务生产和消费的不可分割性，服务是企业用以展示和传递体验的天然平台。在服务过程中，企业除了提供基本的服务外，还可向顾客传递所看重的体验。

3. 通过广告传播体验

广告可大范围地宣传消费者喜好的体验，从而吸引目标消费者，达到产品销售目的。体验营销者把广告看作宣传体验的有力工具，强调广告文案的体验诉求，不仅能有效吸引目标受众的眼球，也能为产品销售和使用打下感性基础。

4. 让品牌凝聚体验

在体验营销者看来，品牌凝聚的是顾客对一种产品或服务的总体体验。品牌的价值在很大程度上是体验的价值。体验是任何一种成功品牌的精髓所在。然而，创造品牌体验需要以顾客为中心，需要高层领导的支持，需要训练有素的员工，也需要过硬的管理和创新能力。

5. 创造全新的体验业务

体验业务既可以是体验性产品，也可以是体验性服务。影视、艺术、体育、旅游等本质上都属于体验业务。在数字化背景下，企业可充分利用各种新技术创造全新的体验业务，在满足顾客需求的同时获得可观的利润。

四、体验营销的实施步骤

（1）设定体验目标。在策划体验活动之前，要对体验活动做一个粗略的规划和预算，明确企业在体验营销上预先设定的目标是什么，要达到何种预期效果，以此为基础展开体验活动。体验目标的设定对于体验活动能否达到预期效果十分重要。

（2）目标顾客的定位。企业在进行体验活动时，要明确企业与品牌的目标顾客，并从不同的层面分析顾客的体验世界。体验营销人员在开展营销活动之前应该通过调查来了解目标顾客的需求与顾虑，以此为基础有针对性地为顾客提供相应的体验。企业在对目标顾客进行细分时，要以顾客的理性消费为主，感性消费次之。

（3）确定卖点。企业从目标顾客的角度，为其提供独特难忘的消费体验，帮助其找出潜在的心理需求，激发其购买欲望。这就要求营销人员确定卖点，使顾客体验后能够直接对产品进行判断。

（4）让目标顾客进行体验。在这个阶段，企业应该准备好让顾客体验的产品或设计好的服务，让顾客体验。与此同时，营销人员要积极地引导顾客向体验目标靠拢，使体验活动顺利进行。

（5）进行体验效果评估与控制。企业在进行体验营销活动以后，还要对活动前期、中期及后期的体验效果进行评估。企业借此可以了解到体验活动的执行情况，并根据评估结果修正运作方式与流程，对体验营销活动进行更好的控制。

另外，还要注意在体验营销活动中突出以顾客为中心的基本思想，充分体现顾客至上的原则；做到体验传播的内容与体验的主题相一致，使每一项传播内容都支持体验主题。企业在风险转移前要有完善的解决方案，避免出现因风险而导致的企业亏损。最后，还要注意加强对营销活动成本的控制，要将成本控制在企业能够接受的合理范围之内，以免得不偿失。

本章小结

服务具有无形性、不可分离性、差异性、不可储存性、不可转让性等特征，服务提供的是产品的使用权，不涉及所有权的转移。服务营销组合要素包括产品、价格、渠道促销、人员、有形展示和过程，服务人员在顾客心目中是服务的一个重要组成部分。服务质量同顾客的感受关系很大，它取决于顾客对服务的预期质量同其体验质量之比。提高服务质量常用的策略是定点超越和降低顾客质量风险，企业应力求在比较和学习的过程中赶上和超过最具优势的竞争对手，从顾客同服务人员的接触点出发来提高服务质量。服务的有形展示可以成功地传递服务特色与优点，有助于企业优化营销组合，获得顾客的认可和好评。本章阐述了服务营销的重要理论及其在实践中的应用，结合数字化对企业服务营销的影响，探讨了企业服务创新的方向。

启示

当前深度数字化已经成为经济发展转型的新引擎。它不仅为企业服务创新提供了新要素，也改变了服务创新的边界，使得企业服务得以在新维度上创造新价值。快速发展的中国在数字化技术和数字创新方面正经历一个“海绵式”的吸收和学习过程。深度数字化中的互联网+、云计算、大数据等新兴数字创新工具与数字创新方式，带来一系列全新的工作、学习和生活形态，为服务企业竞争力的提升提供了有利条件，也为服务企业商业模式的变革带来新的契机。

思考与应用

1. 简述服务营销与产品营销的异同。
2. 简述服务营销组合的构成要素。
3. 如何对服务质量进行评价？
4. 简述提升服务质量的策略。
5. 什么是服务蓝图？如何运用？

案例分析

顺丰速运的服务营销与服务质量

快递行业目前已成为全球增长最快的行业之一。随着我国经济的不断发展，投资和国际贸易持续快速增长，快递服务需求也随之不断增长。我国的民营快递服务在促进经济发展、方便社会交流、满足用户多元化需求等方面发挥了积极的作用，其重要性日益为人们所认知。顺丰速运于1993年在广东顺德成立，是一家主要经营国际、国内快递业务的企业。目前顺丰速运是中国快递行业中发展速度最快的快递公司之一，是国内领先的综合物流服务商、全球第四大快递公司，它致力于成为独立第三方行业解决方案的数据科技服务公司，以领先的技术赋能客户，为客户提供涵盖多行业、多场景的智能化、一体化智慧供应链解决方案。

顺丰速运不断发展壮大有以下原因：差异化的经营模式——直营模式；高起点、高标准的专业服务；明确的品牌定位——将“顺丰”品牌塑造成中国民族速运企业的“百年老店”；核心竞争力——速度为王、以质取胜、分类细致；完善的物流网络、丰富的产品种类；信息系统的良好应用；先进设备和技术的应用。

在条码识别技术、输送分拣设备、测量与称重设备、监控设备方面，顺丰速运虽有优势，却不甚明显，但是在以下两方面顺丰速运是行业的佼佼者：在扫描方面，已使用无线扫描设备；在安检方面，采购X射线安检设备，用于对客户的包裹进行透视检查，以杜绝违禁货物和危险品的非法运送。

资料来源：顺丰：最好的营销是服务.（2015-11-27）.搜狐网.

▶ 思考题

1. 为什么说市场竞争最终将是服务的竞争？
2. 结合服务营销组合理论，分析顺丰速运服务营销的成功之处。
3. 在服务质量管理方面，顺丰速运对其他企业的服务营销有何启示？

第6章 品牌策略：倍增顾客价值

教学目标

知识目标

- 理解品牌的定义和价值。
- 明确品牌创建的步骤。
- 知道各种品牌策略和如何进行品牌管理。

能力目标

- 能够运用品牌资产相关模型对品牌价值进行判断。
- 能够为品牌提出创建策略。
- 能够使用数据化指标判断品牌经营状况。

思维目标

- 树立品牌价值系统化思维。
- 构建品牌创建的流程思维。
- 形成以数据驱动品牌管理的科学思维。

素质目标

- 培养商标法律素养。
- 培养保护中华民族传统品牌的意识。
- 具有品牌国际化视野。

内容导图

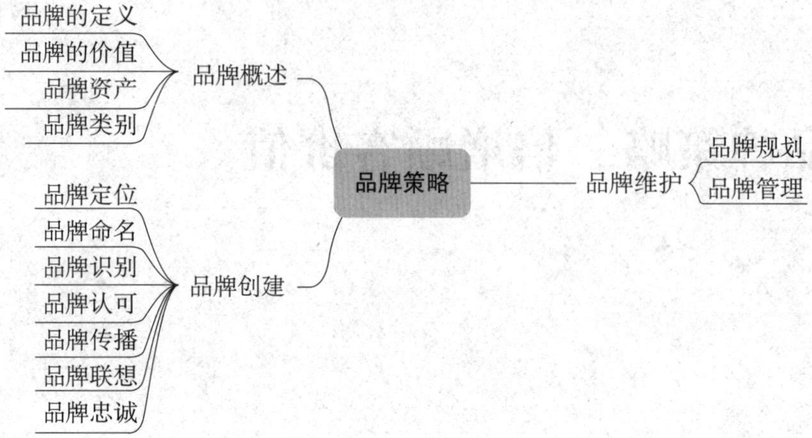

导入案例

比亚迪汽车的品牌策略

在一个国家的工业体系中，汽车产业犹如一颗闪亮的明珠。汽车制造业一直被视为制造业的典范，其设计和生产的复杂程度甚至超过了一般小型民用飞机。随着环保理念在21世纪逐渐深入人心，我国政府部门和企业决策者纷纷将目光投向新能源领域，誓要打破国外品牌在中国市场的垄断。自2010年起，国务院将发展新能源汽车产业作为重要战略，并通过各种扶持政策为新能源产业发展铺平道路。各汽车品牌随即跟进，造车新势力也纷纷加入，一时间全民造车的热潮席卷全国。

在全球汽车市场上，中国汽车企业脱颖而出，在新能源领域取得了显著的成绩，其中比亚迪更是当之无愧的领军品牌之一（见图6-1）。从2021年1月至8月，比亚迪在新能源汽车领域取得了优异的成绩，累计销量超过26万辆，同比增长超过170%，令人瞩目。此外，在挪威、意大利、德国等海外市场上，比亚迪的表现也非常出色，通过新能源汽车的新标准打破了国外品牌的垄断，在电池技术和人工智能等领域走在了全球最前沿。

比亚迪从上游的供应链入手，积极布局新能源汽车全产业链。自2004年比亚迪半导体公司成立以来，其领先的刀片电池、碳化硅功率模块和八合一电动力总成等技术，极大地提高了电池的安全性和汽车的续航能力，具有极高的技术壁垒。多年的布局让比亚迪掌握了汽车相关产业的绝大部分关键领域，包括汽车电池、液晶设备、汽车微电子设备、汽车组装、模具设计、电子零部件研发与生产、发动机及变速器研发与生产、整车设计等。可以说，除了轮胎和挡风玻璃，比亚迪已经可以自主完成一辆汽车的设计、研发和生产，这种高度整合的产业链为该公司带来了无与伦比的经营效率。

然而，即使如此，比亚迪也暂时无法改变消费者对国产汽车的旧观念。对于一家长期经营的大厂来说，品牌具有巨大的影响力，这也导致早期以低价走量为经营方针的比亚迪难以摆脱消费者的成见。在一些购车主力的认知中，进口车和合资车才是优质汽车，

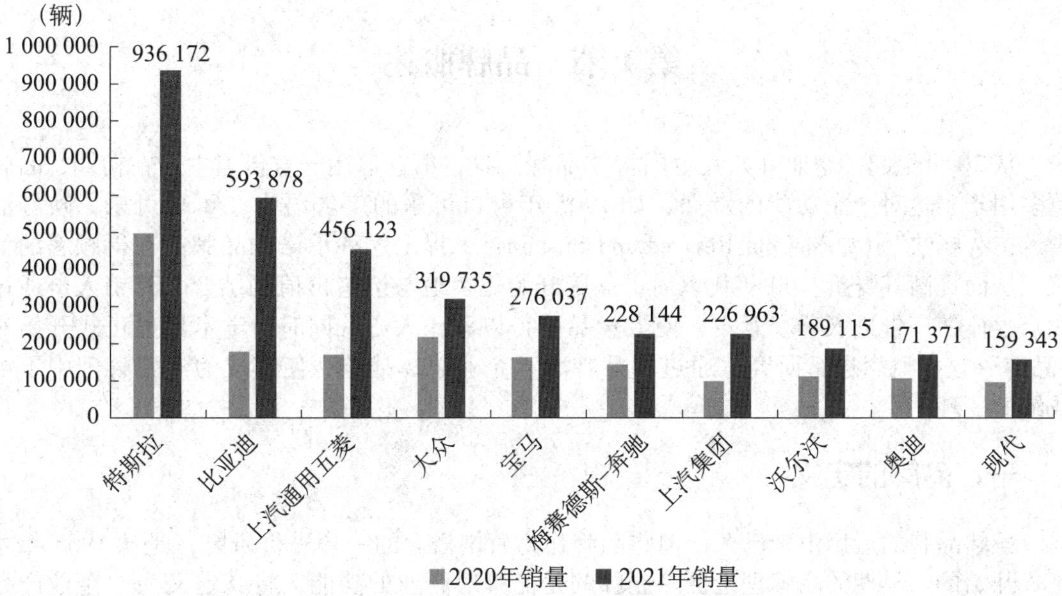

图 6－1　新能源汽车品牌全球销量排行榜

而比亚迪以仿制起家，只是一个低端品牌。在国外豪车品牌多年的市场教育下，比亚迪的品牌价值在年龄较大、相对保守的消费者眼中成为负资产。其直接结果是比亚迪无法在定价上与国外同档次品牌对等。有网友开玩笑地说，如果比亚迪唐 DM-i 是日系车，可以卖 35 万元；如果是德国车，可以卖 45 万元；如果是印度代工的英国车，那可以卖 65 万元；但因为它是比亚迪，所以只能卖 20 万元。

比亚迪也在积极尝试改变消费者对其品牌形象的原有看法。自 2021 年起，比亚迪采用全新标志系统，展示出更强的科技感和设计感；在汽车系列命名上采用“汉”“唐”“宋”等中国朝代名称，以此赋予品牌中华文化底蕴；在内容传播上，除了加码广告投放，也在年轻人聚集的社交媒体，如 B 站和知乎上，与内容创作者进行广泛合作。

资料来源：新领域中的老品牌，能否成为新赛道上的华为．(2021－10－22)．知乎．

古挪威语中有“brandr”一词，其义为“烧灼”。中世纪时，一个由此衍生出的单词“brand”出现在英语中，在数百年中其含义从“燃烧的木头”发展到“点燃的火炬”，再到“牲口身上的烙印”。自 16 世纪起，西方国家的一些手工业者通过给商品打上烙印来宣誓所有权，以防止财产丢失或被盗，而这就是“品牌”这一概念最初的由来。

19 世纪初期，随着大规模生产和贸易的发展，像麦酒和威士忌这样的商品也开始批量生产和大范围分销。管理者尝试将酒庄的标志烙在装酒瓶的木箱和包装上，以展示这批产品的来源并防止不法商人偷梁换柱。久而久之，这些标志更多地象征品质，而非单纯地表明所有权归属，人们逐渐发现那些广为人知的品牌相比于平淡无奇的同类产品更能卖出高价。自 19 世纪开始，“商标”这一概念被官方认可，通过注册独家商标来防止竞争对手抄袭成为可能，这也使得“品牌”开始被正式赋予商业价值。

第1节　品牌概述

从20世纪起，企业开始大范围将“品牌”这一概念运用于宣传当中。在初期，品牌更多用于表达对产品功能的承诺，如1905年可口可乐的广告语为“可口可乐，唤醒活力，持久畅快”（Coca-Cola Revives and Sustains），提出这种承诺的品牌能获得顾客的信赖，从而提高其身价。60年代以后，品牌开始更多地与情绪价值相结合，营销人员通过大众媒体使广告进入千家万户，使大量品牌得以深入人心。同时，学术界也正式开始对“品牌”这一概念进行研究，通过将品牌融入企业总体战略，使其成为经营管理中不可或缺的一环。

一、品牌的定义

虽然品牌的运用由来已久，但将品牌作为营销概念的一环进行研究，是从1955年才正式开始的。早期的品牌理论更多诠释的是品牌对企业的功能，将其定义为“企业产品或服务的名称、记号、标志或设计，用于展示所有权，或将产品与市场上其他同类产品进行区分”。美国市场营销协会在1960年也为“品牌”做出过类似的定义：品牌是名称、标记、象征、设计或它们的联合体，用于确定一个或一群卖方的产品或服务，从而与竞争者区分开来。可见，早期对品牌的理解，更多的是将其作为产品的一个组成部分。

一些学者对品牌的含义做出过解释，其中比较经典的论述如表6－1所示。

表6－1　关于品牌定义的经典论述

学者	对品牌定义的论述
大卫·艾克	其著作《管理品牌资产》指出，品牌是可辨识的名称和符号，可用于辨别销售者或销售者群体的商品和服务，使其与竞争对手有所区别。① 在大卫·艾克的品牌识别理论中，他认为构成品牌识别的核心要素，分别是作为产品的品牌、作为组织的品牌、作为人的品牌和作为象征的品牌，通过明确品牌与顾客的关系，这些要素构成了完整的品牌识别系统。本质上，这个品牌识别体系是不应该改变的，尤其是品牌的精髓与核心，比如说在各类广告传播过程中，不应基于任何理由去改变品牌识别系统的本质。
菲利普·科特勒	其《营销管理》一书提出，品牌是一家公司最有价值的无形资产之一，正确地管理品牌价值，是营销者义不容辞的职责。② 企业的品牌应当是名称、符号、设计、形象的集合体，从而辨认某卖家或卖家群体的市场供应物，使其与其他竞争对手的市场供应物相区分。在科特勒看来，创建品牌不仅需要进行精心规划，也需要长期践行对顾客的承诺，在传播活动上必须富有创意，这既是一门科学，也是一门艺术。成功品牌的核心在于杰出的产品和服务，为此营销者必须熟知品牌管理流程与方法，通过品牌管理来使品牌运营效果最大化。

① 阿克．管理品牌资产．北京：机械工业出版社，2012：5－17.

② 科特勒，凯勒．营销管理：第15版．上海：格致出版社，上海人民出版社，2016：265－298.

续表

学者	对品牌定义的论述
凯文·莱恩·凯勒[①]	品牌是产品或服务的名称、术语、标志、设计或它们的组合，以区别于竞争对手的产品或服务。对于消费者而言，品牌具有许多好处：首先，通过品牌能够快速识别产品，降低搜索成本。其次，通过品牌能够追溯产品责任，减少决策风险；品牌可以降低决策成本，并具有象征作用，能够让消费者投射自身形象。对公司而言，品牌同样具有诸多优势：品牌能够帮助公司识别其产品，能够在法律层面保护产品的独特性、满足消费者的质量要求。此外，品牌能够赋予消费者独特的联想，并建立长期的竞争优势，从而获得财务回报。
大卫·皮克顿和罗莎琳德·马斯特森	对品牌的概念和构成进行了总结。他们认为，品牌是企业的重要资产，市场营销的重要任务是合理运用营销组合来维持品牌的强势。[②] 品牌不是单纯的设计或概念，而是一系列响应顾客需求、解决顾客问题的承诺集合体，其存在意义超过了产品本身。品牌的运用为那些品质差异不大的规模化产品带来了新的成长空间，但品牌形象的崩塌也会让产品销售遭遇毁灭性打击。

综上所述，从今天的视角看待品牌，我们已经不能将其仅仅作为一个产品名称或者商标造型了，时代的发展为品牌赋予了更多隐藏的含义，这些含义也会为消费者带来各种显性或隐性的影响：优质的品牌会直接增加顾客的支付意愿。一些研究表明，消费者愿意为信任的品牌多支付 20%~25% 的价格；同时受欢迎的品牌甚至会改变消费者的感知，在饮料行业开展的一项对照试验表明，消费者会仅因为某饮料瓶上印着大品牌的标志而认为该饮料更好喝。

结合众多学者的研究成果和长期的商业实践，我们可以将“品牌”这一概念整合为以下属性的集合体：

（1）视觉设计。包括标志、名称、造型、色彩等传统要素。

（2）可感知性。品牌被消费者想起和记忆的程度。

（3）市场定位。一个品牌在消费者心目中的独特位置。

（4）附加价值。品牌为消费者提供的一系列额外价值。

（5）形象。展现在消费者面前的品牌人格化形象。

（6）个性化。品牌具有的独特个性魅力。

这些属性为无形的品牌赋予了巨大价值。在 Visual Capitalist 网站 2021 年的评选中，排名前 100 的品牌总价值超过了 7 000 亿美元，相比于 2020 年增长了 42%，其中排名前十的品牌如表 6－2 所示。

---

① 凯勒．战略品牌管理：第 4 版．北京：中国人民大学出版社，2014：33.

② Pickton D，Masterson R. Marketing：An Introduction. Sage Publications，2010.

表 6-2　2021 年全球十大品牌

排名	品牌名称	品牌价值（亿美元）	类别	相比于 2020 年增长率
1	亚马逊	6 838.5	消费品及零售	64%
2	苹果	6 120.0	科技	74%
3	谷歌	4 580.0	媒体及娱乐	42%
4	微软	4 102.7	商业解决方案及技术供应商	26%
5	腾讯	2 409.3	媒体及娱乐	60%
6	脸书	2 267.4	媒体及娱乐	54%
7	阿里巴巴	1 969.1	消费品及零售	29%
8	维萨	1 912.9	金融服务	2%
9	麦当劳	1 549.2	食品与饮料	20%
10	万事达	1 128.8	金融服务	4%

中国企业的品牌价值也在不断增长。品牌价值评估权威机构 GYBrand 在 2022 年根据国际形势和经济表现，从品牌规模、业绩、强度、贡献等维度对中国品牌进行了综合评价，并整理出一份中国最具价值的品牌榜单①，其中部分品牌如表 6-3 所示。

表 6-3　2022 年中国品牌 500 强名单（部分）

品牌价值	品牌名称					
5 000 亿元以上	华为	工商银行				
3 000 亿~5 000 亿元	国家电网	建设银行	腾讯	农业银行	阿里巴巴	中国平安
	茅台	中国银行	中国移动	中国石油	招商银行	京东
1 000 亿~3 000 亿元	中国石化	中国人寿	五粮液	字节跳动	美的	南方电网
	海尔	交通银行	格力	中国电信	中国建筑	上汽集团
	百度	邮储银行	小米	兴业银行	网易	宝钢
	中国中铁	中信银行	比亚迪	万科	浦发银行	中国中车
	中国太保	中国铁建	京东方	中国人保	中央电视台	拼多多
	保利发展	光大银行	民生银行	海康威视	美团	伊利

二、品牌的价值

自品牌开始运用于商业活动，管理者开始意识到品牌为企业成长带来的巨大推动力，

① 2022 年度中国最具价值品牌 500 强排行榜.（2022-09-21）. GYBrand 官网.

这使得品牌战略在企业战略中的重要性愈发明显。时至今日，不管是运营多年的成熟品牌，还是创业伊始的小品牌，都需要投入大量精力进行品牌建设，以保证企业的长期稳定。

1. 企业视角的品牌价值

企业需要知道品牌能够为企业成长带来的强大推动力。具体而言，品牌为企业带来的作用如下：

（1）识别企业。从表面上看，品牌是名称、标志、商标和符号，而优秀的品牌往往具有鲜明的个性特征、独特的设计美感和令人难忘的视觉体验。长期坚持使用同一个品牌设计，不仅能有效区分自身和竞争对手，也能让顾客印象深刻，从而提高品牌知晓率，为购买产品打下坚实基础。比如麦当劳的品牌标志为一个经典的金色“M”，通过在全球市场统一采用此标志，将其广泛运用于店面、广告、社交媒体、公共活动和电商平台，麦当劳让全球各地消费者都有效认识了这个品牌。

（2）传递价值。正如品牌形象理论所强调的，品牌是产品质量、产品价格、企业历史、物质效应和心理效益等一系列价值的集合体，是企业人格的具体表现。消费者在使用企业产品过程中产生的一切正面情绪，包括信任、满意、快乐、惊喜等，都以品牌为形式被消费者所记忆，使消费者在下次购买时相信可以再次获得这些体验。例如，饮料品牌元气森林将“甜蜜无负担”作为宗旨，蕴藏的是轻甜口味、零卡路里、安全保证、服务体验、企业文化等复杂信息，要想让消费者在最短时间内接触到如此庞大的信息组合，有效的品牌传播是必要因素。

（3）塑造信任。使消费者从陌生到信任，不仅需要长期坚持，还要保证信息的真实性和可靠性。在复杂购买行为中，塑造消费者对品牌的信任至关重要，而要建立这种信任，需要企业长期坚持提供质量过硬的产品、快速而良好的售后服务、正面且有亲和力的公共形象、独特的品牌魅力。全球知名品牌海尔正是通过长期坚持赢得消费者信任，使顾客在选择白色家电时相信：海尔的产品质量高、安全有保障，即使产品在使用中出了问题，售后服务也一定让人满意。这种几乎无条件的信任会让企业在竞争中获得巨大优势。

（4）提供附加价值。随着经济的快速发展和人们收入水平的提高，消费者购买产品的主要诉求已经逐渐从单纯的产品功能，转变为丰富的情绪体验。在市场竞争日益激烈的今天，消费者在选择品牌时很难做到完全抛弃品牌带来的心理价值，即使是价格低廉的快速消费品，消费者也会倾向于选择品牌知名度更高、品牌形象更佳的产品。小米公司在早期的发展中，通过坚持“用户需求至上”的核心理念，打破行业常规，鼓励用户深度参与产品设计，并将用户意见反映在下一代产品设计中；官方账号大量参与品牌传播，尽可能回复用户的每一条意见与建议；将用户体验视为最高标准，甚至可以为了一个手机包装反复打样上百次……用户从小米品牌上收获的参与感远超同类品牌，这种独特的体验构成了宝贵的品牌忠诚度，进而带来了远超常规广告投放效果的销量回报。

基于上述内容，品牌能够为企业带来强大的竞争优势。成熟的企业会长期投资于品牌建设，通过持续不断的品牌维护，保证品牌焕发出长久的生命力。

2. 顾客视角的品牌价值

站在顾客视角，知名品牌的吸引力也同样巨大。不管是消费品市场还是组织市场，人们更愿意去接触知名品牌，从购买行为的各阶段转化率也能够看出，知名品牌相对于其竞争对手存在着显著的竞争优势。可见，品牌对于顾客同样能起到重要作用，这种作用体现在以下方面：

（1）快速识别。这是品牌最初的功能，为了在大量商品中快速找出想要购买的对象，消费者会通过品牌名称、商标、设计和包装等进行判断，在减少购买时间的同时还能够得到质量保证。这也解释了为什么许多企业会投资于视觉识别系统设计。

（2）降低购买风险。根据消费者购买行为理论，消费者在购买时会产生多种风险认知，包括功能风险、物质风险、经济风险、社会风险、心理风险和时间风险。对品牌的选择可以降低上述风险：知名品牌提供的质量保障降低了功能风险和物质风险；大品牌带来的好口碑降低了社会风险和心理风险；通过快速识别来购买降低了时间风险；综合这些因素来购买则降低了机会成本，从而降低了经济风险。

（3）体现个性特征。在消费者行为研究中，研究者根据卢梭的“自我完善理论”，发现消费者会通过购买来实现“自我-产品一致”（消费者会展示与他们价值观一致的产品）和“自我-形象一致”（消费者倾向于购买与其个性相符的产品）。例如在豪车市场，一些企业主会为了彰显自己的身份而购买劳斯莱斯、奔驰等品牌汽车，个性张扬的年轻人更青睐保时捷这样的品牌，而喜爱户外活动和旅行的人则倾向于悍马。需要注意的是，品牌个性往往意味着显著的品牌溢价，但顾客的支付意愿也证明了品牌个性的价值。

（4）提高合作效率。热衷于品牌价值的不只有消费者，品牌也能够对产业链上下游的合作商产生影响。在一些供应商看来，一份来自大品牌的订单，其吸引力远大于同等规格的小品牌订单，原因就在于大品牌往往意味着更稳定的质量标准和更准时的付款。同时，一些商场经营者在招商时也会区别对待大品牌和小品牌，不仅对大品牌收取更低的联营费用，而且更愿意提供商场中位置较好的商铺，这是因为大品牌能够吸引更多消费者，能够为商场带来更多流量，从而提高整体盈利水平。

三、品牌资产

显然，优秀的品牌具有更高的价值。不难发现，知名品牌的产品相对其竞品往往具有更高的价格、销量、市场份额和复购率，导致这种结果的品牌价值被称为品牌资产。

1. 品牌资产的衡量

准确地衡量品牌资产并非易事。一种衡量方法是根据一个品牌被收购的价格来确定品牌资产，由于一家公司被收购的总价格往往高于其被收购时的资产现值，多出的那部分就可以理解为品牌资产的价值。然而这种方法并不适用于从未达成过收购协议的品牌。为此，营销研究者更多的是从顾客角度来计算品牌资产的价值，即判断顾客对品牌营销活动的差异化反应。简单来说，如果顾客在识别品牌及品牌营销行为时做出的反应更加积极，如友善的态度、信息获取诉求、购买意向、分享意愿等，则品牌具有正面的品牌资产；反之，若顾客做出不积极甚至消极的反应，则品牌资产可能是负面的。菲利普·

科特勒为基于顾客的品牌资产总结出了三个衡量要素[①]：

（1）差异化反应。一个无法让消费者产生任何差异化反应的品牌，其本质只能是一个很容易被替代的大众化品牌，只能主要依靠价格来竞争。

（2）品牌联想。消费者在接触品牌时会产生想法、感受、体验和信念，优质的品牌不仅能让消费者对产品信息了然于胸，也能够让其产生积极的品牌联想。

（3）可量化的结果。优质的品牌资产一定能为企业带来可量化的积极结果，包括产品知晓率的提高、高忠诚度、降低竞争对手的威胁、产品边际利润的提高、广泛的贸易合作与支持等。这种品牌价值将从方方面面为企业带来竞争优势。

2. CBBE 模型

凯文·凯勒站在顾客角度，基于顾客对品牌的反应和感知，建立了品牌资产模型——CBBE模型（见图 6－2）。[②] 凯文·凯勒认为：塑造顾客对品牌的看法和感受，是强大品牌建立的基础，为此企业家必须为消费者设计正确的品牌体验，以确保顾客对品牌具备独特且正面的看法，从而使顾客对品牌忠诚。

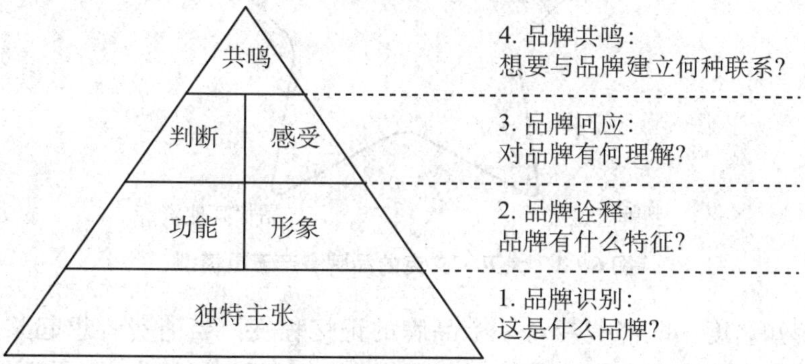

图 6－2　凯文·凯勒的 CBBE 模型

该模型中的四个阶段分别对应顾客对品牌进行理解的四个基本问题，管理者必须基于此来构建品牌。

阶段一：品牌识别。消费者对品牌的最初印象，来自品牌独有的显著特征。为了确保品牌从本阶段脱颖而出，品牌设计者需要提出独特的品牌主张并使其与市场上其他竞争者相区分，使消费者建立正确的品牌认知。

阶段二：品牌诠释。为了进一步了解品牌，消费者需要从感性和理性两方面对品牌特征进行诠释：这对品牌设计者提出了要求，因为品牌不仅需要具备满足顾客需求的使用价值，同时也需要让顾客在社会和心理层面得到满足。

阶段三：品牌回应。对于上述品牌特征，消费者会做出两种回应：其一是对品牌质量、可靠性、专业性、独特优势的理性判断，其二是对品牌带来的温暖、有趣、激动、安全等的感性认知。

---

① 科特勒，凯勒．营销管理：第 15 版．上海：格致出版社，上海人民出版社，2016：265－298.

② 凯勒．战略品牌管理：第 4 版．北京：中国人民大学出版社，2014：15－19.

阶段四：品牌共鸣。当顾客对品牌形成认可，则可能主动对品牌做出反应，从而形成共鸣。在凯勒的定义中，品牌共鸣包括行为忠诚、态度依恋、社区意识、积极参与等内容，这是最高层次、最难得的品牌体验。

3. 品牌资产五星模型

为了更直观地将品牌资产和营销策划相联系，大卫·艾克建立了品牌资产五星模型，即将品牌资产分解为品牌知名度、品牌认知度、品牌联想度、品牌忠诚度和品牌其他资产等五部分[①]（见图6-3）。

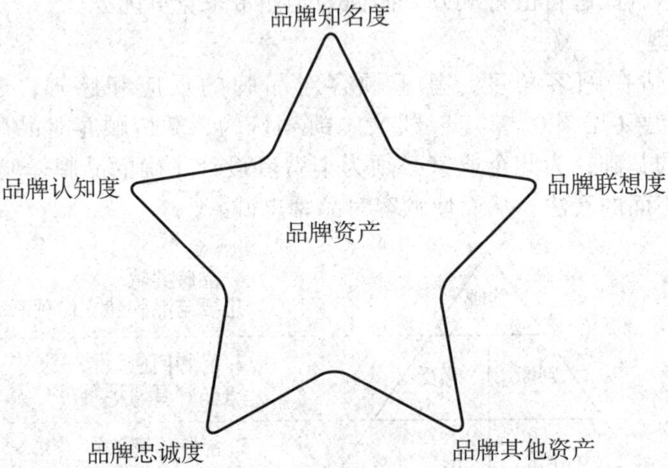

图6-3　大卫·艾克的品牌资产五星模型

（1）品牌知名度。即消费者对一个品牌的记忆程度。当消费者想起某一类产品时，会在脑中迅速对一系列品牌进行排序，这就是品牌知名度的体现。基于消费者想起品牌的概率的不同，品牌知名度可分为四个层级：无知名度（经过一系列营销活动后，消费者仍然无法想起品牌，常见于品牌上市之初、营销经费不足时）、提示知名度（向消费者提到某品牌，消费者能够想起该品牌，这证明品牌已初步被记住）、未提示知名度（消费者在未经提醒的情况下自然而然想到的品牌，属于消费者的备选品）和第一提及知名度（消费者会主动想起的第一个品牌，其品牌知名度最高）。显然，第一提及知名度是品牌知名度的最佳状态，企业也需要付出大量努力来实现。

（2）品牌认知度。即消费者对特定品牌品质的整体印象。这是消费者评价品牌优劣的基本标准之一，反映其对品牌各项属性的基本认知，这种认知随时间推移也会变化。

（3）品牌联想度。消费者会产生一系列与品牌有关的联想，这种将不同事物联系起来的心理行为构成了品牌的另一种价值。品牌联想整合了一系列与购买和使用品牌相关的信息，在消费者选择品牌时发挥作用。

（4）品牌忠诚度。消费者对特定品牌的感情度量，在购买行为上可反映为消费者购

① 阿克．管理品牌资产．北京：机械工业出版社，2012.

买某一品牌的持续性以及转向其他品牌的可能性。忠诚消费者是企业重要的资产，因为这些消费者不仅能带来持续稳定的收入，而且还能带来口碑效应。

（5）品牌其他资产。除了上述四类，企业根据自身状况和所处行业还可以拥有其他类型的资产，如知识产权、商标、客户、管理制度、企业文化等，这些资源都可以转化为长期品牌价值。

品牌资产是保证企业成功的重要因素，但要形成优质的品牌资产并非一日之功，需要企业持之以恒地进行投入。

四、品牌类别

品牌可以根据各种标准划分为不同的类别，从企业角度，常见的品牌类别如表 6－4 所示。

表 6－4　品牌类别

分类标准	类别	含义
品牌层级	企业品牌	以企业名称为品牌名称的品牌，用以传递企业经营理念、价值观以及对消费者和产品的态度。企业品牌也是消费者对企业认知的集合，包括产品、服务、价值、形象、满意度等理性和感性认知
	业务品牌	当企业存在多项业务时，企业为各项业务单独设置的品牌，即为业务品牌。业务品牌的目的是帮助消费者快速了解企业业务之间的差异
品牌延伸性	主品牌	在企业中占主导作用的品牌，用于联结公司的所有产品和业务，如“海尔”品牌
	副品牌	对主品牌起补充作用的品牌，对应各种业务，但副品牌名称通常会包含主品牌，如“海尔小神童”
从属关系	母品牌	公司或集团品牌，在从属关系上属于子品牌的管理方，如食品品牌“雀巢”
	子品牌	分公司的产品品牌，在关系上属于被管理方，但经营策略可能与母品牌有差异，如雀巢旗下的“巴黎水”品牌
品牌来源	自有品牌	公司根据自身发展需求创立的品牌，如“比亚迪”
	外来品牌	企业通过特许经营、收购或其他方式取得的品牌，如吉利收购的汽车品牌“沃尔沃”
	嫁接品牌	多个品牌所属的企业通过合资、合作等方式创立的新品牌，如比亚迪和梅赛德斯-奔驰合作的汽车品牌“腾势”

除此以外，品牌还可以根据不同标准分为其他类别，如按照影响范围划分的地区品牌、全国品牌、国际品牌，按照流通环节划分的制造商品牌和经销商品牌，等等。

第 2 节　品牌创建

从零开始建立品牌，不仅时间漫长，而且投入巨大。从名称确定，到标志设计，再到上市面对消费者，以及贯穿整个生命周期的长期维护，时时刻刻都需要企业倾注耐心与努力。如何打好坚实的基础，走出至关重要的第一步，是所有品牌管理者在初期都要面临的重要问题。

企业在进行品牌创建工作时需要遵循有效的工作流程。左仁淑教授提出了品牌创建七步模型，用于诠释企业品牌管理中的重要工作。这个模型将品牌创建的全部工作分解为七个步骤，如图 6－4 所示。

图 6－4　品牌创建七步模型

根据品牌创建七步法，企业需要设计品牌的定位、名称、标志、外形等，获得顾客对品牌的认可，通过合理的运营与传播来提升品牌知名度和认知度，实现品牌联想，并通过长期的有序发展和成长实现品牌忠诚。品牌建立的最终成果，则是使品牌获得溢价，从而实现高额盈利。

一、品牌定位

定位可以说是对市场营销理论研究影响最大的概念之一。正如艾·里斯和杰克·特劳特创立的定位理论所描述的那样：定位是针对潜在消费者心智所采取的行动，使品牌在其心目中占据一个恰当的位置，实现这一目标的过程就是“品牌定位”。事实上，不论是产品、个人、企业还是城市，都可以通过定位策略，实现在潜在消费者心目中“占位”这一目标。

定位理论与市场营销理论相结合的结果，就是经典的 STP 理论，即市场细分、目标市场选择、市场定位。关于这一理论的意义与运用方法，我们在第 3 章中已详细论述，在此结合该章内容以及艾·里斯和杰克·特劳特在《定位》一书中给出的建议，提出品牌创立之初适宜采用的一些定位对策：

1. 成为细分市场的第一

在大多数领域中，人们往往能讲出第一名的名字，却难以记住排名第二者。正如我们都知道世界最高峰是珠穆朗玛峰，却很少有人知道第二高峰是什么；也记得刘翔是 2004 年雅典奥运会男子 110 米栏冠军，却往往想不起银牌获得者是谁。当然对于绝大多数初创企业来说，成为行业第一是遥不可及的梦想，但不妨尝试探索该行业可能的细分领域，并在某一份榜单中名列前茅。举例来说，“大米先生”短期内不可能撼动麦当劳在快餐界作为全球霸主的地位，但在“米饭类中式快餐”这一细分领域中，却是许多都市白领心目中的第一选择，这种在细分市场上的领导地位为企业成长创造了空间。品牌设计者可进行多方面探索，在产品功能、售价、地理区域、销售方式上找到排名第一的可能性，并以此为目标而努力。

2. 差异化

即使是像可口可乐这样的全球巨头，也不可能让所有人满意，更不要说发展中的品牌了。营销人员不应总想着满足所有人，也不应树立太多竞争对手，而是需要打造自身品牌的差异点，形成品牌与众不同的特色。例如，饮料品牌元气森林在实力尚且不足的创立初期，通过采用高品质代糖原料（赤藓糖醇）、简洁醒目的包装以及与顾客的高频率互动，成功打造了品牌形象，为企业带来了宝贵的第一批忠实用户。

3. 聚焦品牌优势

一些品牌经理倾向于进行产品延伸，即利用消费者当前对品牌的认知和认可，快速推出子品牌或更多产品品类，以期快速扩大市场份额从而实现高盈利。但无数品牌的夭折证明了这种急于求成的做法非常危险，品牌能力是有限的，在自己的细分领域做到优秀就已经相当成功了，贸然拓展到新领域，很容易损害积累下来的品牌资产，背弃原有的忠实顾客，给竞争对手可乘之机。

示例　鲨鱼菲特通过定位打造细分市场爆品

二、品牌命名

好的名称胜过巨额的广告费，正如杰克·特劳特所言：一个毫无意义的名称难以进入消费者的大脑。品牌名称是企业最简单也是最有效的广告，可以向消费者传递信息，也有助于让消费者记住品牌，使其在听到品牌名称的时候，就自然联想到一系列与企业相关的信息。一个好的名称必须简单、易拼写和易读，在不激进的前提下尽量做到与众不同，并且需要引导消费者对品牌产生正面联想。一个优秀的命名范例来自坚果品牌“三只松鼠”，该名称不仅简单、易读，还能让人想到可爱的松鼠形象，同时由于松鼠喜爱吃坚果，该名称能够让消费者迅速联想到产品类别，产生良好的记忆效果。

品牌命名的方法多种多样，不拘一格。表 6－5 展示了一些比较常见的品牌命名方法。

表6-5　常见品牌命名方法

命名方法	具体操作	代表品牌
效用命名	直接以产品效用命名品牌，使消费者望名知义，快速了解产品特点	饿了么
人物命名	以特定人物的名称为品牌命名，可借助著名人物的声望，或拉近与消费者的情感距离	小鹏汽车
产地命名	将产地写入品牌名称中，把消费者对产地的美好印象移植到品牌上	西湖龙井
音译命名	基于信达雅的原则，将国外品牌名称翻译为方便消费者理解的中文名称	可口可乐
形象命名	以动物形象为品牌命名，可让品牌显得可爱，从而拉近与消费者的距离	熊猫不走蛋糕
好兆头命名	以吉利、积极的词语为品牌命名，可暗示产品价值，同时迎合消费者需求	元气森林
企业命名	直接以企业名称为品牌命名，使消费者快速认识到品牌来自知名企业	网易云音乐

三、品牌识别

1. 品牌识别系统

品牌识别主要依赖标识物。在企业形象识别系统（corporate identity system，CIS）中，标志通常是最主要的部分，但从品牌识别的角度看，仅仅依靠标志来区别品牌，其效果往往有限。我国著名品牌战略专家翁向东根据大卫·艾克的品牌理论及中国品牌营销实践，提出了一套包含多种元素的品牌识别系统。该系统整合了多个品牌识别元素，将品牌认知与企业活动进行有机结合，如图6-5所示。

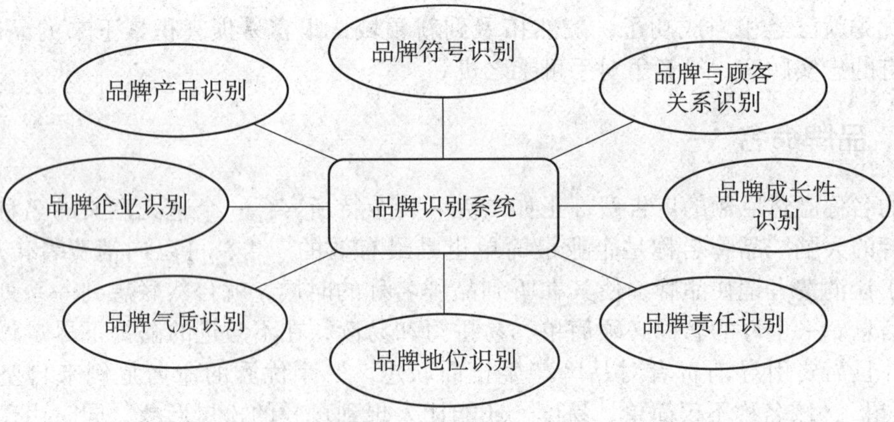

图6-5　品牌识别系统

资料来源：翁向东．本土品牌战略．杭州：浙江人民出版社，2002：146-170.

该系统各个元素的含义如表6-6所示。

表6-6　主要品牌识别元素

品牌识别元素	含义
品牌符号识别	顾客从视觉上感受到的各类品牌元素即为品牌符号，包括名称、标志、配色、音效、人物形象等
品牌产品识别	产品是品牌存在的基础，也是顾客识别品牌的基本路径，包括产品类型、质量、功能、档次等
品牌企业识别	顾客从企业行为和理念层面认识品牌的独特性，包括企业创始人、经营理念、文化、管理风格等
品牌气质识别	品牌气质为顾客带来独特心理与美学体验，可以从品牌视觉系统、宣传物等方面获知
品牌地位识别	品牌在市场上的地位，可以为顾客带来独特的品牌体验，如销量领先、技术先进、销售渠道众多等
品牌责任识别	顾客会对品牌担负的责任逐渐形成认知，这种认知是通过产品、使命、公益、社会责任等实现的
品牌成长性识别	品牌是否具有活力以及未来的成长空间，可以依据多个方面，包括产品创新、新用户比例、股价等识别
品牌与顾客关系识别	顾客认为品牌与自身存在独特关系，是品牌识别的最高境界，通常是在顾客长期品牌体验中慢慢形成的

2. 品牌形象

品牌识别对品牌成长的意义重大。对品牌识别策略的有效实践，可以构建企业的一项重要资产：品牌形象。

奥美广告公司的创始人大卫·奥格威（David Ogilvy）于20世纪60年代提出了品牌形象论，并对之后的企业广告活动带来了深远影响。该理论认为，品牌形象是企业将顾客与品牌进行紧密联系的工具，企业的每一种营销行为，包括产品、定价、分销、广告等，都是对品牌资产的长期投资。对消费者而言，购买的对象不只是产品本身，还有一系列品牌承诺的物质和心理价值，为此企业必须慎重考虑广告中的内容，并保证通过广告传递超越产品本身属性的信息。①

结合大卫·奥格威的观点和其他一些学者的研究，我们可以对品牌形象做出如下定义：品牌形象是消费者对其接收到的所有品牌信息进行知觉加工后，留存于脑中关于该品牌印象和联想的总和。企业品牌形象的构成如表6-7所示。

① 奥格威. 一个广告人的自白. 北京：中信出版集团，2008：73-92.

表 6-7 品牌形象的构成

组成部分	释义
产品形象	产品形象是企业形象最直观的表现，是品牌的物质基础，对大部分消费者而言也是最主要的形象要素。一个首次接触品牌的顾客，通过直接体验产品能够获得最直观的品牌信息，这些信息包括产品质量、功能、性能、耐用性、价格、规格、款式、档次、包装、配套服务、使用场景等。产品质量是品牌形象的基石，企业不仅要保证其产品充分满足市场需求，而且要做到始终如一，以符合品牌在顾客心目中的形象认知。在一些案例中不难发现，产品质量问题往往会给一个知名品牌带来巨大危机，这也解释了为什么越是著名的品牌，越需要花费精力去抓质量管理。
企业形象	由于品牌与企业之间存在密切关联，顾客往往会将自身对企业的印象附加到品牌形象上，这种企业形象可以理解为顾客对企业各方面理解的集合体，通过有效的规范和对策，企业形象可以转变为企业计划性的形象展示工程。 总体来看，企业形象的构建可分为三个部分：由企业哲学、宗旨、目标、道德、精神、战略等构成的企业理念形象，由企业内部（员工管理、绩效考核、福利制度等）和外部（采购、分销、广告、业界合作、公益活动等）行为构成的企业行为形象，以及由企业商标、视觉应用、厂房设施、工作环境、产品包装等构成的企业视觉形象。对公众而言，企业形象的建立通常遵循视觉形象—行为形象—理念形象的顺序。
业绩形象	品牌在市场经营中所产生的绩效，能够给消费者、供应商、经销商、政府部门、投资人等留下清晰的印象。业绩形象主要涉及销售额、销售量、市场份额、利润率、投资回报率等指标。企业的业绩形象主要通过企业财报、企业宣传、媒体报道等方式被公众所知，良好的业绩表现往往给人带来安全、可靠的品牌印象，从而显著改善市场对品牌的态度，并为企业和品牌带来巨大的竞争优势。 如冲泡奶茶品牌香飘飘曾使用的广告语“一年卖出七亿多杯，杯子连起来可绕地球两圈”，就是运用自身的业绩优势为消费者和经销商带来受欢迎、销路好、质量可靠的品牌形象。
社会形象	企业以品牌的名义参与各项非营利或带有公关性质的社会事务，能够塑造良好的社会形象。这种社会形象可以理解为品牌通过在社会公共事务中的表现带来的形象认知，如诚信守法、维护消费者权益、保护生态环境、促进社区繁荣、帮助弱势群体、促进社会文明建设等，能够带来正面的社会形象。 比如华为公司多年来持续投资于社会活动，参与救灾、城市信息基础设施建设活动，赞助大学生竞赛等，为品牌带来了广泛的社会美誉，从而有效提升了社会形象，而这种正面形象也在华为遭受美国制裁时使其得到了消费者和合作伙伴的支持。
人员形象	员工是品牌经营活动的实施主体，也是品牌形象的直接塑造者。员工的外在形象和一举一动被消费者感知，最终将转化为品牌及企业的整体形象，这使得人员形象成为品牌塑造中的双刃剑：良好的人员表现可以提升其品牌形象，但失格的表现则会带来损害，不管其行为是出于有意还是无意。另外，人员形象危机也可能来自企业对品牌的管理措施。 如 2019 年上海迪士尼乐园为了禁止游客自带食物入园，要求检查入园顾客的随身物品，而在这个过程中部分员工行为粗鲁，导致了一些争端和不愉快事件，在媒体报道后产生了大量负面舆论，并最终转化为“高傲、粗鲁”的负面品牌形象。

塑造有效的品牌形象并非一日之功。品牌经营者需要日复一日地实践品牌识别策略，把握品牌具备的内涵，如此才能打造成功的品牌形象，掌握品牌话语权。

四、品牌认可

一些传统营销者认为要打造强势的品牌，则必须想办法提高品牌知名度，并在这一过程中辅以大范围的促销政策，以使销量在短时间内迅速提高，使品牌资产得以变现。这种想法在短期内确实可以提高品牌的业绩，但事后往往会产生一系列副作用，如患上"促销依赖症"，或是顾客流失率增加。究其原因，就是这种方法只关注品牌知名度，而忽视了建立消费者对品牌的认可。

消费者对一个品牌的认可，可以主要理解为对其品质的认可。品质认可是指顾客对品牌产品或服务在品质上的总体印象和认同感，其往往表现为一种感性认识，比如在谈到奢侈品时，许多消费者会下意识地认为来自欧洲的品牌具有更高的品质，即使这一认识与品牌的真实表现可能并不相符。另外，不同消费者对同一品牌的看法可能大相径庭，特别是那些挑剔的顾客，更难形成对特定品牌的认可。

即便如此，对规模较大的品牌而言，建立目标顾客的品牌认可仍然是一项回报丰厚的工作。品牌认可的价值可体现在以下方面：

（1）提供购买理由。从消费行为学的角度看，除非别无选择，否则消费者只会考虑购买那些获得认可的品牌的产品，有时消费者会出于各种原因而无法全面了解一个品牌，但一定会在购买之前对其形成认可。

（2）实现独特定位。从市场定位的角度看，能够展示与对手区别明显的特征是巨大的竞争优势，如果这种优势能与消费者需求紧密结合，则更容易获得消费者的认可，从而打造独特的品牌形象。

（3）提高溢价能力。获得认可的品牌往往能说服顾客支付比竞争品牌更高的价格，即使这部分溢价远远超出成本。这些溢价会保证企业的现金流，从而投入更多资金进行技术研发，保证其产品优势及溢价能力，实现良性循环。

（4）获得渠道支持。广泛的品牌认可最终会对经销商造成影响。相对于普通消费者，经销商在看待品牌时通常会更加理性，在大多数经销商看来，获得认可就等于"销路好"，因而它们更加愿意和广受认可的品牌合作。有些经销商也愿意主动为这些品牌提供支持，如最佳货架位、全款进货、主动推销等。

另外，品牌认可的建立需要在漫长的经营中持之以恒地付出，而不是靠短期对策。品牌管理者可以从产品层面保证产品的品质、价格、可靠性，也可以保障服务质量、规范经销体系、进行公共宣传，但更重要的则是在日常管理中保证以诚挚、公开的态度与消费者进行沟通，将这种顾客关系融入企业的管理理念。

五、品牌传播

1. 品牌传播策略

品牌传播是将企业与顾客的所有接触点作为信息传播渠道，以影响消费者购买行为作为终极目标，运用合理手段传递品牌信息的管理策略。虽然企业对品牌传播的最终期望是销售额的提升，但公司对品牌经理的考核方案，往往是以“传播效果”而不是“销售成绩”为依据，其原因主要在于将消费者的品牌认知转化为品牌购买需要一定的时间，而且传播效果更容易量化。从本质上看，企业的品牌传播策略必须具备以下特点：

（1）目标性。企业在实施品牌传播策略时，要尽量避免广撒网，要聚焦于消费群体，精准地将品牌信息传递给目标顾客。在某些情况下，品牌传播的内容会少量扩散到目标顾客之外的受众，但这并不影响对目标顾客的聚焦。

（2）互动性。品牌传播不应当是单向的信息传递，它能够实现企业与用户之间的有效沟通。有效的沟通不仅能传递品牌营销内容，也能拉近双方关系，使品牌更贴近消费者。为此需尽可能运用可方便进行回复和反馈的传播手段，以方便收集用户意见。

（3）统一性。理想情况下，品牌通过各个渠道传递给消费者的信息应当是高度统一的，这样才能保证信息不被扭曲，并强化消费者的印象。但在实际工作中，企业品牌传播工作往往是由多个部门负责的，比如运营部负责网络运营、策划部负责活动方案，而广告则交给代理公司，这样管理的结果很可能就是品牌信息混乱，影响品牌传播效果。因此企业需制定统一的传播方案并认真监督执行，尽可能减少此类问题。

（4）连续性。品牌传播是一个连续的过程，消费者对品牌的印象也需要不断累积来达到效果。为此需要合理利用各种媒体，为其进行排期来覆盖整个传播周期。在最佳情况下，企业需要长期在某些媒体上进行投资，比如一些品牌连续多年在央视等媒体上投放广告，其效果会在企业长期经营中慢慢体现出来。

（5）动态性。企业需要根据市场发展变化来不断调整传播策略。特别是一些大众消费品，由于消费者需求变化很快，企业必须及时调整传播渠道和内容。

2. 品牌传播手段

现代化的品牌传播以整合营销传播思想为主。在这种思想下，企业将广告、销售促进、公共关系等一系列传播活动进行整合并运用于营销活动中（见图6－6），使品牌内容能够比较统一地传递给消费者。

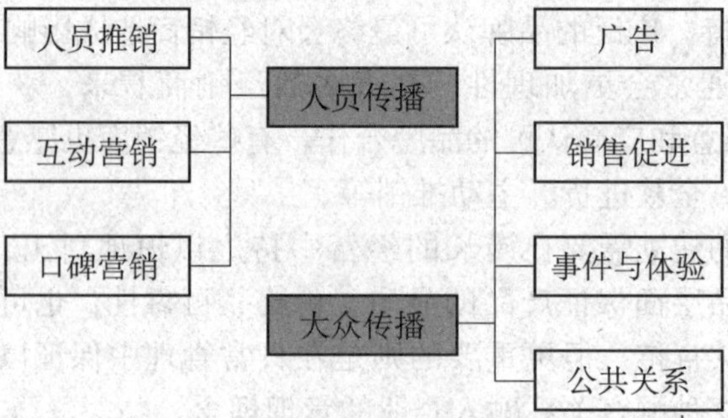

图6－6　常见的整合营销传播手段

企业对品牌传播的期望，可分为短期、中期和长期：短期的期望在于提高品牌知名度和认知度，中期在于提高品牌形象，长期则是提高企业盈利能力。基于此，企业需要有选择地使用传播手段，其中常见的有：

（1）广告。广告是企业传递品牌观念、产品信息的最常用手段之一。企业将品牌信息制作为传播内容，通过向媒体付费来购买广告版面，从而使信息得以向公众传播。就结果来看，广告一般分为两种：效果类广告和品牌类广告。前者更多用于促销，通过在广告中置入大量产品特征、优势和价格等信息，在短期内提高顾客购买率；而后者则用于提升品牌形象，在内容上较少直接宣传产品特色，而是将品牌形象、理念、定位等信息融入其中，提升顾客对品牌的好感度。由于在大多数情况下，企业对品牌策略的需求主要在于长期提高品牌形象，因此品牌类广告是更常用的手段。

（2）公共关系。公众是企业外部环境的重要组成部分，为此企业需要采取公共关系对策，以获得公众的认同与体谅。在品牌管理中，有时企业会为了提高品牌形象或降低品牌风险而采取公共关系策略，这类策略被称为“品牌公关”。相对于常规的公关活动，品牌公关的目的更明确，在执行方式上偏向于节目赞助、社会事件、举办活动等高额投资手段，从而有效传递品牌理念、塑造品牌公众形象、提升品牌价值。

（3）自媒体。互联网的普及使得品牌有了更多与顾客接触的手段，通过社交媒体或其他平台建立品牌自媒体，从而和用户保持高频率互动，已经成为品牌运营的重要手段。相对于传统传播技术，品牌自媒体具有显著优势：自媒体运作简单、门槛不高，可节约大量传播成本；传播速度快，大大缩短了品牌信息传递周期；由于可以与用户亲密互动，其品牌个性体现得更加鲜明，对于打造品牌形象具有重要意义。

除此以外，一些传统的促销手段，只要使用得当，也能起到品牌传播的效果，包括销售促进、人员推销、展会等。但由于这些手段通常更擅长拉动短期销量提升，就品牌传播任务而言，一般不会作为首选方法。

3. 品牌传播衡量指标

由于品牌传播是品牌经理最重要的工作之一，因此一些企业会采用考察指标来考察品牌传播的任务是否完成，这类指标将通过市场调研和媒体反馈得到。其中关键指标有品牌知晓率和品牌曝光量等。

（1）品牌知晓率。品牌知晓率是品牌知名度最直接的体现，但数据调查比较麻烦：企业需要设计专门的市场调研计划，谨慎对人群进行采样，并通过问卷、访谈等形式询问受访者对品牌及其竞品的知晓程度。

$$\text{品牌知晓率} = \frac{\text{知晓顾客数}}{\text{全部顾客数}} \times 100\%$$

（2）品牌曝光量、品牌提及数、媒体转发量。这三个指标反映的是品牌信息发布后在各类媒体上产生的效果。在实际工作中，这些指标也是最常用于考核品牌经理工作效果的指标，其中品牌曝光量指的是品牌内容在各媒体中产生的浏览次数，品牌提及数是用户在媒体中提及品牌的次数，媒体转发量是各类媒体转发品牌信息的次数。这些数据直接体现品牌信息传播的强度，一般认为更高的信息传播强度会带来更高的品牌知名度。

六、品牌联想

在记起某事物时，我们往往会想起与该事物相关的许多信息，这种现象称为联想。品牌联想的意义与此类似：当消费者试图做出特定购买行为时，与决策相关的信息会被一一提取，成为影响购买决策的相关因素。

在进行品牌联想时，消费者通常很难回忆起具体的产品参数和指标，但一些与产品体验相关的信息容易被想到。具体来讲，消费者的品牌联想内容通常由三部分构成：其一是产品属性，指产品所具备的功能、特征，如产品用途、质量、价格等；其二是品牌利益，也就是消费者试图通过使用品牌来获得的功能满足和心智感受，也包括精神愉悦、场景匹配等使用体验；其三是品牌态度，消费者的品牌态度可分为方向（积极或消极）和程度（强烈或平淡）两个维度，会显著影响购买行为的发生概率。

1. 品牌联想的意义

品牌联想的集合最终会转化为品牌形象的重要组成要素。对品牌而言，有效的品牌联想是重要的品牌资产，其所带来的价值至少有以下几个方面：

（1）提供信息源。品牌联想能够帮助消费者快速对复杂的外部信息进行归类，留下对自己有用的部分作为购买决策因素，并以记忆的形式将其转化为长期决策依据。良好的购买体验也会强化这种信息源的价值，从而使消费者对品牌留下更深刻的印象，形成良性循环。

（2）形成差异化的认知。有效的品牌联想有助于形成品牌差异化的认知。在市场竞争激烈的行业，消费者的每一次购买决策中都存在多个可选品牌，如何才能从众多品牌中脱颖而出？如果消费者对其中某一品牌具有独特的积极品牌联想，则能够领会到品牌的独有价值，从而使品牌被选择的概率大大提高。

（3）提供购买理由。当消费者走进商场，面对琳琅满目的商品，品牌联想会给他们提供购买理由：感觉“困了累了”的顾客，会偏向买一罐红牛；想要“滴滴香浓，意犹未尽”的美味咖啡者，多半会选择麦斯威尔咖啡。品牌联想将品牌与消费场景紧密相连，并为顾客创造购买动机。

（4）呈现正面态度。当顾客进行品牌联想时，除了产品本身，还能产生一系列情感反应，从而获得精神上的满足。一些品牌善于向消费者展示其独特观点与愿景，如华为公司通过其产品、技术、产业链及大客户服务，向外界传递其“构建万物互联的智能世界”的雄心壮志，从而使其顾客感受到正面且积极的品牌态度，甚至为成为品牌用户而自豪。

（5）为品牌延伸打下基础。消费者行为研究专家符国群认为，品牌可运用消费者学习理论，将消费者对成功品牌的正面态度与反应转移到其新推出的产品上，从而提高新品牌上市成功率。[①] 如海尔公司在从海尔冰箱延伸到海尔空调、电视机以及智能化家居解决方案时，正是借助了海尔冰箱塑造的“品质优异、管理严格”的品牌联想，使消费者相信海尔的新产品类别也同样优质。

2. 塑造品牌联想的对策

塑造品牌联想的途径相对多样化，表 6－8 展示了一些常见的塑造品牌联想的对策。

---

① 符国群．消费者行为学．4 版．北京：高等教育出版社，2021：193－194.

表 6-8　塑造品牌联想的对策

对策维度	解析
产品与服务	将产品特性、服务类型与品牌相联系，使消费者在体验独特功能或收获独特价值的同时联想到品牌，这是最常见的塑造品牌联想的对策
无形因素	企业通过宣传其品牌优势，使消费者能够联想到“技术先进”“对客户真诚”等关键词，从而实现积极的品牌联想
消费者利益与使用场景	站在消费者角度，直接指出品牌能为消费者带来的价值，并通过合理的传播策略使消费者记住，比如理想 L9 汽车将自身定义为“一个可移动的舒适的家”，从而使目标消费者印象深刻
价格锚定	运用消费者“价格-质量”推断，使消费者通过产品的价格来确定品牌档次，从而产生合理的品牌联想。比如汽车品牌蔚来的主要定价区间为 30 万～60 万元，使消费者联想到该品牌与宝马、奔驰等属于同一档次
生活方式	展示品牌独特的个性与观点，吸引在情绪上更接近的消费者，从而产生正面的品牌联想。如百事可乐通过各类营销活动拉近和年轻人的距离，塑造“新一代的选择”这一联想，从而与可口可乐“快乐、美味”的品牌联想区分开来
品类领先	通过塑造“行业第一”的形象，使消费者在无形之中接受其作为第一选择。这种对策需要长期执行才能见效，如烤鱼品牌半天妖“烤鱼不用挑，就吃半天妖”的品牌口号，使顾客在潜移默化中接受“半天妖＝烤鱼”的品牌联想

3. 品牌联想相关指标

品牌联想的成果可以用一些指标来判断。这类指标需要运用调研，而且需要品牌经理或其他相关专业人员的判断。可以用于分析的指标有：

（1）品牌属性联想率。该指标反映出受访者在想起品牌名称或标志时，是否能第一时间联想到该品牌为市场提供的主要价值。这种价值可以体现为具体的产品，如手机、电视机、报纸等；也可以体现为特定任务，如通信、娱乐、新闻等。调查者需要判断受访者的联想是否与该品牌主要业务相匹配，并将匹配者定义为“准确联想属性者”。

$$\text{品牌属性联想率}=\frac{\text{准确联想属性者数量}}{\text{受访者总数}}\times 100\%$$

（2）品牌利益联想率。该指标反映受访者对品牌带来的利益，如快捷、方便、亲和、美味、快乐、健康等，是否有正确认知。这里的评价依据是品牌创立者设计的品牌定位，如果受访者联想到的品牌利益与该定位相符，则可被视作“准确联想利益者”。

$$\text{品牌利益联想率}=\frac{\text{准确联想利益者数量}}{\text{受访者总数}}\times 100\%$$

（3）态度指数。该指标反映了受访者对品牌的总体态度，其结果介于 -1 和 1 之间。如果完全中立，则该指数为 0，为正或为负则分别表示受访者对品牌的态度总体偏向积极或消极。态度指数一般比较稳定，若在短期内出现明显变化，则意味着品牌最近的公共形象出现了波动。

$$态度指数 = \frac{积极态度人数 - 消极态度人数}{受访者总数} \times 100\%$$

七、品牌忠诚

品牌忠诚是品牌资产的重要组成部分，许多调查和实证研究都指出，品牌“常客”为品牌带来的利润可高达85%，而长期顾客的数量增长5%，可使企业利润增加25%。品牌忠诚也是一项需要长期维护的品牌资产，没有任何品牌能够保证消费者的忠诚长久延续。

1. 品牌忠诚度

品牌忠诚度可分为五个层次，分别是无品牌忠诚（顾客认为品牌没有任何差异，购买时不断更换品牌）、习惯购买（不反感品牌，出于降低认知成本的原因而经常购买同一品牌）、满意购买（对当前品牌感到满意，产生了品牌转换成本）、情感购买（对品牌产生情感，与品牌成为朋友）和承诺购买（以品牌为傲，将品牌作为自我表达的一部分）。需要注意的是，不同行业的顾客形成品牌忠诚的难度和偏好有所差异，如奢侈品、高级酒店、汽车等行业的顾客更容易形成情感购买，而零食、文具、洗发水等产品的顾客则大多止步于满意购买。

品牌忠诚度遵循漏斗原则，自无品牌忠诚到承诺购买，顾客人数不断减少，如图6－7所示。对品牌而言，要想实现基业长青，就必须想办法使其承诺购买的顾客的比率不断提高。

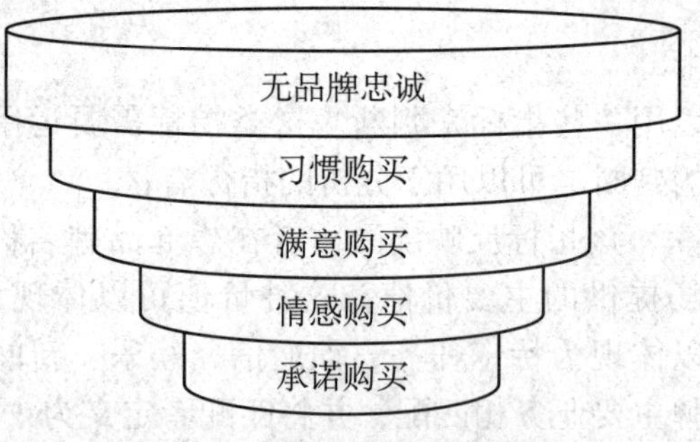

图6－7　品牌忠诚度的层次

2. 品牌忠诚度相关指标

提升品牌忠诚度的对策比较多样化，且不同行业有所差异。营销人员在实施满意度提升对策时，可采用一些指标来判断是否达成目标。这类指标可以直接通过顾客购买数据进行计算，其中比较重要的有：

（1）重复购买率。可以用来分析有重复购买行为的顾客占总体的比例。由于重复购买的顾客通常具有更高的品牌忠诚度，因此这个指标也可以视作忠诚顾客占总体的比例。在运用该指标时可以根据实际需要来定义“重复购买者”，比如在一个月内付费超过两次、一年以内的下单记录超过3次等，根据行业不同而应当有所区别。

$$\text{重复购买率} = \frac{\text{重复购买顾客数}}{\text{全部顾客数}} \times 100\%$$

（2）忠诚顾客贡献率。可反映本品牌忠诚顾客为企业贡献的销售额占比。这个指标通常只会用于分析而非考核，并且要注意该指标高或者低的意义并非绝对积极或消极：忠诚顾客贡献率过高可能意味着品牌对新用户吸引力不足，而过低则可能表示品牌用户忠诚度不高。

$$\text{忠诚顾客贡献率} = \frac{\text{重复购买顾客产生的销售额}}{\text{全部销售额}} \times 100\%$$

（3）购买单一品牌顾客比率。用于衡量本品牌顾客中最忠诚顾客的比例。相对于其他顾客，只够买本品牌的顾客显然有最高的忠诚度，所以这个指标可以充分体现顾客的总体忠诚度状况。同样，企业也需要根据自身情况对“只购买本品牌”这种行为划定一个时间范围。

$$\text{购买单一品牌顾客比率} = \frac{\text{只购买本品牌的顾客数}}{\text{全部顾客数}} \times 100\%$$

（4）品牌选择率。反映的是顾客个体而非全体的情况，在进行全体分析时可以计算全部顾客品牌选择率的平均值。这一指标能够帮助企业判断顾客对本品牌与其竞品的选择意向，更高的品牌选择率意味着更强的竞争力和更高的品牌忠诚度。需要注意的是，这个指标一般只适用于快消品或互联网服务，而不适用于购买频率较低的选购品。

$$\text{品牌选择率} = \frac{\text{最近五次购买中选择本品牌的次数}}{\text{最近五次购买中选择的全部品牌的次数}} \times 100\%$$

（5）品牌转换率。反映了放弃本品牌的顾客数占全体顾客的比例。这一指标的提升意味着品牌总体忠诚度下降、竞争品牌实力增强、品牌吸引力不足等，需要企业引起重视，但也并不总是如此，比如企业产品供应短缺、渠道功能受限等状况也会导致品牌转换率提升。

$$\text{品牌转换率} = \frac{\text{最近五次购买中未选择本品牌的顾客数}}{\text{全部顾客数}} \times 100\%$$

第 3 节　品牌维护

实施恰当的品牌管理对策是塑造优质品牌形象的重要保障。除此以外，在品牌成长过程中，品牌管理还能够带来发展动力、扫除危险与隐患，最终帮助品牌做到可持续发展。全球各领域的著名品牌，如宝洁、奔驰、麦当劳、星巴克、可口可乐等，无一不是在长期经营中坚持了严格的品牌管理政策，对品牌进行精心管理，才造就了基业长青。

要实现真正有效的品牌管理，决策者需要充分调动企业的各项资源，通过计划、组织、执行、控制、反馈等流程，保证品牌的长期发展。

一、品牌规划

成功创建品牌后，企业应当着眼于未来，探索品牌发展之路。为了进一步提升品牌价值，也为了延长品牌生命周期，经营者可以采取一系列对策来进行品牌规划，调整品牌策略，将品牌潜力发挥至最大。

1. 单一品牌策略

单一品牌策略又称统一品牌策略，指在一个品牌成功推出后，企业将该品牌延伸至其他产品，使其生产的多种产品都使用同一个品牌。使用同一品牌的产品，其识别系统、核心价值等都是一致的。

单一品牌策略的主要优势在于能最大限度地利用当前品牌在市场上的发展成果。根据单一化程度和使用范围，这种策略主要有三种类别：

（1）产品线单一品牌策略。企业将品牌运用于同一类产品，通常是同一条产品线内不同规格的产品。由于这些产品功能互补、目标市场接近，因此采用单一品牌可带来很多好处：同类产品使用同一品牌可使消费者加深对品牌的印象，有助于维持品牌形象一致性；借助品牌原有产品在目标消费者心目中的高知名度和美誉度，可使消费者相信相同品牌的新产品也能够带来优质的体验，从而提高新产品被市场接受的概率。然而，为了维持品牌的统一性，该产品线内新产品的开发必然会受到一定限制，这也在一定程度上阻碍了向新品类的延伸。

（2）跨类单一品牌策略。也叫范围单一品牌策略，企业将在质量和功能上相近的产品聚在一起，使用相同的品牌。这种策略比产品线单一品牌策略范围更大，其优点在于：利用消费者优先考虑熟悉品牌的心理，使多类产品同时从品牌中受益，有助于建立统一的品牌意识；通过稳定的质量管理，使多类产品在品质上均能给消费者带来优质的体验，从而进一步强化品牌价值；新设计的产品系列也同样能从品牌中受益，使产品宣传效果得到提高。不过如果不考虑产品属性而盲目实施跨类单一品牌策略，则可能混淆品牌定位，不仅难以让消费者接受新产品，也会让原有品牌价值受到损害。

（3）完全单一品牌策略。这是一种将企业和品牌合二为一的做法，企业生产的所有产品和服务均使用同一个品牌，使整个产品组合高度统一。这种策略的特点如下：其一在于可使品牌曝光效果最大化，消费者在接触产品的同时也加深了对企业的了解，使品牌传播效果最大化；其二在于更有效地保护了企业名称专有权，通过将企业与品牌合二为一，使企业名称也可受到专利法的保护。但这种做法也会为品牌带来一定的负面影响，若企业首次尝试推出与过去产品类别不太匹配的新产品，则很可能让消费者认知混乱，从而损害品牌资产。另外，若企业想要以现有品牌进入更高端或低端的市场，则品牌形象反而会成为阻碍。

总体来看，单一品牌策略能够提高对品牌资产的利用效率，也可以强化品牌对消费者的影响力，是一种使用非常广泛的策略。在实施过程中，品牌经理需留意在多种产品上体现产品共同的核心价值，并时刻注意各类产品的市场表现以积累品牌资产。在实施前最好对目标产品进行详细分析，并将该策略只运用于那些关联较强、质量相近的产品类型。

2. 品牌延伸策略

品牌延伸指的是企业借助已成功被市场接受的品牌来推出新产品或改进型产品，如美的在空调取得初步成功后，又将其品牌名称及标志用于洗衣机、冰箱、热水器、厨电、清洁用品等产品系列，其意图在于借助品牌知名度迅速将新产品推向市场，从而扩大产品组合、取得竞争优势。

示例　茅台失败的多元化尝试

按照延伸领域与原领域之间的关系，主要的品牌延伸策略分为：

（1）专业化延伸。品牌延伸的新领域与原领域处于同一行业，且在产品功能、分销渠道、技术支持、客户群体等方面存在比较明显的共性。这种延伸方式相对稳妥，企业可充分利用原有产品的功能和价值吸引消费者尝试新产品，从而控制新产品进入市场的风险。例如，晨光文具公司通过中性笔获得初期品牌资产，后来将“晨光”这个品牌逐渐延伸到圆珠笔、记号笔、订书机、档案盒、耗材等学习和办公用品领域，使得晨光的品牌知名度得到有效利用。

（2）一体化延伸。品牌向原有定位的更高级或低级部分延伸，即进入更高或更低的价格带。品牌可以选择向上进入更高端的市场来提高品牌形象，也可以向下进入更低端市场来扩大市场份额。例如，肯德基在我国主要分布于一二线城市，为了进入三四线城市，推出了“肯德基优选”，其产品组合有所调整，价格也更便宜，符合这些地区的消费水平，从而带来更广阔的发展空间。

（3）多样化延伸。在这种品牌延伸策略中，品牌延伸的新领域可能和原领域完全不相关，但其用户群体有一些重合，因此依然可以运用原品牌的知名度和忠诚度来引导这些用户尝试，从而帮助新产品被市场接受。举例来说，小米公司首先被市场认可的产品是小米手机，在随后的品牌延伸中，出现了电视机、平板电脑、可穿戴设备、健身用品、箱包等和手机关系不大的产品，这就是运用了小米品牌在目标顾客中的口碑，吸引其尝试更多类型的产品。

合理地运用品牌延伸策略，能够为品牌带来正面回报：扩大产品的市场覆盖面以及扩大品牌适用范围，提高传播效率，满足顾客的多样化需求。然而品牌延伸如果过度或操作失误，则可能损害原有品牌形象，并让新产品难以被市场认可。为此，管理者需要对市场有全面而深刻的认知，在保护品牌核心价值的同时，运用科学的管理制度保护品牌资产。有时也可以采用主副品牌策略来降低品牌延伸的风险。

3. 多品牌策略

随着市场进一步细分以及消费市场的碎片化，单一品牌可能并不能有效满足多元化的顾客偏好，随着品牌用户数量的累积，有可能造成品牌形象不清晰、品牌定位混乱的情况。为此，一些大型企业开始使用多个品牌，并形成一套兼顾各类需求的品牌组合，这就是多品牌策略。

在多品牌策略的影响下，各个品牌对应的产品会采取不同的品牌发展策略，如进入不同的细分市场、采取有差别的定价、功能上有所差异等。在品牌传播时，多品牌策略会强调各个品牌的特色，使消费者淡忘这些品牌都来自同一家公司，而对各个品牌的特点印象深刻。多品牌策略的例子常见于大型公司，比如大众汽车在中国市场开发了多个品牌的车型，如轿车系列的朗逸、帕萨特、桑塔纳、速腾、迈腾等，以及SUV系列的途岳、途观、探歌等，而这些品牌都有各自独立的运营体系，以覆盖不同的用车群体。

可见，多品牌策略能够有效解决品牌发展中可能出现的品牌形象受损的问题，但这套策略的执行需要满足一定条件。首先，该企业面向的主要市场一定要有足够的市场容量，且消费者需求存在明显差异，从消费能力、属性偏好、功能用途上可进行明确细分，否则多品牌策略就没有实际意义。其次，执行多品牌策略需要企业有足够强大的实力，管理层需要对品牌足够重视、对战略了然于心；从组织架构上必须有专门的高级管理者，负责品牌组合的整体规划；整个组织必须以消费者为中心来经营，各个部门需协调到位、思想一致。最后，企业还需要强大的资金和人才储备，来满足多个品牌协力发展的需要。

4. 品牌特许经营策略

除了上述三种策略，一些企业还会采取特许经营的方式，允许经营者有偿使用其名称、商标、专利及运作方式来从事商业经营活动。根据国务院2007年颁布的《商业特许经营管理条例》，特许经营是指拥有注册商标、企业标志、专利、专有技术等经营资源的企业（以下称特许人），以合同形式将其拥有的经营资源供其他经营者（以下称被特许人）使用，被特许人按照合同约定在统一的经营模式下开展经营，并向特许人支付特许经营费用的经营活动。

在商业实践中，特许经营被视为一种有效的资本扩张方式，可以让企业在节省资金与人力的情况下，不需要自建渠道就可实现扩大销售的目标。对特许人来说，特许经营可有效分散经营风险，并通过加盟费等形式快速回收资金；对被特许人而言，特许经营让其可以使用优质品牌作为盈利手段，减少了建设品牌所需的时间和成本。

相对于其他发展策略，特许经营比较灵活，双方可约定实施品牌、产品、商标等形式的特许，也可以对单店或整个区域进行特许。不过就品牌所有者来说，要维持长期的有效经营，则必须采取合适的对策，有效管理特许经营加盟商。从管理强度的角度看，特许经营企业管理模式主要有以下几种：

（1）托管式管理。这是一种全程托管的管理模式，开店费用由加盟商自行筹备，而将经营管理权转交给总部（比如由总部派遣员工和管理者）。这种模式主要适用于一些管理难度较大的行业，如珠宝、美容、高端餐饮等，通过总部直接管理事务来控制加盟店的行为，从而保护品牌资产。

（2）半托管式管理。当加盟商得到特许经营权后，品牌总部进行一段时间的托管（一般持续半年或一年），到该加盟商开始盈利后，总部再逐渐退出管理，由加盟商接手。在后续持续经营中，总部也会不定期指导加盟商经营管理。这是一种比较常见的特许经营模式，如新式茶饮品牌蜜雪冰城，在加盟商经营初期会从总部派遣资深员工来辅助经营，也会为加盟店的宣传活动、库存管理等提供指导。

（3）松散型管理。在这种管理模式下，总部不会过多介入加盟商的内部经营，在加盟店开设以后主要由加盟商独立负责。通常这类品牌或产品的经营比较简单，总部的主要收益除了加盟时缴纳的一次性费用，还有长期向加盟商配送商品所收取的费用。严格来讲，这种管理方式下的双方关系类似于品牌和经销商的关系。

（4）委托加盟管理。特许经营者直接将现有的直营门店委托给合适的加盟商来经营。在这种方式下，加盟商并不需要支付装修费用、设备费用和租金等，而营业利润则由总部和加盟商通过协议进行分配。这种特许经营模式类似雇佣关系，便利店品牌采用这种模式的情况较普遍。

需要注意的是，品牌特许经营和品牌连锁经营在表面上有很多相似之处，但其实这两种品牌扩张方式存在很大的区别。连锁经营制度下的企业会设置总部和分店，在标准化管理程序下开展商业活动，各连锁店铺与总部具有行政上的隶属关系，不独立承担民事责任。加盟商拥有该特许经营下的加盟店，并独立承担民事责任。

即使在同一行业内，由于管理方针的不同，各个品牌也可能采用不同的经营策略。两种模式的差异除了在于管理方式，还在于成本构成和品牌控制程度。一般情况下，连锁经营模式的品牌在采购、员工薪酬以及品牌营销等方面的成本都比较高，其原因在于大多数连锁经营的企业更看重长期品牌资产的建设和维持。

二、品牌管理

针对外部环境变化，企业需要充分权衡其为品牌带来的影响，并采取相关手段以维护品牌形象、保持品牌定位及保护品牌价值。

1. 商标管理

商标是品牌的重要组成部分，是识别企业产品或人员的标志。一个有效的商标通常由文字、图像、符号、数字等构成，经过注册后能够获得法律保护，使注册企业拥有该商标的专用权，其他企业不得仿效、使用。从今天的管理视角看，商标能够为企业带来多元化的效用：首先，商标可以有效将品牌与其他经营者的品牌进行区分；其次，明确的商标形象有助于消费者认购商品，特别是采用了品牌延伸策略的企业，可以将商标快速运用于多个产品类别，降低消费者辨识难度；再次，商标形象也能够被运用于广告及宣传活动，通过展示商标可强化受众对品牌的印象，使其将广告与活动中表达的内容与品牌进行有效结合；最后，在国际贸易中，一个经过注册的商标可以保护商品的知识产权，维护品牌在出口目的地的合法权益。

为了保证商标产生应有的价值，企业需要实施一系列商标管理措施，具体包括：

（1）依法行使商标权。要想让商标具有保护品牌的作用，首要工作即是保证商标的注册和使用符合国家相关规章制度。根据我国 2019 年第四次修正的《中华人民共和国商标法》，企业在注册新商标时需要注意不可作为商标注册的标志，避免与其他知名品牌的商标雷同，并在商标有效期满前及时办理续展业务。

（2）建立完善的商标档案。由于商标管理是一项长期工作，为此有必要将企业商标注册和使用过程中保存的全部相关文档进行存档和记录，在品牌纠纷处理中，商标档案的完善与否直接关系着品牌是否能得到有效保护。在实践中，企业需要针对每一个商标单独建档：一是商标注册相关文档，如设计原稿、设计说明、设计日期、设计合约、商标申请日期等；二是与商标侵权相关的各项材料，如侵权证据、投诉材料、执法机构处理回执等；三是商标使用相关记录，如商品包装、品牌广告、宣传手册、门店装修等。

要注意商标遵循时间原则，能够证明商标注册日期更早的人可获得商标法的保护。

（3）防御性商标注册。即使有商标法作为法律依据，商标保护也并非高枕无忧：事实上，各类知名品牌很容易受到各种各样的负面影响，导致品牌建设成果被窃取、品牌形象受到损害。而消费者在不明就里的情况下很容易将购买假品牌等受到的伤害归于知名品牌本身。为此，商标所有人需要提前采取一系列举措来做好防范，其中比较常见的策略如表 6－9 所示。

表 6－9　常见商标保护策略

策略	措施	示例
注册联合商标	在同一类商品上注册若干个近似商标	火锅品牌海底捞注册“池底捞”“捞底海”“奥底捞”“渠底捞”“清底捞”等多个商标
跨类别注册商标	在同一行业的多个类别下注册同一个商标	运动品牌安踏在服装、鞋帽、健身器材、皮革皮具等多个相关门类注册同一商标
跨行业注册商标	在不同的行业里注册同一个商标	老干妈在方便食品、材料加工、餐饮住宿、烟草烟具等多个行业注册同一商标
跨境注册商标	在其他国家注册商标	华为在英国、欧盟等国家和地区将 Harmony OS（鸿蒙）注册为华为操作系统商标

除了上述对策，企业还需要设立相应的商标管理部门，负责企业全部商标管理事务，并采取主动出击的做法，鼓励消费者举报商标侵权行为，积极协助公安部门打击假冒伪劣，从而维护品牌的正当利益。

2. 品牌危机管理

一个寻求长期稳定发展的品牌，在其一生中几乎不可能避免来自企业内外的危机，如果企业不能及时、高效地应对，轻则造成短期销售震荡和品牌形象受损，重则导致品牌消失。即使是那些勉强渡过危机的品牌，也难免留下品牌信任度下降、公众形象受质疑等后遗症。为此，企业必须充分理解品牌危机的特点和危害，并建立有效的应对机制，时刻防范品牌危机。

不同于其他事件，品牌危机具有一系列重要特征：首先，具有显著的突发性，其爆发时间、爆发形式、爆发规模和强度均难以预料，如 2019 年奔驰车漏油事件，从一开始的 4S 店纠纷发展到全网皆知，仅用了一天时间；其次，会带来极大的危害性，有时甚至会直接颠覆和毁灭一个品牌，如 2016 年三星手机爆炸事故，三星因为态度过于傲慢而广受批评，导致其销售受到了极大的影响；再次则是必然性，几乎任何一个知名品牌在其发展道路上，都曾因为产品、服务、态度、观点、代言人等各种问题而遭遇过品牌危机；最后是媒体的高关注度，品牌危机事件具有丰富的媒体价值，在吸引媒体曝光的同时也会引发广泛的社会讨论，一旦处理失误很容易造成深远的不良影响。

为合理应对品牌危机，企业需要在平时就做好防范工作，以降低危机爆发的概率并减小处理的难度。一些被证明有效的处理经验如下：

（1）坚持诚信经营。事实证明，诚信、坦率、亲和的品牌，在遇到品牌危机时明显具有更强的应对能力。在长期经营中积累下来的忠诚消费者，是品牌无比宝贵的资产，他们更愿意相信品牌为解决危机而付出的努力，也愿意在社交媒体上为品牌发声。海底捞在 2017 年遭遇后厨危机时，正是长期诚信经营积累的品牌口碑，再加上及时开放后厨参观的合理对策，让其在较短的时间内摆脱不利影响，重新获得顾客信任。

（2）做好品牌保护。完善的品牌保护机制，不仅能提高顾客忠诚度，也能让企业品牌在遭遇危机时，得到法律、顾客、技术、财务等方面的支持。要实现这一点，就需要在日常经营过程中注重积累品牌资产，如及时对品牌商标进行全方位注册、保证产品质量和性能领先、进行产品防伪设计、保护品牌信息等。同时，企业也需要意识到品牌危机可能带来的灾难性后果，为品牌保护储备一笔资金，以便在危机发生时用于消除负面影响。

（3）强化管理者的危机意识。品牌经营者需要在企业内部进行危机管理，使决策者和执行者均能树立危机意识，约束人员言行举止，使危机化解于无形之中。许多企业会成立专门的危机管理部门，通过培训、讲座、训练等方式强调品牌危机的影响和应对措施。一些企业还会将危机管理纳入部分岗位的绩效考核，要求运营人员及时对顾客反馈进行答复和处理，尽可能消除导致品牌危机的隐患。

（4）建立品牌危机预警机制。未雨绸缪，建立预警系统，及时捕捉可能引起品牌危机的现象，能够有效降低品牌危机的发生频率和影响程度。一些企业会成立风险控制部门来评估品牌危机等级、设置和监控品牌危机指标、准备危机应对资源、制定危机应对预案等。为了第一时间获取与品牌相关的舆情动态，企业可以制作网络爬虫，或者购买舆情监控工具，在各类网站 24 小时不间断地监控与品牌相关的用户话题，并设置数据挖掘规则来分析用户语义和态度，从而在负面评价达到临界点时进行智能化报警。

本章小结

品牌是企业的重要资产。结合众多学者的研究，品牌可以被理解为视觉设计、可感知性、市场定位、附加价值、形象和个性化的集合体。其商业价值巨大，对企业而言可以识别企业、传递价值、塑造信任和提供附加价值，对顾客来说有助于快速识别、降低购买风险、体现个性特征、提高合作效率等。企业的品牌资产可以概括为品牌知名度、品牌认知度、品牌联想度、品牌忠诚度和品牌其他资产。

创建品牌是一个复杂而漫长的过程。企业需要精心设计品牌的定位、名称、标志和其他要素。另外，企业应进行品牌维护，使品牌规模有序增长。

启示

对品牌进行长期有效的管理，可以最大限度地提升品牌策略的效果。从战略角度讲，品牌经理需要规划品牌的成长道路，保障品牌的未来发展空间；在品牌管理上，企业需要对品牌商标进行有效的保护和管理，同时注意监测品牌危机，力争第一时间化解危机。

思考与应用

1. 品牌对企业和顾客分别有什么价值？
2. 品牌资产由哪些要素构成？
3. 品牌创建的流程是怎样的？
4. 品牌创建初期，应当如何进行定位？
5. 企业如何应对品牌危机？

案例分析

云耕物作进军电商红糖品类

对于创业者而言，新奇、有门槛、利润高的项目总是会有更好的发展前景，但这些和传统的红茶行业可以说没有任何关系。作为一个历史悠久的传统产业，红糖在中国生产门槛低，在超市的零售价低至几块钱一斤，也很难说在消费者面前具有什么神秘感。在电商平台上，销售红糖产品的店铺数不胜数，其产品、价格、功效以及包装也相差无几。

这就是2018年进入电商平台的红糖品牌“云耕物作”面临的市场环境。在进驻平台初期，品牌保持了一段时间的快速增长，却很快遇到瓶颈，究其原因，主要是因为消费者对红糖产品的认知属于“品类大于品牌”，在购买时不怎么考虑红糖的品牌因素；另外，许多消费者也很难鉴定红糖的好坏，这给了一些商家以次充好的机会，它们通过在红糖配方中加入赤砂糖、白砂糖来降低成本。云耕物作采用甘蔗汁熬制纯正的红糖，自然在品质上具有优势，但这种优势并不易被消费者认识到，从而难以影响消费者的购买决策。

面对同质化严重、信息不对称的市场，准确且统一的品牌战略能够有效提升企业的整体效率、降低消费者选择成本。为此，云耕物作选择的对策是通过拳头产品来塑造品牌。通过调研发现，云耕物作最受欢迎的产品是“红糖姜茶”，这款产品以女性为核心消费群体，消费场景明确、购买理由充分。调研指出，消费者在咨询该产品时，“这个有没有效果”是一个高频问题。为了应对食品法中关于“食品广告不得宣传疗效”的要求，品牌管理人员进一步挖掘消费者信息，收集了电商平台上消费者针对红糖产品的数万条好评，并通过大数据语义分析，得到了一个重要情报：消费者喜欢用“很暖”来形容好红糖带来的感受。

在情报的支持下，云耕物作的品牌策略得以顺利实施。品牌以“真红糖，真的暖”为品牌口号，向消费者传递了坚持只做真红糖、时刻关爱消费者的核心经营理念。为节约费用，云耕物作对包装进行了大幅度的改革，以此来实现免费的传播：将一个“暖”字以正楷的形式写在包装正面，并把“真红糖，真的暖”这句话直接印在正面，有效地强化了品牌认知。不仅如此，产品包装上还印刷了品牌创始人取得的技术专利以及“每月常备”几个字，在体现技术优势的同时，充分展示了对消费者的关怀。

在品牌推广中，云耕物作主要运用了与目标消费者行为高度契合的抖音、小红书、淘宝等平台，并要求所有的推广人员及合作方都必须在文案中强调“产品采用纯正红糖、品质优异”这一要素。淘宝主播在一次直播活动中，特别向观众展示了产品包装上的配料表，让所有人都清楚地看到了“坚持纯甘蔗直榨，拒绝白砂糖、赤砂糖等添加物”的信息。这些信息还被运用于品牌电商详情页的改进上，形成以“真红糖，真的暖”为核心的一系列产品文案，以此强化品牌的独特形象。

品牌的一系列决策很快取得了成效。仅仅是包装的更新，就为品牌带来了 30% 的点击率增长；在详情页面，顾客购买转化率提升了 18%，算上点击率的提升，销售额提升超过 50%，该品牌成为天猫平台红糖姜茶类产品的销量冠军，为品牌其他产品系列的全面升级打下了坚实基础。

资料来源：小马宋．营销笔记．北京：中信出版集团，2022.

▶ 思考题

1. 云耕物作采取了何种品牌定位策略？
2. 云耕物作塑造了什么样的品牌形象？
3. 云耕物作在初期是如何实现有效的品牌传播的？

第7章 定价策略：呈现顾客价值

教学目标

知识目标

- 理解价格的含义与重要性。
- 掌握制定价格的方法。
- 熟悉各种定价策略。
- 了解价格调整和应对的方法。

能力目标

- 具备对影响价格的因素进行分析的能力。
- 具备为产品制定价格的能力。
- 能够在变化的环境中调整价格。

思维目标

- 形成定价系统思维。
- 形成价格调整的发散思维。

素质目标

- 树立遵守法规的观念，反对价格欺诈行为。
- 遵循公平、合法和诚实守信的原则，不变相涨价。

内容导图

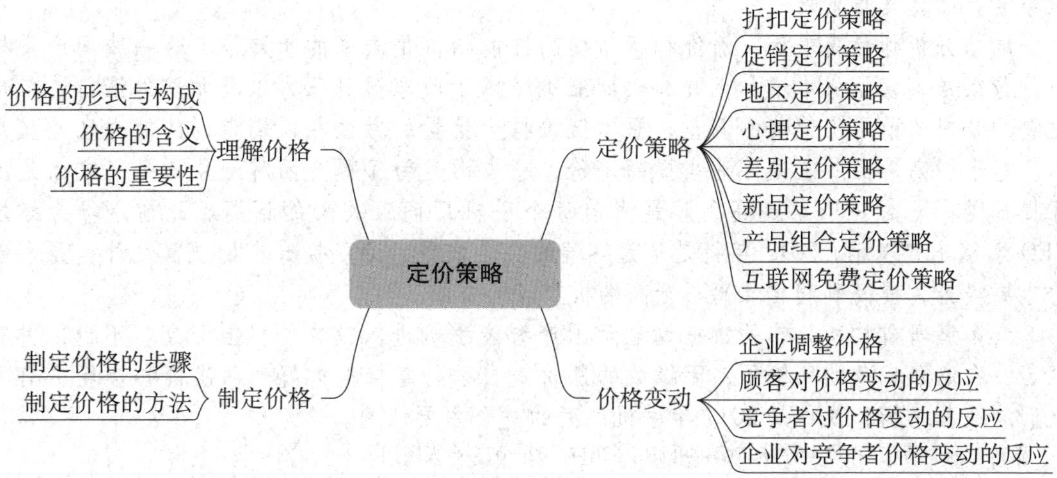

导入案例

手机将卖得更贵

一直以来越卖越便宜的电子消费品，在 2017 年价格开始走高。新年伊始，小米就宣布红米手机涨价，拉开了 2017 年国产手机涨价的序幕。就在小米宣布涨价的当天下午，时任一加手机 CEO 刘作虎表示 2017 年手机行业的主旋律是涨价。

1. 国产手机纷纷涨价

红米手机官方微博发出公告，由于元器件采购成本上涨和汇率波动，红米 4 和 4A 成本剧增，红米 4 系列价格均上调 100 元。2016 年年底电子产品就传出涨价的声音，目前多家国产手机厂商已经逐步完成价格调整。魅族率先打响了 2017 年手机涨价的第一枪，1 月 3 日，魅蓝 Note 5 悄悄地调整了售价，除顶配版外均提价 100 元。魅蓝 Note 5 16 GB 售价调至 999 元，32 GB 售价调至 1 099 元，只有 64 GB 版本售价保持不变，为1 499元。华为、小米、乐视等也都有不止一款型号上调了售价。

2. 原材料大幅涨价

对于这波手机涨价潮，除了汇率变化等原因外，原材料涨价是最重要、最直接的一个因素。自 2006 年下半年起，像屏幕、处理器、内存、闪存、摄像头、指纹识别模块这些必备元器件除了涨价就是缺货，尤其是屏幕与 Flash 等关键配件的缺货现象已经非常严重。集邦咨询（TrendForce ）早前的研究显示，三星的中小尺寸 OLED（有机发光二极管）面板处于供求失衡的状态，最短的拿货周期也要排到下半年。这主要是由于国产手机厂商的产品线在由中端向高端提升过程中，OLED 面板的需求量逐渐增加。

3. 国产手机定价策略调整

涨价的手机主要是超低端机型。物料成本是手机等电子产品的主要成本。对于一些原本就利薄的超低端手机来说，成本上涨势必没有利润空间，涨价也就成了必然。IHS Technology 中国研究总监王阳指出，在原材料涨价的压力下，超低端手机今年会普遍涨价，而像 OPPO、vivo、华为等留有足够空间、利润压力还不大的品牌，应该不会涨价，但今年新品会卖得更贵。

电信分析师付亮表示，涨价和新品提高性能抬价是未来的大趋势。这一波国产手机涨价与渠道、营销成本增加无关。短期涨价是由于股东盈利压力以及元器件涨价，但最主要的是对此前定价策略的调整，原本低价扩大销量的做法在低端市场的效力已明显降低。对于中高端品牌来说，适当提高定价，一方面是为了提升品牌形象，另一方面是为了提升盈利能力，毕竟提高利润是当前每个手机厂商最关心的话题。此前，华为终端 CEO 余承东曾表示，2017 年将是华为终端的决胜之年，除了提升市场规模之外，盈利能力也要提升，提高利润自然离不开高端机市场的贡献。

众多调研机构所公布的数据均显示国产智能手机进入销售价格上涨期。不过，付亮认为，在激烈竞争的环境下，无缘故的涨价是自杀。怎样把握好产品溢价和市场占有率之间的最佳平衡，或许是 2017 年手机厂商的一个主要课题。

资料来源：马燕．2017 年手机将卖得更贵．（2017－02－07）．人民网．

定价策略在营销活动中的地位十分重要。如果说理想的产品、渠道和传播为企业播下种子，那么有效的定价能够让企业收获果实。产品、渠道和传播是企业价值创造的过程，定价则是顾客价值的呈现。定价也是十分灵活的要素，可以非常迅速地变化。然而定价决策又非常复杂，很难做出。企业在制定价格时，应考虑公司、顾客、竞争者和营销环境等因素，理解顾客的心理，掌握制定、调整和变更价格的系统方法。

第 1 节　理解价格

管理者究竟应该如何定价？和竞争对手一模一样？低价获取市场份额，还是高价提高单位利润？为了做出这一极具挑战性的决策，管理者必须采用理性的手段来进行定价，其中理解价格的形式、含义和重要性是正确制定价格的前提。

一、价格的形式与构成

价格不只是标签上的一个数字，它有多种表现形式，发挥着多种功能。租金、学费、交通费、公共事业费、通行费、定金和佣金等都可能是购买某个产品或体验某种服务时支付的价格。[①] 价格也有多个组成部分。如图 7－1 所示，当你购买这款华为手机时，看到的除了标价 3 938 元，还有经销商限时优惠 550 元，学生再优惠 50 元，以旧换新补贴等折扣/折让，以及售后服务、准时发货和送达、分期付款等相关内容，一些企业允许顾客以多种形式付款。

① 科特勒，凯勒．营销管理：第 15 版．上海：格致出版社，上海人民出版社，2016：432.

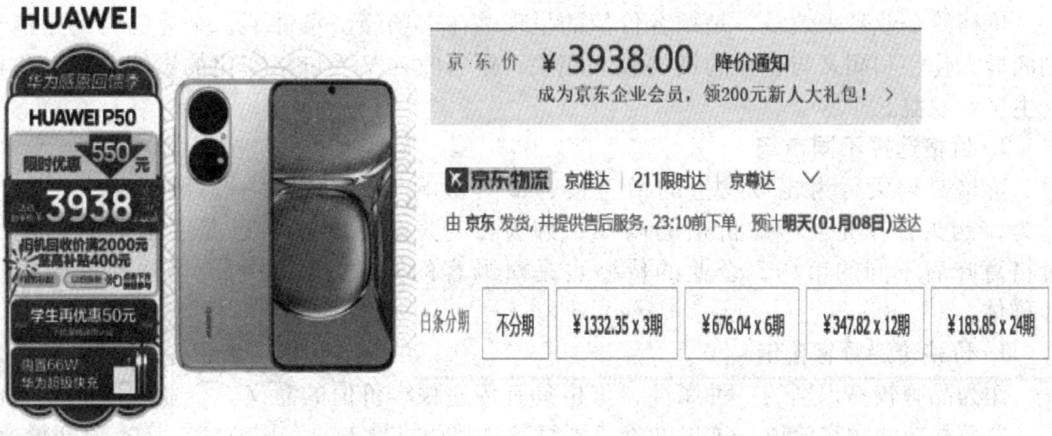

图 7-1　华为手机价格

资料来源：京东商城官网.

二、价格的含义

从狭义上讲，价格是卖方提供产品或服务所要收取的货币总额。从广义上说，价格是顾客为了获得、拥有或使用某产品或服务所带来的利益而放弃的价值总和。[①] 一直以来，价格都是影响消费者购买选择的重要因素。

营销者发现消费者的购买决策是基于消费者对于价格的感知以及他们心中认定的价格。如果产品价格低于其心中的价格最低点，消费者会因难以接受低价意味的低质而放弃购买，企业会丧失一个重要的、从为顾客创造价值中获利的机会；如果价格高于其心目中的价格最高点，消费者则会因价格过高而认为不值得购买，导致企业割让市场份额给竞争对手。[②]

消费者对于价格的感知以及心中认定的价格是通过对价格信息进行加工完成的。消费者会根据先前的购买经验、正式传播渠道、非正式传播渠道，以及购买地点和从在线资源获取的信息对价格进行解释。

示例　啤酒选择实验

三、价格的重要性

价格在营销组合中十分敏感，直接关系到市场对产品的接受、市场需求情况和企业的利润，涉及消费者、生产者、经营者等多方利益。价格在营销活动中具有重要地位，主要体现在以下方面。

---

① 阿姆斯特朗，科特勒．市场营销学：第 9 版．北京：中国人民大学出版社，2010：230.

② 史密斯．定价策略．北京：中国人民大学出版社，2015：4-5.

1. 价格产生企业效益

价格给企业带来效益，是顾客价值的呈现。在市场经济条件下，企业的目的是追求利润最大化，利润又与企业的销售收入相关，销售收入又受价格变化的影响，所以价格产生企业效益。

2. 价格选择不同市场

价格是购买行为能否发生的最直接、最具影响力的因素之一。购买是一种经济行为，购买者首先会考虑价格的高低，购买行为发生后对于自己是否有利。不同的价格意味着不同的市场，企业的价格也是对顾客的筛选，不同的价格选择不同的顾客群体。

3. 价格传递顾客价值

作为品牌较易识别的一种属性，价格具有传递顾客价值的意义。企业制定的产品价格暗含着相应的顾客价值。这里的价值不只是产品功能带来的实用价值，还有象征价值。比如定价几十万元的奢侈品包包，背后就是这个品牌给顾客提供了社交价值。

4. 价格决定竞争状况

企业在经营过程中，会时刻关注竞争对手的价格。企业不同的定价会确定不同的竞争对手，企业期望打破竞争对手的封锁，形成自己的竞争力。比如小米手机在前期，价格一般定在千元左右，竞争对手是普通品牌，而不是华为与苹果手机。

5. 价格传递企业战略

对于企业，价格是企业战略的重要体现。新产品进入新市场，决策者就面临决策：是实行“厚利精销”的高价策略来快速收回投资成本，还是实行“薄利多销”的低价策略来获取规模效益？厚利精销的定价策略会引来众多竞争者，使市场竞争激烈，迫使价格下降；薄利多销的定价策略可能会将新的竞争者拒之门外，从而获得较高市场占有率和规模经济效益。

6. 价格影响企业资源配置

企业产品不同的价格可以筛选不同的顾客群体，从而使企业依据顾客群体的不同需求以及竞争对手的情况，配置其资源。比如 A 酒店 200 元每晚的房间，与 B 酒店 500 元每晚的房间，所配置的资源是完全不同的。

总之，价格背后蕴藏大量信息。营销视角下定价的核心是企业明确目标市场中的购买者如何判断品牌价值，进而结合自身的战略、资源以及竞争品牌的定价策略，制定合理的价格。

第 2 节　制定价格

小公司的价格通常是企业主制定，大公司的价格一般由部门经理和产品线经理负责制定，但高层管理者仍会制定出基本的定价目标和政策，并对下级管理者提出的价格建议进行批复。有些公司还会设立一个定价部门来确定或帮助确定适当的价格，并向营销部门、财务部门或高级管理层进行汇报。

企业在制定价格的过程中，需要知道应该按什么步骤来制定价格。然后，在考虑价格影响因素后，选择具体的定价方法。

一、制定价格的步骤

当企业推出新产品时，或者向新的渠道与新的地区推出产品时，或者参加投标与拟定合同时，就会遇到制定价格的问题。由于价格的影响因素众多，而且定价又非常重要，因此，需要遵循科学的定价步骤，如图 7－2 所示。

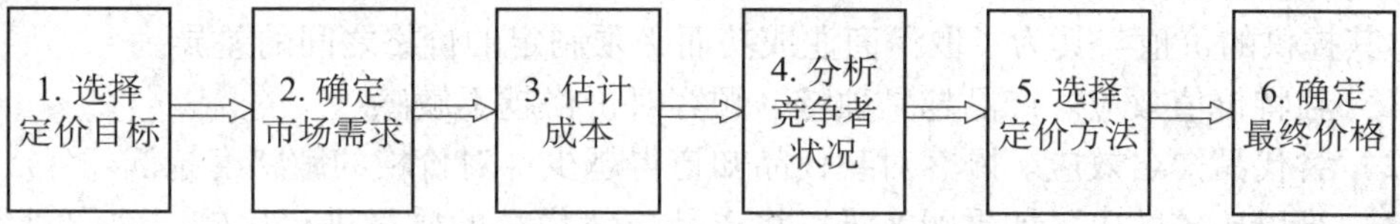

图 7－2　制定价格的步骤

资料来源：科特勒，凯勒，卢泰宏．营销管理：第 13 版．北京：中国人民大学出版社，2009：322.

1. 选择定价目标

企业定价目标是指企业通过制定一定水平的价格，所要达到的预期目的。在不同的市场环境下或企业发展的不同阶段，企业会采取不同的定价目标。在不同的定价目标下，企业的市场定位和定价方法也会不同。企业的定价目标主要有以下五种。

（1）以生存为目标。生存是企业的短期目标。在面对激烈的竞争或快速变化的市场需求时，许多企业会以生存为目标。只要产品的价格能够收回成本，公司就能生存下去，争取维持营业到形势变好或新产品问世，再调整定价目标。

（2）以利润最大化为目标。利润是企业从事经营活动的主要目标，也是企业生存和发展的基础。有些企业通过估计需求和成本来选择一种价格，使之能产生最高的利润或投资回报率。但是，这个目标可能会影响企业的长期发展。

（3）以市场份额最大化为目标。有些企业以巩固和提高市场占有率，维持或增加市场销售量为定价目标。企业认为，通过维持高市场占有率，可实现最低单位成本和更高的长期利润。有分析指出，当市场占有率提高时，投资收益率也会相应提高。因此，以销售量和市场占有率为定价目标具有获取长期较好利润的可能性。所以，在市场对价格高度敏感的情况下，可制定尽可能低的价格来追求市场占有率，以此来降低单位生产和分销成本，进而提高收益率。

（4）以市场撇脂最大化为目标。在足够的顾客有高水平需求，或者小批量生产的单位成本不高，且企业的高价不会大幅度降低销量时，企业可以通过高价传递优质产品形象，再通过慢慢降价，在不同的顾客群中最大限度地获取利润。

（5）以产品质量领导者为目标。一些生产和经营优质产品的企业会采用这一定价目标。企业通过在市场上树立产品质量领先、服务优质和品位高端的形象，使顾客接受其制定的高价格。当顾客认为物有所值时，就会购买。

2. 确定市场需求

顾客对产品价格是否合理具有最终决定权。不同的价格会导致不同程度的市场需求，会对企业的营销目标产生不同影响。价格变动与需求变动之间的关系可以通过需求曲线获得。一般情况下，价格越高，需求越少。但是对于某些高声望的商品来说，消费者认为高价格意味着高品质，所以需求曲线的斜率为正，但是价格太高，需求水平也会下降。

市场需求受价格和收入变动的影响，价格和收入等因素引起的需求的相应变动叫需求弹性。其中需求价格弹性是需求量对价格变化的反应程度。需求价格弹性系数等于需求量变化的百分比除以价格变化的百分比。需求价格弹性反映了顾客对价格的敏感度，企业影响价格敏感度的因素主要有九种[①]，对于每一种因素，企业都有可以使用的战术，以缩小其提供的价值与其为了取得商业成功而必须制定的价格之间的差异。

（1）独特价值效应。产品越是独特，顾客对价格越不敏感。

（2）替代品知名效应。顾客对替代品知道得越少，对价格的敏感度越低。

（3）难以比较效应。如果顾客难以将产品与替代品的质量进行比较，他们对价格就不会太敏感。

（4）总开支效应。开支在顾客收入中所占比重越小，他们对价格的敏感度越低。

（5）最终利益效应。开支在最终利益的全部成本中所占比例越低，顾客的价格敏感度会降低。

（6）分摊成本效应。如果一部分成本由另一方分摊，顾客的价格敏感度会降低。

（7）积累投资效应。如果产品与以前购买的资产能合在一起使用，顾客对价格就不会太敏感。

（8）价格-质量效应。假设顾客认为某种产品质量更优、声望更高或是更高档，顾客对价格的敏感度就更低。

（9）存货效应。顾客如无法储存商品，对价格的敏感度就会较低。

当产品的需求价格弹性较大时，企业通常考虑通过降价来刺激需求，从而产生较高的总收入，反之则不应贸然降价。

3. 估计成本

需求决定了价格的最高限度，成本则决定了价格的最低限度。企业在制定产品价格时，需要考虑成本和利润。所以，成本高低是影响定价策略的重要因素之一。成本包括固定成本、变动成本，二者之和为总成本，此外，还可从平均成本和边际成本方面进行考量。

（1）固定成本。又称一般管理费，指在一定时期和一定业务量范围内，不受产量变动影响而保持不变的成本。如房租、地租、办公费用、管理人员的工资等。

（2）变动成本。变动成本是支付给各种生产要素的，会随着产量增减而发生变化的成本。如原料费用、电费和工人工资等。这种成本随产量的变化而变化，常常在实际生产开始后才需支付。

（3）总成本。总成本是固定成本和变动成本之和。当产量为零时，总成本等于固定成本。

---

① Nagle T，Holden R. 定价策略与技巧：赢利性决策指南：第3版. 北京：清华大学出版社，2003：63－79.

（4）平均成本。平均成本是一定产量下单位产品的成本，它等于总成本除以总产量。管理者希望价格能够弥补一定产量水平下的平均成本。

（5）边际成本。即每增加单位产品所引起的总成本变动的数值。企业可以根据边际成本等于边际收入的原则，寻求最大利润的均衡产量。在短期内，当边际收入大于边际成本时，企业增加销售量会带来利润的增加。随着销售量的进一步增加，边际成本会提高，如果边际成本超过边际收入，利润就会下降。当边际成本等于边际收入时，企业利润最大。

为了制定适当的价格，管理者必须了解不同生产水平下的成本。通过计算不同规模的工厂成本，企业可以确定理想的工厂规模和产量水平，以实现规模经济，降低平均成本。

4. 分析竞争者状况

如果说需求（或顾客感知价值）为企业定价确定了上限，产品成本为企业定价规定了下限，那么竞争者状况则为企业定价树立了一个参考标准。企业必须通过适当的方式了解竞争者的产品质量和价格，比质比价，从而更准确地制定自己的价格，密切关注竞争者的价格动向并及时做出反应。

通常，同类产品竞争的最直接表现为价格竞争。企业试图通过合适的价格和及时的价格调整来争取更多顾客，这意味着其他同类企业将失去部分市场，或要为维持市场份额付出更多的营销努力。如果企业提供的产品比竞争者的产品具有更多的性能，则需要评估这些性能对于顾客的价值，并在竞争者产品价格基础上提价；反之，则需要在竞争者产品价格基础上降价。所以，企业产品价格可能高于、低于或者等于竞争者产品价格。

还要看到，竞争者可能会针对本企业的定价策略调整其价格，也可能调整营销组合的其他变量与本企业争夺市场。所以，企业应该及时掌握竞争者产品价格变动的有关信息，并做出合适的反应。

5. 选择定价方法

企业应该结合自身情况，选择合适的定价方法。企业的价格在一个区间内，顾客感知价值决定了产品的最高价格，产品成本决定了最低价格，企业在此基础上，还必须考虑营销战略、营销目标、营销组合、市场和需求的本质、竞争者的策略与价格（见图7-3）。企业往往在综合考虑以上因素后选择一种定价方法，比如成本导向定价法、需求导向定价法和竞争导向定价法，在后文会进行详细论述。

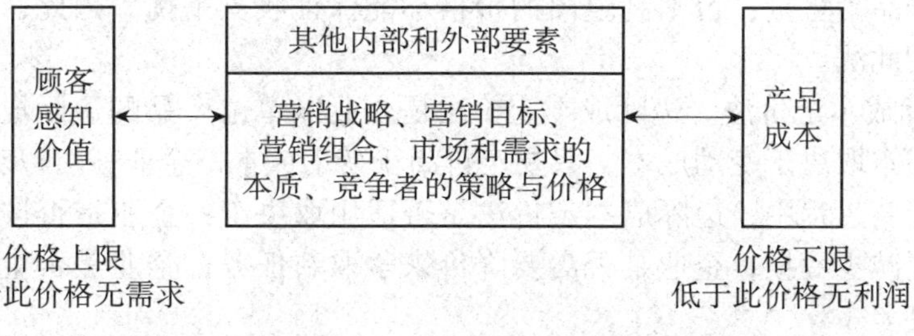

图7-3　选择定价方法时要考虑的主要因素

资料来源：阿姆斯特朗，科特勒．市场营销学：第9版．北京：中国人民大学出版社，2010：230.

6. 确定最终价格

定价方法缩小了最终价格的选择范围，企业还要考虑其他因素，比如公共政策、公司的定价政策、收益和风险分担，以及价格带来的影响，使用不同定价策略，确定最终价格。

二、制定价格的方法

企业制定价格会受到需求、成本和竞争等因素的影响，应全面考虑这些因素来制定价格。但实际定价中，企业往往只能侧重某一方面，因此有三种导向的定价方法，即成本导向定价法、需求导向定价法和竞争导向定价法。

1. 成本导向定价法

成本导向定价法是以成本为依据的定价方法，包括成本加成定价法、目标收益定价法和边际成本定价法。其特点是简单、易用。

（1）成本加成定价法。成本加成定价法是单位成本加上一定幅度的利润率的定价方法。加成定价公式为：

$$P = C(1 + R)$$

式中，P 为单位产品售价，C 为单位产品成本，R 为加成率。

采用这种定价方法，必须做好两项工作：一是准确核算成本，一般以平均成本为准；二是根据产品的市场需求弹性及不同产品确定恰当的利润百分比（加成率）。因此，如果企业的产品组合比较复杂，具体产品平均成本不易准确核算，或者企业缺乏一定的市场控制能力，就不宜采用该方法。

从本质上说，成本加成定价法是一种卖方导向定价方法。它忽视了需求、竞争，有时候与定价目标脱节。

虽然成本加成定价法有自身的不足，但它还是很受企业欢迎，主要原因有：第一，成本的不确定性一般低于需求，把价格和成本联系起来可以简化生产商的定价任务；第二，如果行业内企业都采用这种定价方法，价格就会趋同，可以减少价格竞争；第三，成本加成定价法对于买卖双方都比较公平，在买方增加需求时，卖方不会趁机谋取超额利润。

（2）目标收益定价法。目标收益定价法是根据估计的总销售收入和估计的产量来制定价格。它是在成本的基础上，按照目标收益率的高低计算的方法。这种方法的关键在于准确预测产品销售量，否则制定出的价格不能保证收支平衡。因此，当市场供求波动较大时应慎用此法。

（3）边际成本定价法。边际成本定价法是企业以单位产品的边际成本为基础的定价方法。边际成本取决于变动成本，只要定价高于变动成本，企业就可以获得边际收益。

企业在经营过程中，边际成本定价法是否适用取决于：企业是否按最低的价格接受新任务；为了减少亏损，企业是否需要降价来争取新任务；企业是否生产互相替代或互补的几种产品。

2. 需求导向定价法

需求导向定价法是一种以消费者感知为主要依据的定价方法，包括理解价值定价法、区分需求定价法和逆向定价法。

（1）理解价值定价法。理解价值定价法根据消费者对产品的感知价值制定价格。企业通过运用各种营销战略和手段，在消费者心目中建立并加强认知。该定价法的关键在于企业要正确估计和判断消费者理解的相对价值。企业如果过高估计消费者的认知价值，其价格就可能过高，难以达到应有的销量；反之，若企业低估了消费者的认知价值，其定价就可能低于应有水平，使企业收入减少。因此，企业必须通过广泛的调研，了解消费者的需求偏好，根据产品的性能、用途、质量、品牌、服务等要素，判定消费者对产品的认知价值，然后据此来定价。

（2）区分需求定价法。同一产品的价格差异并不是主要由产品成本的不同引起的，而主要是由消费者需求的差异所决定的。区分需求定价法对同一产品在同一市场上制定两个或两个以上的价格，或使不同产品价格之间的差额大于其成本之间的差额。区分需求定价法的好处是可以使企业定价最大限度地符合市场需求，促进产品销售，有利于企业获取最佳的经济效益。

（3）逆向定价法。逆向定价法是企业根据消费者能够接受的最终价格，计算自己的经营成本和利润后，逆向推算产品的批发价和零售价。逆向定价法被分销渠道中的批发商和零售商广泛采用。逆向定价法的特点是价格能反映市场需求情况，有利于与中间商保持良好关系，保证中间商的正常利润，使产品迅速向市场渗透。企业可根据市场供求情况及竞争状况及时调整价格，定价比较灵活。

3. 竞争导向定价法

竞争导向定价是一种以竞争者价格为主要依据的定价方法，包括随行就市定价法、投标定价法和拍卖定价法。

（1）随行就市定价法。随行就市定价法是根据同行业企业的平均现行价格水平来定价。采用随行就市定价法，企业不必全面了解消费者对不同价格的反应，从而为营销、定价人员节约了很多时间。

随行就市定价法适用于以下情况：难以估算成本；在同质产品市场，与同行业企业和平共处，避免发生激烈的竞争；如果采用其他定价方法，很难了解购买者和竞争者对本企业的价格的反应；完全竞争与寡头竞争。但值得注意的是这种定价法虽以竞争者的价格为依据，但不否认本企业产品的成本、质量等因素对价格所起的直接作用。

（2）投标定价法。投标定价法是根据竞争者的报价来制定产品价格。在买卖大宗物资、承包基建工程时，招标方发布招标公告，投标方在同意招标方所提出条件的前提下参与投标，招标方从中择优选定。一般说来，招标方只有一个，处于相对垄断地位，而投标方有多个，处于相互竞争地位。一家企业能否中标，在很大程度上取决于该企业与竞争者投标报价水平的比较。

为了赢得合同，投标价格会根据对竞争对手报价的估计来制定，而不是根据成本。企业不能将报价定得过低，以免使经营状况恶化。企业不能将报价定得太高，太高会减少赢得合同的机会。

（3）拍卖定价法。拍卖定价法是在一个卖方和多个买方之间经过拍卖而确定价格的方法。拍卖定价法由卖方预先发布公告，展出拍卖物品，买方预先看货，然后在规定时间内公开拍卖，由买方公开竞争叫价。

拍卖定价法有三种：一是增价拍卖，由卖方宣布预定的最低价格，然后由竞买者相继叫价，直到无人出更高价时，拍卖师用击槌动作表示竞买结束，并将该拍卖品卖给出价最高的人；二是减价拍卖，先由卖方给出最高价，然后逐渐降低价格，直到有某一竞买者认为已经低到可以接受的价格，表示买进为止；三是密封递价拍卖，先由卖方公布拍卖品的具体情况和拍卖条件等，然后由竞买者在规定时间内将自己的出价密封递交拍卖人，以供拍卖人进行审查比较，决定将拍卖品卖给哪一个竞买者。

第 3 节　定价策略

企业根据成本、需求和竞争等因素可以决定产品基础价格，企业还需要进一步考虑和利用定价策略来修正产品价格，以确定最终的价格。

一、折扣定价策略

企业为了鼓励顾客大量购买、提前付款、淡季购买，会调整产品的基本价格，调整的这部分价格即为折扣。折扣主要有以下几种类型。

1. 数量折扣

数量折扣是企业给予大量购买某种产品的顾客的一种折扣。企业根据顾客购买数量给予其不同的价格折扣。数量折扣可以使企业获得更多的顾客，或者减少仓储成本、运输成本、销售费用。数量折扣包括一次性数量折扣和累计数量折扣两种形式。一次性数量折扣规定一次购买某种产品达到一定数量，则给予折扣，其目的是鼓励顾客大批量购买，促进产品多销、快销。累计数量折扣规定顾客在一定时间内，购买产品若达到一定数量，则按其购买总量给予一定折扣，其目的是鼓励顾客经常向本企业购买，成为可信赖的长期客户，这类折扣尤其适用于不宜一次大量购买的易变质的产品，如食品、蔬菜、水果等。

2. 现金折扣

现金折扣是企业给迅速付清货款的买家的一种折扣。例如，“2/10，net 30” 意思是付款期限是 30 天，如果买家在 10 天内完成付款，可以享受 2% 的折扣。现金折扣主要是为了鼓励买家尽早付款，加速资金周转，减少销售费用，降低财务风险。当然，这类折扣必须向所有符合条件的买家提供，以体现其公平性。

3. 功能折扣

功能折扣是制造商给执行某种营销功能（如推销、储存、服务）的渠道成员的一种额外折扣。实行功能折扣的一个主要目的是鼓励中间商大批量订货，扩大销售，争取顾客，并与生产企业建立长期、稳定的合作关系。功能折扣的另一个目的是对中间商经营的有关产品的成本和费用进行补偿，并让中间商有一定的盈利。功能折扣是生产商鼓励中间商大力销售产品的有效工具，它可以促进产品销售，同时也保证渠道成员获取适当利润。由于渠道成员提供的功能不同，因此生产商会对其提供不同的折扣，但对同一功能下的渠道成员，生产商必须提供相同的折扣。

4. 季节折扣

季节折扣是企业给购买过季产品的顾客的减价。有些产品的生产是连续的，而其消费却具有明显的季节性。为了调节供需矛盾，这些产品的生产企业便采用季节折扣的方式，对在淡季购买产品的顾客给予一定的优惠，使企业的生产和销售在一年四季能保持相对稳定。例如，啤酒生产厂家对在冬季进货的买方给予大幅度让利，羽绒服生产企业则为夏季购买其产品的顾客提供折扣。

5. 价格折让

企业对顾客以旧换新的抵换折让等即是价格折让。例如，一辆标价 4 000 元的摩托车，顾客可以以旧换新折价 500 元，购买时只需 3 500 元。

企业实施折扣定价策略，不仅需要考虑竞争对手的反应、折扣的均衡性、市场总体价格水平等因素，还需要考虑企业流动资金、顾客对折扣的疑虑等因素。因为打折等带走的利润，需要企业销售更多的产品才能弥补回来。此外，打折还会提高企业的成本，可能会让企业经营难以为继。

二、促销定价策略

促销定价策略是指企业将产品价格调整到低于标准价格。超级市场和百货商店会对少数产品采用促销定价，吸引顾客前往商店，同时希望他们按标准价格购买其他产品。促销定价主要有以下几种形式。

1. 特殊事件定价

特殊事件定价是企业利用开业庆典、开业纪念日或节假日等时机，降低某些产品的价格，以吸引更多的顾客。比如“双十一”“6·18”。

2. 现金回扣

制造商对在特定的时间内购买企业产品的顾客给予现金回扣，以清理存货、减少积压。对于在规定期限内从经销商处购买产品的客户，制造商有时会为它们提供现金回扣。现金回扣最近在耐用品和小器具生产商中十分流行。

3. 心理折扣

心理折扣是指企业开始时给产品制定很高的价格，然后大幅度降价出售，刺激顾客购买。例如，“原售 358 元，现仅售 299 元”。采取这种方式，不得违反有关法规，如不得虚增原价，所标原价不得无根据或非本次降价前的售价等。

促销定价策略如果获得成功，竞争对手可能会争相模仿，导致这些方法失去作用。如果失败，公司就浪费了可以投资于其他营销工具的资源，比如提高产品质量和服务，或者通过广告来加强产品形象。

三、地区定价策略

通常情况下，一家企业的产品会销往不同的地区，销售给外地顾客则需要支付运费，所以企业需要针对不同地区的顾客考虑是制定相同的价格，还是不同的价格。地区定价主要有以下几种方式。

1. 产地交货价

产地交货价是顾客按照厂价购买某种产品，企业负责将产品运到产地某种交通工具上交货。产地交货价格对卖方来说较为便利，费用最省，风险最小，但对扩大销售有一定影响。

2. 目的地交货价

目的地交货价是根据卖方承担的从产地到目的地的运费及保险费等制定的价格。目的地交货价由出厂价格加上产地至目的地的手续费、运费和保险费等构成，虽然手续较烦琐，卖方承担的费用和风险较大，但有利于扩大产品销售。

3. 单一价格制

单一价格制是指企业销售给不同地区顾客的产品，按照相同的厂价加相同的运费定价。该策略适用于体积小、重量轻、运费低或运费占成本比例较小的产品。

4. 分区价格制

分区价格制是指卖方根据与顾客所在地距离的远近，将产品覆盖的整个市场分成若干个区域，在每个区域内实行统一价格。

5. 运输吸收价格制

运输吸收价格制是指为弥补产地交货价的不足，减轻买方的运杂费、保险费等负担，由卖方补贴其部分或全部运费。它有利于减轻边远地区顾客的运费负担，使企业不断开拓新市场。

四、心理定价策略

心理定价策略是针对消费者心理而采用的定价策略。企业利用消费者心理有意识地将产品价格定高些或低些，以扩大销售。心理定价主要有以下几种形式。

1. 声望定价

企业利用名牌产品或名店的声望，采用高价。不少高级产品和稀缺产品，如豪华轿车、高级时装、珠宝、古董等，在消费者心目中享有极高的声望价值。购买这些产品的人，往往不太在意产品价格，而更关心的是产品能否显示其身份和地位，价格越高，心理满足的程度也就越大。

2. 整数技巧

企业有意将产品价格定为整数，以显示产品具有一定质量。整数定价多用于价格较高的耐用品或礼品，以及消费者不太了解的产品。对质量较为重视的顾客，往往把价格高低作为衡量产品质量的标准之一，容易产生“一分价钱一分货”的认识，因此使用整数技巧有利于促进对他们的销售。

3. 尾数技巧

企业利用消费者数字认知的某种心理，尽可能在价格数字上不进位、保留零头，使消费者产生价格低廉和卖主认真核算成本的感觉。大多数消费者在购买产品时，尤其是购买一般的日用消费品时，乐于接受尾数价格。如 0.99 元、9.98 元等。消费者会认为这种价格经过精确计算，购买不会吃亏，从而产生信任感。同时，价格虽离整数仅相差几分或几角钱，但给人一种便宜的感觉，符合消费者求廉的心理。

4. 招徕定价

招徕定价是适应消费者“求廉”的心理，将产品价格定得低于一般市价，个别的甚至低于成本，以吸引顾客、扩大销售的一种定价策略。采用这种策略，虽然几种低价产品不赚钱，甚至亏本，但从总的经济效益来看，由于低价产品带动了其他产品的销售，企业还是有利可图的。

5. 档次定价

档次定价是指把同类产品分成几个档次，每个档次定一个价格，以简化交易手续，节省顾客时间。

6. 习惯定价

有些产品在长期的市场交换过程中已经形成了为消费者所适应的价格，成为习惯价格。企业对这类产品定价时要充分考虑消费者的习惯、倾向，采用“习惯成自然”的定价策略。对消费者已经习惯了的价格，不宜轻易变动，降低价格可能会使消费者怀疑产品质量有问题；提高价格可能会使消费者产生不满情绪，导致购买的转移。在不得不需要提价时，应采取改换包装或品牌等措施，减少抵触心理，并引导消费者逐步形成新的习惯价格。

五、差别定价策略

企业可能按照两种或两种以上不反映成本的差异价格销售产品或服务。主要有以下几种形式。

1. 顾客差别定价

不同的顾客对相同产品支付的价格不同。企业在采用顾客差别定价时，要注意不会引发贱买贵卖的专卖行为，同时也要符合法律和道德。例如，公园、旅游景点将顾客分为学生、老年人和一般顾客，对学生和老年人少收或不收门票。

2. 产品差别定价

企业为不同花色、品种、样式的产品制定不同的价格，但这个价格相对于它们各自的成本是不成比例的。比如，一件裙子 70 元，成本 50 元，在裙子上绣一组花，需额外成本 5 元，但价格却可以定到 100 元。

3. 形象差别定价

企业根据形象差别对同一产品制定不同的价格。企业可以对同一产品采用不同的包装或商标，塑造不同的形象。如香水生产商可将香水注入一个普通瓶中，赋予某一品牌和形象，售价为 20 元；而同时用更华丽的瓶子装同样的香水，赋予不同的名称、品牌和形象，定价为 60 元。

4. 地点差别定价

同一产品在不同地点具有不同的价格，即使每个地点的产品或服务的成本是相同的。

例如，影剧院不同座位的成本是一样的，却对不同的座位收取不同价格，因为公众对不同座位的偏好不同。

5. 时间差别定价

企业根据季节、日期甚至时刻变动制定不同的价格。一些公用事业公司，在一天的不同时间以及周末和工作日对顾客采用不同标准来收费。航空公司或旅游公司在淡季的价格便宜，而旺季一到价格立即上涨。这样可以促使消费需求均匀化，避免企业资源的闲置或超负荷运转。

企业采用差别定价，必须具备以下条件。

（1）市场必须是可以细分的，而且各个细分市场的需求程度是不同的。

（2）各个市场之间必须是相互分离的。

（3）高价的细分市场中，竞争者难以以低于企业的价格竞销。

（4）细分市场和控制市场的成本不得超过实行差别定价所得的额外收入。

（5）差别定价不会引起顾客的厌恶和不满。

（6）差别定价策略的实施不应是违法的。

六、新品定价策略

提供新产品的企业面临首次定价的挑战，可以在以下三种策略之间进行选择。

1. 撇脂定价

撇脂定价是指企业的新产品一上市，把价格定得很高，以及时获得较高的收益，犹如在鲜奶中撇取油脂。在市场被打开的情况下，高价可以使企业很快收回投资，从而降低企业的风险。然而高价并不能维持很长时间，一旦市场中有竞争者进入，就会造成销量下滑，因此还需要在后期进行降价。

在实践中，具备以下条件可以采用撇脂定价。

（1）市场上存在一批购买力很强并且对价格不敏感的消费者。

（2）这类消费者的数量足够多，企业有厚利可图。

（3）暂时没有竞争对手推出同样的产品，企业的产品具有明显的差别化优势。

（4）当有竞争对手加入时，企业有能力转换定价方法，通过提高性价比来提高竞争力。

（5）企业的品牌在市场上有较大的影响力。

在上述条件具备的情况下，企业可采取撇脂定价策略。使用撇脂定价策略不是偶然的，某些行业和某些企业普遍、长期使用撇脂定价策略。

2. 渗透定价

渗透定价是指企业向市场推出新产品时，尽量把价格定得低一些，从而实现薄利多销。虽然对于企业而言，低价带来的利润少，但正是由于低价，企业才能使新产品快速占领市场，得到消费者的青睐。对于企业而言，虽然其回收投资的过程较为缓慢，但在此过程中企业可以始终保持

拓展　智能手机新产品定价

较高的市场占有率。

在实践中，具备以下条件可以采用渗透定价。

（1）市场对价格敏感，低价可以刺激市场迅速增长。

（2）生产经营费用随经验的增加而降低。

（3）低价不会引起实际或者潜在的过度竞争。

3. 满意定价

无论新产品的上市价格过高还是过低，都不能使企业和消费者同时得到满足，因此，企业在进行定价前需要考虑到这一因素，将价格定在能够使买卖双方都满意的范围内。

七、产品组合定价策略

当产品只是某一产品组合的一部分时，由于各种产品之间存在需求和成本的相互联系，而且会带来不同程度的竞争，因此企业要研究出一系列价格，以实现整个产品组合的利润最大化。

1. 产品线定价

企业对一系列产品进行定价。当企业提供的系列产品存在需求和成本的内在差异时，为了充分体现这种内在差异，需要确定同一系列的不同产品间的差价幅度。在进行产品线定价时，首先要确定最低价格的某种产品，使之吸引消费者购买企业产品；其次，确定最高价格的某种产品，使之起到提升产品质量和收回投资的作用；最后，根据角色的不同，对产品线中其他产品制定不同的价格。

2. 选购品定价

企业提供主要产品时，会对附带的可供选择的产品或服务进行定价。运用选购品定价策略时，同时购买几件产品的价格低于单独购买几件产品时的价格总和，实际上是一种鼓励消费者多购买产品的让利策略。在采用选购品定价时，企业需要确定哪些产品是备选产品。

3. 附属产品定价

有些产品需要附属产品的配合才能使用，这就需要对附属产品进行定价。通常，企业会以较低价销售主产品来吸引顾客，以较高价销售附属产品来增加利润。如美国柯达公司推出一种与柯达胶卷配套使用的专用照相机，价廉物美，销路甚广，结果带动柯达胶卷销量大大提升，尽管其胶卷价格较其他品牌的胶卷更为昂贵。

4. 分段定价

服务企业经常收取一笔固定费用，再加上可变费用，这就涉及分段定价。收取相对低的固定费用，可吸引消费者使用该服务项目，然后通过可变费用获取利润。如进游乐园先收入园的费用，如果游客要增加活动项目，就需要额外付费。

5. 副产品定价

在许多行业中，在生产主产品的过程中，常常有副产品。如果这些副产品对某些顾客群具有价值，就需为其定价。副产品的收入多，将使公司更易于为其主产品制定较低价格，在市场上增强竞争力。因此制造商需寻找一个需要这些副产品的市场，并接受任何足以抵补其成本的价格。

6. 产品捆绑定价

企业经常打包出售一组产品或服务，例如旅游套餐等。这一组产品的价格低于单独购买每种产品的费用总和，可能会促使顾客购买。

八、互联网免费定价策略

互联网免费定价策略是指企业对提供的产品或服务采用零定价。这种定价策略被互联网企业广泛运用。安德森把企业可以使用的免费定价策略分为六种。①

1. 增值服务模式的免费定价

增值服务模式的免费定价是对于使用普通版本的用户实行免费，而对使用增值服务的用户收取一定费用的策略。这种定价策略适用于网络软件和服务。例如360杀毒软件，服务普通用户的成本几乎为零，所以普通用户是免费使用，但是要成为高级用户则需要支付一定的费用。

2. 广告模式的免费定价

广告模式的免费定价是指一个发行商会免费给消费者提供信息产品，广告商则向发行商付费，这就形成了一个三方市场。如谷歌、百度、腾讯的一些内容，用户可以免费使用，它们通过向第三方提供广告服务来取得收入。

3. 交叉补助模式的免费定价

交叉补助模式的免费定价是通过免费赠送产品来诱使顾客购买付费产品。沃尔玛推出买一送一的DVD就是招徕顾客的方法。沃尔玛以低于成本的价格销售DVD，为的是吸引顾客，希望顾客买上一台洗衣机或是满满一购物车的商品，从中获利。公司可以把价格定得很低，以使其他产品更加吸引人。

4. 零边际成本模式的免费定价

零边际成本模式的免费定价是指将极低单位成本的产品免费赠送给所有人。比如在线音乐，在数字复制品和传输方式的推动下，其大量发行的成本几乎为零，所以可以实现所有在线用户免费收听。

5. 劳务交换模式的免费定价

劳务交换模式的免费定价是指用户可以免费享用其他用户创造的内容和服务。这种策略在互联网上被广泛运用。例如大众点评网，任何用户都可以免费利用其他用户的点评，帮助自己做出消费决策。

拓展　数字化背景下的定价策略创新

6. 礼品经济模式的免费定价

礼品经济模式的免费定价是指提供的产品和网站内容几乎免费供所有人使用。例如百度百科，其内容就像礼品一样，免费被所有用户使用。

① 安德森．免费：商业的未来．3版．北京：中信出版集团，2015：17－27.

第 4 节　价格变动

企业在制定价格后，其所处的内外部环境会不断发生变化，为了生存和发展，有时需要主动进行价格调整，有时则需要对竞争者的价格变动做出适当反应。

一、企业调整价格

企业有时会主动对价格进行调整，即降价和提价。此时，企业需要预测进行价格调整时顾客和竞争对手的反应。

1. 企业降价

在以下情况下，企业可能会考虑降价。

（1）企业的生产能力过剩。当企业库存积压严重，需要扩大业务，但是企业又不能通过产品改良和加大促销力度等手段来扩大销售时，需要考虑通过降价来提高销售量。

（2）在激烈的价格竞争压力下，企业的市场占有率下降，迫使企业通过降价来维持和扩大市场份额。

（3）企业通过扩大生产和销售来进一步降低成本费用，从而降低价格。

（4）市场需求不振。在经济不景气的形势下，降低价格是许多企业渡过难关的重要手段。

（5）产品生命周期阶段发生变化。相对于投入期时较高的价格，在进入成长期后期和成熟期后，市场竞争不断加剧，企业可以通过下调价格来吸引更多顾客。

2. 企业提价

成功的价格提升能增加利润。在以下情况下，企业可能会考虑提价。

（1）应付产品成本增加，减少成本压力。这是所有产品价格上涨的主要原因。成本的增加是由原材料价格上涨，或者生产或管理费用增加引起的。企业为了保证利润率便可采取提价策略。

（2）适应通货膨胀，减少企业损失。在通货膨胀情况下，即使当下企业仍能维持原价，但随着时间推移，其利润实际也呈下降趋势。为了减少损失，企业只好提价。

（3）产品供不应求。对于某些产品来说，在需求旺盛而生产规模又不能及时扩大从而供不应求的情况下，可以通过提价来遏制需求，缓解市场压力，使供求趋于平衡，为扩大生产做准备，同时可以取得高额利润。

（4）利用顾客心理，创造优质效应。作为一种策略，企业可以利用涨价塑造高质量形象，使顾客产生价高质优的心理定式，提高企业知名度和产品声望。

二、顾客对价格变动的反应

1. 顾客对降价的反应

顾客对于企业产品降价，可能有不同的理解，主要有以下几种。

（1）产品即将因式样陈旧、质量低劣而被淘汰；

（2）产品有某种缺点，销售不畅；

（3）企业遇到财务困难，很快将会停产或转产；

（4）产品的质量下降；

（5）价格还要进一步下降。

2. 顾客对提价的反应

顾客对于企业产品提价，可能有不同的理解，主要有以下几种。

（1）很多人购买这种产品，我也应赶快购买，以免价格继续上涨；

（2）提价意味着产品质量的改进；

（3）企业将高价作为一种策略，以树立质优形象；

（4）企业想取得更多利润；

（5）各种产品价格都在上涨，提价很正常。

三、竞争者对价格变动的反应

当行业内企业数量较少、产品同质时，竞争者很可能会对价格变动做出反应。这就需要了解竞争对手是如何解读价格变动的。比如面对企业降价，竞争者可能认为企业是为了扩大市场份额，或者是为了提升销售额。

企业必须推测每个竞争者的反应，如果一些竞争者将对价格变动做出反应，企业要做好充分准备来展开竞争。

四、企业对竞争者价格变动的反应

面对竞争者的变价，企业应该做出及时、正确的反应。如在同质市场上，竞争者降价，企业往往要随之降价；在异质市场上，竞争者降价，企业的选择会更多。如图 7-4 所示，企业可以选择维持原价、降价和提价或者推出新的低价产品。

1. 维持原价并提高感知价值

企业在维持原价的同时，提高产品的感知质量，与顾客加强沟通，强调产品价值。

2. 降低价格

当市场是价格敏感型的，面对竞争对手的降价，企业可能会失去大量市场份额。但是降低价格会减少企业的利润。

3. 提高价格并改进质量

将产品提升到更高的定位，通过改进质量来创造更高的顾客价值，高价位将维持企业的高利润。

示例　休布雷公司的调价

4. 推出新的低价产品

企业在产品线上增加一种价格更低的新产品，同竞争对手的产品对抗。

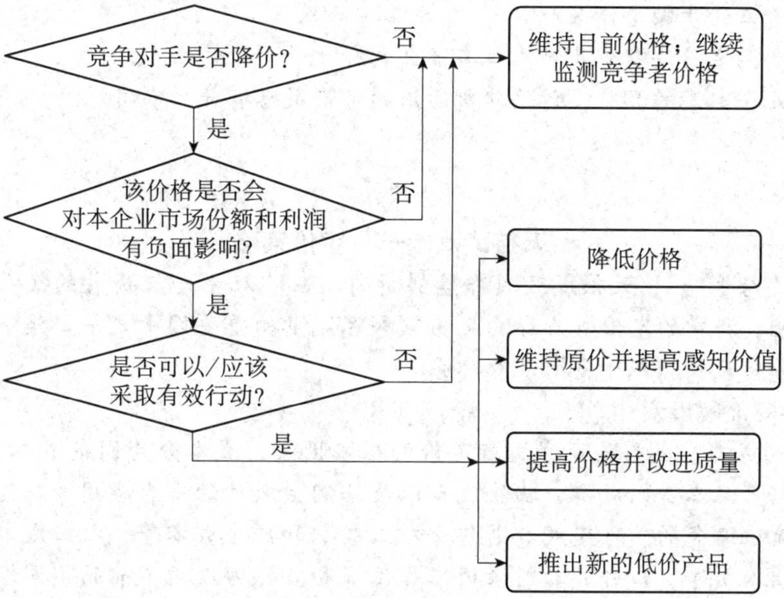

图 7－4　评估和应对竞争者的降价

资料来源：阿姆斯特朗，科特勒．市场营销学：第 9 版．北京：中国人民大学出版社，2010：253.

本章小结

产品、渠道和传播是企业价值创造的过程，定价则是顾客价值的呈现。然而定价决策非常复杂，很难做出。所以，企业在制定价格时，应考虑诸多因素，理解消费者的心理，掌握制定、调整价格的系统方法。

（1）定价的影响因素有需求、成本、定价目标、竞争因素、政策法规等。

（2）定价的方法有成本导向定价法、需求导向定价法和竞争导向定价法。

（3）定价策略有折扣定价策略、促销定价策略、地区定价策略、心理定价策略、差别定价策略、新品定价策略、产品组合定价策略和互联网免费定价策略。

（4）企业所处的内外部环境不断发生变化，为了生存和发展，企业有时需要进行价格调整，有时则需要对竞争者的价格变动做出适当反应。

启示

在消费升级的背景下，市场饱和、竞争加剧，消费者购买力却不断增强，需要管理者有足够的定价知识和定价能力。现在的企业可以更方便地收集消费者信息，从而比过去更了解消费者。企业可以让产品更个性化，从而为每一位消费者提供独特的体验，这在过去是不可能做到的。在当今商业环境下，定价的核心与关键可以概括为三个方面：顾客导向的价值观、差异化定价以及灵活的定价准则。

思考与应用

1. 影响企业定价决策的主要因素有哪些？

2. 制定价格的步骤是什么？

3. 成本导向定价法有哪几种？各有什么利弊？

4. 选取几个熟悉的品牌，讨论其所运用的定价策略有什么不同。

案例分析

天猫“双十一”定价策略

每年的“双十一”，天猫成交额都屡创新高。在“双十一”庞大的交易规模和运营体系下，正确、科学的定价成为影响交易额和客流量的重要因素之一。接下来我们从以下几个方面分析天猫“双十一”价格体系。

1. 影响定价的因素

（1）产品成本。成本是商家进行定价的根本因素，成本分为固定成本和可变成本。固定成本包括产品本身的成本、物流成本以及给淘宝缴纳的平台费用等。这些费用是基本固定并且无法避免的。可变成本则包含人工成本和广告成本等。人工成本涉及客服人员、技术支持人员等，广告成本则依据广告位置和宣传力度的不同而不同。成本决定了产品的最低价格。

（2）定价目标。“双十一”时，天猫以获取最大利润为定价目标，不管是单品高价销售还是薄利多销都是为了实现利润最大化的目标。“双十一”的促销商品，除了日常必需品外，还有一些消费者想买却因为价格望而却步的东西，通过“双十一”降价，这些需求富有弹性的商品会实现销量的提升。

（3）市场结构和竞争。“双十一”狂欢期间，京东等也采取了促销策略，整个市场竞争激烈，但各大电商也存在一定的垄断现象。

（4）市场需求。“双十一”介于国庆节和春节之间，国庆节过去一个多月，距离春节还有两个月左右，是一个线下大促的空档期。此时正值秋冬换季之际，很多顾客会产生大量的采购需求，使得这一时期的市场需求旺盛。

2. 定价策略

（1）新品定价策略。商家对于全新的或者拥有专利的高档商品采取高价打入市场的策略。

（2）心理定价策略。在“双十一”期间，大部分中低端品牌在定价时，会采用 199 元或 298 元等以 9 或者 8 来结尾的价格，让消费者感觉划算。

一些高端品牌，如迪奥、香奈儿等，将价格定为 400 元或 1 000 元等整数，给予消费者一种高档的消费体验，提升消费者对产品的价值感知。

（3）产品组合定价策略。“双十一”正值秋冬交替之时，大量消费者需要更新衣物。天猫三枪旗舰店将新上的冬季衣裤、棉袜以及内衣搭配在一起，组成“超值优惠”的套餐以吸引消费者。

“双十一”期间，许多文具商将同类产品组合在一起，并给出一定的优惠。

以富士、宝丽来为代表的拍立得产品往往大幅降价，但拍摄必须使用的相纸，其价格往往居高不下，甚至会有一定的抬升。

（4）差别定价策略。天猫“双十一”期间，我们会看见一些月销售量极低的高价商品，它的评价可能是空白，成交额也极少。同时该店铺页面会出现一款外形相似，性能只略逊于高价商品的平价商品，消费者看后会有一种“超值”的感觉，平价商品既在自己的经济承受范围之内，又与高品质商品相差无几。在极低销售量产品的“陪衬”之下，平价商品会取得更大的经济效益。

（5）刺激性（或促销）定价策略。“双十一”期间，人们常常会收到“天猫某某产品抢购五小时倒计时”之类的推送广告，这一类的推送，许多是电子商务网站经过大数据分析，根据顾客的消费习惯和消费需求进行的差异化推送。

商家标明“倒计时抢购半价口红”，只要迅速下单，即可马上获得优惠。限时优惠使消费者产生了一种紧迫感，因为消费者所感受到的“失去的痛苦”甚至比抽奖带来的“意外收获的快乐”更强烈。

▶ 思考题

1. 天猫“双十一”影响定价的因素有哪些？
2. 天猫“双十一”的定价策略有哪些？
3. 比较最近一年“双十一”主要电商平台的定价策略。

第8章 渠道策略：传递顾客价值

教学目标

知识目标

- 理解营销渠道的含义、特点、功能和流程。
- 掌握渠道设计的影响因素。
- 了解批发商、零售商和互联网中间商的主要类型。
- 了解物流决策的内容。

能力目标

- 能够分析企业渠道的结构。
- 具备渠道的设计能力。
- 能够科学地进行渠道管理。

思维目标

- 具备渠道管理的系统思维。
- 形成解决渠道成员冲突的合作思维。

素质目标

- 能够考虑对顾客有利的渠道。
- 维护渠道系统的整体利益。

内容导图

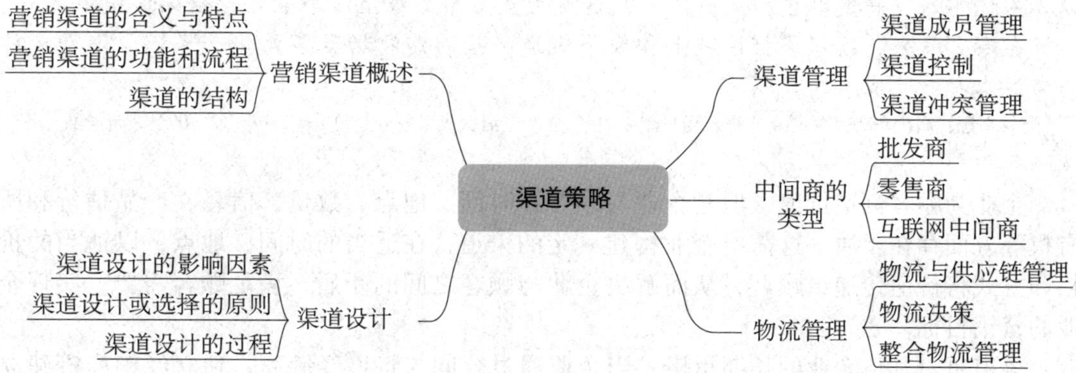

导入案例

互联网商业进入场景爆发时代，全渠道消费成零售业趋势

电子商务和新零售的发展给传统零售业带来巨大变革，零售市场加速向多场景融合转变。专家认为，消费者不再满足于单一消费场景，线上线下相结合的一体化全渠道消费体验成为零售业趋势，也将驱动零售业转型升级。

数字化浪潮正在重新定义零售行业的消费体验。在零售行业，高达 85% 的中国消费者已成为全渠道购物者，对购物体验的期望更高。品牌商和零售企业应注重打造全渠道体验。与以往相比，消费者的消费习惯正在改变，消费场景日益多元化和分散化。对消费者来说，实体店不再是唯一购物场景，当前出现越来越多的购物终端，电脑、手机、智能音箱、智能电视、智能手表、虚拟现实设备等，都成为购物设备。消费者开始拥有更多的屏幕、场景和购物入口。企业和消费者的接触点不再局限于单一商场、网站等高流量入口。布局全渠道零售、提升消费者购物体验成为行业突围方向。

互联网商业正进入崭新阶段，企业需要顺应深度融合和场景化趋势，推动组织和管理模式变革，不再进行线上线下、直营或加盟等业务场景分割，而是以用户为中心追求体验的一致性以及生产力要素的统一调度和组织协同。“互联网商业的本质就是场景，企业需要连接碎片化、多元化、多边化的场景。”李钟伟说，这对企业的信息基础设施提出了很大挑战。

德勤中国与中国连锁经营协会 2017 年联合发布的《中国零售企业数字化转型成熟度评估报告》显示，中国零售企业在打造以数字化技术为支撑的完整商业生态圈方面，尚处于起步阶段。杨坚争认为，虽然经过多年发展，国内企业在网络零售技术应用、系统开发等方面已有技术储备，但在连接大爆发的场景方面还需加快步伐。京东集团创始人刘强东曾提出，零售业将迎来第四次革命。零售基础设施将变得可塑化、智能化、协同化，推动“无界零售”时代的到来。

全渠道零售、全场景服务成为国内互联网商业技术发展的方向。近期，京东与腾讯推出线上线下融合的“无界零售”解决方案，商派发布的新一代互联网商业平台“鲁班”，都是以场景化连接能力为核心，满足企业对互联网商业场景支撑的需求。阿里巴巴以 224 亿元入股高鑫零售，业界认为，这是为更好布局线上线下融合与全渠道销售。

在专家看来，新零售打通线上和线下渠道，推动购物场景多元化，降低了消费者的搜寻成本和时间成本。

资料来源：高少华．互联网商业进入场景爆发时代 全渠道消费成零售业趋势．（2017－12－09）．新华网．

企业为顾客创造价值，但是企业与顾客在时间、地点、数量、信息、产品估价和所有权等方面存在矛盾，这需要企业构建一定的渠道，在适当的时间、地点，以适当的价格和方式将价值传递给顾客，从而解决企业与顾客之间的矛盾，满足顾客需要，实现企业的营销目标。

渠道是对其他企业的长期承诺，当企业通过合同与特许经销商、独立经销商等建立渠道后，即使环境发生变化，也不能轻易改变这些渠道。所以，管理层必须关注销售环境及其变化，谨慎设计渠道，并对其进行科学管理。

第 1 节　营销渠道概述

为了给顾客提供卓越价值，企业需与供应商、中间商和最终顾客通力合作，提升整个系统的绩效。企业、供应商、中间商和最终顾客构成价值传递网络。公司在生产优质产品或提供优质服务的同时，需要与供应商、批发商、零售商以及营销服务公司协同工作，只有整个网络紧密合作，才能共同创造顾客价值。

本章关注营销渠道——价值传递网络的下游。营销渠道伙伴，例如批发商和零售商，在生产企业与其最终顾客之间形成了至关重要的联系纽带。①

一、营销渠道的含义与特点

1. 营销渠道的含义

大多数生产商不会将产品直接出售给消费者，需要利用一组具备多种职能的中介机构将产品运到市场。这需要企业打造一条介于生产商和消费者之间的营销渠道，解决生产商和消费者之间的矛盾。

营销渠道，从生产商角度，关注产品传递到消费者手中的过程；从消费者角度，是其与产品生产商之间的媒介。在本书，我们从管理决策角度，特别是从生产商的营销管理角度来界定营销渠道。营销渠道是对帮助企业传递可供消费者使用或消费的产品或服务的多个独立组织的整合。②

2. 营销渠道的特点

要想深层次理解营销渠道的内涵，需要把握营销渠道的特点。营销渠道的特点如下：

① 科特勒，阿姆斯特朗．市场营销：原理与实践：第 17 版．北京：中国人民大学出版社，2020：322.

② 阿姆斯特朗，科特勒．市场营销学：第 9 版．北京：中国人民大学出版社，2010：260.

（1）营销渠道的起点是生产商，终点是消费者。营销渠道作为产品流通的路径，一端连接生产，一端连接消费，使生产商提供的产品，源源不断地流向消费者，满足消费者的需求。

（2）营销渠道引发产品所有权转移。产品从生产商转移到消费者的过程中，所有权也随之转移。尽管在转移的过程中，产品与所有权可能发生分离，但是方向和终点是一样的。

（3）营销渠道包括一系列相互依存的组织和个人。要实现产品从生产商向消费者转移，必须协调渠道成员的功能，渠道成员主要包括生产商、中间商、辅助商和消费者等。

（4）营销渠道决策包含长期承诺。企业很容易改变定价、广告和促销计划，放弃旧产品，引入新产品，但是它们通过合同和批发商、大型零售商等建立渠道后，即使环境发生变化，也不能轻易用企业自有商店或网络替代这些渠道。

拓展　渠道的本质

二、营销渠道的功能和流程

许多生产商将销售工作委托给中间商。为了完成这一工作，渠道成员需要承担一系列重要功能。①

1. 营销渠道的功能

在产品销售过程中，需要完成由生产和消费之间的矛盾决定的一系列价值创造活动，主要包括以下内容。

（1）调查。搜集制订计划和进行交换所必需的信息。

（2）促销。进行关于所供产品的说服性沟通。

（3）联系。寻找潜在购买者并与之沟通。

（4）调整供给。根据买方的需求调整供给，包括制造、分级、包装等活动。

（5）谈判。为了转移所供货物的所有权，就其价格及有关条件达成最后协议，以实现所有权转移。

（6）物流和仓储。从事产品的运输、储存，保证正常供货。

（7）融资。获取和使用资金以补偿渠道成本。

（8）风险。承担与从事渠道工作有关的全部风险。

为了完成产品销售，必须完全执行以上功能。问题在于由谁执行更有效，生产商可以承担全部功能，也可以将其中一部分甚至全部功能交由中间商执行，由此形成形态各异的渠道类型。

2. 营销渠道的流程

营销渠道根据其功能有各种各样的流程，包括实体流、所有权流、促销流、谈判流、融资流、风险流、订货流、支付流与信息流。如图 8－1 所示，它们将营销渠道的各个组成部分连接起来。

---

① 庄贵军．营销渠道管理．3 版．北京：北京大学出版社，2018：9.

（1）实体流。产品从生产商向消费者转移的活动与过程。包括产品的仓储、运输和配送。例如，汽车厂将汽车成品放在仓库里，并根据代理商的订单交付代理商，再运交顾客。在这一过程中，至少用到一种以上的运输方式。

（2）所有权流。产品所有权从一个渠道成员转移到另一个渠道成员的过程。是从生产领域向消费领域流动。

（3）促销流。一个渠道成员通过广告、人员推销、销售促进等活动对另一个渠道成员施加影响的过程。

（4）谈判流。为了转移所供货物的所有权，而就其价格及有关条件达成最后协议，以实现所有权转移的过程。

（5）融资流。伴随着所有权转移所形成的资金融通活动与过程。

（6）风险流。各种风险伴随着所有权在各个成员间转移。

（7）订货流。渠道成员向供货单位发出订单的过程。

（8）支付流。货款在成员间的流动，与所有权流方向相反。

（9）信息流。渠道各成员相互传递市场信息的过程。

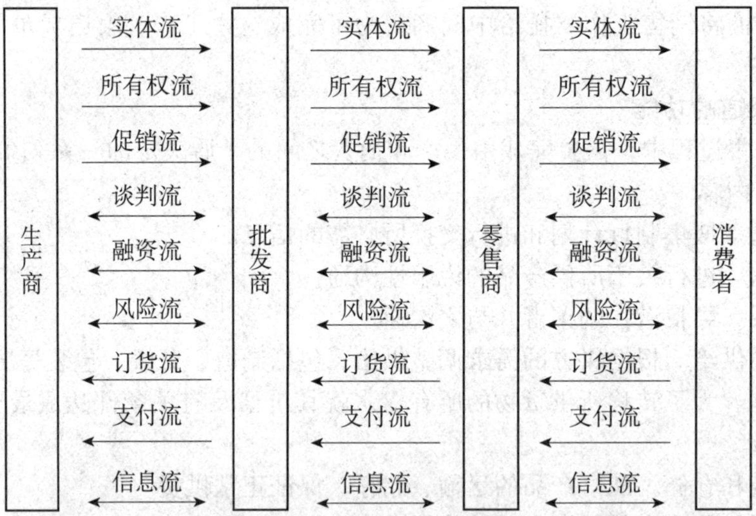

图 8-1　营销渠道的流程

以上各种流程中，实体流、所有权流和促销流的方向是从生产商到消费者，融资流、谈判流、风险流和信息流是双向的，订货流、支付流是从消费者到生产商。不同种类的流程，就如同体内的血液，在渠道内部往复循环，给整个渠道带来活力。①

三、渠道的结构

企业设计渠道，使产品或服务以不同的方式到达消费者。渠道的结构主要涉及三个

① 科特勒，凯勒．营销管理：第 15 版．上海：格致出版社，上海人民出版社，2016：470.

方面[①]：第一个是长度结构，第二个是宽度结构，第三个是广度结构。渠道结构的三个方面是渠道设计的三大要素，是一个系统，如图 8－2 所示。

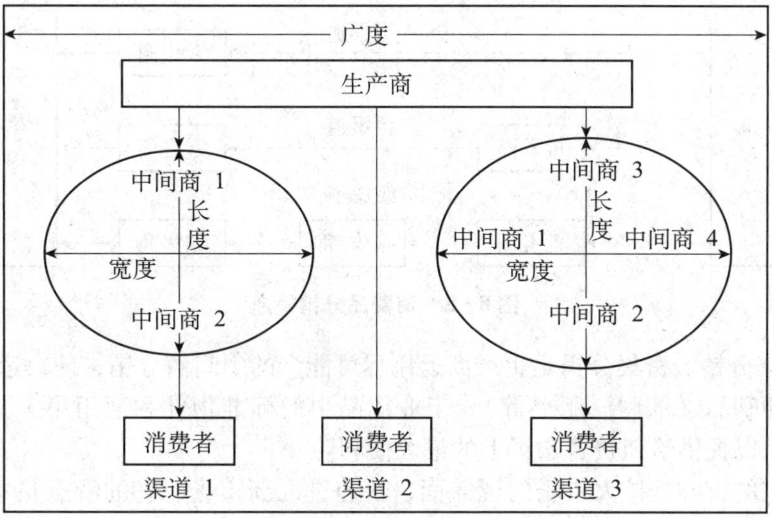

图 8－2　营销渠道的长度、宽度和广度的关系

1. 渠道的长度

渠道的长度，又称为层级结构，是指中间商层级的数量。产品从生产商转移到消费者的过程中，取得产品所有权和帮助所有权转移的组织，都是一个渠道层级。

渠道可以分为直接渠道和间接渠道。直接渠道是由生产商直接把产品销售给最终用户的渠道，直接渠道是工业品分销的主要方式。大型设备、专用工具，以及技术复杂、需要提供专门服务的产品，几乎都采用直接渠道。在消费品市场，直接渠道也呈扩大的趋势，如鲜活商品和部分手工业制品。间接渠道是至少包括一个中间商的分销渠道。间接渠道是消费品分销的主要方式，一些工业品也采用间接渠道分销。

渠道的长度还可以根据中间商的数量分类，如图 8－3 所示，第一种渠道为直接渠道，两端为生产商和消费者，没有中间商，称为零级渠道；间接渠道则根据中间环节的数量分为一级、二级、三级甚至更多级的渠道。如三级渠道，在批发商和零售商之间还有中转商，服务于一些小型零售商，而这些小型零售商一般不是大型批发商的服务对象。肉类食品及包装类产品的生产商常采用这种渠道分销其产品。在这类行业中，通常有一专业批发商处于批发商与零售商之间，该专业批发商从批发商处进货，再转卖给无法从批发商进货的零售商。

2. 渠道的宽度

渠道的宽度是渠道的每个层次参与的中间商数量。若生产商选择较多的同类型中间商，则这种渠道就是宽渠道，反之，则为窄渠道。渠道的宽度与企业的渠道策略相关，企业的渠道策略通常有密集分销、独家分销和选择分销三种。

---

① 李先国，杨晶．分销渠道管理．2 版．北京：清华大学出版社，2014：122.

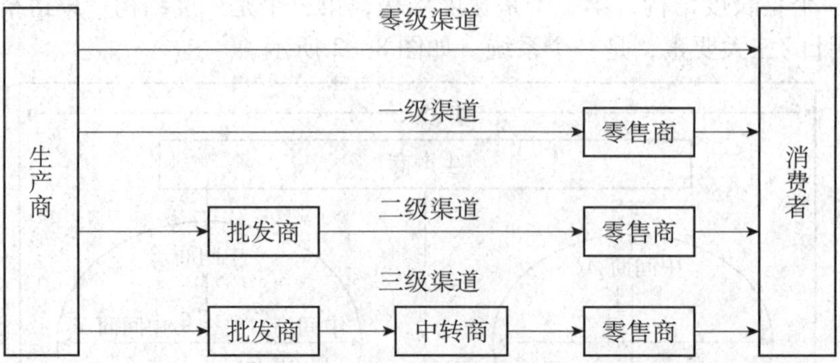

图 8-3 消费品分销渠道

（1）密集分销。密集分销是生产商运用尽可能多的中间商分销，使渠道尽可能加宽。消费品中的便利品（饮料、肥皂等）、工业用品中的标准物件和通用小工具等，适于采取密集分销，以提供给消费者购买上的最大便利。

密集分销的重心是扩大市场的覆盖面，快速进入新市场。它的特点是中间环节比较多，间接性很强。优点是可以接触众多的潜在消费者，便于消费者购买。缺点是因为中间商比较多，生产商对中间商的控制和管理相对困难。

（2）独家分销。独家分销是生产商在特定地区内，只选择一家中间商推销产品。独家分销是一种极端的形式，是最窄的分销渠道，适用于某些技术性强的耐用消费品或名牌产品。

对生产商来说，独家分销有利于控制中间商，提高其经营水平，也有利于强化产品形象，增加利润。但这种形式有一定风险，如果这家中间商经营不善或出现意外情况，生产商就要蒙受损失。采用独家分销时，通常产销双方议定，销方不得同时经营其他竞争性商品，产方也不得在同一地区另找其他中间商。这种独家经营妨碍竞争，因而在某些国家被法律所禁止。

（3）选择分销。选择分销是介于密集分销和独家分销之间的分销形式，是生产商有条件地精选几家中间商进行经营。这种形式对所有产品都适用。

选择分销与独家分销相比，有利于扩大销路，开拓市场，展开竞争；与密集分销相比节省费用，易于控制，不必分散太多的精力。有条件地选择中间商，还有助于加强彼此之间的了解和联系，使被选中的中间商愿意努力提高推销水平。因此，这种分销形式的效果较好。

3. 渠道的广度

渠道的广度，是对渠道宽度的一种扩展和延伸。渠道广度与各层级中间商的数量无关，与中间商的类型相关。企业选择的中间商类型越多，渠道也就越广。渠道广度主要有两种：一种是一条渠道，另一种是多条渠道。大多数情况下，生产商会选择建立多渠道系统。

企业选择多渠道系统进行产品分销的好处主要有以下几个方面。

（1）扩大市场覆盖面。比如，为了更好地开拓农村市场，可以采用农村代理商。

（2）降低渠道成本。弗里德曼认为，混合型渠道可以降低企业的销售成本。

（3）提高交易量。不少企业 70%~80% 的销售量是由两三条渠道实现的。

当然，企业选择多渠道也有不利的一面，主要有以下几点。

（1）针对同一个细分市场的两个以上渠道容易产生冲突。

（2）新渠道的独立性可能较强，合作比较困难，不容易控制。

因此，多渠道既有好的一面，也有不利的一面。实践中，很多企业还是会使用多渠道分销，比如根据渠道末端零售商的购买数量，采用不同的渠道送达。如对大客户使用直销方式，而对小客户则使用批发环节等。

拓展　渠道的演进

第 2 节　渠道设计

渠道设计是企业为了实现分销目标，对各种备选渠道进行评估和选择，从而开发新的营销渠道或改进现有营销渠道的过程。[①] 有效的营销渠道设计需要以企业进入的市场为起点，确定进入目标市场的最佳途径。一个成功的、科学的营销渠道可以更快、更有效地推动产品进入目标市场，为生产商及中间商带来更大的现实利益与长远利益。

一、渠道设计的影响因素

对于每个生产商而言，能否构建出一条与其营销策略匹配的营销渠道，将直接影响企业营销目标的实现。在设计渠道时，制造商需要在理想的渠道和实际可行的渠道之间做出选择。资金有限的新企业通常从有限市场区域的销售做起。选择好的渠道也需要去说服优秀的中间商承销企业的产品。在较小的市场，企业可能将产品直接销售给零售商。因此，管理者在对渠道进行设计之前，应该评估一系列有可能影响渠道设计的因素。[②]

1. 顾客特性

顾客特性是渠道设计的关键影响因素，潜在顾客的数量、地理分布、顾客的购买特征等都会对渠道设计带来影响。

（1）潜在顾客的数量会影响市场规模。当潜在顾客的数量较多时，渠道的长度和宽度则要相应拓展，反之亦然。

（2）地理分布，即制造商与顾客之间的距离。如果制造商与顾客之间的距离比较近，制造商直接进行销售的可能性会更大；相反，制造商更有可能选择中间商来分销。

（3）顾客对商品的需求是多样化的，而且存在不同的购买特征。如果顾客经常小批量购买，则需较长的分销渠道供货。因此，量少而频繁的订货常使得制造商依赖批发商为其销货。同时，制造商也可能越过批发商直接向订货量大但订货次数较少的大客户供货。

---

① 徐蔚琴，谢国娥，曾自信．营销渠道管理．北京：电子工业出版社，2001.

② 吴健安，聂元昆．市场营销学．6 版．北京：高等教育出版社，2017：274－275.

2. 产品因素

产品是渠道分销的主要对象，产品的体积与重量、单位价值、耐腐程度、创新程度、是否需要安装与维修等服务会影响渠道的选择。

（1）体积与重量。产品的体积或重量会影响产品在物流环节的流转效率，体积大或较重的物品往往会花费更多的周转时间，因此不适宜采取长渠道，应减少中间环节。

（2）单位价值。为了避免产品被多次中转而产生货损货差，高价值的产品往往采取较短的渠道结构。

（3）耐腐程度。通常情况下，蔬菜、瓜果、肉类、海鲜、花卉等易腐产品，储存时间不宜过长。因此，耐腐程度较低的产品应该采用短渠道结构。

（4）创新程度。对于很多新产品而言，必须争分夺秒进入市场并且被顾客熟知和认可，因此需要制造企业掌握市场需求的变化，以灵活地应变。在现实中，短渠道被认为是新产品进入市场的有效途径。

（5）需要安装、维修等服务的产品，一般由企业或者其特许经营商来负责销售、保养。

3. 中间商因素

设计渠道要考虑执行不同任务的中间商的优缺点，并从能力和信誉、成本以及服务水平三个方面进行评估。

（1）中间商的能力和信誉。一个具有较高管理能力和良好信誉的中间商，可以帮助企业的产品迅速提高知名度，获得消费者的认可，打开销路；相反，一个管理能力较弱、信誉较差的中间商，也有可能让企业陷入经营的困境。

（2）使用中间商的成本。每个企业都希望用最少的投入获得最多的产出，如果使用中间商的成本超过了企业预期的分销效益，企业有可能做出减少中间商的决策。

（3）中间商的服务水平。每个企业都希望用最低的价格获得较高水平的服务。但是在一定程度上，中间商的服务水平也受限于它们自身所愿意支付的成本。因此，选择一个能够在最低成本条件下提供高水平服务的中间商显然是一个难题，这就要求企业有一套完善的评估机制来评价中间商，从而做出正确的选择。

4. 竞争特性

生产商的渠道设计受竞争者所使用的渠道的影响。某些行业的生产商会采用与竞争者相同或相近的经销商，以与竞争者的产品抗衡。

5. 企业因素

企业的总体规模、资金实力、产品组合、渠道经验、营销政策也会影响渠道的选择。

（1）总体规模。企业总体规模的大小决定了其市场范围、客户规模及与中间商合作的能力。

（2）资金实力。资金实力的强弱决定了哪些市场营销只能由自己执行，哪些应由中间商执行。资金实力薄弱的企业一般采用“雇佣制”分销办法，尽量利用那些愿意并能分担部分储存、运输等成本的中间商。

（3）产品组合。企业的产品组合越宽，与顾客直接交易的能力越强；产品组合越深，使用独家经销商或选择性代理商就越有利；产品组合的关联度越强，越应使用性质相同或相似的渠道。

（4）渠道经验。对于一些缺乏渠道管理能力的企业而言，如果要独立管理一条完整的渠道，势必会比较困难，而利用一些现成的中间商来构建一条渠道，显然会轻松得多，因为这些中间商本身就具备一定的分销能力和服务能力，可以更好地发挥分销渠道的作用。

（5）营销政策。对最终购买者提供快速交货服务，会影响到生产商对于中间商职能、最终经销商数量以及采用的运输系统的要求。

6. 环境因素

分销渠道是连接生产和消费的桥梁，渠道的投入和输出不可避免地要受到环境因素的影响，这些因素主要包括政策法规、社会、经济、文化、技术等。比如，我国对药品的分销就有严格的法律要求，药品不能像快速消费品一样在市场上销售。

二、渠道设计或选择的原则

企业要想凭借渠道获利，在设计或选择渠道时，应该遵循以下几个原则。

1. 效率原则

企业选择合适的渠道，目的在于提高流通效率，降低流通成本，使分销网络的各个阶段、各个环节、各个流程的费用合理化。这能够使企业取得市场竞争优势并获得最大化的效益。

2. 适度覆盖原则

企业在选择渠道时，仅仅考虑加快流通速度、降低费用是不够的，还应考虑是否有足够的市场覆盖率以支持针对目标市场的销售任务。因此，不能只强调降低分销成本，这样可能会导致市场覆盖率不足。成本的降低应是规模效应和效率效应的结果，在营销渠道的选择中，应避免扩张过度和范围过宽过广，以免造成沟通和服务的困难，导致无法控制和管理目标市场。

3. 稳定性原则

企业的渠道一经确定，便需花费相当大的人力、物力、财力去巩固，整个过程往往是复杂而缓慢的。所以，企业一般不会轻易更换渠道及成员。只有保持渠道的相对稳定，才能进一步改善渠道的效益。畅通有序、适度覆盖是分销渠道稳固的基础。

4. 利益共享、风险共担原则

企业在设计或选择渠道时，不能只追求自身的效益最大化而忽略其他渠道成员的利益，应合理分配各个成员间的利益。利益共享、风险共担，才是处理渠道关系的正确做法。

三、渠道设计的过程

一般而言，要设计一个有效的营销渠道，需要经过如图 8－4 所示的几个步骤。[①]

1. 识别渠道设计决策的需要

企业在发展过程中会面临一些新情况，需要做出渠道设计决策。比如现有渠道不适

---

① 罗森布洛姆．营销渠道：管理的视野：第 8 版．北京：中国人民大学出版社，2018：148－162.

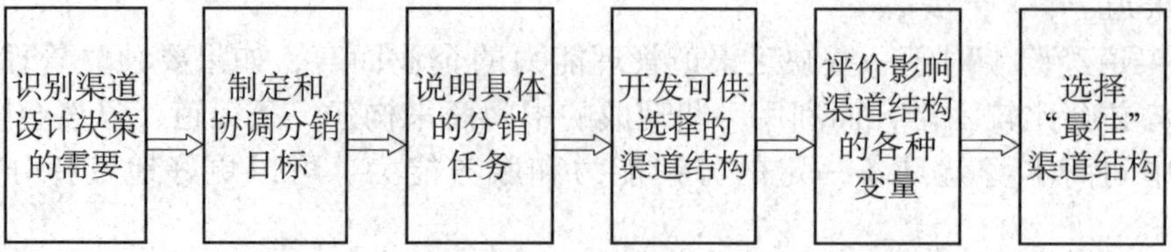

图 8－4　渠道设计的过程

合新产品、企业打算进入新的目标市场、营销组合发生变化、中间商政策出现了变化、外部宏观环境发生变化等。

营销管理者需要做出渠道设计决策最普遍的十种情况如下。

（1）企业开发新产品。当企业开发的新产品不能使用现有渠道时，必须设计或者改进现有渠道。

（2）企业进入新的目标市场。当企业将现有产品引入新的目标市场时，如在组织市场销售的产品转入消费者市场。

（3）营销组合发生变化。当企业的产品策略、定价策略和促销策略发生重大变化时，需要做出渠道设计决策。比如企业转而推行低价策略，则企业可能会转向折扣零售商这样的低价产品分销商。

（4）成立新企业。当成立全新企业或者兼并新企业时，需要做出渠道设计决策。企业从一个领域进入另一个领域时，销售对象可能会发生变化，现有渠道无法用于产品的销售，需要建设新的渠道。

（5）现有的渠道成员成为公司达成营销目标的障碍。比如渠道成员开始强调自己的私有品牌，这时制造商就要增加新的分销商。

（6）特定种类的中间商发生变化。如零售业的购置和兼并导致百货公司减少，在这些百货公司销售产品的制造商需要做出渠道设计决策。

（7）开辟新的营销地区。

（8）主要环境发生变化。当经济、社会、文化、竞争、技术或法律环境发生变化时，会对营销渠道带来影响，企业需要做出渠道设计决策。

（9）与中间商存在激烈冲突。如果企业与中间商的冲突变得十分激烈并且难以解决，就需要设计一个全新的渠道。

（10）企业回顾和评估。企业通过阶段性的回顾和评估，可能会对现有渠道进行改进或者创建新的渠道。

2. 制定和协调分销目标

确认需要做出渠道设计决策后，企业还需要制定分销目标并仔细审核，检查制定的分销目标是否与产品、价格等方面的目标一致，是否与企业的整体目标一致。

3. 说明具体的分销任务

制定和协调分销目标后，需要执行一系列的分销任务来实现分销目标。所以，渠道管理者应该准确无误地阐述各项任务。在明确分销任务时，首先需要明确渠道成员的职责，包括推销、渠道支持、物流、售后服务等。其次是分配渠道任务，比如降低分销成本、增加市场份额、满足顾客需要、了解市场信息等。

4. 开发可供选择的渠道结构

渠道管理者还要设计出适合自身情况、符合企业目标的渠道结构。在这一过程中，企业要把处于价值链不同环节的生产商、批发商、零售商组织起来，通过构建一种相对稳定、谋求共赢的伙伴关系，对它们进行科学合理的分工，使之成为一个有机整体。当然企业渠道往往不止一条，不同渠道之间可通过相互补充和配合形成一个包括多种渠道的网络系统，来共同满足市场需求，从而完成企业的分销任务。在这一环节，企业需要明确以下几点：

（1）所需中间商的类型和特点。企业建立渠道，需要识别可以利用的中间商的类型，知晓不同中间商的特点。

（2）使用的中间商的数目。企业规定在每个渠道层级需要的中间商的数目，由此形成该渠道的宽度，决定企业采取密集分销、选择分销还是独家分销。

（3）各渠道成员的权利和义务。各类可行的方案需要明确渠道成员的权利和义务。

5. 评价影响渠道结构的各种变量

渠道结构的选择会受到众多因素的影响，如顾客因素、产品因素、企业因素、中间商因素、环境因素等。在做出关于渠道结构的最终选择以前，需要对这些因素进行评价，以保证渠道选择的合理性。

6. 选择“最佳”渠道结构

每个可供选择的渠道结构方案，都是将产品送达消费者的可能路线。生产商需要对初拟方案进行多维度评估，选出符合企业长期目标的最佳方案。评估方案可以从经济性、可控性和适应性等方面进行。

（1）经济性。经济性是最重要的标准。企业是追求利润最大化的组织，判别一个方案的好坏，不应只看其能否获得较高的销售额，还要看其成本，要选择利润最大化的方案。

（2）可控性。企业使用中间商会增加不可控性。因为中间商是独立的企业，更关心自身利益。因此，企业应结合自身情况选择合适类型和数量的中间商，并加强对中间商的管理与控制。

（3）适应性。外部环境是不断变化的，企业要考虑自身适应外部环境变化的能力。每个渠道结构方案都有期限，那么在这个期限内，即使采取其他销售方式更有效，企业也不得任意取消中间商资格。因此，一个涉及长期承诺的渠道结构方案，只有在经济性和可控性都很优越的情况下才可以考虑。

第 3 节　渠道管理

公司在设计好渠道后，需要选择、激励渠道成员等，并根据情况变化及时调整渠道，进行渠道控制，化解渠道成员间的矛盾。①

---

① 科特勒，凯勒，卢泰宏．营销管理：第 13 版．北京：中国人民大学出版社，2009：360.

一、渠道成员管理

示例　CC 公司选择渠道成员

1. 选择渠道成员

生产商吸引渠道成员的能力不同，一些生产商很容易签约到优秀的渠道成员，但也有些生产商不得不努力吸引合格的成员。企业必须认真地挑选渠道成员，因为对于顾客而言，渠道就代表公司。企业选择渠道成员需经历以下步骤。

（1）发掘潜在渠道成员。企业可以通过广告、行业展销会等方式和途径来挖掘潜在渠道成员。

（2）评估潜在渠道成员是否合适。通过不同途径发掘并拟定潜在渠道成员名单后，需要根据选择标准对其进行衡量。没有一个标准适合所有企业的所有情况，企业必须以自身目标和政策为基础，制定一套合适的选择标准。选择渠道成员需要考虑的主要标准有它们的从业时间、经销其他产品的情况、成长和盈利记录、偿付能力、合作态度以及声誉等。

（3）将潜在渠道成员转为现实渠道成员。渠道成员的选择是一个双向过程，不仅生产商需要选择，中间商也会做出选择。除了声名显赫的公司以外，大多数生产商需要采取有效措施，确保渠道中间商提供优质的服务。

2. 激励与惩罚

一旦与渠道成员签约，为了达成分销目标，生产商需要采取措施促使渠道成员紧密合作，也就是进行持续管理和激励。企业应视渠道成员为顾客或合作伙伴，打造与渠道成员的长期关系，从而形成一个同时满足企业和营销伙伴需要的营销系统。

对渠道成员，企业首先要了解其需要和问题，对其需要给予支持，对其问题加以解决。不同的生产商改变渠道成员行为的能力是不同的，要获得中间商的合作通常是充满挑战的。为了使得中间商的分销达到最佳状态，生产商需要采取多种手段，一方面使用积极的激励手段，比如给予高利润、特殊优惠、奖金、商品陈列补贴或推出合作广告等，另一方面也要考虑惩罚措施，比如削减利润、暂缓交货或终止合作等。

3. 评价绩效

生产商必须定期客观地评价渠道成员的绩效。渠道成员的绩效评价主要有三个步骤。①

（1）建立绩效评价标准。在衡量渠道成员的绩效时，有许多可用的标准。大多数生产商会根据渠道成员的销售情况、平均存货水平、送货时间、对损坏和遗失商品的处理、与公司的合作情况来评价其业绩。

（2）根据标准评价渠道成员。在建立了绩效评价标准后，生产商可以通过三种方法对渠道成员的绩效进行评价：一是使用一种或多种标准进行独立评价，二是使用多重标

---

① 罗森布洛姆．营销渠道：管理的视野：第 8 版．北京：中国人民大学出版社，2018：318－327.

准的非正式组合进行定性评价，三是运用多重标准的正式组合对总体绩效进行定量评价。

（3）采取必要的纠正措施。如果某一渠道成员的绩效低于既定标准，则需要提出纠正措施。这需要找出渠道成员绩效太差的主要原因，考虑可能的补救方法。当放弃或更换中间商将导致更坏的结果时，生产商只能暂时容忍这种令人不满的局面；当不至于出现更坏的结果时，生产商应要求业绩欠佳的中间商在一定期限内有所改进，否则就要取消其资格。

4. 调整

为了适应市场和环境变化，在现有的营销渠道经过一段时间的运作后，企业会根据实际情况对渠道结构加以调整：增减渠道成员、增减渠道或改进整个渠道系统。

（1）增减渠道成员。从理论上讲，如果剔除某些落后的中间商，增量分析表明生产商利润会提高。然而，剔除个别中间商这一决策会对整个渠道系统产生一定的影响。在实际业务中，不能单纯依据增量分析的结果采取具体行动，最好用整体系统模拟来测量某一决策对整个渠道系统的影响。

（2）增减渠道。某一重要地区的购买类型、市场形势可能快速变化，针对这种情况，可借助损益分析与投资收益率分析，增加或减少营销渠道。

（3）改进整个渠道系统。最困难的渠道调整决策可能是改进和修正整个营销系统。这类决策不仅会改变渠道系统，而且将迫使企业改变市场营销组合和政策。这类决策比较复杂，与其有关的数量模型只能帮助管理人员求出最佳估计值而已。

二、渠道控制

1. 渠道控制的含义

渠道控制是渠道成员希望达到影响其他渠道成员的某种决策的行为。一个渠道成员如果能够影响渠道中绝大多数成员的行为，就形成了渠道的领导力或控制力。渠道控制与渠道权力有着密切关系，渠道控制的实质就是争夺渠道权力。渠道权力是一种渠道影响力。企业既可以通过渠道权力来实现渠道控制，也可以通过合作、参与和加盟等方式实现渠道控制。

2. 渠道控制的内容

渠道控制的内容主要包括三个方面。

（1）渠道控制力的大小。渠道控制力就是企业对渠道的控制程度。它在很大程度上取决于企业对渠道的运行有多大的话语权和支配能力。企业对渠道的控制力还取决于渠道成员的忠诚度。忠诚度越高，控制力也就越高。

（2）渠道控制的效果。渠道控制的效果主要是指在既定的渠道控制成本和控制模式下，企业通过渠道销售产品和服务的情况。它可以从数量和质量上反映渠道的投入产出效果，并通过渠道的市场覆盖率、服务能力、维护成本和影响力等指标来描绘和分析。

（3）渠道控制的效率。渠道控制的效率是指渠道控制中的流程运作效率，涉及实体流、信息流、支付流等的顺畅性和运营维护成本。渠道流程运行效率的高低，除了取决于渠道的结构、渠道的功能、市场容量、需求、产品特性和地理等因素外，还受到渠道控制模式的影响。

3. 渠道控制模式

渠道控制能力的大小及有效性的高低显然与渠道控制模式密切相关。由于与渠道控制有效性相关的企业规模、产品类别、市场化程度、管理水平、品牌价值等千差万别，因此，渠道有效控制的方式也呈多样化。①

（1）利用品牌控制渠道成员。对于渠道成员来说，优秀品牌的产品意味着销量高、利润多和形象好，更意味着销售效率的提高。企业可以通过在消费者层面建立良好的品牌形象，降低渠道成员的销售成本和提高销售效率，进而增加渠道控制的有效性。

（2）利用长期战略和愿景控制渠道成员。渠道成员经营甲公司产品，很可能意味着放弃了乙公司同类产品的营销。鉴于此，企业一方面要用市场地位与实际业绩来证明自己，另一方面要向渠道成员阐述企业的长期战略和愿景，使它们对未来有一定的憧憬。一旦渠道成员认可了企业，认可了企业的主要领导人，即使当前的政策不太完善或产品仍有问题需要解决，渠道成员也不会太过计较。

（3）利用利益控制渠道成员。每一个渠道成员都追求一定的利益，因此作为生产商必须给渠道成员一定的利益空间。具体办法有提升产品的品牌优势、提升产品销售量、增加返利和折扣、增加渠道成员的单位利润等。

（4）利用生产商服务控制渠道成员。企业可以通过对渠道成员的培训与咨询来达到管理与控制渠道成员的目的。企业对渠道成员的服务包括帮助渠道成员销售、提高销售效率、降低销售成本、增加销售利润。

（5）利用终端控制渠道成员。消费品行业最常用的一个办法就是直接控制终端。控制零售商是最根本的，要让零售商首先认同产品、认同品牌、认同生产商，而不是首先认同渠道成员。具体办法包括培训终端员工、开展促销活动、建立零售基本档案、制作零售商网点分布图等等。在这个数据库的基础上，开展针对终端的拜访和举办直达终端的各项活动，可增强对渠道成员的谈判能力，更有效地控制渠道。

（6）利用激励、淘汰机制控制渠道成员。企业可以通过定期或不定期地评估渠道成员的态度和能力，将渠道成员分为优秀的、合格的和不合格的，然后采取不同的措施。对于不合格的，予以淘汰。对于合格的，可以通过系统专业的培训使其提升分销能力。对于优秀的，从战略高度予以激励和支持，但是也又不能过于放纵和迁就，控制和激励都要适度。

三、渠道冲突管理

渠道成员具有自主经营权，并追求自身利益最大化，这是导致渠道冲突的原因。渠道成员有合作的一面，也有竞争的一面，冲突是渠道成员经常出现的情况，其实质是渠道成员之间存在利益矛盾。渠道管理者需要积极预防、及时发现并化解渠道冲突。

---

① 彭雷清．试论渠道控制的有效性及控制模式的选择．商讯商业经济文荟，2005（3）．

1. 渠道冲突的含义

渠道冲突是营销渠道成员间一种敌对的或者不和谐的状态。[①] 冲突是渠道的一种常见状态。比如，在汽车行业，制造商将汽车分销给经销商时，为了收益和利润，会不断推动经销商订购汽车，但分销商认为庞大的库存在销售减缓时是巨大的财务负担。加大订购量对制造商有利，但减少库存对分销商有利，这种立场的差异会导致双方产生矛盾。

2. 渠道冲突的类型

渠道冲突可以分为三种：垂直渠道冲突、水平渠道冲突和交叉渠道冲突。

（1）垂直渠道冲突。垂直渠道冲突是同一条渠道中不同层级之间的冲突。如制造商与批发商之间的冲突、批发商和零售商之间的冲突。表现形式有价格冲突、交易冲突等。

（2）水平渠道冲突。水平渠道冲突是渠道内同一层级成员之间的冲突，如同级批发商之间的冲突、同级零售商之间的冲突，表现形式有跨区域销售、压低价格等。

（3）交叉渠道冲突。交叉渠道冲突是同一制造商建立的两条以上渠道，向同一市场出售产品引发的冲突。如直接渠道和间接渠道中成员之间的冲突，代理商与经销商之间的冲突。表现形式有区域划分不清、销售网络紊乱、价格不同等。比如有的家电品牌既通过大型商场等实体店铺销售，又进驻互联网平台通过网上商城销售。

3. 渠道冲突的原因

营销渠道成员之间发生冲突的原因有很多，归纳起来主要有四个方面：目标不一致、任务和权利不明确、知觉差异和力量不匹配。

（1）目标不一致。由于渠道成员是相互独立的实体，其在经济利益、目标上必然会有所差异，这是产生渠道冲突的重要原因。通常情况下，渠道成员为了提高效率和节约成本，会愿意为营销渠道整体目标贡献力量。但是在渠道的具体运作过程中，各个渠道成员又有自己的主张和要求。当渠道成员目标不一致时，冲突就会产生。

（2）任务和权利不明确。当企业采用多种渠道时，由于在各个渠道的经营范围等方面没有做出明确的规定，可能会导致水平渠道冲突。地区边界、销售信贷等方面任务和权利的模糊、混乱会导致诸多冲突。

（3）知觉差异。渠道成员之间对于渠道中事件、状态和形势的看法存在差异。由于渠道成员在先前的经验和可得信息数量与质量上存在差异，因此渠道成员对现实的理解有所不同，这会使得它们对于如何实现营销渠道目标，以及如何解决成员之间的问题持有不同意见，导致冲突的产生。

（4）力量不匹配。渠道成员中一方对另一方的过度依赖，例如，汽车制造商的独家经销商的利益及发展前途直接受制造商产品设计和定价决策的影响，这也是产生冲突的原因。

总体来讲，渠道对行业的发展有着极其重要的作用。由于渠道是渠道成员从不同角度，针对不同利益，采用不同方法构建而成的，因此，渠道冲突是不可避免的。

---

① 科兰，安德森，斯特恩，等．营销渠道：第 7 版．北京：中国人民大学出版社，2008.

4. 化解渠道冲突

一定的渠道冲突能产生建设性的作用，带来适应环境变化的更多动力。但更多的冲突是失调的而且具有破坏性。冲突管理的关键在于如何更好地化解冲突。

（1）寻找共同目标。不管职能有何差异，渠道成员都要有共同的目标，如生存、市场份额、品质、满意度等目标。特别是受到外部竞争威胁时，渠道成员会深刻地体会到实现这些共同目标的重要性。企业应该有意识地激发渠道成员的共同目标意识，引导它们紧密合作，寻求共同的最终价值。

（2）通过契约关系约束行为。通过建立明确的契约关系，来详细规定渠道成员的权利、义务，可以在一定程度上使渠道成员在产品价格、促销、资金结算等方面达成一致，减少冲突的发生。当冲突发生时，也可以根据契约的相关条款来追究渠道成员的责任。

示例　H葡萄酒公司化解渠道冲突

（3）加强渠道沟通。当渠道成员发生冲突时，可以通过相互沟通来消除认知上的不一致。

（4）加强监督与检查。明确渠道成员各方的权利与义务，并通过监督和检查，了解现实情况。如同一市场上存在恶性竞争、杀价，需要根据生产商的定价政策及时予以调整。

第4节　中间商的类型

中间商是指在生产商与消费者之间充当商品交换媒介的经济组织或个人。可以按照不同的标准对中间商进行分类。按照中间商是否拥有商品所有权可将其划分为经销商和代理商；按照销售对象的不同，中间商分为批发商和零售商。本节讨论后一种分类，并简要介绍互联网中间商。

一、批发商

1. 批发和批发商

批发是将产品或服务出售给为了转卖或者出于商业目的而购买的组织或个人的活动。批发商是主要从事批发业务的公司。批发商一头连接生产商，一头连接零售商、其他转卖者或用户。批发商与零售商有很大的差异。第一，因为交易对象是商业顾客，所以批发商较少注意促销、环境和商店地址。第二，批发交易所涉及的款项一般大于零售交易，而且批发商所负责的范围一般大于零售商。第三，在有关法律条款和税收方面，对批发商和零售商的政策也是不同的。

2. 批发商的类型

批发商的主要类型有商业批发商，经纪人和代理商，生产商及零售商的分支机构和办事处等，如表 8-1 所示。

表 8-1　批发商的类型

类型	说明
商业批发商	
完全服务批发商	执行批发商的全部职能，包括存货、组建销售队伍、提供信贷、配送支持和管理支持等。可分为向制造商销售产品的产业分销商和向零售商出售产品的批发商人。
有限服务批发商	只执行批发商的一部分职能。如现购自运批发商、承销批发商、卡车批发商、托售批发商和邮购批发商等。
经纪人和代理商	
产品经纪人	引见买方和卖方，并协助其谈判。由雇佣的一方支付费用。
制造商代表	代表两个或两个以上互补的产品线的制造商，与每个制造商签订正式合同，包括定价政策、销售区域、订单处理、配送服务、佣金比例等内容。
销售代理商	可以销售签订合同的制造商的全部产品，可全权处理价格等交易条件。
采购代理商	为顾客采购，并负责收货、验货、储运，再将产品运送给顾客。
佣金商	对产品实体具有控制权并参与销售协商的代理商。
生产商及零售商的分支机构和办事处	
生产商的销售分支机构和办事处	生产商设立的销售分支机构或办事处，以加强库存控制、推进销售和促销。
零售商的采购办事处	零售商在大型的市场中心设立的采购办事处。

(1) 商业批发商。商业批发商是自己进货，取得产品所有权后再批发销售的商业企业。商业批发商是批发商的主要类型。它们购买大批量产品，取得产品的所有权，然后独立自主地小批量售出，获取批零差价。商业批发商可以进一步分为完全服务批发商和有限服务批发商。

(2) 经纪人和代理商。经纪人和代理商为买卖双方牵线搭桥，协助谈判，达成交易后向雇佣方收取费用。与商业批发商不同，经纪人和代理商没有所经营产品的所有权，所提供的服务少，主要是促成买卖双方达成协议，获取销售佣金。经纪人主要向买方或者卖方提供交易操作，为双方牵线搭桥，协助完成交易或手续。代理商则是在行业惯例范围内接受委托人的委托，为委托人促成或达成交易。经纪人和代理商主要有产品经纪人、制造商代表、销售代理商、采购代理商、佣金商等类型。

(3) 生产商及零售商的分支机构和办事处。批发的第三种形式是买方或者卖方自行经营批发业务，主要包括生产商的销售分支机构和办事处、零售商的采购办事处。

二、零售商

1. 零售与零售商

零售是直接向最终消费者销售产品和服务，并最终用于非商业性用途的活动。零售商在流通领域处于最后阶段。零售商在业务上有小量采购、零散供应的特点。

2. 零售商的类型

随着商品经济的快速发展和人们生活水平的不断提高，零售业呈现繁荣发展态势，不断出现新的零售商类型。因此，零售商的类型是复杂多变的。目前常用的零售商分类标准是有无实体商店，据此可分为商店零售商和非店铺零售商，详见表 8－2。

表 8－2 商店零售商和非店铺零售商

类型	说明
	商店零售商
百货商店	销售几条产品线的产品，比如家庭日用品、服装、家具等。
专业店	销售的产品线范围较窄，但品种较齐全。如家具店、花店、书店等。
超级市场	规模较大、薄利多销、自我服务的经营机构。
超级商店	比超级市场更大，主要销售食品和日用品。
便利店	居民区附近的小型商店。营业时间长，销售便利品，价格稍高。
折扣店	其商品售价和利润较低，周转较快。
仓储商店	是一种以大批量、低成本和低售价方式经营的零售企业。
	非店铺零售商
直复零售商	直复零售商使用一种或多种媒体传播商品信息，以使商品信息所到之处迅速产生需求，并最终达成交易的销售系统。
直接销售商	直接销售商采用挨家挨户推销、逐个办公室推销和举办家庭销售会推销等形式。
自动售货商	自动售货商利用自动售货机进行商品销售。

（1）商店零售商，是设立实体店铺进行经营的零售商。商店零售商拥有实体店铺，将商品摆放在货架或货柜上，顾客到店后，对商品进行选择，在店铺内完成购买活动。按照商店零售商所经营商品类别范围的大小，商店零售商又可以分为百货商店、专业店、超级市场、超级商店、便利店、折扣店和仓储商店等。

（2）非店铺零售商，是借助其他形式而非固定实体商店独立从事商品零售业务，并对经营的商品拥有所有权的企业。主要包括直复零售商、直接销售商、自动售货商等类型。

三、互联网中间商

一些制造商或供应商会通过互联网中间商与消费者或用户联系，并由互联网中间商撮合交易。

依据在渠道中的不同作用，互联网中间商分为信息提供商、平台服务商、网络商店及辅助服务提供商。

（1）信息提供商。信息提供商可以为消费者和企业提供知识、内容以及经验等相关服务。对消费者来说，可降低搜寻成本，节省时间。对企业来说，可以了解消费者需求，宣传自身形象。比如智能代理、卖方代理、搜索引擎和目录服务商。

（2）平台服务商。平台服务商相当于现实中的交易市场，提供一个虚拟的交易场所，商家在网站上发布想要出售的商品的信息，消费者可以任意选择和购买。当完成交易时，平台服务商收取一笔管理费用。主要有网络交易市场和网络拍卖市场两种形式。

（3）网络商店。网络商店是中间商和消费者进行网络交易的主要场所。消费者在网上购买商品时，可选择网络商店。中间商面向特定的市场提供产品和服务，依靠自身信誉、物流系统等发展壮大。主要有网上零售店和虚拟购物中心。

（4）辅助服务提供商。辅助服务提供商可保证交易的顺利进行，为交易过程提供一系列服务。主要有虚拟评估机构、网络统计机构和网络金融机构。

中间商一般会同时拥有线上和线下两条渠道，以线下销售为主，线上销售为辅。随着网络的普及和广泛应用，线上渠道变得越来越重要。中间商只有接入网络平台，才更容易被用户发现，有更多的市场机会。平台企业自己不从事直接的经营活动，而是向中间商提供交易平台，并以此盈利。

拓展　数字化时代的渠道策略

第 5 节　物流管理

企业需要在适当的时间、地点，以适当的价格和方式将产品提供给顾客，从而化解与顾客之间的矛盾，满足顾客需要。为此，企业需要进行产品仓储和转移，也就是进行物流管理。物流的效率对顾客满意度和企业成本都有重要影响。党的二十大报告提出，“加快发展物联网，建设高效顺畅的流通体系，降低物流成本”。

一、物流与供应链管理

物流涉及计划、实施和控制产品、服务及其他相关信息从起运点到达消费地的实体流动，以满足消费者需求并赚取利润。[①]

物流管理主要是管理库存和运输，这是早期供应链管理的主要内容。现代供应链管理的内容更广泛，如图 8 - 5 所示。供应链管理是一种集成化的管理模式，包含从供应商，经过中间的制造商、各级销售商直到最终用户的整个流程，包含各种物资流动的管

① 科特勒，阿姆斯特朗．市场营销：原理与实践：第 17 版．北京：中国人民大学出版社，2020.

理、信息的管理和资金流的管理。

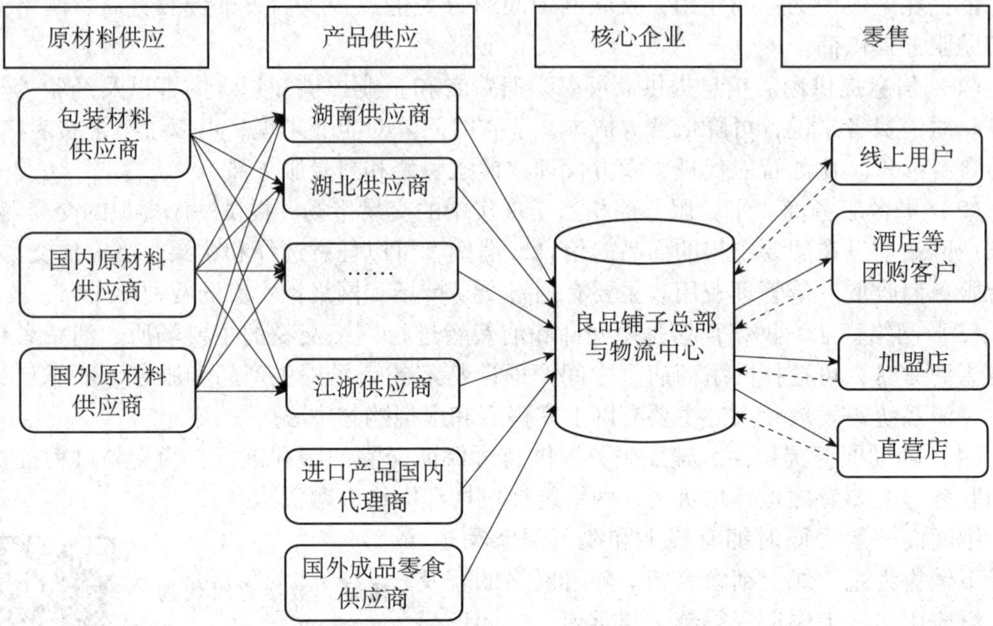

图 8-5　良品铺子的供应链结构

资料来源：马士华，林勇，等. 供应链管理. 6 版. 北京：机械工业出版社，2020：24.

物流经理的任务是协调产品供应商、采购代理商、营销商、渠道成员和顾客的活动，包括预测、信息流动、采购、生产计划、订单处理、存货、仓储管理和运输计划。

二、物流决策

传统物流以工厂为出发点，并采取有效措施，将产品送达消费者手中。而从市场营销观点来看，物流规划应先从市场开始考虑，并将所获得的信息反馈到工厂。企业首先应考虑到目标消费者的位置以及他们对产品运送便利性的要求。其次，企业必须知道其竞争者所提供的服务水平，然后设法赶上并超过竞争者。最后，企业要制定一个综合决策，其中包括订单处理、仓储管理、存货水平、产品运输，进而向目标顾客提供服务。

（1）订单处理。订单处理是指由订单管理部门对顾客的需求信息进行及时处理，是从顾客下订单开始到顾客收到货物为止，这一过程中所有单据处理活动，包括订单准备、订单传递、按订单供货、订单处理状态跟踪等活动。订单处理是实现企业顾客服务目标最重要的影响因素。完善订单处理过程，缩短订单处理周期，提高订单满足率和供货的准确率，提供订单处理全程跟踪信息，可以大大提高顾客服务水平与顾客满意度，同时能够降低库存水平和物流总成本。

（2）仓储管理。因为生产和销售的过程很难同步，所以每个公司在产品售出前都要先将其保存起来。企业必须决定仓库所在位置以及仓库的数量、规模，考虑顾客的位置、运输是否方便以及顾客对货物的需求量，同时也要考虑成本。有的仓库靠近工厂，有的分散在全国各地；企业可用自己的仓库，也可租用别人的仓库。这些都依具体情况而定。

（3）存货水平。物流管理的另一项重要决策是存货水平。销售人员希望公司库存充足，能最快地满足顾客需求。但是，这会使得库存成本增加。存货水平的高低与顾客的需求量密切相关。存货水平太低不能满足顾客的需求和保证供应；存货水平太高又会增加成本，减少经济效益。为了保持适当的存货水平，要做好两项决策：一是进货点，二是进货量。存货水平因不断进行的销售而下降，当降到一定的数量时，就需要再进货，这一数量即为进货点。进货量指每次进货的数量。进货量同进货频率相关，二者成反比。

（4）产品运输。产品运输涉及运输时间、运输费用、产品价值、货运条件以及顾客选择等因素。运输方式主要有五种：铁路、水路、公路、管道和航空。企业可根据不同的情况进行选择。现代运输中的集装箱大大方便了货物运输，也减少了货物破损率，在可能的情况下，企业应尽量采用集装箱运输。由于运输的集装箱化，发货人正越来越多地综合使用两种或多种运输方式，如空中卡车运输是飞机和卡车联运。每一种联运方式都向发货人提供了独特的益处。在进行运输决策时，必须对各种运输方式之间复杂的利害关系加以权衡，综合考虑各方面因素，使运输与其他方面协调一致，以实现物流的目标。

三、整合物流管理

整合物流管理理念认为，为了提供优质的顾客服务并降低分销成本，实现整个分销网络绩效最大化，需要企业整合自身、其他渠道成员或第三方物流服务提供商的物流系统，协调所有的物流决策。①

（1）企业内部跨职能合作。大多数企业会将物流活动中的不同职能分派给营销、销售、财务、运营以及采购等不同的部门。有时，职能部门从各自角度出发，努力使自身的物流绩效达到最优，但忽视了与其他职能部门的配合。但是，订单处理、仓储、存货和运输等各项活动又是相互影响的，所以不同职能部门的决策只有相互协调，才能取得最佳的整体物流绩效。

企业内部部门间的合作可以通过几种方式来实现。一些企业已经建立了由不同分销活动的管理者组成的物流委员会。企业还可以设立供应链管理职位来协调不同职能领域的物流活动。另外，企业可以购买复杂的供应链管理软件以整合物流管理。

（2）建立物流伙伴关系。企业不能只改进自身的物流系统，还必须与其他渠道成员协作来改进整个渠道的物流系统。企业与分销商建立合作关系，可以改进顾客服务、降低渠道成本。

很多企业已建立跨职能、跨企业的团队。还有一些企业通过项目加强合作，在合作的过程中，各方都可以从中获益。

（3）物流外包。许多公司对物流工作感到厌烦。越来越多的企业将部分或全部的物

---

① 科特勒，阿姆斯特朗．市场营销：原理与实践：第 17 版．北京：中国人民大学出版社，2020：341－342.

流工作外包给第三方物流服务提供商。物流外包是指制造企业或销售企业为集中资源、节省管理费用、增强核心竞争能力，将其物流业务以合同的方式委托给专业的物流公司运作。外包是一种长期的、战略性的、互利互惠的业务委托和合约执行方式。

物流外包不单是业务形式的变化。从发展核心竞争力的角度看，企业物流外包是一个相当紧迫的问题。物流外包有利于企业集中精力发展核心业务，加速企业重组，实现规模效益。使用第三方物流还有助于优化资源配置、提供灵活多样的顾客服务、为顾客创造更多的价值、发挥信息技术优势。

本章小结

企业为顾客创造价值，但是企业与顾客在时间、地点、数量、信息、产品估价和所有权等方面存在矛盾，这需要企业构建营销渠道，在适当的时间、地点，以适当的价格和方式向顾客提供产品，从而化解企业与顾客之间的矛盾，满足顾客需要，实现顾客价值的交付。企业在建设营销渠道时，应考虑诸多因素，理解营销渠道的功能、结构，掌握渠道设计、管理的系统方法。

1. 营销渠道的流程有实体流、所有权流、促销流、谈判流、融资流、风险流、订货流、支付流及信息流。

2. 渠道的结构包括长度结构、宽度结构和广度结构。

3. 渠道设计的影响因素有顾客特性、产品因素、中间商因素、竞争特性、企业因素和环境因素。

4. 渠道设计的步骤包括识别渠道设计决策的需要、制定和协调分销目标、说明具体的分销任务、开发可供选择的渠道结构、评价影响渠道结构的各种变量、选择“最佳”渠道结构。

5. 渠道管理包括渠道成员管理、渠道控制和渠道冲突管理。

6. 中间商按照销售对象的不同可分为批发商、零售商。

7. 物流决策主要包括订单处理、仓储管理、存货水平和产品运输等方面的内容。

启示

在数字化时代，跨渠道和全渠道的设计给营销管理者带来巨大挑战。很多企业表示全渠道和跨渠道真正的难点在于如何协调不同渠道之间的利益，尤其是拥有加盟商和经销商的企业。对于传统零售行业，不拥抱线上是逆势而行，拥抱线上又好像是腹背受敌。那么，究竟如何实现线上和线下的共生呢？企业可以通过基于产品差异化的融合、基于购物体验/消费附加值的融合、基于方便获取的融合和基于渠道功能互补的融合来实现共生。

思考与应用

1. 如何理解渠道的结构？

2. 渠道设计包括哪些步骤？

3. 渠道管理的内容包括哪些？

4. 以5~6个人为一个小组进行调研，了解某企业的渠道策略。

案例分析

良品铺子的渠道策略

2006年良品铺子成立于武汉，主打高端零食，其产品品类丰富，有效满足了各大消费群体在不同生活场景中对休闲食品的多元化需求。

1. 良品铺子渠道策略发展历程

良品铺子的渠道策略发展经历了三个阶段。

第一阶段：单渠道策略阶段（2006—2011年）。主要通过线下门店销售，2006—2010年是直营门店销售，2011年良品铺子开放加盟体系，产品由直营和加盟门店共同销售。

第二阶段：双渠道策略阶段（2012—2014年）。即线下门店和线上平台同时销售，但两条销售渠道相互独立。2012年，良品铺子成立电子商务公司，在京东、天猫、1号店、当当等电商平台成立购物商城，开展线上业务。2013年，良品铺子成立电商物流部门，在全国各地设立仓库，更好地实现线上订单在全国范围内48小时送到。

第三阶段：多渠道到全渠道策略阶段（2015年至今）。2015年，良品铺子与华为、IBM、SAP等达成战略合作协议，共同开发O2O全渠道业务平台。2017年，良品铺子与阿里巴巴合作上线了智慧门店体系，构建了门店多维度触达消费者的路径。

2. 良品铺子全渠道营销体系布局分析

良品铺子的全渠道包括线下实体门店、传统电商平台、社交电商平台、O2O外卖平台和自营App共五大类50多种渠道，拥有全渠道会员超8 000万。

（1）线下实体门店。2006年，良品铺子第一家店铺在武汉开业；2009年、2011年、2015年，分别启动第二代、第三代、第四代门店；2017年，首家良品铺子第五代门店良品生活馆开业。良品铺子每一次店铺升级的核心目标都是提升用户的购买体验。

（2）传统电商平台。分为B2B和B2C两类。B2B又分为代销和经销，良品铺子使用天猫超市、1号店等平台作为代销渠道，双方根据实际销售额按约定方式结算；通过京东及其他电商平台经销，京东等平台赚取买卖差价。B2C渠道是指良品铺子直接将产品销售给消费者，只是将门店开在京东、天猫等第三方电商平台上。

（3）社交电商平台。采用微博、微信、QQ空间、抖音等社交平台销售商品，良品铺子的用户是年轻人，他们更喜欢利用互联网进行社交互动，形成自己的圈层文化。

（4）O2O外卖平台。良品铺子和饿了么、美团等平台合作，顾客在平台上选择附近门店下单后，一般在当天就能收到快递送达的产品，速度比传统电商平台快。O2O外卖平台把针对附近顾客的实体店搬到了线上，扩大了商圈半径，提高了交易效率，同时门店承担库存职能。

（5）自营App。良品铺子推出了手机App，并打通美团、饿了么、京东、淘宝等第三方O2O平台，实现多种渠道的融合销售。消费者在App上下单，可以选择到店自提、同城配送和快递到家等不同方式。

五大类销售渠道构成了良品铺子的全渠道营销体系。如果仅从线上线下进行分类的话，线上包括传统电商平台、社交电商平台、O2O 外卖平台和自营 App；线下则包括直营门店、加盟门店等。

3. 良品铺子消费者全渠道购买体验分析

良品铺子的全渠道覆盖了多个消费场景，实现了对消费者的 360 度网状包围，消费者只需要办理一张电子会员卡，就可以在线上和线下享受到同等的个性化服务。良品铺子的顾客可以通过线上渠道找到商品，下单的时候可以选择到店自提、同城配送或者快递到家，也可以到门店去寻找自己喜欢的东西。在一些实体门店不能辐射到的较为偏远的区域，消费者可以使用传统电商平台和社交电商平台下单，在 1 ~4 天内即可收到良品铺子的产品。

4. 良品铺子全渠道营销体系的技术支持系统分析

全渠道营销模式的核心是企业围绕消费者的需求实现线上线下渠道的完全融合，实现运营效率最大化，达到让消费者自由购买、无差别购买的满意状态。这要求企业做到线上线下商品同款同价，并打通线上线下会员管理系统、营销系统、仓储系统和配送系统，将各个渠道、业务部门的数据全面共享，进行全数据的分析和应用。

良品铺子之所以能够取得良好的销售成绩，并且线上线下销售额趋于平衡，跟它一直以来积极布局数字化信息化技术分不开。在单渠道策略和双渠道策略阶段，良品铺子于 2008 年上线了门店信息化系统，开启了对实体门店的信息化管理；2009 年上线仓库信息化管理系统，库存信息更新达到小时级别；2011 年建立物流信息化系统，提高了快递配送效率；2012 年实行电商营销模式后，引入 SAP 系统提升了订单的快速响应能力，优化了企业业务流程；2015 年开发 O2O 全渠道业务平台；2017 年良品铺子运用阿里巴巴的大数据，与阿里巴巴合作上线了智慧门店系统，构建多维度触达用户的路径；2019 年良品铺子借助阿里巴巴的数字化工具，开展线上线下全方位融合的“智能店铺”升级项目，实现了真正意义上的跨渠道融合。

资料来源：李荣庆．全渠道营销策略分析：以良品铺子为例．时代经贸，2021（3）．

▶ 思考题

1. 画出良品铺子的渠道结构。
2. 评价良品铺子的渠道策略，并提出改进建议。

第9章 传播策略：传播顾客价值

教学目标

知识目标

- 掌握整合营销传播相关概念。
- 掌握进行有效传播的步骤。
- 掌握大众传播、人员传播、数字传播的基本内容。

能力目标

- 具备制订整合营销传播计划的能力。
- 培养广告、公共关系、事件营销、体验营销、销售促进的策划和执行能力。
- 具备在线营销、社交媒体营销的策划和执行能力。

思维目标

- 培养整合营销传播的系统化思维。
- 形成基于互联网的数字化传播思维。
- 形成新时代营销传播的创新和开拓思维。

素质目标

- 培养数字化时代的开放和变革意识。
- 充分理解互联网开放、创新、平等的精神。
- 树立基于我国营销传播理论和实践创新的自信。

内容导图

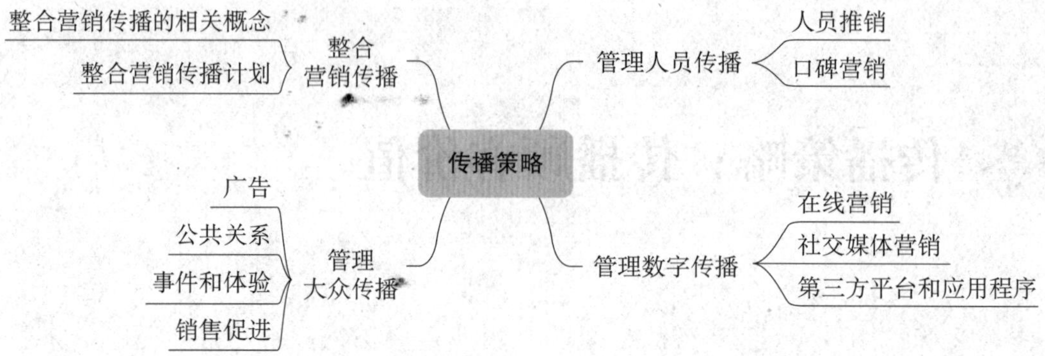

导入案例

成都锦城学院的品牌传播

成都锦城学院的前身为四川大学锦城学院，成立于2005年，定位为多学科、综合性的应用型、创业型大学，2012年全部专业在四川二本招生，2021年5月，经教育部批准，转为独立设置的普通高校，更名为成都锦城学院。学校非常重视品牌建设，积极提升品牌知名度和影响力，提升学校的形象。在品牌传播方面，如何基于数字化环境，制订品牌传播计划，提升传播效率，是一个值得思考的问题。

（1）确定传播受众。学校面向社会，强化市场意识，以受众为导向，充分了解各类受众的信息和需求，使传播内容更具系统性、针对性，传播媒体计划更科学精准。学校主要的传播受众包括考生和家长、用人单位、政府部门、新闻媒体、教职工、学生、合作伙伴等。增进考生和家长对学校的认知、增进用人单位对学校的了解，得到社会公众的理解、认可和支持，加强师生沟通，能够促进学校各项工作的开展。

（2）设计传播内容。传播是人类传递和交流信息的活动，信息是传播的核心要素，在数字化时代，内容营销成为全新的课题，学校的传播活动也面临如何针对受众，科学、系统规划传播内容，进行高效的内容生产、内容创作，解决“传播什么”的问题。搭建传播内容矩阵可以按类别、部门、时间、形式、来源分类，形成内容池，实现系统、一致的传播。

（3）组织传播主体。传播主体是营销传播的基本要素，整合营销传播需要学校、部门、员工各个层面的分工与协同配合。在数字化时代，传播角色也发生了重大变化，例如受众也可以成为传播主体，即由用户生成内容。因此可创建和利用不同的账号，包括学校的官方账号、部门账号、教师和学生个人账号、学生社团账号、专题活动账号等，通过合作账号进行相互支持等。

（4）选择传播媒体。数字化媒体的出现为营销传播带来了更多的传播渠道和受众接触点，新的媒体也在不断出现，因此，学校可根据传播目标的需要，充分利用媒体资源，发挥不同媒体的优势，可用的媒体既包括报纸、电视、杂志、广播等传统媒体，也包括网站、微信、微博等新媒体，随着媒体技术的不断发展，视频、直播等也成为学校传播媒体矩阵的重要构成部分。

（5）制定营销传播组合策略。随着时代的发展，营销传播出现了很多的创新和变革，学校的品牌传播也要科学规划营销传播组合策略，例如大众传播的广告、公共关系、事件和体验，人员传播的师生传播、线上线下的口碑传播等，形成高效的营销传播组合策略。

科学的品牌传播计划助推成都锦城学院的品牌推广，让学校的发展被关注、被认可，仅 2022 年，成都锦城学院全年推送学院新闻 3 700 余条，稿件 2 000 余篇，视频 600 多部，浏览量突破 1 亿人次。成都锦城学院的教育教学事迹还被《中国教育报》、光明网等多个媒体报道。

党的二十大报告指出，“加强全媒体传播体系建设，塑造主流舆论新格局”“加强国际传播能力建设，全面提升国际传播效能，形成同我国综合国力和国际地位相匹配的国际话语权”。在市场营销领域，除了洞察市场、创造顾客、创造价值，传播和传递顾客价值也是企业营销活动的有机组成部分。在传统的营销组合中，创造顾客满意的产品，制定适当的价格，选择合适的分销渠道交付产品和服务，同样也需要通过传播提升顾客认知，建立顾客连接，有效提升品牌影响力和促进销售。

第 1 节　整合营销传播

一、整合营销传播的相关概念

1. 传播

传播是一种人际和社会关系的基本需求，在社会活动领域发挥着重要的作用，与知识传承、人际交流、情感沟通、观念和思想的传递、社会的有序运营等密不可分。一般认为传播是指人与人之间、人与社会之间，通过有意义的符号进行信息传递、信息接收或信息反馈。贝雷尔森和塞纳认为传播是运用符号——词语、图片、数字等，传递信息、思想、感情、技术等的过程；皮尔士认为传播是观念或意义（精神内容）的传递过程；戈德认为传播是变独有为共有的过程；我国学者郭庆光提出传播是社会信息的传递或社会信息系统的运行。[①] 这些学者从不同角度对传播进行了定义。

2. 营销传播

营销传播是针对企业和顾客以及其他相关主体的活动，营销传播对产品和服务的宣传推广、企业和品牌的信息传递、企业和顾客的交流沟通、建立和维系有效的顾客关系乃至社会关系、处理营销活动中的业务都有非常重要的作用。可以说营销传播是企业市场营销的基本诉求。营销传播是指企业试图用来直接或间接告知、说服和提醒顾客销售

---

① 郭庆光．传播学教程．2 版．北京：中国人民大学出版社，2011：4.

的产品和品牌相关信息的方法。① 一般认为营销传播的实质是信息沟通，让顾客了解公司的产品和品牌（告知功能），劝说和提醒顾客购买这些产品和品牌（说服功能），建立、维护顾客关系，树立和提升品牌形象（影响功能）。

（1）营销传播对企业的作用。营销传播对于企业的作用体现在：第一，传递企业和顾客的信息，洞察顾客并有效执行和处理营销业务；第二，提升品牌影响力和企业形象，提高品牌的知名度和美誉度；第三，建立和维系良好关系，与顾客、合作伙伴乃至整个社会进行有效沟通，增进社会理解，实施关系营销；第四，促进产品销售，通过传播进行信息发布、产品和服务推广、说服等，刺激市场需求，激发顾客的购买行为。

（2）营销传播对顾客的作用。第一，向顾客传递产品和服务的价值，让顾客充分意识到能够获取的利益，满足顾客在生活和工作中的需求；第二，使顾客获得足够的信息，打破信息不对称的局面，让顾客更好地识别和了解产品，做出更科学的选择，维护顾客的权益；第三，增进顾客和企业的沟通，使企业充分了解顾客的诉求，以更好地满足顾客的需求，为顾客提供服务。

提示　传统营销传播面临的挑战

3. 整合营销传播

随着技术的发展和社会的变革，特别是数字化时代的到来，当今已经进入顾客主权和信息爆炸的时代，营销传播面临全新的环境，企业自身的传播实践也在不断创新，传统的营销传播面临巨大的挑战，越来越不能适应新时代市场营销活动的需要。基于顾客需要，整合营销传播目标、过程、要素，提升企业品牌，构建长期稳定顾客关系，持续传播顾客价值，成为企业市场营销活动对营销传播的新诉求。

不同的学者站在不同的角度对整合营销传播进行了定义，比较典型的观点有：美国广告代理商协会认为整合营销传播是一个能够增加价值的全面的营销传播计划，这个计划对广告、销售促进和公共关系等传播方式进行组合，并通过严密的信息整合，产生清晰、一致和最大化的影响；汤姆·邓肯等认为整合营销传播是一个为了创建和培养有效益的品牌与客户间的关系，以及品牌与股东之间的关系，而进行的控制和影响各种信息，以及促进有目的沟通的战略性操作过程；我国学者黄鹂、何西军认为整合营销传播是以受众为导向，战略性地整合各种营销渠道，注重对绩效的测量，以与顾客建立长期品牌关系的管理过程。本书采用“整合营销传播之父”唐·舒尔茨提出的定义：“整合营销传播是一个品牌与目标顾客以及相关的外部和内部受众共同完成的过程，这个过程用来计划、发展、执行和评估那些可协调的、可测量的、可劝服的品牌传播。”②

综上所述，我们对整合营销传播可以做出如图 9－1 所示的理解。

（1）以顾客为导向；

（2）以与顾客建立长期稳定关系为传播目的；

① 科特勒，凯勒．营销管理：第 15 版．上海：格致出版社，上海人民出版社，2016：524.

② 黄鹂，何西军．整合营销传播：原理与实务．上海：复旦大学出版社，2012：7.

（3）整合各类传播渠道，综合运用传播策略；
（4）有协调的、持续的、一致的传播计划；
（5）是一个长期的管理过程。

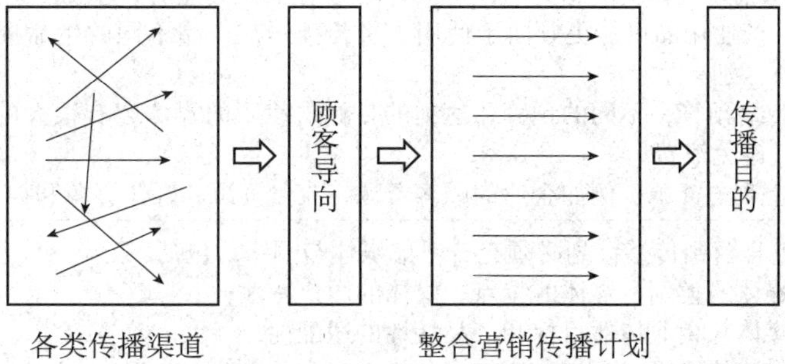

图 9－1　理解整合营销传播概念

二、整合营销传播计划

1. 制订整合营销传播计划的影响因素

影响整合营销传播计划制订的因素很多，并且复杂多变，要充分考虑企业内外的条件。在企业的营销实践中，需要分析的主要因素如表 9－1 所示。

表 9－1　制订整合营销传播计划需要考虑的主要因素

影响因素	描述
宏观环境	宏观环境对包括整合营销传播在内的所有市场营销活动都有影响。例如： （1）政治、法律环境中对广告、消费者权益、反不正当竞争等的规定； （2）技术环境中互联网和信息技术的发展； （3）社会环境中人们的价值观和消费行为的变化； （4）经济环境中的经济发展阶段和行业特点； （5）人口环境中的新一代和老龄化受众有不同的需求。
顾客/受众	整合营销传播计划的制订要充分考虑顾客或者受众的情况。例如： （1）传播对象的基本信息，例如性别、年龄、地理分布与集中程度、职业、阶层、收入、家庭情况等； （2）传播对象的行为信息，例如生活方式、社交、购买行为、品牌偏好等； （3）传播对象的心理分析，例如感觉、知觉、态度、动机等； （4）顾客与企业的交互行为，例如交易历史、企业业绩、顾客信用等。
竞争对手	企业在整合营销传播活动中可能采取竞争性计划，需要在制订计划时充分了解： （1）竞争对手的目标市场； （2）竞争对手的传播目标； （3）竞争对手的传播计划。

续表

影响因素	描述
企业	制订整合营销传播计划主要考虑企业自身的以下因素： (1) 企业的目标，即传播达到的目的。 (2) 产品类型，不同的产品，传播计划会有很大的差异，例如日用品倾向于使用大众传播，产业用品可能更倾向于使用人员传播；在产品不同的生命周期，传播的计划也会有所区别。 (3) 传播预算，不同的预算，达到的目标、使用的媒体会有很大的差异，要提高传播效率、避免浪费。 (4) 企业的资源，例如企业的顾客资源、流量资源、媒体资源和渠道资源。
媒体与网络	制订整合营销传播计划必须充分考虑媒体与网络，包括： (1) 媒体的类别、媒体的特点、媒体的用户特性； (2) 媒体与企业传播目标和产品特性的适配性； (3) 媒体的使用成本与传播效果分析。
其他因素	例如其他利益相关者，包括政府、合作伙伴、社会组织和公众、内部的部门和员工、股东等的现状与需求。

2. 进行有效传播的步骤

菲利普·科特勒提出的进行有效传播的八个步骤包括识别目标受众、确定传播目标、设计传播信息、选择传播渠道、编制传播预算、决定传播组合、衡量传播效果和管理整合营销传播过程（见图9-2）。[①] 根据这些步骤，企业可以进行有机的、系统的、持续的编排和组合，形成企业整体性的或者针对某个具体营销项目的计划，最后形成整合营销传播方案。

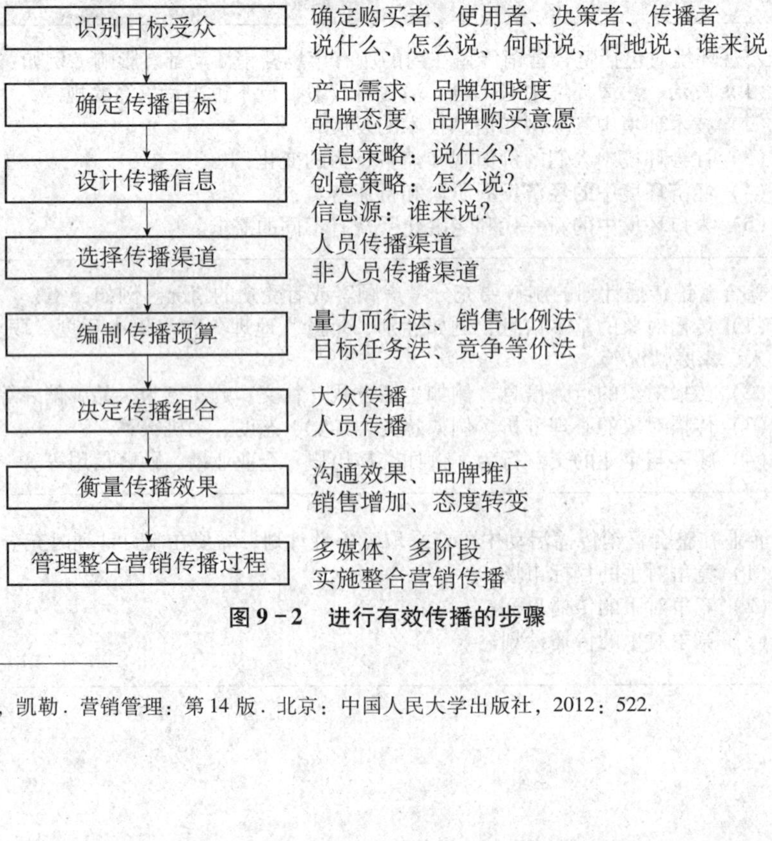

图9-2　进行有效传播的步骤

① 科特勒，凯勒．营销管理：第14版．北京：中国人民大学出版社，2012：522.

（1）识别目标受众。传播对象即价值传播的目标受众，我们可以广义地界定目标受众，这样可以基于整个企业的运营全方位规划营销的战略、目标与计划体系。目标受众可以定义为公司产品的购买者、使用者、决策者或传播者。在不同的传播阶段和活动中，侧重的目标受众会有所不同，例如有时企业会针对潜在顾客进行传播；在树立企业形象时又会把社会公众作为传播的主要受众；在创业和融资活动中也可能针对股东和投资人进行传播；在房地产销售时又会针对特定区域和年龄的顾客重点宣传。目标受众决定了传播应当说什么（信息内容）、怎么说（信息结构和形式）、何时说（传播时间）、何地说（沟通渠道）和谁来说（信息来源）等。

（2）确定传播目标。在基于顾客反应的微观模型①的基础上，我们提出基于顾客反应模型的传播目标设计（见图9-3），确定传播目标。即在规划传播目标的时候，可以根据环境和企业的目标，对整个营销活动或者某一次营销活动，以及针对特定顾客群体的传播目标，做出具体分析。这个模型的优势在于企业以顾客为中心，在与顾客建立和维持连接的任何一个阶段，都可以设计相应的传播目标。例如：

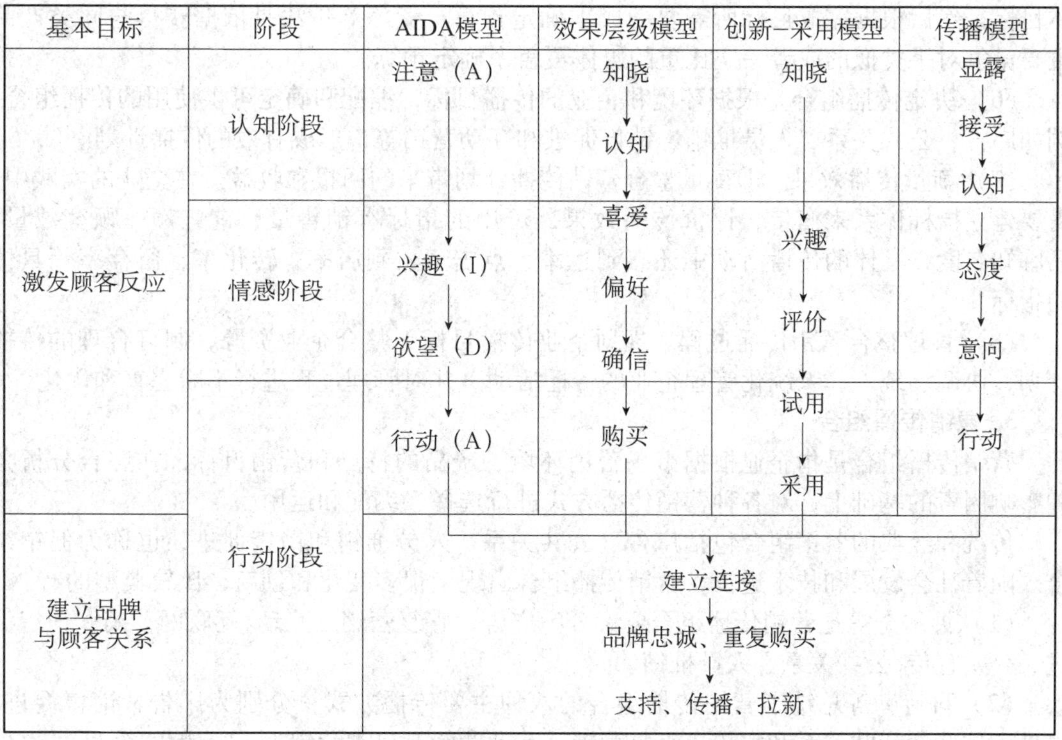

图9-3 基于顾客反应模型的传播目标设计

新产品上市宣传以顾客在认知阶段的注意、知晓等为目标；

在激发顾客需求时，以情感阶段的兴趣、欲望等为目标；

① 科特勒，凯勒．营销管理：第15版．上海：格致出版社，上海人民出版社，2016：529.

在激烈的竞争环境中，以建立偏好和意向等为目标；

在促销活动中，以行动阶段的试用、购买等为目标，提升销售量；

在顾客关系管理活动中，以建立品牌与顾客关系中的建立连接、品牌忠诚、重复购买等为目标。

（3）设计传播信息。解决三个基本的问题：第一个是信息策略，解决说什么的问题，例如产品相关信息、企业和品牌相关信息、顾客相关信息等；第二个是创意策略，解决怎么说的问题，包括信息结构、信息形式、表达方式，例如文字、图像、视频；第三个是信息源，解决谁来说的问题，包括信息产生的方式，例如专家产生信息、用户生成内容等。

（4）选择传播渠道。可以理解为传播者发送信息，受众接收信息的途径和方法，包括人员传播渠道和非人员传播渠道，如报纸、杂志、电视，以及网络媒体、移动媒体等。

（5）编制传播预算。做预算的方法一般有量力而行法、销售比例法、目标任务法、竞争等价法等。其中，量力而行法是根据企业的承受能力确定传播预算；销售比例法是按照预期的销售额、销量或者价格的一定比例确定预算；目标任务法是先确定营销的具体目标，然后根据完成目标所需要的成本确定预算；竞争等价法是依据获得与同类产品主要竞争对手类似的或者一定比重的媒体覆盖率确定预算。

（6）决定传播组合。根据环境和企业的传播目标，编配和确定可供使用的传播组合，例如广告、公共关系、人员推销、销售促进和互动营销等，形成有效的传播计划。

（7）衡量传播效果。即衡量整合营销传播计划带来的回报和收益。在企业的实践中，需要建立指标体系来衡量、评价传播效果，可用的指标有销售量、销售额、顾客数量、品牌知名度，具体的传播活动中还有到达率、点击率、到店率、转化率、留存率等具体的指标。

（8）管理整合营销传播过程。规划企业传播目标，整合企业资源，制订合理的传播计划，协调、统一、系统化管理企业的传播活动，并对管理过程进行不断完善和优化。

3. 营销传播组合

营销传播组合是指企业根据市场营销环境、产品的特点和营销目标，在综合分析各种影响因素的基础上，对各种营销传播方式进行选择、编配和运用。

传统和经典的营销组合包括广告、公共关系、人员推销和销售促进，也称为促销组合。随着社会发展和技术进步，营销传播组合出现了很多变化和创新，比较典型的有：

（1）贝尔奇等把营销传播组合要素分为广告、直复营销、互动/互联网营销、销售促进、公共宣传/公共关系、人员推销。①

（2）科特勒等总结了营销传播组合的八种主要传播方式，分别为广告、销售促进、事件和体验、公共关系和宣传、直复营销、互动营销、口碑营销、人员销售。②

（3）科特勒等在《营销管理》（第15版）的传播价值体系中提出“管理大众传播：广告、促销、事件和体验”“管理数字传播：在线营销、社交媒体营销和移动营销”“管

① 贝尔奇，等．广告与促销：第9版．北京：中国人民大学出版社，2014：17.

② 科特勒，凯勒．营销管理：第14版．北京：中国人民大学出版社，2012：518－519.

理人员传播：直复营销、数据库营销和人员销售”①。

第 2 节　管理大众传播

一、广告

广告是广告主以付费的方式，通过特定媒体传递产品、服务信息的大众传播活动。广告在我国企业的市场营销活动中发挥着重要的作用。

（1）广告的优点。一是面向大众、覆盖面广，可以迅速覆盖一个地区或国家；二是表现灵活，可以用语言、图像、视频等组织传播的信息；三是传播迅速，快速到达受众；四是反复刺激，广告可以通过反复播放引发关注和加深印象；五是渗透性强，能有效地融合顾客的生活、购物场景。

（2）广告的缺点。主要有费用相对较高、传统广告只能与顾客单向沟通等。

1. 广告的目标

广告的目标即期望通过广告完成的传播任务。广告的目标服从于企业的传播目标，依据是企业的整体战略和目标。在不同的市场，针对不同的产品和不同的发展阶段，广告的目标会有所不同。

（1）基本目标。一是告知目标，即告知顾客品牌和产品的信息，提高知晓度；二是提示目标，提醒顾客信息、事件或者机会，使顾客意识到某些问题或需求，产生购买行为；三是说服目标，即通过广告引导顾客需求、提示产品和服务的价值、说服顾客接受某种观点或者采取营销者希望发生的行为等；四是强化目标，通过广告强化记忆、观点和认知，或者产生某种习惯性行为。

（2）具体目标。广告的具体目标是指在广告传播行为中完成特定任务或者达到一定标准，一般用于具体的广告项目，需要设计具体的指标进行评估。例如：

- 市场份额目标。例如市场份额的占有或者提升、顾客开发或者引流效果等。
- 销售绩效目标。包括销售量或销售额的提升、销售结构的改善等对销售业绩的贡献。
- 品牌传播目标。包括品牌知名度、品牌美誉度，以及顾客认知、态度、倾向或习惯的改变等。
- 流量运营目标。例如到达率、点击率，以及线上线下门店的顾客数量、引流效果、转化率、留存率等。

2. 广告设计

广告设计是创新和创意活动，有人认为广告效果 = 创意 + 媒体，因此广告设计对广告效果起到至关重要的作用。

（1）广告设计的原则。广告设计要遵循以下原则：一是真实性，传递真实有效

① 科特勒，凯勒．营销管理：第 15 版．上海：格致出版社，上海人民出版社，2016：548，576，595.

的信息，杜绝虚假信息和欺骗，是企业履行社会责任的体现；二是创新性，广告表现形式多样，具备艺术性的特征，也面临剧烈的竞争，因此在形式和内容上都需要创新；三是操作性，广告是一种商业行为，要求有良好的可执行性；四是针对性，针对特定的市场和产品，广告设计要具备差异性和适应性；五是统一性，整合一致地发布信息。

（2）广告设计的创意思维和创意方法。广告设计是一种创意活动，除遵循一般的设计流程外，创意思维和创意方法的应用非常重要。在创意思维方面，可以充分发挥演绎性思维、关联性思维、批判性思维、创造性思维的作用；在创意方法上，可以参考李奥·贝纳的固有刺激法、罗瑟·瑞夫斯的独特销售主张法（unique selling proposition，USP）、奥格威的品牌形象法、威廉·伯恩巴克的实施重心法、艾·里斯与杰克·特劳特的定位法、伍甘的讯息模式法等经典的广告创意法。

3. 广告媒体决策

媒体是信息传递的通道、途径、手段、工具或载体，在数字化时代，传播的媒体经历了重大的创新和变革，我们将营销传播的媒体按照其属性分为传统媒体和新媒体。

（1）传统媒体。传统媒体可分为印刷媒体、电子媒体、户外媒体、辅助媒体等类型，如表 9-2 所示。

表 9-2 传统媒体示例

类型	常见传统媒体举例	常见传统媒体分析
印刷媒体	报纸、杂志以及其他一些出版物	报纸的优势：权威性、稳定读者群、时效性 报纸的劣势：不利于保留、表现形式单一 杂志的优势：专业读者群、受众稳定 杂志的劣势：传播面窄
电子媒体	电视、广播、电话、电子屏、自助服务设备（自动取款机、便民终端）等	电视的优势：形式灵活、覆盖面广、渗透性强、重复性好 电视的劣势：费用较高 广播的优势：受众稳定、时效性强、覆盖面广、收听方便 广播的劣势：形式不灵活
户外媒体	运输工具、路牌、站亭、墙体等	区域性强、形式灵活、创新性强、针对性强
辅助媒体	挂历、画册、纪念册、内刊、信函、手册、明信片、板报、手绘展板、旗帜等	形式灵活多样、适应性强、使用方便、成本低廉

（2）新媒体。新媒体是新的技术体系下出现的媒体形态，美国《连线》杂志认为新媒体是所有人对所有人的传播；清华大学熊澄宇教授提出新媒体是在计算机信息处理技术基础之上出现的媒体形态。新媒体是营销传播的重大变革，新媒体不仅是媒体，也是生活方式（例如微信是社交工具和支付工具），同时还是一种商业模式（例如基于微信小程序的渠道和网络），对传播主体、传播对象、传播内容、传播方式、传播费用乃至整

个传播商业模式都提出了革命性的挑战，也为广告媒体带来了巨大的创新，使企业在实践中的选择余地更大。常见新媒体如表9－3所示。

表9－3　常见新媒体

类型	说明
网络媒体	基于计算机和桌面系统的媒体，例如网站、搜索引擎等。
移动媒体	移动互联网是移动通信和互联网有机融合的产物，具有随时、随地、随身和互联网开放、分享、互动的优势。硬件部分包括一些终端，例如智能手机、平板电脑、智能手环、可穿戴设备、机器人、智能设备等，应用部分则拓展到App、社交媒体以及相应的信息资讯和商务平台。另外，5G网络、蓝牙、二维码、近场通信、射频识别等技术也越来越多地应用到营销传播中。
物联网相关媒体	互联网、数据、通信、识别和传感技术的有机融合，可做到物物相连，不仅可以用于传播，而且可以用于交互，成为新型媒体，所以业界会有产品即媒体、场景即媒体的说法。

4. 广告预算

有学者把广告视为对建立品牌资产和顾客忠诚的投资，因此广告也内含投资和回报的商业逻辑。

（1）影响因素。主要包括产品生命周期阶段、市场份额和消费者基础、竞争和干扰、广告频率、产品可替代性。[①] 当然，企业面临的外部环境也是影响广告预算的因素，例如政策法律、顾客类别和群体特性、媒体的影响力、媒体的成本等，其影响往往更为直接。

（2）媒体评估。媒体评估主要有三个方面的重点，分别是顾客接触习惯分析、影响因素分析、效果预期，其中效果可以用到达率、曝光频次和毛评点等评估。到达率是指某段时间内到达受众的比率，例如目标受众为10万人，60%的人至少看见1次，则到达率为60%；曝光频次是指特定时期内获知信息的次数；毛评点＝到达率×曝光频次×100，例如到达率为80%，曝光频次为3，则毛评点为240。

（3）媒体组合决策。媒体组合决策是广告计划中比较难的一项工作，要根据具体的项目进行较为详细的计划，一般要解决的主要问题如下：一是媒体组合方案，要确定媒体组合的构成（由哪些媒体组成）、权重分配（每种媒体大致的权重以及媒体的集中度）、媒体整合（媒体间的分工和协同）；二是确定媒体的投放计划，即在什么时间投放、投放什么媒体、投放什么内容、投放频率和持续时间等；三是明确媒体成本和付费方式。

拓展　DSP广告付费方式

5. 广告效果评估

广告效果评估是指测试广告的效果，是优化广告和企业传播策略的依据。科学合理

① 科特勒，凯勒．营销管理：第14版．北京：中国人民大学出版社，2012：545－546.

的定量评估往往较难实现，传统的做法如通过统计、调查或者心理测量等方法测量广告效果，在营销实践中可以根据具体的需要设定评估指标。例如：

（1）到达效果统计。典型的指标有到达率、曝光频率、影响力、曝光总数等。

（2）销售效果评估。例如针对销售量的广告效果比率、广告费比率等。

提示　网络广告效果评估

（3）流量效果测定。例如访客数、到店率、复购率、新顾客增加情况、转化率等。

（4）竞争效果测定。例如市场占有率的提升等。

（5）心理效果测定。例如广告前后的认知测定、回忆测定、态度对比测定。

拓展　计算广告

随着数字化时代的到来，无论从设备上、技术上还是数据处理上，广告效果评估都得到极大的提升，例如自然语言处理、数据挖掘等，为客观、科学、动态地评估广告效果提供了条件。《中国互联网广告投放监测及验证要求》关于互联网广告的核心监测指标及验证包括广告曝光数、广告独立访问者数量、广告点击数、广告独立点击者数量、广告无效流量验证、广告可见性验证等。

二、公共关系

公共关系是建立和处理企业与社会公众的关系，树立企业的良好形象，增进公众理解与支持的一系列传播活动。公共关系的优点是影响力大、容易获得顾客的认可，可为企业建立良好形象；缺点是见效较慢，效果较难测量，费用和管理控制难度较大。

1. 公共关系的目标

公共关系一般不是以产品为直接导向，也不会直接指向产品的销售，是一种间接促销活动，突出营销传播的长期效果，最终达到企业的营销目标。公共关系关注的重点主要有：

（1）企业形象或品牌影响力的提升；

（2）建立、处理与公众的连接，建立与相关主体的关系；

（3）进行双向沟通，获得公众的认知、理解和支持；

（4）处理企业与社会和公众之间的矛盾和冲突；

（5）为企业的运营营造健康有利的外部环境。

2. 公共关系的对象

为了给企业营造良好的营销环境，企业需要建立、维系与社会各界的关系，公共关系对象如图 9－4 所示。

3. 公共关系的实施步骤

公共关系的实施主要分为调研、方案策划、执行、效果评估与改进四个步骤，如图 9－5 所示。

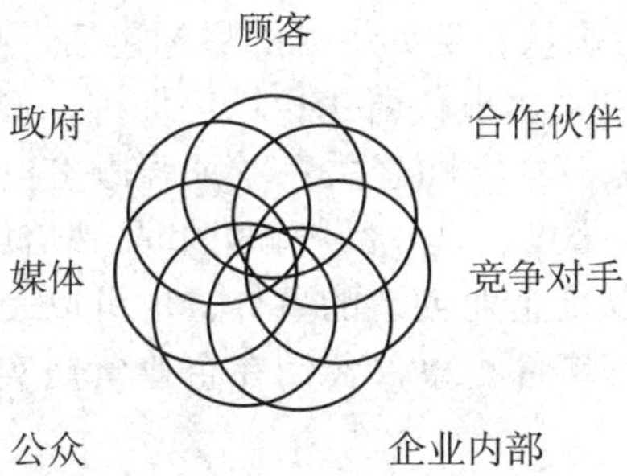

图 9－4　公共关系的对象

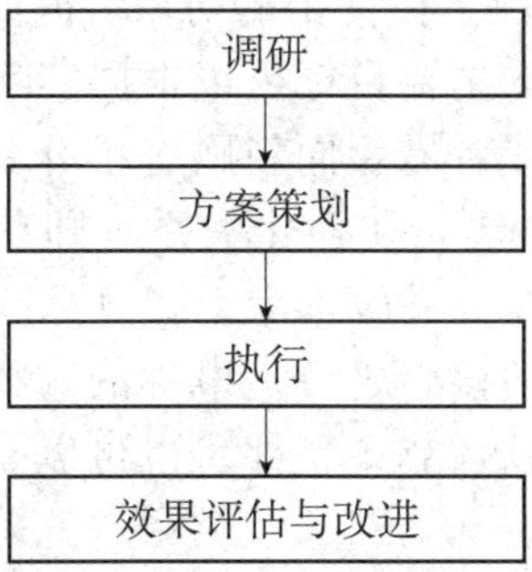

图 9－5　公共关系的实施步骤

4. 公共关系的形式

在公共关系设计中，有很多形式可以选择，如新闻报道、公关广告、公益活动、交际公关、征询公关、服务公关、危机公关等，如表 9－4 所示。

拓展　危机公关

表 9－4　公共关系的形式

形式	主要内容
新闻报道	专题报道、人物专访、企业特写、新闻发布、企业报告会、企业路演
公关广告	致意性广告、公益性广告、倡导性广告、解释性广告
公益活动	赞助活动、慈善活动、公众活动
交际公关	节日庆典、会议展会、宴请酒会、座谈访问、慰问恭贺、联谊活动
征询公关	市场调研、民意测验、信息交流、热线电话
服务公关	免费咨询、维修服务、指导培训
危机公关	危机预防、危机管理准备、危机确认、危机控制、危机解决、危机转化

三、事件和体验

1. 事件营销

事件营销主要是指利用节庆和特殊事件，综合运用广告、销售促进、公共关系等传播手段，进行产品、品牌推介活动，旨在促进产品销售或提升品牌形象的传播过程。事件营销具有以下特点：

（1）针对性。可以针对特定的时间、特定的顾客群、特定的事件，甚至特定的项目，如产品上市、公司开业等。

（2）机会性。事件为企业提供了新的顾客沟通和促销的机会，企业可以借助这些事件开展营销活动。

（3）综合性。事件营销不局限于某个促销手段，它可以通过广告、公共关系、销售促进甚至市场开发、顾客关系管理等组合实施。

（4）灵活性。在促销的对象、时间、策略、实施计划和方式上可以灵活组织和选择。

事件营销的主要目标可以根据实际的需要进行确认，例如常见的目标包括产品推广，当新产品上市或者需要向新顾客推介新产品时可以采用事件营销；销售促进，例如淘宝的“双十一”；建立和强化关系，即获取顾客资源、建立顾客关系、加强顾客互动；强化品牌，传播企业品牌形象，提升品牌知名度和美誉度，建立品牌偏好和品牌信任。

事件营销的核心之一是事件的选择，事件可以是企业创造的事件，也可以是现有的热点事件；可以是节日事件，也可以是文化、体育事件。事件营销在企业营销实践中不断得到创新。

拓展 可用于营销的事件

2. 体验营销

（1）体验营销的概念。体验营销是以顾客为中心，向顾客提供一定的产品和服务，通过体验活动创造顾客的记忆、印象等，以激发顾客的需求或者增加顾客对产品和服务的价值认知，从而达成企业营销目标的一种营销方式。体验营销能够传播产品和服务的特征和优势。① 体验营销的优势之一是顾客参与。通过顾客参与，企业能够更加容易得到顾客的认可，并且有机会建立顾客连接和关系。优势之二是刺激需求。体验活动能够有效地让顾客认识到自己的需求，并且认识到产品的价值，减轻顾客的抵触情绪。优势之三是应用面广。可以针对产品和服务等，开展多种形式的体验营销活动。

（2）体验营销设计。可以设计产品体验、服务体验、事件体验、环境体验、场景体验，在数字化工具的支持下，也可以进行虚拟体验、全景体验和未来体验；还可以根据伯恩德·施密特提出的战略体验模块，基于顾客知觉、情感、思维等进行体验营销设计。②

四、销售促进

销售促进也称营业推广，有学者认为这是狭义的促销，是指为刺激顾客的购买欲望，提高销售人员和中间商的销售积极性与销售效率而进行的各种信息传播活动，简单地说，就是采用短期的、刺激性的手段促使顾客尽早购买、多购买。其优点是灵活多变、刺激性强、吸引力大、可促进购买，缺点是长期使用可能不利于品牌发展，有时企业也容易形成短期思维。

1. 销售促进的目标

销售促进是企业在营销实践中使用最广泛也是最有创造性的营销活动之一，销售促进的目标服从于企业的战略和战术计划。总的来说，销售促进有如下几个目标。

（1）促进销售。通过销售促进活动，引导、刺激和改变顾客的需求，促进顾客多买、早买或者倾向于某个品牌、某个产品。

（2）建立顾客连接。以前认为销售促进对于建立顾客关系没有效果，但在数字化背景下，通过激励和提供利益的活动，销售促进可促使顾客注册、关注、参与等，或者培

① 科特勒，凯勒．营销管理：第14版．北京：中国人民大学出版社，2012：567.

② 吴健安，聂元昆．市场营销学．6版．北京：高等教育出版社，2017：488.

养顾客的行为习惯与品牌倾向。例如，微信在央视春节晚会上的“摇一摇”活动促进了微信和银行卡的绑定，对顾客的开发、引流和维系非常有帮助。

（3）提升竞争能力。某种程度上这是销售促进的战略目标，特别是在新产品上市、新市场开发时。例如，有些平台通过优惠、大量的顾客补贴等措施提高 App 的安装量、注册量和使用量，迅速形成自己的优势，淘汰竞争对手。同时，销售促进也是应对竞争和防御的手段。

（4）改善营销管理。销售促进除了针对顾客以外，还有的针对中间商等，对提升营销能力，进行渠道管理和激励也有很大的帮助。此外，销售促进活动的执行，也能够提升企业项目管理的能力。

2. 销售促进的流程

销售促进的流程分为确定目标、制订方案、实施方案、评价效果四个阶段。销售促进目标包括消费者目标、中间商目标，以及销售或宣传目标、竞争或份额目标；制订方案要考虑方法选择、规模确定、时机选择、预算确定以及期限设定；实施方案需要做好准备工作、严格执行、灵活操作、随机应变；评价效果时可进行前后比较、效果测评、购后调查和局部试验等，如图 9－6 所示。

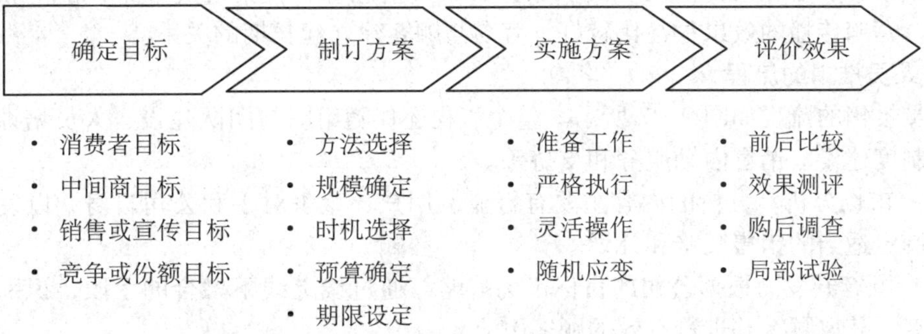

图 9－6　销售促进的流程

3. 销售促进工具的选择

销售促进的工具很多，营销实践中充满创造性。按照销售促进的对象可以把销售促进工具分为三类：针对顾客的工具、针对中间商的工具以及针对销售人员的工具，部分工具如表 9－5 所示。

表 9－5　常见的销售促进工具

对象	工具
顾客	赠送样品、提供礼品、赠代金券、包装兑现、提供赠品、商品展销、有奖销售、现金折扣、免费试用、节事活动、消费信贷、装饰布置、陈列橱窗、答疑咨询、会员消费、积分积点等
中间商	交易折扣、经销奖励、销售竞赛、津贴补助、销售培训、销售支持、展销会、联合促销等
销售人员	销售竞赛、销售奖励、销售会议、主题活动、销售培训、销售支持、团队建设等

第3节 管理人员传播

一、人员推销

人员推销是通过人员或者销售团队直接向推销对象推销产品和服务的一种促销活动。海因兹·戈德曼认为所谓推销，就是要使顾客深信，购买你的产品会得到某些好处，因此人员推销是团队或者个人面对顾客进行价值传递的沟通并达成交易的过程。人员推销的优点有：针对性强，可针对不同的顾客采用不同的销售方案，销售方式灵活；可与顾客双向沟通，建立和巩固顾客关系；销售效果显著，能有效激发顾客的购买欲望；营销功能多元，集销售、市场调研、顾客管理于一体。缺点是顾客接触面窄、单位成本较高、对人员素质要求高、销售队伍培养周期长。

1. 人员推销的职能

人员推销的目标是多元化的，包括开发市场、寻找目标顾客、推广和介绍产品、联络和沟通顾客、管理销售活动、提供服务、收集信息等，在销售过程中，由于和顾客深度接触，营销传播的效果往往比较好，容易与顾客建立起长期的关系。

2. 人员推销的流程

人员推销的流程如图9－7所示。整个流程还伴随组织与团队建设、人员培训、管理机制和制度建设、销售内勤服务和支持等。

（1）市场分析。分析的内容主要有行业、用户、竞争对手和公司自身，以发现市场机会、制定适当的销售策略和计划。

（2）顾客开发。根据公司的目标市场战略，通过线上线下融合的手段，识别和发现潜在顾客、获取顾客并进行有效的顾客引流。

（3）顾客分析。以顾客需求为重点，在数字化工具的协助下形成用户画像，进行现状分析、行为分析和需求分析，为销售工作奠定基础。

（4）销售准备。做好销售相关的拜访计划、方案准备、资料准备、策略准备等。

（5）推销接近。通过约见等方式与顾客建立联系，通过活动、产品、介绍等方式接触顾客。

（6）推销展示。如通过展示媒体向顾客展示产品和服务、解决方案等，让顾客充分了解产品，认识产品和服务带来的价值。

（7）推销洽谈。即销售活动中的商谈过程，包括顾客沟通、推销说服、业务磋商。

（8）异议处理。识别、分析和处理销售过程中顾客的不同观点和意见，消除顾客的购买障碍。

（9）达成交易。识别交易信号，通过各种方法和技巧促成交易。

（10）交易服务。完成交易的具体业务和流程后，安排售后服务、顾客支持和信息反馈。

（11）顾客维系。加强顾客沟通和管理，进行顾客的再开发和转介等。

（12）复盘提升。对销售进行评估，分析销售业绩，总结经验，发现问题并及时改进，优化销售的各个环节。

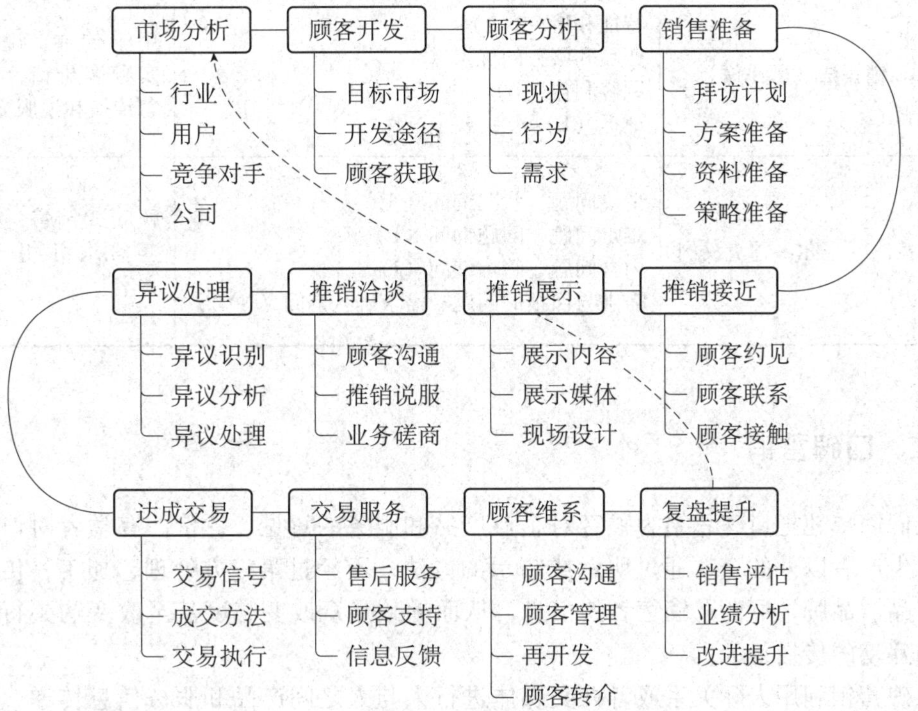

图 9－7　人员推销的流程

3. 销售团队建设和管理

主要工作是确定销售团队的目标、职能、结构、规模、报酬，并招聘和筛选、培训、监督、评价、激励销售人员。

4. 人员推销中的营销传播

人员推销是与顾客进行双向沟通的价值传播和传递过程，企业在营销实践中对此有很多的创新，赋予了人员推销更多的功能。人员推销的营销传播功能等如表 9－6 所示。

表 9－6　人员推销中的营销传播

模式或销售法	描述	传播功能
AIDA 模式 （海因兹·戈德曼）	注意 兴趣 欲望 行动	基于顾客反应模型影响顾客认知、情感和行动
DIPADA 模式 （海因兹·戈德曼）	界定顾客需求（D） 将顾客需求与产品结合起来（I） 证实产品符合顾客的需求（P） 促使顾客接受产品（A） 刺激顾客的购买欲望（D） 鼓励顾客做出购买行为（A）	基于顾客反应模型影响顾客认知、情感和行动

续表

模式或销售法	描述	传播功能
FABE 销售法（郭昆谟）	特征和特色（F） 产品和服务的优点（A） 顾客利益（B） 证据（E）	用于传递、说服、证实顾客价值，构建顾客传播和说服方案
SPIN 销售法（尼尔·雷克汉姆）	情境问题、状况询问（S） 难点问题、问题询问（P） 内含问题、暗示询问（I） 需求与回报的问题、需求确认询问（N）	顾问式销售，引导顾客需求并提出解决方案

二、口碑营销

人们简单地把口碑总结为顾客对企业产品和服务的意见、评价。有学者对口碑的解释是由生产者以外的个人通过明示或暗示的方法，不经过第三方处理、加工，传递关于特定产品、品牌、厂商、销售者的信息，从而导致受众改变态度甚至改变购买行为的一种双向互动的传播行为。

口碑营销利用人际关系或者社交媒体进行人与人之间产品和服务信息传递，逐渐成为数字化背景下营销传播的重要途径。来自顾客或者第三方的证言能有效提升营销活动的可信度，成为网络交易行为中必不可少的配置。

1. 口碑营销的形式

口碑营销在形式上是产品、服务、人员、情感、事件、话题等能引发第三方传播意愿的题材，从参与主体的角度，我们将其形式分为以下几个类别。

（1）直接口碑。在企业的营销活动中，企业的管理者或员工与顾客交互中形成的口碑，例如态度、责任心、专业性等。

（2）顾客口碑。产生于顾客，例如顾客的评价、晒单、经验和体验、攻略、点赞、打卡、转发等行为，以及通过自己的社交网络进行的介绍、推荐等支持行为。

（3）第三方口碑。来自意见领袖或者名人等，政府、权威新闻媒体、大型企业、公开出版物、著名公众人物、专业机构和专业人员等社会信任度高的组织或个人的口碑更能有效提升传播效果。

2. 口碑营销策略设计

口碑营销策略也在不断创新，随着互联网的发展，很多都发展成为营销传播的新领域，例如常见的病毒式营销、粉丝经济、小众品牌营销、情感营销、话题营销等，从表 9-7 中我们可以得到很多启示。

表 9－7　常见的口碑营销策略

策略	实施要点
病毒式营销	像病毒一样扩散，利用别人的信息通道传递信息，具有持续性、无限性、感染性。其特点如下： ● 信息有价值 ● 传播方式轻松 ● 可调动公众的积极性（有趣、娱乐性、慈善、公益、情感共鸣） ● 利用现有网络和渠道以及他人的资源
粉丝经济	建立在粉丝和被关注者关系之上的营销与传播行为。多存在于演艺、文学、游戏、时尚产品等领域。其特点如下： ● 有明确的成员关系 ● 有明确的情感倾向和情绪 ● 有持续的相互交往 ● 有一致的群体意识和规范 ● 有一定的分工协作 ● 有一致行动的能力
小众品牌营销	小部分人所知、小部分人传播、传播受众有关联、针对性传播，又叫圈子品牌营销。其特点如下： ● 传播快、成本低 ● 信任度高、与传播者有联系、有情感倾向 ● 容易形成共同支持
情感营销	为满足顾客情感需求设计产品和服务，可建立品牌和顾客之间的情感关系，获得理解和支持，提供美妙的体验，提升品牌黏性，建立口碑基础和激发顾客的传播动力。主要涉及以下内容： ● 情感设计 ● 情感软文 ● 情感包装 ● 情感公关 ● 情感品牌 ● 情感服务 ● 情感广告 ● 情感环境
话题营销	制造或利用话题、事件进行传播，能够产生： ● 吸引力 ● 聚变力 ● 冲击力 ● 购买力 ● 辐射力 ● 传播力

第4节 管理数字传播

一、在线营销

1. 企业网站营销

网站是在互联网上占据一定的磁盘空间，根据一定的规则，提供信息或应用服务的网页集合。一个功能齐备的企业网站是营销传播的重要工具。网站是企业的窗口，是所有信息的源头和仓库，是企业正式沟通的渠道，也是企业网络活动的枢纽、重要的顾客接触点，是企业在线营销的基础。即便在新媒体蓬勃发展的今天，网站仍然具有不可替代的作用。

（1）网站运营的目标。网站运营的目标，可以从战略到战术进行规划，也可以从网络营销的职能进行规划，例如品牌建设、信息发布等。常见的目标有沟通企业信息，即网站作为企业的信息源，进行信息的收集、发布，是企业的信息窗口和媒体中心；提升品牌形象，即展示、宣传、推广企业的品牌，建立公众对企业及产品的认知，提升知名度和形象；建立顾客关系，具体包括顾客开发、顾客服务、顾客沟通、顾客管理和顾客维护等；提升销售业绩，具体涉及通过网站进行产品和服务推广、产品和服务展示、产品促销、广告，提供售前、售中、售后服务，开发销售渠道和网络；提升竞争能力，包括开发新市场、建设新渠道、创新竞争方法与工具。

（2）网站功能设计。一般网站在策划的时候要充分考虑承担什么职能。从战略层次，网站是企业的信息中心、展示平台、媒体中心、服务中心、营销工具，在营销实践中，具体化网站功能的时候可以从表9－8中选择。

表9－8 网站功能设计

功能	说明
信息发布	发布企业和品牌的信息
宣传推广	品牌宣传、产品推广、产品促销等
顾客服务	顾客沟通，售前、售中和售后服务，顾客支持等
线上交易	产品展示、订单处理、支付、物流、交易管理、顾客管理等

很多企业除了官方网站的建设以外，还基于移动应用建设“微网站”，或者在App中植入网站的功能。

（3）网站内容体系。根据网站营销对网站的要求，我们提出了网站内容的六个方面（见表9－9），企业在网站运营时可以根据自身的需要进行选择和组合，以达到更好的传播效果，全方位展示企业的实力、宣传和推广品牌、建立顾客关系、提升顾客满意度。

表 9－9　网站内容体系设计框架

方面	内容体系
企业介绍	用于企业介绍和推广，包括企业概况、发展历程、企业战略、企业文化、组织机构、企业荣誉、联络沟通、领导致辞等。
能力展示	用于展示企业的能力和实力，包括人力资源、企业资质、研究开发、厂房设备、生产能力、营销能力、物流能力、服务能力等。
资讯信息	用于发布行业、公司、产品、顾客等信息，包括公司新闻、公司动态、行业资讯、用户资讯、技术发展等。
产品展示	展示产品和服务的优势、特点、价值、利益以及使用方式等。此外，设备、工程、项目等则可以充分展示解决方案和成功案例等。
交易功能	主要涉及产品销售和服务，内容有产品搜索、介绍和展示、产品促销、决策参考、订单处理、支付结算、物流查询等。
客户服务	主要围绕客户服务和客户交流，包括服务中心、客户支持、投诉建议、呼叫中心、客户留言、即时交互、评价反馈、查询搜索、常用工具、论坛、社区、下载专区等，能有效地发挥传播功能。

2. 网络广告营销

网络广告营销是广告主以付费的方式利用网络渠道和工具向受众进行传播和与其沟通的活动。网络广告内容广泛、形式灵活、媒体和工具选择面大，几乎无处不在。网络广告在企业的市场营销活动中发挥着越来越重要的作用。

（1）网络广告的特点。与传统广告相比，网络广告有很大的变化，如表 9－10 所示。网络广告也具有显著的特征：

①直接性和针对性。直接面向顾客，针对顾客特点精准投放。

②双向性和交互性。可以通过网络广告与顾客进行双向沟通。

③广泛性和开放性。受众广、媒体开放度高，小微企业和大众都可以使用。

④大容量与低成本。广告信息容量大，相对于传统广告成本更低。

⑤灵活性与丰富性。可灵活选择广告媒体、广告内容更丰富。

⑥实时性和可控性。可随时随地进行投放、分析和监控管理，随时调整广告策略和形式。

表 9－10　网络广告相比于传统广告的变化

维度	变化
广告主	广告主是广告发布方，网络广告的广告主话语权更大、参与门槛更低、可供选择的方式和途径更多。
广告媒体	广告媒体（渠道和工具）有很多的创新，主要指互联网、移动互联网及其应用、程序、工具，种类更多、选择余地大，表现形式更丰富，互动性更强，促进交易的功能更完善。

续表

维度	变化
广告费用	广告费用比传统广告有更多的选择，可能更低、更灵活，也有免费广告的形式。
广告受众	网络广告受众就是信息接收者，具有分众特点，具有更大的自主性、选择权，以及更强的针对性，发布的时候也更加精准。
广告信息	广告内容更丰富，表现形式多样，传播内容自主性、灵活性更强。

（2）网络广告的类型。网络广告发展非常快，类型很多，也在不断创新，目前没有统一的标准。常用的网络广告包括展示广告、赞助式广告、分类广告、引导广告、电子邮件广告、富媒体广告、搜索引擎广告、数字视频广告和手机广告等类型。

（3）网络广告的发展趋势。数字化转型给网络广告带来了重大的影响，网络广告的发展除具有移动化趋势之外，还有以下趋势：

①精准化。由于大数据等的应用，广告能够进行精准投放，精准地匹配顾客需求。

②分众化。网络广告不仅仅面向大众，它更多地面向特定的群体，甚至可以面向个人。

③高融入性。一是用户生态，媒体深度融入企业的运营和用户的生活，广告的内容和形式也融入生活场景，所以有“媒体即生活”（例如微信）的说法；二是营销生态，广告进一步融入企业的营销过程，数字化广告集传播推广、产品销售、顾客管理、售后服务于一体，履行营销渠道的职能，所以有“媒体即渠道”的说法。

④强关系性。网络广告的互动性、交互性、社交性更强，受众的联动性更强。

⑤泛媒体化。全媒体、融媒体，各类媒体被广泛使用，甚至产品、包装、二维码也可以成为媒体。

⑥多主体化。企业、个人以及其他组织都可以发布信息，甚至可以形成媒体矩阵。

3. 搜索引擎营销

国内主要的搜索引擎有百度、360 搜索、夸克、搜狗搜索、头条搜索和中国搜索等。搜索引擎营销（search engine marketing，SEM）是基于搜索引擎的营销活动，借助搜索引擎创造、传播和传递产品和服务的价值。在数字化时代，搜索引擎成为顾客自主获取信息的主要途径，也是营销者传播价值、接触与获取顾客的重要渠道。搜索引擎不仅向顾客提供信息，还有知识学习、观念影响、习惯养成的作用，因此有学者说，“搜索引擎营销就是顾客自我教育和自我说服的过程”。搜索引擎营销的主要形式有搜索引擎优化、搜索引擎推广和泛搜索引擎应用。

（1）搜索引擎优化。搜索引擎优化（search engine optimization，SEO）是指利用搜索引擎规则，通过对网页进行合理优化，提高网站在搜索引擎中的自然排名，使用户能通过搜索引擎快速便捷地获取信息。这是一种传统的搜索引擎营销方法，主要措施有：

第一，网站结构优化。在物理结构上合理布局，例如树状结构；在链接结构上形成有效的互链，通过首页能够到达所有页面，具体页面也能通过链接返回首页。

第二，页面优化。其一是标题优化，一般搜索引擎对网页标题比较敏感，因此，网页必须有标题，标题要与企业或者与该页内容相关，标题名称要能引起用户的兴趣；其二是关键词优化，关键词要突出自己，突出定位，与企业（行业、品牌）相关，与页面内容相关，也要充分考虑关键词的商业价值和竞争性。

第三，网页要素优化。网页的要素要便于检索，例如给图片、视频加标注和说明，必要时增加导读，注意关键词的词频和密度，也可以通过相关文章和导读等增加网页之间的相互链接。

第四，外部优化。通过搜索引擎收录、友情链接、新闻报道、社交工具引流、购买商业链接、付费推广等方式增加外部链接的数量并提升质量。

（2）搜索引擎推广。通过在搜索引擎投放广告或者购买关键词排名等方式提升企业或产品的曝光度。营销者根据自己的产品和服务的内容，确定关键词，收集并投放广告。搜索引擎广告具有广泛性、大流量、针对性和可测量的优势，是很多企业网络广告的重点投放领域之一。

（3）泛搜索引擎应用。随着数字化时代的到来，搜索引擎自身的形态、边界都在发生变化，企业在营销活动中可以拓展应用。这主要体现在以下两种搜索引擎中：

第一种是广义搜索引擎。凡是能进行信息搜索的平台都可以作为搜索引擎营销途径。例如，问答平台（百度知道、爱问知识人、天涯问答、百度经验）、专业搜索平台（学术、文库、百科、词条、音乐、软件、视频、地图、词典）、社交媒体搜索功能（微信、今日头条都有良好的搜索功能）、电商平台（淘宝、京东或推广服务）、行业平台（房产、钢铁等行业门户搜索）、App 提供的搜索服务等，都是在营销活动中对传统搜索引擎模式的拓展应用。

第二种是数字化搜索引擎。随着元宇宙、可穿戴设备、物联网、人工智能等技术的发展，今后企业可以利用的搜索引擎的形态和入口都会发生很大的变化，例如通过可穿戴设备、产品二维码等都可以实时获取信息，在大数据和人工智能的支持下，能更加精准地掌握和匹配用户需求。它们代表搜索引擎数字化转型和创新的未来，也成为企业营销传播和沟通的重要途径。

4. 电子邮件营销

电子邮件营销是在用户事先许可的前提下，通过电子邮件的方式与目标用户进行沟通的传播手段。在新媒体出现之前，电子邮件是企业与顾客沟通的核心手段，也是营销推广的重要工具和重要的直复营销手段。在全媒体时代，任何能够增进营销效果的手段都应该纳入整合营销传播的体系之中。

（1）电子邮件营销的价值。第一，提升顾客关系。电子邮件是企业正式的沟通渠道，是顾客开发、顾客转化和顾客沉淀的工具之一，邮件往来沟通的对象一般和企业具有良好的关系，特别是重点客户、大客户。第二，深化业务沟通。电子邮件可以传递复杂的信息，可以深入具体地沟通业务的细节，可以传递复杂的解决方案（例如咨询项目、工程设计方案），特别是在针对组织客户的销售活动中，这是其他网络营销方式无法达到的。第三，精准的信息发布。通过群发、邮件列表等方式，能够向广泛的目标受众传递产品和服务的信息，对开发市场、引导需求有很大的价值。第四，业务功能。电子邮件可以发挥广告发布、顾客引流、订单处理、售后服务等销售业务功能。

（2）电子邮件营销的应用。第一，顾客的日常联系、沟通，相对于社交媒体，电子邮件的沟通更加正式；第二，信息发布，根据营销传播的需要定向发布产品和企业相关的信息；第三，业务处理，例如与顾客共同进行项目和解决方案的设计、项目的执行等；第四，电子邮件广告，通过邮件订阅和群发向目标顾客发布广告。在国际市场营销活动中，电子邮件比社交媒体更加通用。

二、社交媒体营销

随着数字化和用户主权时代的到来，社交媒体（social media）（也称社会化媒体）作为重要的互联网应用，带来了深刻的社会关系变革，在企业营销活动中的作用也越来越大。学术界对社交媒体的定义有很多，菲利普·科特勒提出社交媒体是消费者之间或者消费者与企业之间用于分享文本、图片、音频和视频信息的一种方式。其他一些学者的定义则围绕用户参与、用户生成内容、用户分享、用户沟通等。在本书中，我们将社交媒体定义为用户生产内容并且彼此分享的工具和平台，是能参与、能互动的媒体。社交媒体营销是利用社交媒体进行的营销活动。

社交媒体是"社交"和"媒体"的有机融合，社交媒体的分类标准很多。广义上，凡是能进行社交活动并具备媒体属性的平台和工具都可以称为社交媒体，例如社交网站、社交应用（如微博、微信）、论坛和社区、百科和问答、具有社交功能的内容平台（如新闻、头条、短视频）、电子商务平台以及基于关注的直播平台等。菲利普·科特勒把社交媒体分为三种：在线社区和讨论、博客和社交网络（例如脸书）。[①] 我国当前的核心社交媒体包括微信、微博、小红书、知乎等，泛化社交媒体包括抖音、快手、哔哩哔哩、淘宝直播等。[②]

1. 顾客管理

数字化背景下，社交媒体的用户运营和传统营销有很大的区别，并呈现出媒体与渠道融合化（媒体即渠道）、用户数字化（用户既是买家，也是粉丝、好友、会员）、用户运营智能化（用户画像、敏锐识别、精准反应）等趋势。在企业的网络营销实践中，我们总结出社交媒体用户运营模式，如图 9－8 所示。即基于社交媒体，通过开发潜在顾客，形成顾客圈子，与潜在顾客进行互动，并在此过程中进行需求引导和价值传递，使顾客熟悉和信赖产品，产生购买或者其他行为，达到转化效果，完成交易。基于社交关系，顾客和品牌形成连接，还会形成对品牌的忠诚和支持，产生分享、转告以及复购、拉新。这个过程又可分为五部分内容。

（1）顾客获取。利用社交活动进行潜在顾客的获取和开发，这部分有两项关键内容：一是获取顾客的途径。要利用一切可能的机会获取潜在客户，广泛建立顾客连接，线下可通过社交活动，线上可通过社交媒体，并相互引流、相互赋能（见图 9－9）。二是建立顾客池，对顾客进行精准营销，分层、分群运营，把潜在顾客依次升级为关联顾客，再依次升级为活跃顾客、交易顾客和天使顾客，减少顾客流失（见图 9－10）。

---

① 科特勒，凯勒．营销管理：第 15 版．上海：格致出版社，上海人民出版社，2016：582.

② 中国社会化媒体营销市场分析报告 2020.（2020－06－05）．易观分析．

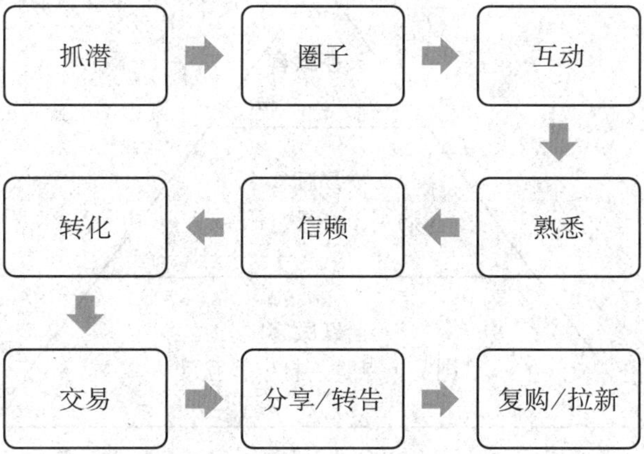

图9-8　社交媒体用户运营模式

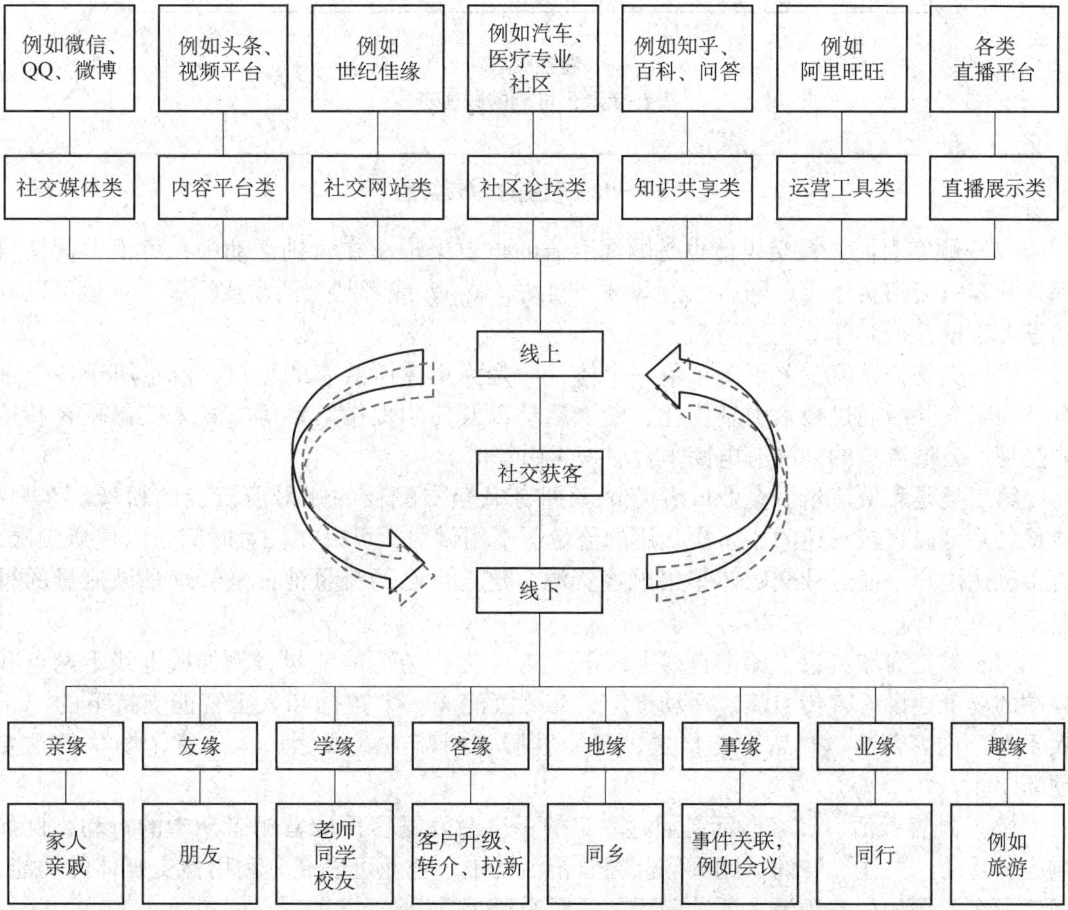

图9-9　社交获客：线上社交媒体和线下社交活动

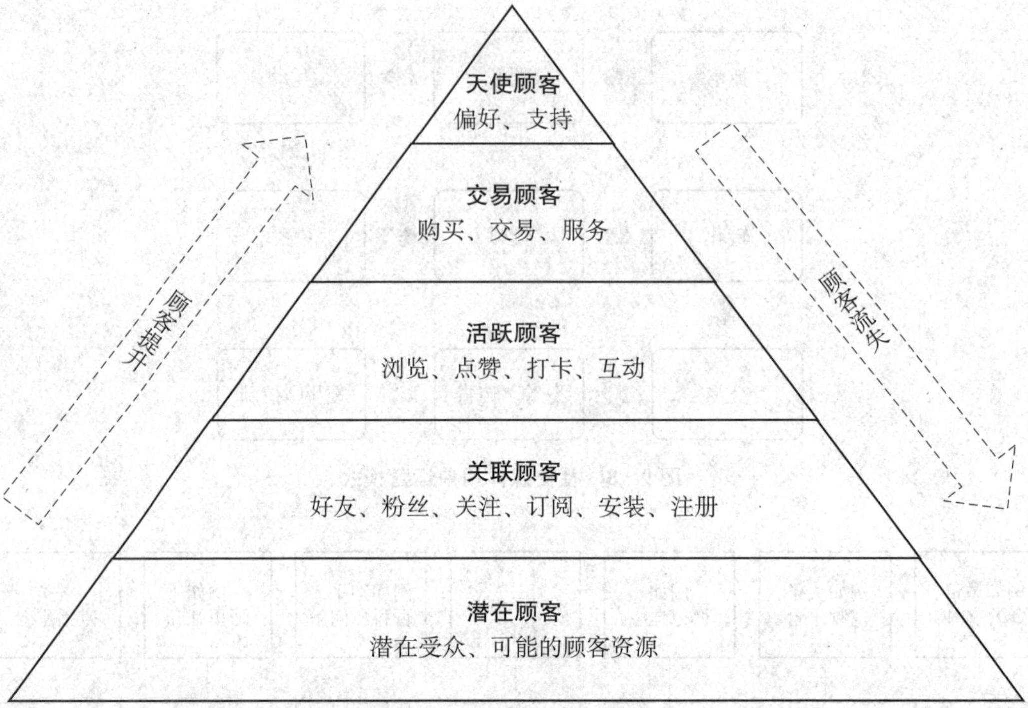

图 9－10　社交媒体顾客池

（2）顾客引流。社交媒体也是顾客引流的重要渠道。在营销活动中，可根据营销目标将顾客引流到实体店、网店、公众号、网站、App，或者某个活动或话题。一般可以利用三类流量：

第一类是公域流量。不属于单一个体，而是为集体所共有的流量。流量属于各个平台，商家入驻后通过搜索引擎优化、参加活动以及使用促销活动等方式来获得顾客和达成交易。公域流量的来源有电商平台、搜索引擎等。

第二类是私域流量。企业或者营销者拥有完全支配权的账号所沉淀的粉丝、客户、流量，是可以直接触达的、多次利用的流量。不用付费，可以在任意时间，以任意频次，直接触达用户。通过社交媒体聚集顾客资源，建立自己的流量池，是管理私域流量的重要手段。

第三类是商域流量。即来自线上线下“人、货、场”的流量，例如线上线下网点和终端的场景建设、宣传引流、活动推广、交易沉淀等。大数据和人工智能支持下的“千人千面”内容营销、产品智能推送、智能客服等引流方式成为“人、货、场”的重要创新。

（3）顾客激活。顾客激活是通过一定的手段激发顾客采取营销者期望的行动，例如响应、互动、关注、咨询、购买等。在营销活动中，企业可以充分利用社交媒体的功能，激活顾客，例如利益激活、活动激活、话题激活等。

（4）顾客转化。顾客转化是运营的核心，一般是指顾客进入下一个阶段，最典型的顾客转化就是产生交易活动。

（5）顾客维系。社交媒体营销有助于帮助企业进行顾客维系，使弱关系向强关系转化。例如早期的小米手机，通过微博拉新，在人群中快速传播、分享体验，通过论坛沉淀，保持用户活跃度，通过微信客服，建立强关系，提供顾客服务等。在社交媒体营销中，顾客维系方法如表9－11所示。

表9－11　社交媒体营销中的顾客维系方法

顾客维系方法	描述
价值维系	提供顾客需要的产品价值、服务价值、形象价值
内容维系	提供有价值、有趣的信息（例如专业知识、娱乐、兴趣）
互动维系	通过互动增强关系、联络感情
关系维系	建立圈子或者某种组织，保持顾客参与
产品维系	经常使用产品或者服务
利益维系	提供某种长期利益
身份维系	可以累积某种身份（版主、会员等）

2. 内容营销

根据美国内容营销协会的定义，内容营销是基于对界定清晰的目标受众的理解，有针对性地创造与发布和顾客相关且有价值的内容来吸引、获得这些受众，并且使其产生购买行为，使企业盈利的全部过程。内容是营销的灵魂，也是用户交互的基础。

（1）内容组织。社交媒体内容营销要体现顾客价值，长期的营销规划可从顾客价值、产品特性、企业特性、营销者个性四个方面组织营销的内容，如表9－12所示。

表9－12　社交媒体营销内容组织

方面	解释
顾客价值	指产品和服务对顾客的价值，表现为顾客得到的利益或者解决顾客的问题，围绕顾客价值可以进行众多的内容提炼和发布
产品特性	围绕产品的优势、使用等组织内容，包括使用范围、属性、品质、功能、包装、价格、产地、材料等
企业特性	围绕企业组织内容，包括人员、技术、设施、项目、企业文化等，展示企业实力，赢得顾客信赖
营销者个性	营销者个性在社交媒体营销中起着重要的作用，幽默风趣、知识面广、独特的气质、较强的个人影响力等能有效地吸引顾客。菲利普·科特勒等人提出了“打造人本品牌的六个属性”，即体力、智力、社交能力、热情、个性和道德

（2）内容营销步骤。菲利普·科特勒把内容营销分为八步，即设定内容目标、确定目标受众、内容计划、内容创作、内容分配、内容推广、营销评估、营销改进，如图9－11所示。

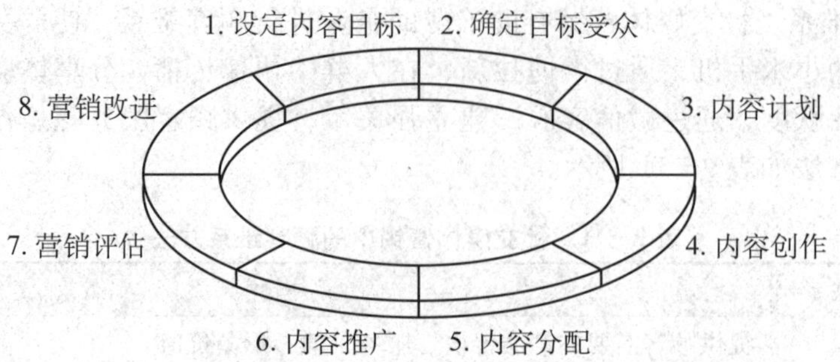

图 9－11　内容营销的步骤

资料来源：科特勒，卡塔加雅，塞蒂亚万．营销革命 4.0：从传统到数字．北京：机械工业出版社，2018：107.

（3）注意事项。社交媒体内容营销没有固定的法则，但要注意以下几个方面：一是内容对用户有价值；二是传播内容的形式多样，包括文字、图片、视频、直播等；三是内容可以引发互动，便于顾客参与。

3. 销售管理

社交媒体在营销活动中有重要的作用：第一，社交媒体是重要的引流和聚客工具，是重要的顾客入口；第二，社交媒体是保持顾客关系、树立品牌形象的重要手段；第三，部分社交媒体平台能直接实现销售（例如微信小程序）。

我们可以将社交媒体销售管理简化为一个流程，即听说→了解→喜欢→记住→购买→体验→转告/传播（见表 9－13）。通过这个流程中每个环节的运作，可促成销售，同时也可进行有效的传播，开发更多的顾客资源，形成社交媒体营销的良性循环。

表 9－13　社交媒体销售管理

流程	要点	备注
听说	（1）听谁说：我说（自证）、他说（意见领袖）、大家说（点评）、媒体说（报道） （2）在哪里说？（圈子） （3）什么时候说？（产品上市、推广） （4）说什么？（体验、感受、价值）	制订整合营销传播计划；制订媒体计划
了解	（1）了解什么？（产品的质量、特色、性能、款式、服务；了解企业和品牌） （2）在哪里了解？（圈子） （3）让消费者动心的信息有哪些？ （4）打消消费者顾虑的信息有哪些？如何呈现？	制订内容营销计划
喜欢	（1）顾客价值是什么？ （2）顾客喜欢什么？（颜色、款式、质量、品牌、性价比）	产品卖点、产品爆点
记住	（1）如何加深顾客印象？ （2）如何让顾客记住产品的特色和优势？	突出自己的企业和产品

续表

流程	要点	备注
购买	（1）在哪里买？ （2）如何支付？ （3）物流服务如何？ （4）售后服务如何？	购买具有极速、极惠、极便的特点，更有竞争力
体验	（1）如何优化顾客体验？ （2）如何赢得顾客认可？ （3）如何处理投诉和建议？	顾客体验是转告的基础
转告/传播	（1）评价、口碑：让更多人看到、听到 （2）分享：让更多人感受到 （3）媒体：大众传播	顾客的转告带来新顾客；意见领袖的转告带来信誉；媒体的传播带来资源

4. 媒体策略

随着技术的发展，社交媒体的形式多种多样并且还在持续创新，企业在营销策划中如何选择社交媒体工具或者进行社交媒体计划也是一个重要的内容。

（1）选择社交媒体需要考虑的因素。社交媒体的选择需要考虑环境因素、受众的媒体习惯、媒体本身的特点和影响力、媒体的成本、企业所在行业的特点、竞争者的目标和社交媒体营销现状、企业的营销目标和预算、企业自身的条件等。

（2）基于媒体特点和受众的媒体选择。每一类媒体都有其特点和特定的受众，需要根据受众需求、受众的媒体偏好和习惯以及媒体的特点进行选择和布局。例如，一些网络营销做得比较好的企业利用搜索引擎预埋信息，影响顾客，使之成为顾客的重要入口；利用微博拉新，挖掘潜在顾客；利用内容营销平台影响顾客，例如通过视频、百科、问答等方式宣传；利用论坛和社区沉淀、积累顾客资源，建立顾客关系，持续提供顾客服务；利用微信加深顾客关系。

常见的社交媒体工具或形式如表 9-14 所示。

表 9-14　常见的社交媒体工具或形式

工具或形式	说明
微博	多对多、公开性；现场性、围观性；媒体性：信息发布优势；曝光率高；单向关注；弱关系
微信	一对一、一对多，相对封闭；交流性；强关系；信息推送到达率高；双向关注
视频	受众广泛；选材多样且生活化；生产高效、生动有趣、传播迅速；打破传播者与接收者的界限
论坛、社区、贴吧	人群集中、交互性强、更新迅速、针对性强、持续性好（长期性）；系统引导和教育消费者；深度交流、顾客稳定、沉淀性好
博客	企业和个人利用博客平台，通过博文形式进行营销；可提高知名度、扩大影响力、传播信息、促进销售，以及进行顾客开发、顾客服务、顾客维持；博客还有一个重要功能，就是外链
社交网站	找准目标顾客：社交网站一般都有特定群体，能够有选择地营销，建立深度关系
内容平台	通过提供内容等进行顾客教化，影响顾客的观念和习惯，进行知识营销

5. 组织策略

社交媒体营销作为市场营销的重要组成部分，也需要良好的组织、执行和保障，根据社交媒体营销实践，可总结出社交媒体营销组织策略的要点：

（1）进行社交媒体营销需要进行市场调研、营销计划的制订，有资源和条件保障，有营销组织与团队建设和绩效评估，最终达到营销目标。

（2）社交媒体营销是整合营销，基于数字化背景下媒体的变革，企业获得了更大的话语权，因此我们提出社交媒体“四全”营销矩阵，如表 9－15 所示。

表 9－15 社交媒体“四全”营销矩阵

维度	解释
全员营销	（1）人员矩阵：中高层管理者、营销人员、产品人员、技术人员、服务人员、业务员、合作伙伴、顾客、粉丝团 （2）账号矩阵：（博客、微博、微信）建群、分工、呼应，分部门、分产品、分区域、分顾客群
全网营销	（1）官网、网店、实体店、博客、微博、微信、QQ 空间、论坛、社区 （2）分工：引流、销售、客服、推广
全面营销	推广、互动、交易、支付、客服
全程营销	产品设计、测试、发布、上市、销售、维护、服务

三、第三方平台和应用程序

1. 第三方平台

第三方平台指独立于交易各方（例如电子商务的买卖双方）之外的，通过数字化手段，按照特定的规范，为各方提供服务的平台。例如淘宝、美团、携程网等就是第三方平台。数字化时代，企业可以借助第三方平台实现营销传播、顾客引流和交易活动。常见的第三方平台及营销功能如表 9－16 所示。

表 9－16 常见的第三方平台及营销功能

平台类别	描述	营销功能举例
电商平台	可分为综合电商平台和专业电商平台。综合电商平台如京东、淘宝；专业电商平台基于行业如旅游、餐饮、图书、母婴、美妆、酒类等进行分类	顾客引流，交易及辅助服务（推广、订单处理、支付、物流、信用等）
内容服务平台	新闻、资讯、头条、学术、数据、报告、信息咨询（例如行情、交易撮合、行业服务）平台等	顾客引流、产品推广、广告、市场调研，部分平台提供渠道、交易及辅助服务
娱乐平台	游戏、影视、短视频、音乐、小说等	广告、产品推广、引流，部分平台附带交易功能

续表

平台类别	描述	营销功能举例
点评平台	提供点评、排行、评估、评价等服务	品牌传播、产品推广，部分平台有交易功能
公共服务平台	提供政务、交通、教育、医疗、社保、水电气和电信等公共服务的平台	产品和服务推广、顾客引流、交易
企业服务平台	集中企业需要的法律、政策、技术、人才、金融、物流等资源形成的服务平台	专业服务机构（例如会计师事务所、咨询公司）的专业营销渠道功能

2. 应用程序

应用程序（App）多指安装在智能手机上的应用软件，是移动营销时代的重要渠道，App 在企业和用户之间搭建了一个稳定、便捷的通道，并且集顾客开发、顾客管理、信息沟通、产品销售、顾客服务、业务管理于一体，日益成为移动营销最核心的工具。业界有“中小企业用平台、大企业建平台”的说法，除了游戏、娱乐、导航、购物等第三方程序以外，一些实力比较雄厚的企业会开发自己的应用程序，整合企业的移动营销功能，例如 12306、手机银行、成都地铁、企业的官方商城等。招商银行的应用程序就非常成功，它针对用户开发了手机银行、掌上生活、企业银行等，还有一些企业利用小程序等开发了类 App 应用。企业正在通过移动应用程序建立起用户生态，移动应用程序日益渗透到用户生产生活的方方面面。

3. 数字化营销服务工具

随着数字化技术的发展和营销科技的应用，越来越多的数字化营销服务工具不断赋能企业的市场营销活动，充分利用这些工具开展和优化市场营销活动，是企业实现数字化转型和创新的重要途径之一。常见的数字化营销服务工具的营销功能如表 9 - 17 所示。

表 9 - 17　常见的数字化营销服务工具的营销功能

种类	描述	营销功能举例
渠道服务工具	例如电商平台、加盟服务平台	渠道开发、市场开发
信息服务工具	提供行业、顾客、订单和交易等信息	顾客获取、交易机会开发
推广服务工具	例如网络广告公司、淘宝直通车、电信服务（呼叫中心、短信）	产品推广、产品促销
数据服务工具	提供市场分析、顾客分析、行业分析等数据服务，例如数据中台	数据获取和分析、市场调研、用户画像、顾客引流等
交易服务工具	支持完成订单、支付、顾客管理等活动	交易及相关管理、服务
金融服务工具	提供消费信贷等服务，例如微信、支付宝等	改善顾客支付能力，赋能促销活动

续表

种类	描述	营销功能举例
物流服务工具	提供物流、例如一些外卖平台可以为社区电商提供配送服务	物流服务、售后服务、顾客支持
软件及技术服务工具	借助 SaaS 优化营销职能，利用应用程序接口建立资源接口，或者借助平台开发企业的营销应用（例如微官网、小程序）	技术支持、营销渠道、资源共享

本章小结

在市场营销领域，除了洞察市场、创造顾客、创造价值，传播和传递顾客价值也是企业营销活动的有机组成部分。

整合营销传播。在社会和技术快速发展的今天，整合营销传播成为重要的趋势。企业要以顾客为导向，以与顾客建立长期稳定关系为传播目的，整合各类传播渠道，综合运用传播策略，制订协调的、持续的、一致的传播计划。

管理大众传播。第一，广告。广告是广告主以付费的方式，通过特定媒体传递产品、服务信息的大众传播活动。第二，公共关系。公共关系是建立和处理企业与社会公众的关系，树立企业的良好形象，增进公众理解与支持的一系列传播活动。第三，事件和体验。即利用节庆和特殊事件以及顾客的体验达成营销传播。第四，销售促进。即采用短期的、刺激性的手段鼓励顾客早买或者多买。

管理人员传播。一是人员推销，即通过人员或销售团队向顾客销售产品和服务；二是口碑营销，即利用人际关系或者社交媒体进行人与人之间产品和服务信息传递。

管理数字传播。数字化时代传播的变革表现在以下几个方面：一是在线营销，包括企业网站营销、网络广告营销、搜索引擎营销和电子邮件营销；二是社交媒体营销，聚焦于顾客管理、内容营销、销售管理、媒体策略和组织策略；三是第三方平台和应用程序等。

启示

随着数字化时代的发展，传播的技术和工具越来越多。随着用户主权时代的到来，顾客在传播中不仅仅是受众，更是传播者和价值共创者，顾客价值观以及顾客体验、情感和参与将会得到越来越充分的体现。未来的传播策略数字化转型和变革将进一步加快，传统的营销传播模式可能面临被淘汰的威胁，数字化传播的创新会层出不穷，在技术工具、商业模式、传播主体、传播内容、传播渠道等方面都会不断突破。

思考与应用

1. 什么是整合营销传播？
2. 简述进行有效传播的步骤。
3. 简述广告的概念及优缺点。

4. 什么是公共关系？公共关系有哪些形式？
5. 什么是销售促进？销售促进有哪些工具？
6. 什么是社交媒体？

案例分析

东方甄选的品牌传播策略

“双减”政策的颁布给教培行业带来了巨大的影响。新东方果断转型，开启农产品直播带货新征程，创立直播带货品牌“东方甄选”。2022年6月，东方甄选爆火出圈，成为企业转型和直播带货领域的新势力。

1. 传播主体

直播带货的核心是主播团队，与其他直播不同的是，东方甄选的主播大多是新东方之前的教师，以董宇辉为代表的新东方教师成为直播电商界的一股清流。东方甄选的主播团队知识丰富、富有内涵，并且个性鲜明、风趣幽默、谈吐专业，凭借自身的知识优势在直播带货的同时进行知识普惠，顾客能够听到各种历史文化知识，还能与主播进行精神、文化和情感的交流，这开了“知识带货”的先河。相对于传统碎片式、叫卖式的直播，东方甄选的直播提高了整个行业的文化含量，不仅在直播形式上有所创新，内容上也有创新，同时满足消费者的购物需求和知识需求。

2. 传播内容

外部环境的变化不仅给新东方带来了挑战，也带来了机会。在直播领域，东方甄选基于乡村振兴的机遇进军农业领域，带货农产品，顺应知识普惠的社会需求开创知识带货形式。直播带货同时也是知识直播，让顾客下单的同时获得知识。在东方甄选的直播间，主播们会用中英双语介绍商品，生动有趣又能学到知识，刷新了公众对于直播带货的认知，这在直播行业是独一无二的；情绪价值的输出也是东方甄选内容传播策略的一个重点，直播中通过与用户对话，利用产品知识、产品故事激发消费者的情绪体验，新东方的创业故事和主播的个人经历引发了很多人的共鸣。

3. 传播渠道

数字化时代，新媒体的应用为企业的传播提供了丰富的渠道和工具，东方甄选也充分借助数字技术建立起自己的渠道矩阵。在抖音平台开通了东方甄选主账号，又注册了新的直播号，如东方甄选之图书、东方甄选美丽生活、东方甄选自营产品、东方甄选看世界、东方甄选将进酒，每个号都有自己的特色和定位；在微信平台，有东方甄选公众号、小程序、企业微信和视频号，作为私域流量的重要载体，进行客户维护和裂变；在淘宝和京东，开设东方甄选旗舰店，并开启直播；在微博和小红书，有东方甄选官方账号和主播个人账号；东方甄选App上线后，成为重要的自营渠道。

4. 传播受众

有资料显示，东方甄选的受众群体从年龄分布来看，30～49岁占比较大，其次是“95后”及“00后”，东方甄选的目标受众群体集中在购买力水平较高的人群；东方甄选受众群体的性别构成与抖音下单用户性别构成基本一致，女性用户占比超过60%，母亲成为主要受众之一，是家庭购买的主力；从关注群体地域分布来看，广东、江苏、北京、浙江、上海等经济较发达地区对新东方直播转型的关注度较高，关注度或与当地市民对新型媒介形态的接受程度、知识文化水平及购买力相关。

5. 传播效果

从东方甄选的粉丝数来看，自 2022 年 6 月 9 日破百万开始，十几天就直逼 2 000 万，一度带动新东方股价翻倍。目前，在东方甄选的直播间里，在线人数长期稳定在 10 万人左右，2022 年底，粉丝数突破 3 600 万。从销售效果看，东方甄选连续数月位于抖音带货榜冠军的位置，2023 财年，电商直播交易总额 100 亿元，抖音上第三方产品及自营产品订单总数为 1. 363 亿单。

资料来源：潘晴．“从绝望中寻找希望”：东方甄选品牌传播策略探究．（2023－03－26）．新趋势 NewTrends 微信公众号．

▶ 思考题

1. 总结东方甄选在品牌传播中的成功经验。
2. 结合数字化时代营销传播的发展，为东方甄选的营销传播提出优化建议。

第10章 营销计划：保障顾客价值

教学目标

知识目标

- 知晓营销计划的作用。
- 熟悉多种营销组织结构，明晰各类营销组织结构的优缺点。
- 熟知一份完整的营销计划书的结构，以及常见的营销计划书的形式。
- 了解一些营销岗位的基本职责。

能力目标

- 能够根据需求设计一份完整的营销计划书。
- 能够为企业设计合理的营销组织结构。
- 能够依照岗位需求为企业营销工作设定人员招聘条件。

思维目标

- 培养营销计划的整体性思维。
- 建立以指标为评价依据的流程监控思维。

素质目标

- 合理计划与分配各项营销资源，提高社会资源的利用效率。
- 着眼于企业和个人长期发展，探索并理解社会对营销人才的全新需求。

内容导图

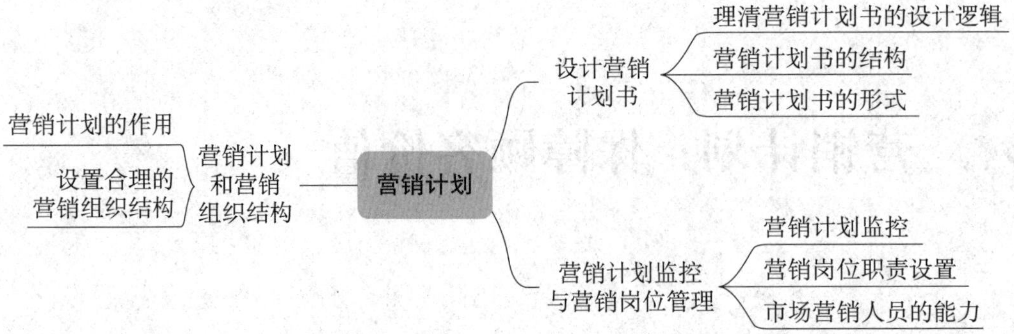

导入案例

问界汽车的营销计划

在科技竞争的大背景下，受到美国制裁影响的华为在新能源汽车业务上做得有声有色。2022年前半年，与华为展开合作的车企越来越多，包括比亚迪、长安、北汽等企业，均在车机和自动驾驶方案上与华为建立了合作关系，但其中最耀眼的，则是在华为智选汽车模式下诞生的新能源汽车品牌“问界”，这是首个由华为深度参与智能汽车解决方案、销售、渠道和宣传业务的汽车品牌。

问界是华为与重庆小康合作的新一代新能源汽车品牌，上市后很快便得到市场认可，首款车型问界M5在3个月内的累计交付量超过1万辆，刷新了同级别新能源汽车的交付纪录。

成就一个新汽车品牌并非易事。华为需要破解的第一个难题是与重庆小康之间的合作关系。重庆小康在国内汽车行业中的知名度较低，虽然在整车制造、动力技术及汽车增程器上有一定技术积累，但公司从未涉足过高端市场，其产品设计、研发、营销、服务等能力也相对不足。为保障合作顺利开展，华为直接派遣了一支由上百名技术与管理人员组成的队伍长期驻守重庆小康，为其提供研发、设计、员工管理、市场营销等方面的直接指导与支持，从而使重庆小康在短时间内大幅提升了各项能力。

在销售体系上，华为创造性地采用了“门店卖车”的经销模式：将汽车直接放进华为在各大商场的手机门店进行展示和销售，并要求经销商为店铺配备专门进行汽车销售的主管和销售人员，且在入职前必须通过华为面试。这种经销方式为品牌带来了诸多益处：利用华为在全国的授权店节省了额外的渠道开发费用，合理利用了空出的展厅面积，并使得华为的品牌形象有效延伸到汽车产品上。汽车、手机、电脑等出现在同一个卖场里，在吸引多类顾客光顾的同时，也能间接提升这些产品的销售额。

从推广和宣传角度看，华为的对策比较保守，主要是将宣传阵地局限在华为自媒体、华为商城、问界汽车App以及线下门店展板和视频广告上，这种保守的做法使得很多潜在顾客在初期甚至不知道这款汽车的存在，而车主自发的推荐反而带来了意料之外的大量传播。

随着问界汽车销量提高并逐渐获得市场认可，华为也开始在宣传上加码。从 2022 年 4 月开始，陆续有消费者发现问界汽车的户外广告开始出现在各大机场，而该品牌的程序化广告也开始出现在一些互联网平台上。这些广告的投放在快速提升品牌知名度的同时，也增强了市场对新汽车品牌的信心。

但这种营销布局也存在一定问题。由于华为与其授权店属于经销关系而非直营关系，经销商对于汽车的销售存在一定的调整空间，这就造成了窜货的可能性。在品牌上市初期，部分经销商违背了经销协议，给予顾客超出规定的优惠，比如赠送更多汽车选装权益，或为下单顾客赠送一些门店库存的电子产品，甚至被爆出有门店私自给顾客返点。这种现象对华为经销体系造成了一定影响：一些认真为顾客提供讲解和试驾服务的门店和销售人员，却因为其他门店的窜货行为而被抢了客户，从而不再愿意尽心为顾客服务。同时第一批老车主因为相信华为的品牌而主动下单，但在发现新车主享受的大量优惠后感到失落，降低了对品牌的信任度。

品牌遭遇的另一个问题则是交付和售后。与传统手机业务不同，汽车产品的使用非常依赖售后服务，一些注重顾客体验的汽车品牌，比如特斯拉和蔚来，都是通过自建服务中心来保障顾客服务的。华为目前采取的对策与传统汽车品牌相似，是与 4S 服务体系合作创建用户中心来解决交付和售后问题，这种对策在短期能够缓解交付压力，但使一部分用户产生了明显的不适：一些交付中心的员工不管是在素质上还是在能力上都无法完全满足提车顾客的需要，对待顾客的态度也明显不如华为门店的销售人员，一些用户甚至需要通过其他车友的帮助才能解决问题。

资料来源：艰难的开始，也有光明的前景．(2022-07-02)．知乎．

在绝大多数严谨而复杂的营销活动中，营销计划是营销管理的依据，能够为后续活动的推进、执行和监管提供重要参考。营销计划工作包含营销组织结构设置、营销计划书设计以及营销计划监控等。

第 1 节　营销计划和营销组织结构

一、营销计划的作用

1. 梳理营销思路

市场营销体系错综复杂，从策划到执行环节众多且环环相扣，这对营销人员提出了挑战。清晰的思路有助于提高营销工作的总体效率、减少信息冗余带来的干扰，为此在执行各项营销工作前，有必要通过制订营销计划的方式对整个营销系统的工作进行梳理。

营销计划包括情景分析、目标设置、战略布局、营销过程和措施设计、监控和评估等诸多环节，制订营销计划要求营销人员认真复盘并思考公司的整个营销体系，从而加深对工作内容的理解。在进行情景分析时，营销人员需要深入分析影响公司营销工作的各种内外部因素，对政策、经济状况、社会趋势、产业链结构、分销体系、顾客行为等进行深度挖掘，同时还需调查和研究公司经营相关数据；目标设置和战略布局则要求营销者做到脚踏实地，分析当前战略的合理性，并制定切实可行的营销目标来保障后续工作的开展；营销过程和措施设计要求营销人员深度理解各个营销子系统的工作，不仅设计出各部门在该计划中需要完成的细致工作，同时要考虑部门间的协调，使整体工作效果最大化；监控和评估则需要营销人员关注整个计划的推进过程，要求具备及时发现问题的能力，从而保障营销工作有序进行。

2. 实现有效沟通

营销计划的另一个意义在于能够实现部门和企业间的有效沟通。营销管理者需要通过营销计划与众多利益相关者进行沟通来保证工作的顺利开展，营销沟通对象如表10-1所示。

表10-1 营销沟通对象

营销沟通对象	说明
决策者	决策者直接决定着营销计划是否能够顺利实施以及营销部门可以获得的预算。通过在营销计划中陈述合理的目标、战略以及实施步骤，营销管理者能够有效降低和决策者沟通的成本，从而获得决策者的支持。
营销部门基层管理者及员工	营销计划的推进离不开营销部门基层管理者及员工，营销管理者需要保证这些角色在工作前能够充分明确企业的总体营销方针。清晰而合理的营销计划可以有效传达下一阶段的工作重点及目标，从而提高员工的工作效率，减少资源浪费。
企业其他职能部门	营销工作并不是只由营销部门来完成，而是需要多部门协力合作。人力资源、采购、生产、研发等部门的管理者，可能并不精通营销专业术语，但明确易懂的营销计划可以有效实现跨部门沟通，使营销部门获得足够的资源来保障其计划的实施。
政府和金融机构	对于企业外部环境中的关键角色，营销计划也能产生沟通价值。营销计划是商业计划的重要组成部分，而政府、银行和风投机构可以通过营销计划看出企业的成长速度和盈利水平。优秀的营销计划是赢得与上述机构的合作机会的重要保障。
企业产品经销商	当企业拥有广泛的销售市场时，一些具体的营销工作实际上并非由企业直接主导，而是交由经销商执行。由于经销商事实上并非企业的组成部分，其理解能力、工作效率和工作态度都很难保障，为此营销管理者需要通过营销计划向其交代企业的目标与任务，帮助经销商落实营销工作。
企业经营合作单位	有时企业需要与其他企业合作进行产品设计、研发、分销、宣传等任务，在此情况下，企业需要保证与合作单位进行有效的对接，以保证营销工作顺利开展。需要注意的是，即使是同一行业两家规模相当的企业，在工作方式、风格、流程、指标等问题上也很有可能存在巨大分歧，因此企业有必要与合作方实现有效的沟通，以保证工作顺利推进。

3. 指导工作执行

除了沟通，营销计划还可以成为强有力的管理工具，营销管理者可以借助营销计划来指导各级人员开展工作，保障目标实现。具体来讲，营销计划在以下工作的推进中具有指导价值：

（1）营销信息获取。营销信息收集人员负担着收集宏观、微观与内部信息的任务，但由于信息繁杂，要保证信息的有效性难度较大。营销计划可以为这项工作提供引导，通过列出最重要、最关键的信息来源，以及展示信息的使用场景，提高信息工作的准确性，减少复杂信息带来的干扰，同时提升信息分析的效率。

（2）营销决策执行。营销人员、经销商和外部营销合作者等是推进营销决策执行的重要角色，由于工作能力、诉求和信息差异，这些角色很难在工作中做到协调一致。营销计划提供了具体的营销决策执行路径，可显著减少理解不同带来的工作效果差异，从而为营销效果提供保障。对于一些经验不足的成员，营销计划也能够提供快速的操作指南，增进其对岗位职责的理解。

（3）效果监控和反馈。在大数据时代，无数据，不管理。营销监督者需要随时监控各项工作的推进效果，但在缺乏指标的情况下，监控工作的实施效率会显著降低。在营销计划中明确提出关键性监控指标，可帮助监督者实现有效监控，并以数据化的方式展示结果，从而及时解决营销工作中可能出现的问题。

二、设置合理的营销组织结构

在现代商业活动中，营销决策为商业活动的成功提供了重要保障，并从多个方面改变了企业行为，包括满足顾客需求、应对市场竞争、响应合作伙伴、对待企业员工等。反过来讲，市场营销决策的效果也往往受制于企业内外的多方面因素，要求营销部门完成全部营销工作，其实是一种错误的做法。

企业如何管理其营销工作，取决于企业营销观念、总体管理风格、组织结构设置偏好以及营销计划实施程度等一系列相关因素。一般而言，企业的总体结构可反映出其顾客接触偏好以及对营销工作的态度：许多大中型企业都设置了营销部门，但其职能往往由于商业模式和顾客行为的差异而呈现出不同的形态。举例来说，一家聚焦于B2B业务而很少接触终端顾客的公司，其营销部门会呈现团队式结构和工作风格；而拥有多个消费品牌的公司，则多半会严格设置品牌、产品、渠道等经理岗位。

基于上述原因，我们很难找到一种万能的营销组织结构去适应所有类型的公司——事实上，就算是同一行业中类似的两家公司，其营销组织结构也往往有所区别。这里仅展示一些典型的营销组织结构。

1. 职能型组织结构

这是比较普遍的一种结构，公司基于多个管理职能设置岗位，如营销、人力资源、财务、生产等（见图10-1）。此结构下的营销部门会受到营销主管的直接管理，职位之间有明确的上下级关系。在这类结构中，管理人员主要由对下级有发号施令权力的直线指挥人员以及对同级指挥人员具有辅助作用的参谋人员构成。因此，这类企业的权力将不可避免地高度集中，其经营决策权最终集中于最高领导层。

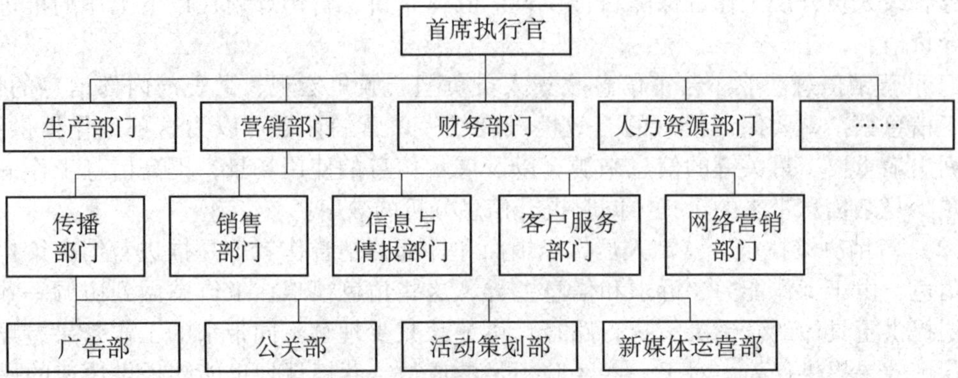

图 10－1　职能型组织结构

职能型组织结构的优缺点如表 10－2 所示。

表 10－2　职能型组织结构的优缺点

优点	缺点
(1) 可有效发挥部门专业性，从而有利于集中项目必要资源，保证项目交付质量 (2) 由部门内专家负责本部门不同项目的同类技术工作，有利于节省人力资源 (3) 有利于部门内人员交流，从而提高部门业务水平 (4) 由于分工明确，当出现人员流失时，可通过招聘快速获得人员补充	(1) 专注于本部门任务导致一定程度的短视，职能部门有时会忽视客户需求 (2) 当同一项目需要多个部门协作时，这种结构会导致资源分配纠纷 (3) 由于直线型权力结构，不同部门之间的沟通会受到阻碍，导致项目经理需要反复与员工直属领导沟通协调

图 10－2 展示了某机械制造公司的营销组织结构。可以看出，该公司大多数营销相关工作由营销企划部及其下属单位负责，分工明确，这有利于部门成员履行自身的职责。

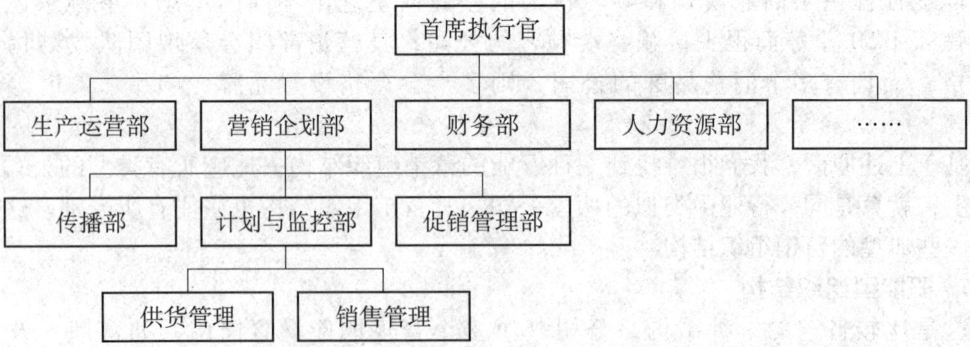

图 10－2　某机械制造公司的营销组织结构

2. 地理型组织结构

有些企业基于经营区域来设置营销组织。通常来讲，只有业务遍布全国或者更大的范围时才会采用此种结构。在该结构中，每个地区都有主管人员，根据需要下设多个部门（见图 10－3）。

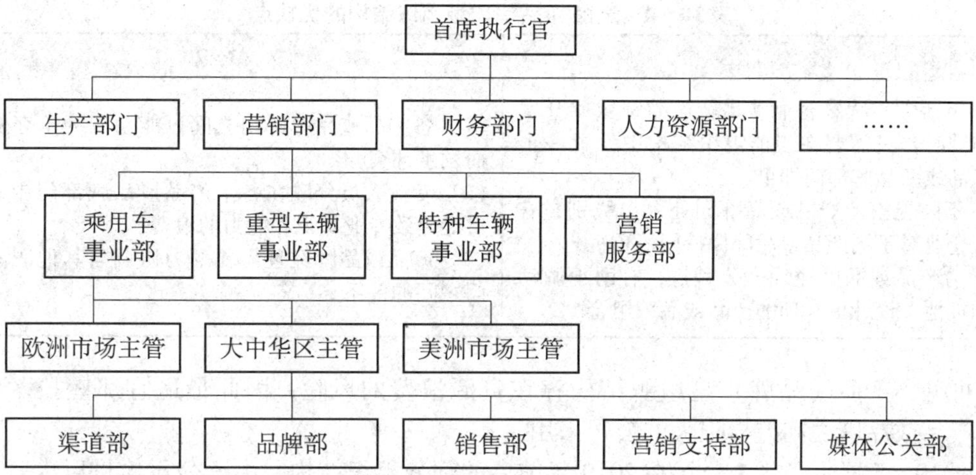

图 10－3 地理型组织结构示例

地理型组织结构的优缺点如表 10－3 所示。

表 10－3 地理型组织结构的优缺点

优点	缺点
（1）在各个地区分别设置分支机构，可根据各地区特征灵活调整经营策略 （2）将仓库设置于各个地区，能提高物流效率	不合理的监管可能会导致地区分支机构自主性过强，从而难以约束其行为

3. 产品（品牌）型组织结构

当企业拥有多个产品或品牌时，也可以根据产品类型、产品组合或品牌来划分营销职能（见图 10－4）。精确划分的产品或品牌管理部门能够有效管理庞大的产品或品牌组合，弥补职能型组织结构存在的部分缺陷。

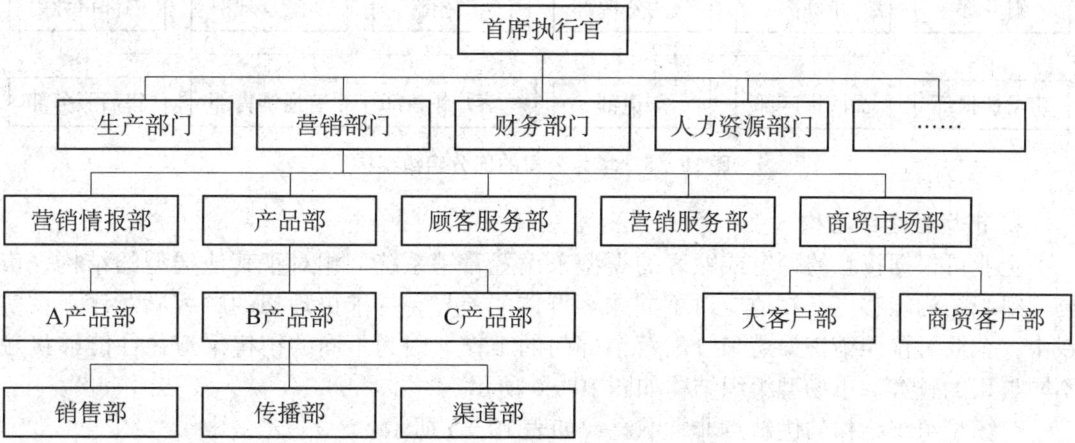

图 10－4 产品（品牌）型组织结构

通常来讲，产品（品牌）型组织结构的优缺点如表 10-4 所示。

表 10-4 产品（品牌）型组织结构的优缺点

优点	缺点
(1) 灵活性较大，企业涉足新产品领域或开发新品牌时，只需要在当前组织结构中设置一个新产品或新品牌部门即可 (2) 不同规模的产品或品牌同处一个级别，有助于企业对不同产品或品牌保持同等重视 (3) 为产品或品牌经理充分赋权，有助于调动其积极性，设计更合理的产品或品牌组合	(1) 各产品或品牌部门之间可能会因为争夺资源而发生冲突 (2) 专业人员分散在各个产品或品牌部门中，有可能导致专业知识和能力的浪费 (3) 产品或品牌经理需要尽力协调与其他职能部门之间的关系

可见，产品（品牌）型组织结构存在资源浪费的风险，因此最适宜那些技术含量高、产品或品牌之间差异很大的公司采用。

图 10-5 展示了华为公司在 2019 年前后的部分组织结构。由于公司体量巨大、业务类型众多，在公司高层设置营销部来统筹公司营销业务的做法已经不符合业务成长需求。为此，华为公司为各项主要业务单独成立了事业部，并将营销管理权力下放至各个业务系统中，以此来满足各个业务独特的营销需求。

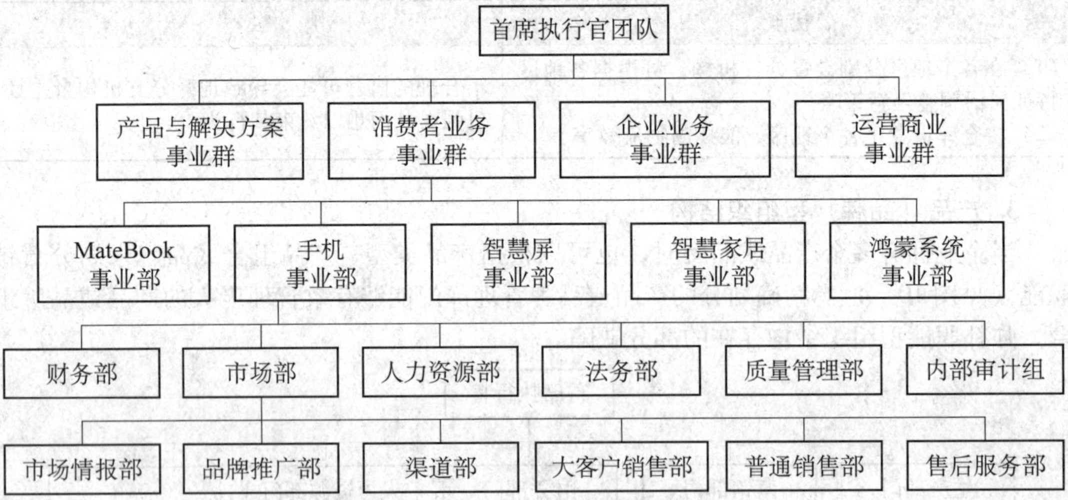

图 10-5 华为公司的部分组织架构

4. 市场型组织结构

企业可根据接触的顾客或顾客的类型来设置营销系统。相对于其他类型的结构，市场型组织结构能够更有效地应对不同顾客群体的差异，寻求更理想的顾客满意度。在实践中，企业可按照销售渠道来分配营销部门的工作，因为不同的销售渠道往往能够接触不同类型的顾客。市场型组织结构如图 10-6 所示。

市场型组织结构的优缺点非常明显，如表 10-5 所示。

可见，这种组织结构适用于公司产品组合单一，但顾客差异明显的情况。

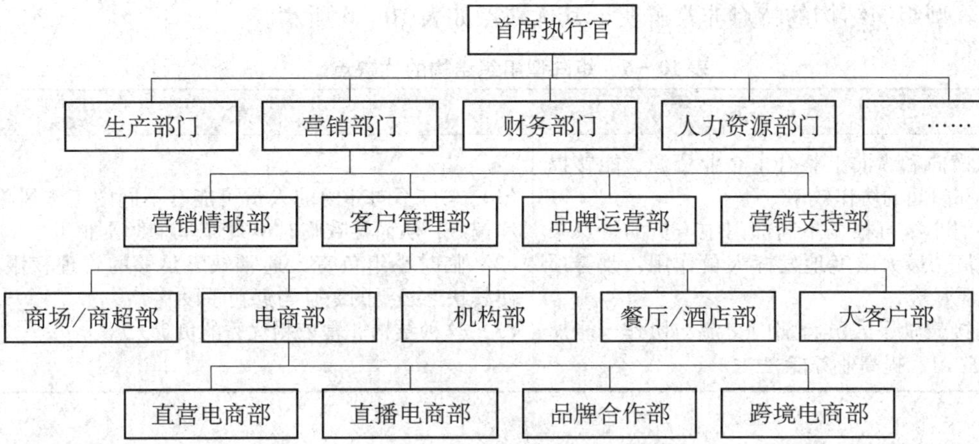

图 10－6　市场型组织结构

表 10－5　市场型组织结构的优缺点

优点	缺点
(1) 由特定部门单独负责某一类型顾客的营销工作，使其对顾客需求的理解更加深入，从而保证产品和服务的质量 (2) 针对目标顾客的特性开展营销活动，使分销、宣传、售后服务等工作更有针对性，从而提高顾客满意度	在复杂的情况下，某一类顾客可能属于多个市场部门的管辖范围，从而使部门职权划分不清，导致相互推诿、争抢客户、多头领导等现象

5. 矩阵型组织结构

在职能型组织结构下，为了完成某项特殊业务，企业会将各个部门进行交叉组合，从而成立小组，使不同职能部门更有效地结合为一体，帮助推进业务，这就是矩阵型组织结构。

在这种情况下，公司将营销职能分配到各个小组，用于支持不同的产品或品牌发展。根据发展需要，各个小组组成临时项目组，用于开发特定品类的营销对策。在此情况下，小组人员既保留了在原部门中的职权和职责，又参加小组的工作，而在项目结束后，小组即可解散，其成员回归原部门工作岗位。具体结构如图 10－7 所示。

		渠道经理			
		华东区	华北区	西南区	东北区
产品经理	清洁电器部				
	健康护理部				
	厨房电器部				
	电视部				

图 10－7　矩阵型组织结构

矩阵型组织结构的特点非常鲜明，其优缺点如表 10－6 所示。

表 10－6　矩阵型组织结构的优缺点

优点	缺点
（1）从横向和纵向上整合了企业资源，能够提高不同部门间的协作效率 （2）临时小组可根据不同部门中人员的特点来选择人员，最大限度地发挥人员作用，改善项目完成质量 （3）间接鼓励了人员跨部门交流与协作，能加强部门学习、提高业务能力	（1）来自不同部门的人员可能有不同的工作风格和偏好，从而导致临时小组管理难度增加 （2）临时小组负责人通常缺乏足够的管理权限，使其缺乏必要的激励与惩罚手段 （3）这种结构非常依赖优秀的负责人

必须强调，上述组织结构中没有哪一种是万能的，在营销实践中，企业营销部门的设置可能是对上述结构进行融合的结果。决定营销部门组织结构的核心因素，是企业核心价值观、管理对策、战略目标等。为了在不断变化的环境中保持竞争优势，企业也需要根据情况对营销组织结构进行动态调整，从而使利益相关者的需求得到满足。

不管采用哪种组织结构，在营销管理实践中，都有自上而下和自下而上两种形式。自上而下的营销管理指的是由资深营销经理设置目标、预算、策略和计划，并将这些要素往下传递，从而实现营销策略的执行。自下而上的营销管理则表现出相反的特征，预算和计划由基层执行者设置，向上传递给决策部门进行批准和整合，从而纳入公司的总体计划。两种形式有其各自的优劣之处，但并非不能兼容，事实上许多公司的管理风格同时具有自上而下和自下而上的特征，通过让更多人参与决策，许多营销计划可以得到更加全方位的考虑。

第 2 节　设计营销计划书

营销计划书往往是企业多个职能部门相互合作的结果。通常来讲，营销计划书需着眼于长期利益，一般以 12 个月为计划周期，与财务计划保持一致；然而根据实际需要，也可以制订短期营销计划书，这种短期计划书相对来说会更具体，体现出较强的可执行性。

一、理清营销计划书的设计逻辑

必须强调，营销计划书涉及因素众多、关联人员广泛，需要从全局进行深度设计。在设计营销计划书时，可采用 5W2H 分析法，对其设计逻辑进行梳理。

（1）what——营销计划书需要关注的任务是什么？重点是什么？相关因素有哪些？规范是什么？

（2）why——为什么要采用这些计划？为什么要设计这些工作环节？

（3）when——营销工作完成的期限是多久？什么时间需要完成某项任务？哪个时间

段的工作效率最高？

（4）where——哪些地方适合作为促销区域？哪些渠道需要拓展？哪些市场值得开发？能够从哪里获得关键资源？

（5）who——由谁来负责总体计划？当前人员的优势有哪些？哪些人员负责执行？顾客是谁？有哪些利益相关者？谁是受益者？

（6）how——如何实现营销目标？如何提高工作效率？如何改进当前计划？怎样优化功能、扩大市场、提升知名度？

（7）how much——各项任务的完成指标是什么？计划的预估执行效果如何？该计划产生的成本是多少？

基于上述关键问题，营销人员在设计营销计划书时必须采集足够的信息与数据，并重点完成以下工作：情景分析；了解市场、顾客和竞争者；细分市场、选择目标市场、明确市场定位；根据公司目标与战略，确定营销计划书的目标；设计营销策略与程序；确定过程控制手段、预估执行营销计划书所需的措施与资源；执行营销计划书并追踪过程；根据需要，及时调整营销策略；评估营销策略执行效果；总结营销计划书执行过程，将结果作为下一次营销计划书制订的依据。

设计营销计划书与执行计划，需要具备一定的逻辑性，在推进中也需要不断总结、评估，以当前执行反馈数据来及时进行调整。从宏观层面来看，有效的营销计划书通常有一个严谨的设计流程，结合上述讨论，该流程可归纳为图 10－8。

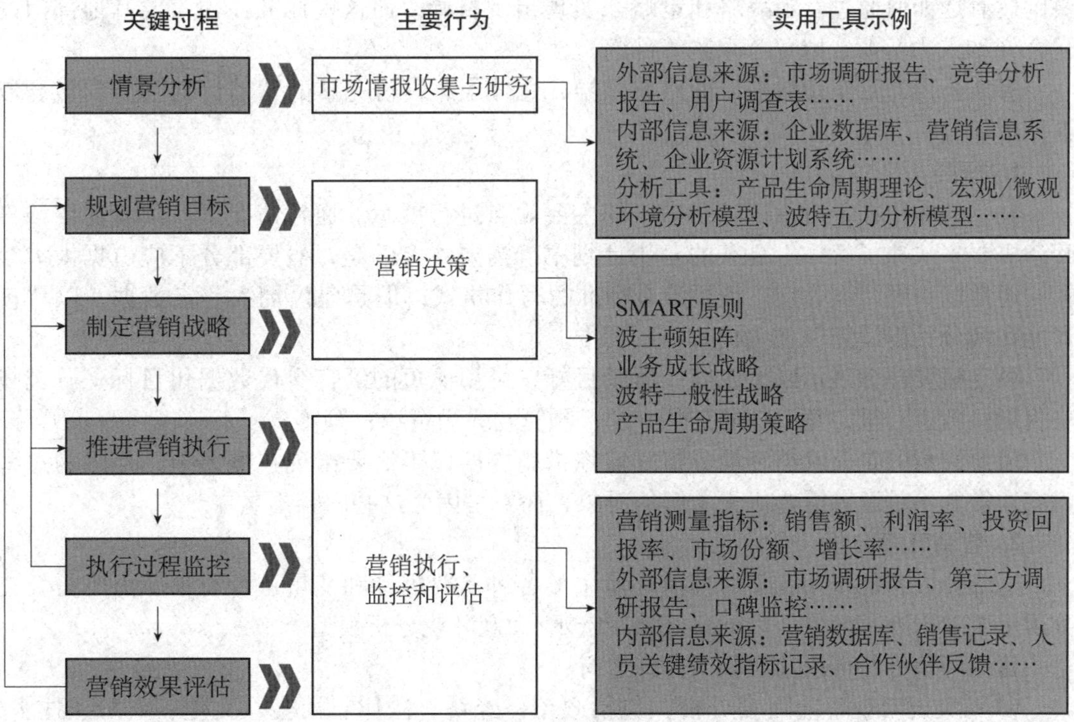

图 10－8　营销计划书设计流程

在这一流程中，情景分析能够为营销计划书提供重要的信息支撑，营销目标为计划书提出了方向，营销战略明确了营销工作的总体方针和顶层设计，营销执行规划了重点工作内容和执行步骤，及时监控保障了整个工作的有序推进，最后的营销效果评估则能有效判断是否达成营销计划书所设置的目标。按照这一思路，可保证营销计划书具有合理性和可实现性，如果在执行过程中因为环境、资源或其他因素导致执行效果达不到预期，也可及时洞察并分析相关因素，从而实现快速调整和优化，保证目标顺利达成。

图 10－8 也展示了各个阶段可以运用的工具。根据场景的不同，上述工具的使用也会有所差异。举例来说，当一家大型企业在下一个财务年度寻求稳健的增长时，则可能会更加重视企业数据库的应用，在战略上偏向保守、避险，最终的评估也以销售额和投资回报率为导向；而一家成长迅速的创业公司，则可能会更加主动收集关于顾客、竞争的外部情报，在战略和战术上更加激进，同时以市场份额和会员数等指标作为评估依据。

二、营销计划书的结构

在结构上，营销计划书与其他商业计划书有很多共同之处，比如都需要很强的逻辑性和严谨性，都需要设置明确的目标等。在实际运用中，营销计划书聚焦于与营销工作相关的方方面面，而通常会忽略公司使命、组织任务等比较宏观的内容。营销计划书需要阐述清楚如何通过营销战略和策略来实现组织目标，而这些任务往往需要其他部门的配合（如人力资源、财务、采购等部门）。

每家公司的营销计划书可能略有差异，总体上，一份完整的营销计划书需要包含以下几个部分：

1. 概要

概要的作用在于对营销计划书中的主要观点进行展示。通常情况下，读者需要依靠阅读概要来快速了解一份复杂的营销计划书。需要注意的是，概要部分不应占据太大篇幅，通常以一到两页为宜。概要没有标准的写作格式，但是建议加入一定数据，以“读者能在两分钟内读完”作为内容量的标准。

可在概要部分展示以下内容：营销目标，可用简短的语言交代数据化目标；营销战略规划；营销对策，每个部分分别介绍；预算与人力资源；等等。

需要注意的是，营销环境分析和监控措施之所以不需要出现在概要中，是因为这些内容通常并不是读者需要优先了解的对象，而不是因为这些内容不重要。

2. 营销环境分析

这部分内容的作用在于对当前环境中的各种重要因素和变量进行总结。由于需要充分展示企业内外部环境，因此最好采用宏观/微观环境分析模型。

营销环境分析可以按照如下方式进行：

（1）关键宏观环境因素分析，包括政治、经济、法律、社会、文化、人口、技术、自然等。

（2）关键微观环境因素分析，包括供应商、分销渠道参与者、第三方服务提供商、顾客等。

拓展　企业竞争力九力分析模型

（3）企业内部环境分析，包括品牌、产品、资源、生产能力、管理水平、执行效率等。

（4）重点内容分析，根据营销目标的不同而有所不同，分析对象可能是客户、竞品、品牌、产品、分销体系等，这部分内容相对重要。

（5）SWOT分析，通过上述分析识别企业的优势、劣势、机会和威胁，从而提出一些方向性的应对建议。

3. 营销目标

没有明确的目标，营销计划书会很难产生效果。在设置营销目标时，可遵循SMART原则来保证其有效性。营销目标可能会结合企业经营目标中的部分内容，从宏观上指导营销工作，也可能会具体到产品、渠道、促销等各个层面，加强其对具体营销工作的指导作用。

上文中提到的SMART原则，是一种适用于各类管理工作的思维工具，其作用是对目标和标准提出要求，使其在设计时更加科学化、规范化和公平公正。其中五个重要标准如下所示：

（1）具体的（specific），指目标必须清晰、明确，不可笼统。比如"改进服务质量"就是一个不明确的目标，因为能实现这一目标的途径非常多；而"使顾客满意度提高3%"就是一个明确的目标。

（2）可测量的（measurable），指目标可以用数据的形式提出。例如，"提高自媒体影响力"这一目标无法测量，难以追踪，而"使官方媒体月平均阅读量提高30%"这一目标显然更能够为相关人员提供指导。

（3）可达到的（attainable），指目标要切合实际，应当是可执行的。很多企业在设置目标时不考虑可行性，如"在第二年占据80%的市场份额"这一目标，对一家初创企业来说就很难实现。

（4）关联性（relevant），指该目标与其他目标是具有关联性的，不是完全独立的。如对营销部门的基层人员提出"提高后勤系统的订单满足率"这一目标，就很难和营销人员的本职工作产生关联，属于不合理的目标。

（5）时间性（time-bound），指该目标的达成具有明确的期限。有了期限，才能实现有效的任务追踪，当然目标达成期限也需要具备一定的合理性，一方面不能过长，否则会导致工作效率太低，另一方面也不能过短，否则会导致部门超负荷运转。

在任何情况下，都可使用上述原则对目标进行全面权衡。在营销计划推进过程中，如果发现当初设置目标时未能考虑到的问题导致计划执行受影响，也需要及时对目标进行调整。

4. 营销战略规划

市场细分、目标市场选择和市场定位是营销战略规划的重要内容，也是营销策略与战术的实施依据。为此，有必要单独对此部分内容进行分析。

营销战略规划的三部分内容在逻辑上密切相关：市场细分的结果影响企业选择目标市场的方式，而选定的目标市场的特征又决定了企业的市场定位。基于这一原因，建议按照如下方式对这部分内容进行详细论述：

（1）市场细分。选取合适的细分标准和工具，将市场整体划分为区别明显的多个细分市场。无论是面对消费者市场还是组织市场，均推荐综合使用多种细分标准，使划分后的多个细分市场均能体现出显著差异。需要注意的是，由于不同的企业所处行业、掌握的资源和采用的商业模式存在区别，因此不同的企业需要建立独立的细分标准。除了展示细分标准和工具，还需要在营销计划书中体现细分的结果，如图 10－9 所示。

白领工作者	青年美食家	宴会主持人	社区居民
• 年龄在25~50岁 • 将就餐视为一种放松的方式 • 工作繁忙，收入较高 • 重视就餐体验与环境 • 重视身材 • 有较高的社交需求	• 年龄在20~30岁 • 典型爱好是在各处寻找美食 • 生活品质较高 • 意见领袖比例很高 • 社交工具重度使用者 • 喜欢新鲜事物	• 对家庭聚会、商务宴请有需求者 • 年龄在35~55岁 • 在家庭中扮演家长角色，或在公司中担任重要职位 • 重视菜品、环境、服务等多方面的体验	• 餐厅周边的居民 • 遍布各个年龄层次 • 偶尔想通过“吃点好的”来提高生活品质 • 关注价格和分量 • 经常携带小孩，有照顾儿童的需求

图 10－9　市场细分示例

（2）目标市场选择。在之前的章节中，我们提到过如何对划分后的细分市场进行选择，在营销计划书中，这些选择将体现为目标市场战略。面对多个细分市场，需要写清楚将采取的是无差异化营销策略、差异化营销策略还是集中性营销策略：如果采用的是前两种，则需要指出使用哪些子品牌来覆盖多个细分市场；如果采用集中性营销策略，那么也需要明确写出是否会采用小众或是定制化策略。

（3）市场定位。市场定位是对营销信息的总结，也是对营销工作的引导。清晰而明确的市场定位对整个营销计划工作举足轻重，为此建议首先用简洁的语言总结出各个品牌的定位，再写出明确的定位策略与措施。要注意这里的定位需保持前后逻辑一致，比如一家餐饮企业旗下某快餐品牌的定位是“好吃又方便的中式快餐”，那么应当选择“避强定位”以避开当前市场上的强势快餐品牌，并以“产品差异化”和“渠道差异化”为主。

营销计划书要展示当前的营销战略或将要采用的战略。虽然这部分内容和目标市场选择部分关系紧密，但只会从总体上给出一个战略框架，而不是具体的战术。营销战略的规划需要紧密结合企业内外部环境因素，也需要紧紧围绕营销目标，同时还要为后续的营销战略与战术提供指导。

需要说明的是，如果公司制定了明确的企业战略并详细说明了营销部门的发展规划，则可能不需要在此处重复讲战略。不过对于初创或中小型公司，以及面临业务转型的公司，设计严谨的营销战略是有必要的。

5. 营销对策

本部分需要指出在计划周期内将会切实采取的各项措施，包括具体的行为、活动、日程和职责。通常，这部分需要分为多个子单元来详细叙述，主要包括以下几个方面。

（1）产品。包括产品属性、产品组合、产品开发计划、新产品发布方案、产品生命周期、产品包装等。

（2）定价。包括渠道定价、零售定价以及一系列调价，涉及折扣定价策略、心理定价策略、地区定价策略、产品组合定价策略等。

（3）渠道。包括渠道设计、渠道功能设置、渠道管理、新渠道开发等。

（4）促销。包括人员推销、广告、销售促进、公共关系、新媒体运营等，如果公司的业务涉及组织市场和消费者市场两部分，则有必要分两部分来叙述。

（5）服务。包括服务过程、服务人员和有形展示等。

这部分内容的具体分析方法，我们已在之前的章节进行了详细论述。需要注意的是，这些对策需要尽可能细致且可行，以便营销部门运用。

6. 预算与人力资源

营销工作最重要的方面——预算与人力资源，需要在此处进行详细介绍。对于预算，需要详细列出各项对策可能产生的费用，并预留合理的周转资金；在人力资源部分，可能需要指出针对当前营销部门结构的调整方案，以及如何获得关键人力资源的建议（招聘、借调、外包等）。

7. 监控措施

虽然监控措施一般放在营销计划书的最后，但对于整个营销计划工作的监控是需要全程进行的。建议在制定监控措施前，先从目标部分提炼出关键监控指标，并在计划周期内以日、周、月为阶段进行监控，以便及时发现计划中存在的问题。

示例　某智能家居企业营销计划书结构

另外需注意，即使是完整的营销计划书，也不必将上述要素一一列出，而是需要根据企业的实际需求，集中展示重点内容。

三、营销计划书的形式

由于适用场景的区别，营销计划书有多种形式，而每一种形式在写法和用法上都存在一定区别。营销计划书需要根据适用的场景调整其结构。许多营销计划书需要服务于一项具体的营销管理工作，因此其结构也会大大简化。需要注意的是，几乎所有形式的营销计划书都包含一些固定的组成部分，包括概要、营销目标、人力资源等。

1. 品牌计划书

品牌计划书服务于企业的品牌战略，其内容如表10-7所示。

表 10－7 品牌计划书内容

组成部分	简介
品牌创建设计	根据品牌创建七步模型，在此处列出创建品牌时各阶段的主要任务。这部分信息在第 6 章已经有所论述，具体来说，需要在此讲清楚七件事： ● 品牌定位设计：品牌将运用什么样的定位对策，在目标顾客心目中确立什么样的定位 ● 品牌命名设计：新品牌采取何种名称，以及该名称的意义 ● 品牌识别设计：如何从符号、产品、气质、地位、责任等角度，塑造与众不同的品牌识别系统 ● 品牌认可设计：从哪些方面努力使顾客认可品牌的独特价值 ● 品牌传播设计：在各个阶段将采用哪些传播手段，实现什么样的品牌传播效果 ● 品牌联想设计：如何通过产品、价格、形象、品牌态度等因素，引导顾客产生有效的品牌联想 ● 品牌忠诚设计：通过哪些对策维持乃至提升顾客忠诚度
品牌运营设计	在长期的品牌运营中，通过哪些方式来延续品牌生命，并提升品牌价值。可以从以下方面进行设计： ● 品牌生命周期规划：在品牌生命周期的各个阶段，将分别采取哪些对策实现最佳营销效果 ● 品牌竞争对策规划：如何根据品牌所处行业的竞争状况，规划品牌需要采取的竞争对策 ● 品牌战略规划：如何进一步发挥品牌资产优势，通过合理应用单一品牌、品牌延伸等策略，深化品牌应用并开发品牌潜力 ● 品牌形象管理：在长期经营中通过哪些方面塑造品牌形象，以及如何塑造良好的品牌形象
品牌管理对策	长期品牌管理中需要通过哪些方式来维持良好的品牌形象，预判并清除可能遇到的障碍。需要重点说明的问题有两项： ● 商标管理：说明对哪些商标相关文档和资料进行存档，以及如何使用防御性商标注册来防范对品牌的侵害行为 ● 品牌危机管理：建立什么样的管理机制和采取什么样的措施来降低品牌危机发生的概率，以及在品牌危机发生时通过什么样的流程来处理

2. 产品计划书

产品计划书回答了如何将产品投入市场等问题。其内容如表 10－8 所示。

表 10－8 产品计划书内容

组成部分	简介
产品组合策划	产品组合及其调整可以先用树状图展示，再以文字说明。其主要内容如下： ● 企业产品组合的宽度（为市场提供的产品线数量）、长度（各类产品线中产品项目的总数）、深度（一条产品线中的产品项目数）和关联度（产品线之间、产品项目之间存在的相互关联性） ● 对当前产品组合的扩大或缩减对策

续表

组成部分	简介
产品生命周期策划	需要详细说明以下三点： ● 产品类型所属的生命周期形态（常规或非常规形态） ● 产品和品牌当前所属的生命周期阶段（投入期、成长期、成熟期、衰退期等） ● 产品在接下来将采取的对策 其中前两点可以一并讨论，第三点则需要专门论述，这些对策可以是对产品本身的改进，也可以是通过渠道、广告、研发、定价、促销等方式，间接改变产品的当前处境。
产品包装策划	与产品包装相关的主要决策，可参考本书第 4 章中关于产品包装策略的内容。需要在此展示的信息如下： ● 完整的产品包装设计，包括首要包装（保护内容物的包装）、次要包装（保护首要包装的包装）和装运包装（运输过程中使用的包装） ● 在外观上，需要详细展示产品名称、商标、公司名称和地址、生产日期和保质期、产品规格、营养标签等信息，配以文字说明各类产品包装的造型、尺寸、形态和功能 ● 将采用的包装策略，如相似包装策略、差异包装策略、配套包装策略、附赠品包装策略等
产品定价策划	虽然定价策略在营销组合中与产品策略属于并列关系，但基于两者的密切关系，将定价纳入产品计划书中是非常合理的。在此需要详细说明的有两点： ● 如何制定产品的标准定价，需要体现出明确的定价方法（成本导向定价法、需求导向定价法、竞争导向定价法）及其理由 ● 如何运用定价策略实现灵活调价，需要给出在零售端定价的建议 如果策划的对象是整个产品组合，则可以为其制定一整套产品组合定价策略。

另外，如果产品计划书的重点在于开发一种新产品，则有必要详细分析该新产品的开发对策。一个比较合理的逻辑是按照新产品开发流程进行梳理，分为产品构想、构想筛选、产品概念的形成与测试、初拟营销规划、商业分析、产品研制、市场试销、商业性投放等阶段。

3. 渠道计划书

这类计划书主要用于解决渠道运营问题，其内容如表 10－9 所示。

表 10－9　渠道计划书内容

组成部分	简介
渠道设计	需要通过以下信息展示渠道设计的全貌： ● 渠道的长度（整个渠道由多少层级构成）和宽度（同一层级内参与的中间商的数量） ● 如何对当前渠道进行整合（纵向整合、横向整合） ● 如果涉及特许经营，则需要额外说明授权范围是产品商标、经营模式还是制造加工 在此部分，不论是调整现有渠道结构还是设计新结构，都需要说明原因以及可能产生的风险。

续表

组成部分	简介
渠道管理	展示详细的渠道管理分析和对策，以解决可能出现的问题： ● 列出主要的渠道管理措施，包括如何对渠道成员进行选择、如何提升渠道成员的工作效率、如何制定渠道成员的考核与评估标准、如何化解渠道冲突、如何降低窜货的风险等 ● 整合企业在渠道管理中存在的优势，如高知名度的品牌、掌握核心技术的专家团队、充足的渠道开发资金、丰富的渠道合作经验等，并说明如何运用这些优势实现有效的渠道管理
新渠道开发	如果企业当前的主要任务是开发新市场，则新渠道开发计划就是渠道计划书的重点。在此情况下，计划者需要思考目标市场中可行的渠道开发对策，首先列出有合作潜力的中间商，从市场覆盖范围、地理区域优势、产品知识与经验、产品政策、经营水平、财务状况等多个维度对其进行打分，得出合作优先级；还需研究本地产品经销相关政策，以及消费者偏好、竞争水平、技术支撑等条件。

由于渠道和运输的密切关系，计划者还可以在此类计划书中添加与物流方案相关的内容，但物流工作本身并不是营销者的主要职责，因此这些内容以建议为主，包括物流节点的规划、物流系统的职责范围、运输方式和工具偏好、第三方物流合作方式等。

4. 营销传播计划书

根据实际传播工作需求，计划书的侧重点也会有所不同。表 10－10 展示了几种常见的营销传播计划书的主要内容。

表 10－10　几种常见营销传播计划书的主要内容

类型	主要内容
广告计划书	广告计划书的主要内容有： ● 营销企划：包括传播目标、传播对象、营销活动策划、传播效果估算、品牌口号提炼等 ● 创意企划：在广告活动中运用的视频、文案、周边设计、互动页面等 ● 媒体企划：媒体选择、媒体价格、投放计划、投放效果评估等 广告计划书与其他类型计划书的最大区别，在于对媒体分析部分的要求较高。
公关计划书	公关活动与广告相比，最大的不同点在于其诉求是品牌形象而非销售额。公关计划书的主要内容有： ● 公关目标：提高知名度、提高美誉度、沟通信息、改变态度等 ● 公关主题：以什么样的名义去执行公关活动 ● 公关对象：顾客、媒体、公众、政府等 ● 实施手段：具体方法、技术等 ● 媒体策划：大众媒体、自媒体等 ● 预算和效果预估

续表

类型	主要内容
活动计划书	这里的活动主要指在销售现场或附近举办的短期销售促进活动，促使顾客在短期内显著提高购买量。活动计划书的结构并不复杂，由于使用频率较高，一般也不会出现宏观环境分析、顾客偏好分析、战略规划等内容。通常构成活动计划书的内容包括： ● 活动对象（顾客或经销商） ● 活动目标（提升购买量、增加用户数、提高影响力等） ● 执行方式（服务促销、展会、折扣、竞赛与活动、赠品、免费体验、优惠券等） ● 实施计划（时间、地点、资源等） ● 效果

除了上述几种营销传播计划书，一些企业也会根据自身的需求设计其他类型的营销传播计划书。比如以 B2B 业务为主的企业会运用人员推销计划书或地推计划书，一些平台类企业在推广期可能会运用口碑营销计划书等，其结构和前面介绍的几种类似。

拓展　某健身 App 活动计划书示例

5. 互联网运营计划书

互联网运营已经成为一个越来越重要的工作类别。其核心目标之一在于延长产品的生命周期，而非直接带来销售额提升。这类计划书的内容如表 10-11 所示。

表 10-11　互联网运营计划书内容

组成部分	简介
项目分析	首先需要对运营项目的概况进行复盘，其中的重点内容有产品介绍（产品类型、上线时间、市场规模等）、用户分析（用户画像与购买行为）、竞品分析、SWOT 分析、项目评级（标准级、重点级、最高优先级等）及其他背景信息。其中的用户画像可以根据项目实际情况来设计，一般包括人口统计学特征、社会身份属性、行为特征、兴趣偏好、心理学属性等。
运营对策	其关键内容包括产品定位（从多个角度总结出独特定位）、运营目标（提高留存率、获取新用户、提高付费率、改善用户流失状况、降低成本等）、运营策略（包括产品设计、服务方案、产品定价、传播方式等）。
执行方案	详细列出将要执行的各种措施，包括重点运营活动、运营创意、媒体合作、执行步骤、风险预案、效果预估等。需要注意的是，这部分内容完成后需要交给基层执行者用于指导工作，因此绝不能过于复杂。

运营工作的本质决定了运营计划书既要符合战略规划，又要通俗易懂。在实际工作中，运营计划书通常是以清单的形式出现的，直观地展示重点内容可有效提高运营工作效率。

企业根据实际需要还可制订其他类型的计划书，如网络营销计划书、顾客关系管理计划书、营销调研计划书、供应链管理计划书等。虽然在具体内容上有所不同，但是大部分计划书在结构上相似，读者可根据自身需求来尝试设计。

第3节 营销计划监控与营销岗位管理

一、营销计划监控

营销计划的制订是一项复杂的系统工程，但如果只在计划上花心思而忽略其执行过程中的监控，则无法发挥其作用。许多营销经理在公布营销计划后就置之不理，直到计划快要截止时才仓促监督，想尽一切办法在最短时间内达到指标要求。这种做法不仅不能带来营销绩效的有效提升，而且可能会损害长期品牌形象，得不偿失。

IBM前总裁郭士纳曾说过：下属不会主动做你希望他做的事情，他们只会做你监督和检查的事情。这句话反映了营销工作中一个非常现实的问题：许多管理者常常抱怨下属无法充分了解计划意图，工作态度也不够积极、执行任务不够高效，其结果是，要么既定计划无法完成，要么管理者事必躬亲、疲于奔命。因此，设置一套有效的监控体系来保证营销计划的顺利完成，是一项意义重大的工作。

营销计划的监控只有有理有据，才能在帮助实现营销目标的同时，让被监控对象心服口服。监控的标准必须可以用数据来体现，可以是人为确定的，也可以是客观存在的，但绝不能是“更好、更优”这样的模糊字眼。通常来讲，我们可以设置以下四个维度的监控标准：

（1）既定标准：通过经验、理论推演或过往数据推导出的值。这种标准需要从大量实践过程中总结得出，比如总部为旗下某分店设置8月份完成营业额240 000元这一目标，很可能就是通过探索本地消费者购买习惯和宏观环境因素，提炼出的一个恰当的经营指标。用既定标准追踪团队表现的示例如图10－10所示。

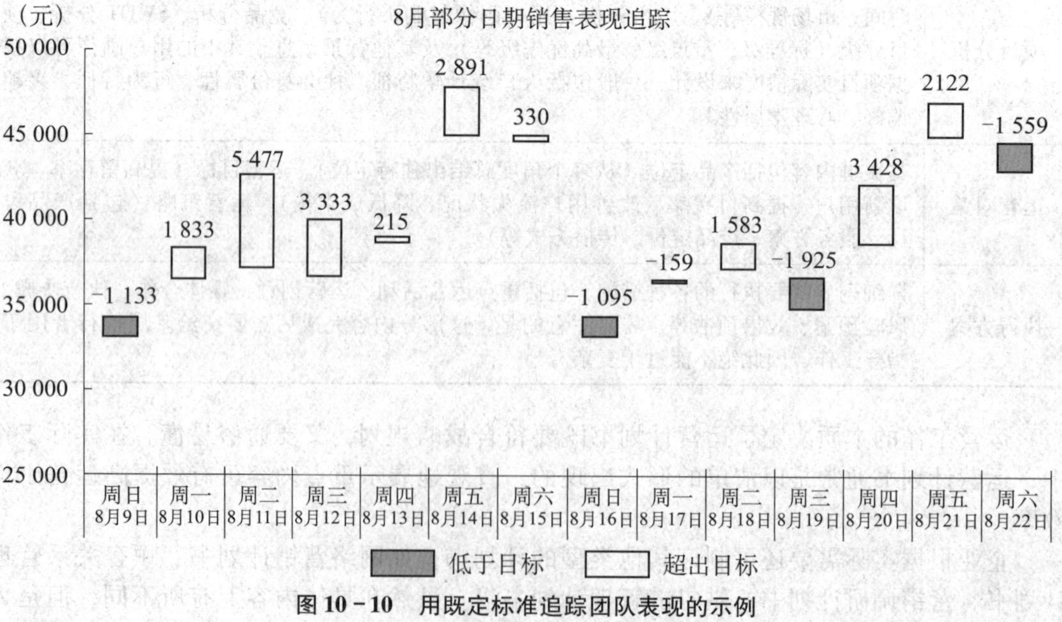

图10－10 用既定标准追踪团队表现的示例

（2）计划标准：一种人为确定的标准，也是一种常见且重要的监控方式。这种指标直接根据决策者的经验制定，不需要大量数据做支撑。这种标准在对员工进行绩效考核时很常见，如实际工作量和计划工作量的对比，如图 10－11 所示。

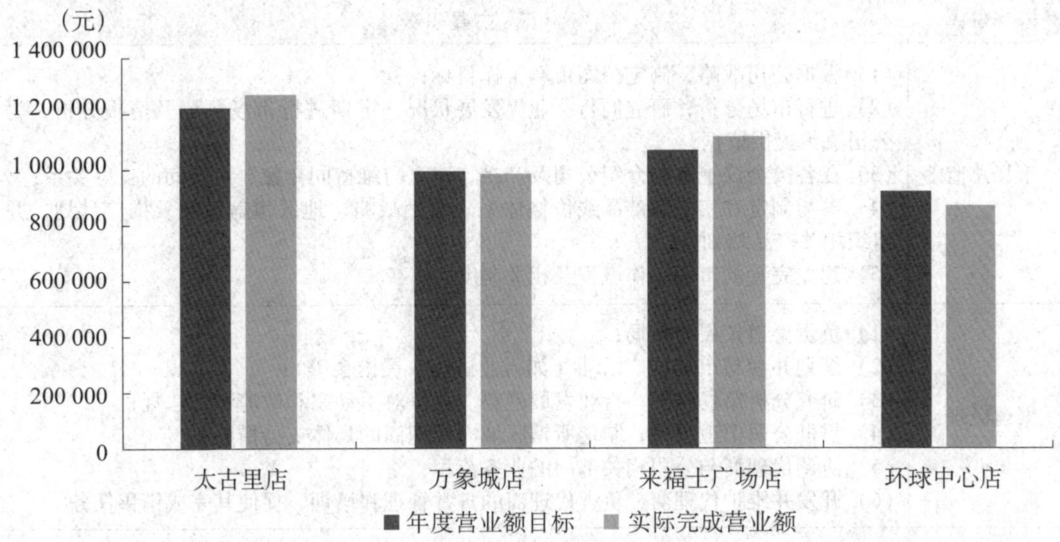

图 10－11　用计划标准追踪门店表现的示例

（3）时间标准：以时间单位作为对比尺度，包括同比和环比。同比即为与去年同一个时间段的对比，可以是季度、月、周、天；环比则是和上一个时间段做对比，如本月和上月、本周和上周等。有时企业也会将某一个月作为对比基础，让每一个月都和该月做对比，这种对比方法叫作“定基比”。

（4）空间标准：在空间单位上进行对比，如华东区和华南区对比、长沙市与成都市对比、上海恒隆广场店和成都国际金融中心店对比等。对比时需注意单位对等，如区对区、市对市、店对店等，同时要注意对比对象的等级尽量一致，如对一个城市的一级门店、二级门店分别做对比。

另外，在进行监控时，也可以采用一些技巧来提高整体营销效果。比如，有些公司会将目标（如营业额）分解至每天，并在每天的晨会上公布昨日是否达到目标，这种每日目标带来的压力感能有效激发员工积极性；一些电商、零售行业的管理者会根据一天当中的客流量、浏览量、销售额等数据，将每一天的销售指标分解为早、中、晚三个时间段，力争在最短时间内发现潜在问题；有些管理者会留意数据追踪时出现的极大值和极小值，如果某营销团队有较好的表现，则予以奖励，这种方式对团队士气的提升有很大帮助。

二、营销岗位职责设置

营销管理者除了需要对考核方式了然于胸，也要熟知各类营销岗位的职责分配。由于营销职能众多，且不同管理层次的要求各不相同，有必要分别探讨各种营销岗位职责。

基于对用人单位的调研和全国市场营销岗位招聘大数据，我们列出部分常见营销岗位的主要职责，如表10－12所示。

表10－12　部分常见营销岗位的主要职责

岗位	主要职责
市场总监	(1) 根据公司战略，制定公司市场工作目标； (2) 进行市场分析，研究同行、业界发展状况，定期进行市场预测及情报分析，为公司决策提供依据； (3) 在各类会议上宣传介绍公司及产品，建立与维持同专家、协会间的良好关系； (4) 参与制定和实施各产品线价格体系、营销战略、地区覆盖策略及推广计划，并组织相关产品培训； (5) 建立完善的市场工作流程及相关制度。
渠道经理	(1) 负责渠道拓展与布局； (2) 策划并参与市场推广活动（如行业讲座、展销会等）； (3) 研究分析市场状况、行业发展趋势、竞争对手动态和政府相关法规； (4) 贯彻公司渠道政策，制定所辖区域内代理商的具体支持措施； (5) 协调代理商与公司相关部门的业务流程； (6) 开发并维护代理商，负责代理商的日常管理和培训，促使其完成销售任务。
产品经理	(1) 收集同行业相关的竞品品牌信息，分析市场趋势、品牌传播数据、客户反馈等； (2) 建立公司产品体系，制订产品年度、季度、月度计划并执行； (3) 负责新品开发与上市，上市后进行跟踪与评估； (4) 现有产品毛利、库存、生命周期的管理； (5) 定期梳理品牌产品结构、利润结构，推进现有产品更新相关工作。
营销策划专员	(1) 进行营销调查与分析，研究营销信息； (2) 根据公司战略计划，起草营销策划方案； (3) 协助执行策划方案； (4) 跟踪策划方案执行，解决执行中的问题； (5) 协调与其他部门的关系； (6) 撰写并递交方案执行情况的总结报告； (7) 协助完成品牌、广告、促销活动等推广支持工作。
市场研究专员	(1) 负责跟踪、研究与公司有关的宏观环境、行业状况、需求变化及市场竞争情况等； (2) 开展对公司战略方向、新产品、新业务的可行性的市场调查和分析； (3) 负责制定专项市场调研方案，收集市场信息，提交调研报告，预测市场动态，拟定应对策略。
销售专员	(1) 积极开拓客户，了解客户状态与需求，挖掘新的客户资源与业务机会； (2) 通过拜访、谈判、参与招投标等方式与客户建立业务合作关系； (3) 收集、整理、维护并更新客户信息； (4) 持续拜访客户，提供后续服务，保持良好关系，提高客户满意度； (5) 为客户提供针对性的解决方案，并处理客户投诉，及时解决问题； (6) 跟进业务及收款工作。

续表

岗位	主要职责
海外市场推广总监	（1）负责制定产品的海外市场推广方案并组织实施； （2）组织团队研究、拟定海外网络营销、市场推广等方面的发展规划，制订营销实施方案； （3）熟练掌握海外网络营销及社交媒体推广方式并掌握相关的操作资源； （4）组织团队收集、汇总、整理推广数据，对推广效果（咨询量、转化率、获客成本、投入产出）进行深度分析和评估，及时提出改进措施。

可以看出，越是偏管理类的岗位，对营销人员的要求越全面，越重视战略分析能力。另外，由于市场营销岗位广泛分布于第一、二、三产业的各行各业中，企业也需要对营销人员的行业知识水平提出要求，以促使其加深对产品的理解，从而更有效地实现营销目标。

三、市场营销人员的能力

为了适应岗位要求和满足职业成长的需要，市场营销人员需要具备必要的能力。为此，本书作者采集了超过两万条来自用人单位的营销岗位招聘要求，并通过关键词清洗和分析，按照“认知能力要求”和“非认知能力要求”对岗位能力要求进行归类。[①]

1. 认知能力要求

市场营销人员专业技能和工具性技能在用人需求中的提及频次分别如图 10－12、图 10－13 所示。

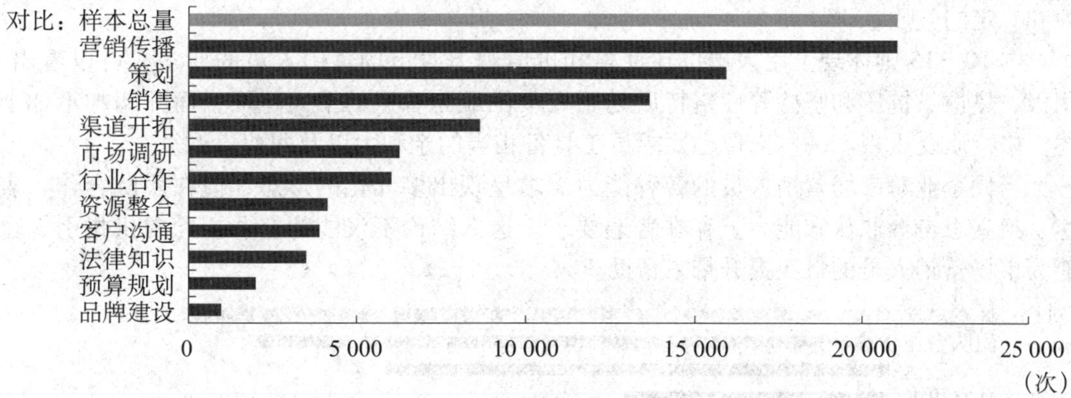

图 10－12　市场营销人员专业技能在用人需求中的提及频次

图 10－12 与图 10－13 展示了用人单位对市场营销人员的认知能力要求。从图10－12 中可以看出，所有单位都要求营销人员具有营销传播技能，同时策划技能、销售技能、渠道开拓技能的提及频次也非常高。一个值得注意的现象是：相当一部分用人单位要求

① 数据来源于成都锦城学院 2020 年市场营销岗位调查。

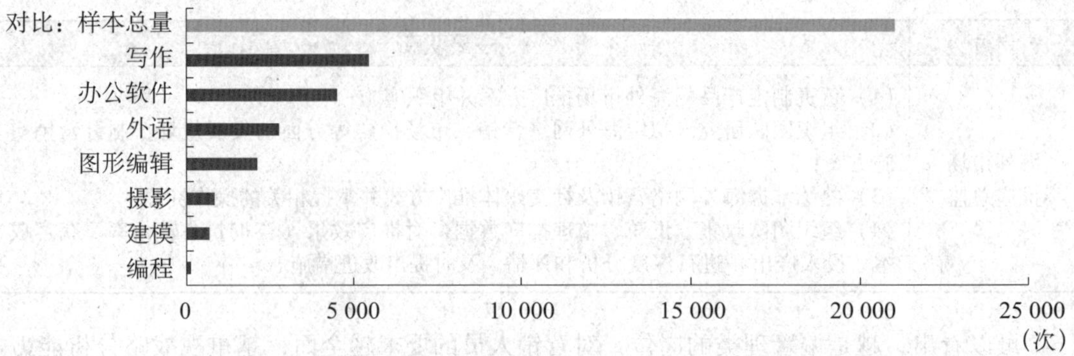

图 10-13　市场营销人员工具性技能在用人需求中的提及频次

市场营销人员具有行业相关的法律知识，一部分高端岗位（如总监、部门经理、区域负责人等）则要求市场营销人员具有预算规划等技能。

图 10-13 则着重体现了用人单位对市场营销人员工具性技能的要求。除了写作技能以外，办公软件技能是提及频次最高的，其次则是外语技能（以英语技能为主）。一个有趣的现象是，一部分企业要求市场营销人员具有图形编辑技能，这应该和许多企业具有用户社群运营方面的需求有关。

2. 非认知能力要求

图 10-14、图 10-15 展现了用人单位对市场营销人员非认知能力的要求。通过图 10-14可以看出，团队合作能力、表达能力和独立思考能力是提及频次较高的综合能力，之后是创造力、责任心和执行力。一些与顾客直接接触的岗位，则要求员工具有应变能力和一定的气质。

图 10-15 则体现了用人单位在性格和价值观上对市场营销人员的要求。可以看出，积极、热情、抗压和坚持等性格特质是用人单位最为看重的个人特征，而开朗却不如上述性格特质受重视。一些岗位也要求员工具备相当的亲和力以及职业道德。

当代企业对市场营销人员的各种能力需求呈现出多元化的形态，但在团队合作、表达、独立思考等非认知能力上存在普遍要求。这一结论不仅能为企业招聘提供指引，也能为市场营销人员的自我提升带来帮助。

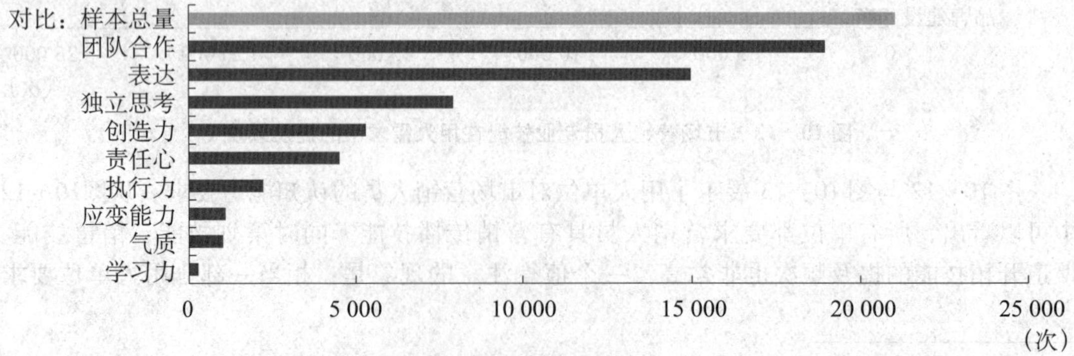

图 10-14　市场营销人员综合能力在用人需求中的提及频次

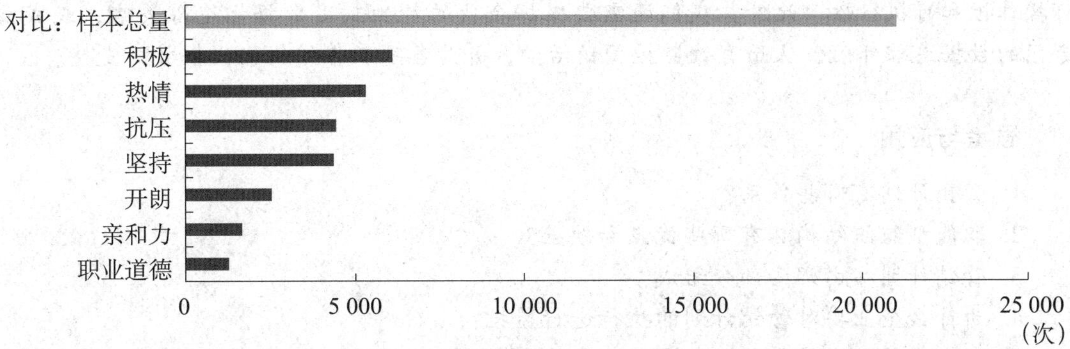

图10－15　市场营销人员性格与价值观在用人需求中的提及频次

本章小结

营销计划是履行营销职能的途径和保障。有效的营销计划有助于梳理营销思路，从而增进对各项工作的理解；可以实现有效沟通，从而有效推进公司战略及营销对策的实施；能够指导工作执行，提高营销系统的工作效率，从而切实地实现各项既定目标。

企业需要设计适合的营销组织结构。职能型组织结构由于其结构明了、管理方便，是广泛采用的营销组织形式，但缺点是结构过于死板，无法灵活应对外界变化。在多个市场开展业务的公司可采用地理型组织结构，拥有多个产品或品牌的公司可采用产品（品牌）型组织结构，顾客类型区别明显的公司可采用市场型组织结构，期望灵活开发各项业务的公司可采用矩阵型组织结构。在实践中，公司可采用以上结构中的一种，也可以融合多种结构。

营销人员的基本能力之一是设计营销计划书。在设计营销计划书时，需采用5W2H分析法来梳理逻辑。通常来讲，一份完整的营销计划书需包含概要、营销环境分析、营销目标、营销战略规划、营销对策、预算与人力资源、监控措施等部分。同时，营销人员也需了解适用不同场景的营销计划书形式，如品牌计划书、产品计划书等。

优秀的营销管理离不开严密的营销监控。营销人员需明确指标监控对营销管理工作的重要性，并通过采取既定标准、计划标准、时间标准、空间标准等，保证营销工作有序推进。通过明确各类营销岗位的职责范围，企业可以更合理地设置营销部门的职能，并通过理解营销人员需要具备的能力，实现更有效的招聘和管理。

启示

在现代商业竞争中，好的营销计划是企业成功的关键，它需要营销人员的专业知识、细致规划和持续努力。营销计划书不仅能够指导企业通过各种渠道和工具覆盖目标受众，还能够帮助企业在激烈的市场竞争中脱颖而出。在我们研究的大量成功营销案例背后，往往有一份专业的营销计划书作为支撑。因此，营销人员应将制订营销计划书作为重要任务，并在实践中对其不断优化改进。建议读者按照本章列举的各项知识点，有针对性地检视本企业、本部门的营销计划是否设置得当，是否符合企业当前发展需求，是否有可操作性和可执行性。此外，我们还需要根据企业的特性制定数据化追踪策略，或成立专门的数据追踪部门，从而有效监控营销活动，并为各项工作的优化提供数据支持。

思考与应用

1. 营销计划有哪些作用？
2. 职能型组织结构具有哪些优点和缺点？
3. 营销计划书由哪些部分组成？
4. 为什么企业要对营销计划的执行进行监控？
5. 未来的营销人员应当具备哪些认知能力与非认知能力？

案例分析

蜜雪冰城：独特的品牌计划助推“雪王”成为顶流

蜜雪冰城是一个创立于河南郑州的品牌，以冰激凌和茶饮为主打产品。2018 年，蜜雪冰城在全国已有数千家门店，但是消费者对这个品牌没有太深的印象，甚至不少顾客记不住蜜雪冰城这个稍显复杂的名字。

想要造就强大的品牌，提高品牌知名度和扩大品牌影响力，就必须进行品牌升级。2018 年前后，蜜雪冰城启动了一项为期两年的品牌计划，旨在实现品牌升级，扭转品牌知晓率不高的现状，从而在国内市场站稳脚跟，并为品牌全球化发展奠定基础。

品牌形象是品牌的灵魂，影响消费者对品牌的第一印象和认知。良好的品牌形象不仅能够吸引消费者的注意，还能够传递品牌的核心价值和理念，从而建立消费者对品牌的忠诚度和形成口碑。蜜雪冰城品牌计划的第一步，就是对品牌形象进行高质量的重新设计。围绕品牌名称中的“雪”字，设计师采用了人们喜爱的雪人形象：圆滚滚的身体、尖尖的鼻子、调皮的笑容，再加上冰激凌权杖、雪白王冠和红色披风，一个鲜活的“雪王”形象由此诞生。这些人尽皆知的符号使雪王具有了非常广泛的受众基础，且不太会产生形象老化的问题，这为品牌二次创作预留了空间。雪王不仅具有视觉上的吸引力，还传达了品牌的深层含义：首先，雪王形象符合品牌的产品特性，即冰激凌是一种冷饮，与雪有关，而且冰激凌的形状也类似于雪球；其次，雪王形象体现了品牌的品质追求，即蜜雪冰城的冰激凌是一种高品质食品，需要精心制作和保存，而雪王则是冰激凌的王者，代表了品牌的品质和自信；再次，雪王形象传递了品牌的消费理念，即冰激凌是一种让人快乐的食品，能够带给人们愉悦和满足，而雪王则是冰激凌的快乐使者，展现了品牌的活力和创意。

有了一个良好的品牌形象，还需要通过有效的品牌传播，让更多的消费者了解和认可品牌，从而提高品牌的知名度和影响力。蜜雪冰城品牌计划的下一步，就是采取与其他品牌不同的方式，让雪王形象融入冷饮消费的整个过程。品牌充分利用了遍布城市各个角落的店招，将名称加粗加大，以吸引顾客眼球。蜜雪冰城提供的所有产品的外包装上均印有雪王形象，让消费者在享用冰激凌的同时，也能感受到品牌的个性和特征。在其帆布袋、马克杯、抱枕等周边产品上，均能看到雪王标志，让消费者在使用这些产品的时候，也能成为品牌的宣传者和代言人。蜜雪冰城在表彰企业内部员工的卓越贡献时，还会向他们颁发金雪王奖杯，让他们产生归属感。

在常规推广手段的运用上，蜜雪冰城进行了精心设计：将“雪王”二字作为官方微信、微博、抖音等媒体账号名称的一部分，除了新品推荐，还十分注重与网友的日常互动，并时常向粉丝发放带有雪王形象的礼品与纪念品。基于对年轻消费者的了解，蜜雪冰城打造了深受年轻人喜欢的冰激凌音乐节，让雪王作为节目主角出尽风头，占据了社交网络的头条。在“5·20”网络情人节的活动上，品牌方以“雪王恋爱了”作为话题，提供了定制版包装、雪王情侣证等礼品，实现了接近 3 000 万人次的传播效果。而后来广为传唱的雪王主题曲，更是起到了推动作用，让雪王以一种出人意料的方式成为火遍大江南北的文化形象。

品牌计划的成功实施使蜜雪冰城成为国内外的“雪王”。首先，蜜雪冰城的品牌影响力以极快的速度提升，消费者对品牌的认知度、喜爱度大幅提高，品牌的忠诚度和口碑也得到了显著提升。其次，蜜雪冰城取得了令人瞩目的成绩，并于 2020 年开设了第 10 000家门店，成为名副其实的“雪王”。最后，在这种影响力下，品牌顺利打通了进入海外市场的通道，在东南亚签约入驻，开始实现全球梦。

▶ 思考题

1. 收集资料并分析蜜雪冰城在 2018 年前后面临的市场环境有哪些特征。
2. 结合品牌计划的内容，分析蜜雪冰城是如何实现品牌升级的。
3. 谈谈这个案例对你的启发。

参考文献

Cooper A. 交互设计之路：第 2 版. 北京：电子工业出版社，2006.

Nagle T T，Holden R K. 定价策略与技巧：赢利性决策指南：第 3 版. 北京：清华大学出版社，2003.

阿克. 创建强势品牌. 北京：机械工业出版社，2014.

阿克. 管理品牌资产. 北京：机械工业出版社，2012.

艾瑞咨询. 2021 年中国网络广告年度洞察报告：产业篇. （2021 - 09 - 16）. 道客巴巴.

安德森. 长尾理论：为什么商业的未来是小众市场. 北京：中信出版集团，2015.

奥格威. 一个广告人的自白. 北京：中信出版集团，2008.

奥斯特瓦德，皮尼厄，贝尔纳达，等. 价值主张设计：如何构建商业模式最重要的环节. 北京：机械工业出版社，2015.

贝尔奇，等. 广告与促销：整合营销传播视角：第 9 版. 北京：中国人民大学出版社，2014.

波特. 竞争战略. 北京：中信出版集团，2014.

布吕格，哈特申，舍雷尔. 简单化：产品、服务、程序设计的核心策略. 北京：中国友谊出版公司，2021.

曹虎，王赛，乔林，等. 数字时代的营销战略. 北京：机械工业出版社，2017.

陈觉. 服务产品设计. 沈阳：辽宁科学技术出版社，2003.

陈祝平，郭强，王文怡. 服务营销管理. 4 版. 北京：电子工业出版社，2017.

德鲁克. 管理实践. 上海：上海译文出版社，1999.

邓明新. 体验营销技能案例训练手册. 北京：北京工业大学出版社，2008.

符国群. 消费者行为学. 4 版. 北京：高等教育出版社，2021.

格罗鲁斯. 服务管理与营销：服务利润逻辑的管理. 北京：电子工业出版社，2019.

郭国庆. 市场营销. 4 版. 北京：中国人民大学出版社，2021.

韩瞳. 策略产品经理实践. 北京：机械工业出版社，2020.

郝渊晓，费明胜. 市场营销学. 2 版. 广州：中山大学出版社，2017.

赫斯克特，萨塞，施莱辛格. 服务利润链. 北京：华夏出版社，2001.

胡利，皮尔西，尼库洛，等. 营销战略与竞争定位：第 6 版. 北京：中国人民大学出版社，2019.

胡晓雪，赵嵩正．面向智能营销的电力市场细分和价值客户识别．北京：经济科学出版社，2020.

黄鹂，何西军．整合营销传播：原理与实务．上海：复旦大学出版社，2012.

霍夫曼，贝特森．服务营销精要：概念、战略和案例．北京：北京大学出版社，2008.

霍金斯，马瑟斯博．消费者行为学：第12版．北京：机械工业出版社，2014.

金，莫博涅．蓝海战略．北京：商务印书馆，2016.

卡尔森．关键时刻．杭州：浙江人民出版社，2016.

凯勒．战略品牌管理：第4版．北京：中国人民大学出版社，2014.

科兰，安德森，斯特恩，等．营销渠道：第7版．北京：中国人民大学出版社，2008.

科特勒，阿姆斯特朗．市场营销：原理与实践：第17版．北京：中国人民大学出版社，2020.

科特勒，德里亚斯迪贝斯．水平营销．北京：机械工业出版社，2014.

科特勒，卡斯林．混沌时代的营销．北京：机械工业出版社，2016.

科特勒，卡塔加雅，塞蒂亚万．营销革命3.0：从价值到价值观的营销．北京：机械工业出版社，2019.

科特勒，卡塔加雅，塞蒂亚万．营销革命4.0：从传统到数字．北京：机械工业出版社，2018.

科特勒，凯勒．营销管理：第15版．上海：格致出版社，上海人民出版社，2016.

库珀．新产品开发流程管理：以市场为驱动．北京：电子工业出版社，2013.

兰苓．市场营销学.4版．北京：中央广播电视大学出版社，2017.

李灿．市场调查与预测．北京：清华大学出版社，2012.

李飞．钻石图定位法．北京：经济科学出版社，2006.

李怀斌．服务营销学教程.5版．大连：东北财经大学出版社，2022.

李临春．让新品成为畅销品．北京：北京大学出版社，2013.

李荣庆．全渠道营销策略分析：以良品铺子为例．时代经贸，2021（3）.

里斯，特劳特．定位：争夺用户心智的战争．北京：机械工业出版社，2015.

里斯，特劳特．营销革命．北京：机械工业出版社，2012.

李先国，杨晶．分销渠道管理.2版．北京：清华大学出版社，2014.

刘静，惠宁．数据赋能驱动文化产品创新效率研究：基于中国省域面板数据的实证检验．华中师范大学学报（人文社会科学版），2020（4）.

刘永炬．产品上市：新产品迅速切入市场的实操方法．北京：京华出版社，2004.

陆克斌，崔久波．市场调查与预测．北京：教育科学出版社，2013.

罗森布洛姆．营销渠道：管理的视野：第8版．北京：中国人民大学出版社，2018.

马士华，林勇，等．供应链管理.6版．北京：机械工业出版社，2020.

麦克丹尼尔，盖茨．当代市场调研．北京：机械工业出版社，2018.

麦克唐纳，邓巴．市场细分：如何发掘商业机会并从中获益：第4版．北京：化学工业出版社，2020.

帕尔马蒂尔，斯里达尔．营销战略：第一原理和数据分析．北京：中国人民大学出版社，2020.

帕尔默．服务营销原理：第5版．北京：世界图书出版公司，2012.

庞德斯通．无价：洞悉大众心理玩转价格游戏．北京：华文出版社，2011.

佩里切利．服务营销学．北京：对外经济贸易大学出版社，2000.

普赖德，休斯，卡普尔．商务学：第12版．上海：复旦大学出版社，2018.

秦小涵，任淑杰．智能手机新产品定价策略．合作经济与科技，2021（9）.

青十五．策略产品经理：模型与方法论．北京：机械工业出版社，2020.

丘吉尔，拉柯布奇．营销调研：方法论基础：第9版．北京：北京大学出版社，2010.

屈云波，张少辉．市场细分：市场取舍的方法与案例．北京：企业管理出版社，2010.

施密特．体验式营销．北京：中国三峡出版社，2001.

史密斯，哈努福．体验式营销．北京：人民邮电出版社，2017.

史密斯．定价策略．北京：中国人民大学出版社，2015.

舒伯阳．服务运营管理．重庆：重庆大学出版社，2017.

舒尔茨，等．整合营销传播：创造企业价值的五大关键步骤．北京：清华大学出版社，2013.

束军意，汤宇军．市场营销：理论、方法与实训．3版．北京：机械工业出版社，2019.

特劳特，里夫金．重新定位．北京：机械工业出版社，2011.

王永贵．市场营销．2版．北京：中国人民大学出版社，2022.

韦贝尔．目标市场．北京：中国商业出版社，2002.

魏清晨．目标市场细分理论综述及案例分析．现代商贸工业，2021（7）.

温雅婷，靳景，刘佳丽，等．深度数字化如何重塑服务创新．清华管理评论，2018（9）.

文娟．科特勒全书．长春：吉林文史出版社，2017.

沃茨，洛夫洛克．服务营销：第8版．北京：中国人民大学出版社，2018.

伍应环，刘秀．市场营销理论与实务．北京：北京理工大学出版社，2019.

徐江，刘惠荣，董占勋．中国好设计：创新设计2015案例研究．北京：中国科学技术出版社，2016.

闫红巍，张如泽，李娜．市场营销．北京：中央广播电视大学出版社，2014.

杨斌，王琳．数字经济时代客户服务数字化转型策略研究．东岳论丛，2020（11）.

杨峻．营销和服务数字化转型．北京：中国科学技术出版社，2020.
阳翼．大数据营销．2 版．北京：中国人民大学出版社，2021.
余伟萍．品牌管理．北京：清华大学出版社，北京交通大学出版社，2007.
泽丝曼尔，比特纳，格兰姆勒．服务营销：第 7 版．北京：机械工业出版社，2018.
张建庆，穆亚君．顾客体验设计与管理．北京：旅游教育出版社，2019.
张志强．创新创业看我行：案例与应用．北京：国家行政学院出版社，2017.
赵桐，吴越舟．小米全渠道模式解读．销售与市场（营销版），2019（11）.
郑文坚．互联网视角下的市场营销：原理、趋势与热点．厦门：厦门大学出版社，2019.
朱华锋．营销原理：观念与策略．合肥：中国科学技术大学出版社，2018.
庄贵军．营销渠道管理．3 版．北京：北京大学出版社，2018.
左仁淑．基于关系营销的服务营销体系研究．上海企业，2008（10）.
左仁淑．营销策划：原理与方法．北京：中国人民大学出版社，2020.
左仁淑，陈春梅．服务修复的流程管理研究．江苏商论，2007（2）.

中国人民大学出版社　管理分社

教师教学服务说明

中国人民大学出版社管理分社以出版工商管理和公共管理类精品图书为宗旨。为更好地服务一线教师，我们着力建设了一批数字化、立体化的网络教学资源。教师可以通过以下方式获得免费下载教学资源的权限：

★ 在中国人民大学出版社网站 www.crup.com.cn 进行注册，注册后进入“会员中心”，在左侧点击“我的教师认证”，填写相关信息，提交后等待审核。我们将在一个工作日内为您开通相关资源的下载权限。

★ 如您急需教学资源或需要其他帮助，请加入教师 QQ 群或在工作时间与我们联络。

中国人民大学出版社　管理分社

教师 QQ 群：648333426（工商管理）　114970332（财会）　648117133（公共管理）
教师群仅限教师加入，入群请备注（学校＋姓名）

联系电话：010-62515782，82501868，82501048，62514760

电子邮箱：glcbfs@crup.com.cn

通讯地址：北京市海淀区中关村大街甲 59 号文化大厦 1501 室（100872）

管理书社　　人大社财会　　公共管理与政治学悦读坊